核心素養的課程發展

蔡清田　著

五南圖書出版公司 印行

推薦序一

　　「核心素養」是個體發展與社會發展的關鍵，有助於個體發展的自我實現與社會發展的凝聚團結，因此受到許多國際組織的重視。「聯合國教育科學文化組織」（United Nations Educational, Scientific and Cultural Organization, UNESCO）、「歐洲聯盟」（European Union, EU）、「經濟合作與發展組織」（Organization for Economic Co-operation and Development, OECD）等國際組織，近年來十分重視「國民核心素養」。

　　我國學界有關「核心素養的課程發展」的理論探究，有如鳳毛麟角，蔡清田教授的這本書內容包括第一章核心素養的課程連貫與課程統整，第二章核心素養與領域／科目的課程連貫，第三章核心素養與領域／科目的課程統整，第四章領域／科目核心素養的課程發展，第五章領域／科目學習重點的課程發展，闡述「領域／科目核心素養」與「領域／科目學習重點」的意涵性質與特性，不僅有系統地建立「核心素養」的理論體系，更可作為培養並提升學生「核心素養」之重要參考。我很慶幸有機會先睹為快，因此不敢獨享，希望能與教育界同道共享，故特別為之言序，並加以推薦。

國立中正大學教育學研究所榮譽教授

黃光雄 於2018年1月

推薦序二

「核心素養」受到許多國際組織的重視，特別是「聯合國教育科學文化組織」（United Nations Educational, Scientific and Cultural Organization, UNESCO）、「歐洲聯盟」（European Union, EU）、「經濟合作與發展組織」（Organization for Economic Co-operation and Development, OECD）等國際組織，近年來十分重視「核心素養」的未來課程。蔡清田教授曾經與我一起共同進行國家科學委員會所委託進行的《全方位的國民核心素養之教育研究》。蔡教授延續此項研究結果，並擔任國家教育研究院所推動的《中小學課程相關之課程、教學、認知發展等學理基礎與理論趨向之研究》、《K-12中小學課程綱要之核心素養與各領域之連貫體系研究》以及《K-12一貫課程綱要各教育階段核心素養與各領域課程統整之研究》等整合型研究計畫主持人，他根據這些研究成果的理論與實務整理成為本書。本書包括第一章核心素養的課程連貫與課程統整，第二章核心素養與領域／科目的課程連貫，第三章核心素養與領域／科目的課程統整，第四章領域／科目核心素養的課程發展，第五章領域／科目學習重點的課程發展，有系統地建立「核心素養」的理論構念體系，可作為培養並提升學生核心素養之重要參考，我非常樂見此書之出版，故特別加以推薦。

法鼓文理學院講座教授

陳伯璋 於2018年1月

自 序

　　配合我國於2014年8月正式實施十二年國民基本教育改革，教育部陸續公布實施《十二年國民基本教育課程發展指引》、《十二年國民基本教育課程綱要總綱》，並以「核心素養」作為課程發展的核心，本書《核心素養的課程發展》，旨在因應十二年國民基本教育之課程改革，因此檢視目前各教育階段課程綱要所列之領域／科目課程，作為下一波課程改革之重要理據，本書所強調之課程發展，指將各「教育階段核心素養」融入各「領域／科目核心素養」與「領域／科目學習重點」之課程連貫與課程統整。

　　本書以「核心素養」作為課程發展的「大觀念」，引導課程連貫與統整；包括第一章核心素養的課程連貫與課程統整，旨在探討十二年國民基本教育與各教育階段核心素養垂直連貫與統整各領域科目的課程設計。第二章核心素養與領域／科目的課程連貫，旨在探討如何透過核心素養進行四個關鍵教育階段的垂直連貫之課程設計，針對「核心素養」與「領域／科目」的「課程連貫」與「課程統整」進行初步檢核、建構銜接架構，進而提出各領域／科目可進行K-12課程連貫與課程統整之「核心素養」檢核表。第三章核心素養與領域／科目的課程統整，指出「核心素養」可透過「課程統整」具體轉化成為各教育階段之「領域／科目核心素養」與「領域／科目學習重點」，可進行「核心素養」與「領域／科目」之垂直連貫與水平統整的設計。第四章領域／科目核心素養的課程發展，論述「領域／科目核心素養」的意涵、功能、課程發展原則、課程發展程序與編碼方式、課程發展歷程示例、句型結構與常用動詞、領域／科目核心素養的課程連貫與課程統整。第五章領域／科目學習重點的課程發展，闡述「領域／科目學習重點」的意涵並論述其具普遍共同性、學習階段性、垂直連貫性、水平統整性、目標導向性、策略多元性、評量分析性、最低規範性、教學擴充性等特性，指出「學習重點」的課程發展與編碼原則，並檢視「學習重點」與「領域／科目核心素養」的呼應；進而論述「學習重點」的功能，可統整領域／科目的「學習

表現」與「學習內容」，建立適合學生身心發展階段的學習表現之學習歷程階梯與學科知識邏輯結構之學習內容，不僅可統整該「領域／科目」之學習指標、能力指標、教材大綱，可減少繁瑣的能力指標與教材內容，更可以指引學生學習、教師教學、教科書與教材的編輯審查、學習評量。

　　本書架構經過精心設計具有系統性，各章內容均已充實並增最新文獻而與先前發表期刊內容有所區隔，可謂「整體大於部分之和」，絕非單篇期刊論文所可比擬，本書系統地針對「核心素養」之課程發展進行學理探討，可作為我國當前進行「十二年國民基本教育課程改革」之理據，可提升學生核心素養與社會競爭力，更可提供各大學開設「課程發展與設計」、「課程改革」、「學校課程革新」、「十二年國民教育」、「國民教育改革」、「素養」、「國民素養」、「國民核心素養」、「公民素養」、「核心素養」等科目教學用書。

國立中正大學教育學院教育學研究所／師資培育中心

蔡清田 於2018年1月

目　錄

第一章

核心素養的課程連貫與課程統整

　　因應社會變遷與教育改革需要，2014年8月1日臺灣實施「十二年
國民基本教育」，同年11月28日公布《十二年國民基本教育課程綱要總
綱》（教育部，2014），以「自發」（taking the initiative）、「互動」
（engaging the public）及「共好」（seeking the common good）（簡稱自
動好）為基本理念，並以「成就每一個孩子—適性揚才、終身學習」為願
景，研定課程目標與核心素養，指引學校進行課程發展，培養生活所需的
「核心素養」統整知識、能力與態度（蔡清田，2014）。1949年之後，臺
灣社會迄今歷經三波教改，第一波自1968年實施「九年國民義務教育」，
以學習學科知識為主；第二波是「國民中小學九年一貫課程改革」強調培
養學生「帶著走的能力」；第三波是「十二年國民基本教育」，強調培養
社會生活需要以統整知識、能力與態度，特別是《高級中等以下教育階段
非學校型態實驗教育實施條例》、《學校型態實驗教育實施條例》以及
《公立國民小學及國民中學委託私人辦理條例》等「實驗教育三法」影響
（蔡清田，2017），產生學校課程新風貌，如圖1.1「學科知識、基本能
力、核心素養的關係圖」所示（蔡清田，2016），核心素養延續並擴展九
年國民義務教育的學科知識與國民中小學九年一貫課程的基本能力，成為
十二年國民基本教育課程改革之核心（蔡清田，2011 a；2012 a；2014）。

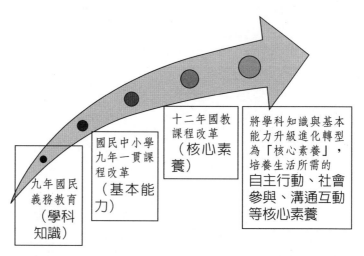

✿圖1.1　學科知識、基本能力、核心素養的關係圖

教育部長潘文忠博士，在2016年5月21日上任首場記者會上，提出教育施政核心理念，將實踐蔡英文總統的「以國民學習權取代國家教育權，實現以學習者為中心的教育」等翻轉教育理念，特別是許多教師視為進步課綱的《十二年國民基本教育課程綱要》，將依不同教育階段（國民小學、國民中學及高級中等學校）一年級逐年實施。

值得注意的是，在依據《界定與選擇國民核心素養：概念參考架構與理論基礎研究》（洪裕宏、胡志偉、顧忠華、陳伯璋、高湧泉、彭小妍，2008；陳伯璋、張新仁、蔡清田、潘慧玲，2007）與《K-12中小學一貫課程綱要核心素養與各領域連貫體系研究》（蔡清田、陳延興、吳明烈、盧美貴、陳聖謨、方德隆、林永豐，2011；蔡清田、洪若烈、陳延興、盧美貴、陳聖謨、方德隆、林永豐、李懿芳，2012）與《十二年國民基本教育課程發展指引擬議之研究》（蔡清田、陳伯璋、陳延興、林永豐、盧美貴、李文富、方德隆、陳聖謨、楊俊鴻、高新建、李懿芳、范信賢，2013）等「核心素養」理論基礎之上，教育部於2014年2月17日發布《十二年國民基本教育課程發展指引》（國家教育研究院，2014a），以生活所需「核心素養」作為十二年國民基本教育課程發展的「核心」，也是各教育階段與各領域／科目課程的「共同核心」（common core），指引十二年國民基本教育課程綱要研發；2014年11月28日再公布《十二年國民基本教育課程綱要總綱》，依據「核心素養」進行國小、國中、高中／職等教育階段課程的連貫與統整（黃光雄、蔡清田，2015），指引各領域／科目（area/subject）依據學科理念與目標設計「領域／科目核心素養」（area/subject core competencies）（蔡清田，2016）。

這代表臺灣「十二年國民基本教育課程改革」與時俱進，(一)已由過去培養傳統知識能力升級為「素養1.0」，亦即「素養」＝（知識 ＋ 能力）[態度]（蔡清田，2011a），透過課程設計統整認知、技能與情意，促成自發、互動、共好的學習，培養以人為本的「終身學習者」，不僅延續「九年國民義務教育」的學科知識與「國民中小學九年一貫課程改革」的基本能力，也擴展了東方學者所強調的知識、能力、態度之統整（洪裕宏、胡志偉、顧忠華、陳伯璋、高湧泉、彭小妍，2008；陳伯璋、

張新仁、蔡清田、潘慧玲，2007；林崇德，2016；鍾啓泉，2016），更涵蓋西方世界如「聯合國教育科學文化組織」（簡稱「聯合國教科文組織」）（United Nations Educational, Scientific and Cultural Organization, UNESCO）人權宣言提出的讀、寫、算等基本素養，「經濟合作與發展組織」（Organisation for Economic Cooperation and Development，簡稱OECD）的「國際成人素養評量計畫」（Programme for the International Assessment of Adult Competencies，簡稱PIAAC）與「國際學生評量計畫」（Programme for International Student Assessment，簡稱PISA）等語文素養、數學素養、科學素養，以及「促進國際閱讀素養研究」（Progress in International Reading Literacy Study，簡稱PIRLS）之literacy, competence, competency, skills, abilities等意涵；(二)進化到「素養2.0」，將學科知識、基本能力與核心能力升級，擴展爲關懷本土且國際接軌的「核心素養」（蔡清田，2012a），這些兼具個人需要與社會需求的關鍵而重要的「核心素養」，涵蓋美國國家研究委員會（National Research Council, NRC）與21世紀技能夥伴聯盟（Partnership for 21st Century Skills）之21世紀技能（21st century Skills）及「21世紀素養」（21st century competencies）、「歐洲聯盟」（European Union，簡稱「歐盟」EU）的《終身學習核心素養：歐洲參考架構》（Key Competences for Lifelong Learning: A European Reference Framework）與「經濟合作與發展組織」進行「素養的界定與選擇」（Definition and Selection of Competencies: Theoretical and Conceptual Foundations，簡稱DeSeCo）的core competencies, key competencies, functional literacy, critical literacy, computer literacy, culture literacy, generic attribute, generic skills, 21st century skills, 21st century competencies等「21世紀核心素養」之意涵；(三)轉型爲「素養3.0」，包含當代社會「優質生活」所需的核心素養，兼具傳統東方社會人文博雅通識與現代西方社會經濟競爭力的核心素養，而非過去「基本生活」所需的一般素養，而是相當於洪裕宏、胡志偉、顧忠華、陳伯璋、高湧泉、彭小妍等教授所稱「國民核心素養」（nationalcore competencies）（蔡清田，2014），類似於中國大陸內地所稱「學生核心素養」（林崇德，2016；崔允漷，2016；石鷗，

2017；余文森，2017；辛濤，2017；張華，2017；楊九詮，2017；楊向東，2017；褚宏啓，2017；孫綿濤，2017），指導中小學課程教學改革實踐，沒有此種核心素養，改革就缺了靈魂（鐘啓泉，2016）；(四)再度升級進化轉型為「素養4.0」，強調「核心素養的課程發展」之連貫與統整，透過課程決策者、課程學者、學科專家、學校教育人員等合作進行課程發展（蔡清田，2015），將「素養」概念解構再概念化並「重構」，以因應後現代社會複雜情境（蔡清田，2016），而且是可透過學校課程發展的連貫與統整，垂直連貫國小、國中、高中等各教育階段學校課程，並可跨越各領域／科目與各種社會生活領域，引導學生學習獲得現代與未來後現代社會生活所需的「核心素養」（蔡清田，2017）。

　　十二年國民基本教育培養以人為本的終身學習者之「核心素養」，包括「自主行動」、「溝通互動」、「社會參與」（簡稱自動會）等三面的「三維論」，「身心素質與自我精進」、「系統思考與解決問題」、「規劃執行與創新應變」、「符號運用與溝通表達」、「科技資訊與媒體素養」、「藝術涵養與美感素養」、「道德實踐與公民意識」、「人際關係與團隊合作」、「多元文化與國際理解」（簡稱身系規、符科藝、道人多）九項的「九軸論」（蔡清田，2014），在不同教育階段學習核心素養（蔡清田，2015），如圖1.2「核心素養的滾動圓輪意象」所示，能因應生活情境變遷與時俱進成為終身學習者（蔡清田，2016）。上述「核心素養的滾動圓輪意象」如同培養未來社會人才搖籃的滾輪，呼應十二年國民基本教育課程改革特色，如「以核心素養為導向的課程改革」、「以學生為主體的課程發展」、「以終身學習者為核心的課程設計導引課程連貫與統整」、「以領域／科目為基礎的課程統整」、「以核心素養進行跨領域／科目的課程統整」、「以核心素養為焦點的教學與學習」的課程改革圖像，本書稍後闡述。

　　「核心素養」不只是「知識」，也不只是「能力」，而是一種核心的「素養」，包含「知識」、「能力」與「態度」之統整（蔡清田，2011a），不是分別去學習態度（attitude）、技能（skill）與知識（knowledge），而是將認知歷程、情意態度與技能行動等三者加以統

整，稱之為愛思客（ASK），甚至強調「德行」（virtues）與積習構成的「品德」，及經道德評價後形成的優質人格（李琪明，2003），呼應了「品德教育」（character and moral education）及涵蓋人文素養與情操素養的「情意教育」，並將之結合使情意行動展現在日常生活（鍾聖校，2000），強調知行合一及樂意在生活情境加以實踐的行動智慧（蔡清田，2015），重視學以致用（洪詠善、范信賢，2015），進而展現知善、行善與樂善的高尚情操之「核心素養」（蔡清田，2016），這種「核心素養」包涵「強大而有力量的知識」（powerful knowledge）（Young, Lambert, Robert, & Robert, 2014），不僅有助於學生學習獲得什麼知識內容、如何獲得能力、理解為何學習，有助於判斷在何時與何處有效應用在生活情境中，更能累積生活經驗（life experience）與生命智慧（wisdom of life），使個人得以積極負責的態度回應社會生活情境需求（洪裕宏，2011），成功面對現在與未來的生活挑戰（蔡清田，2012a）。

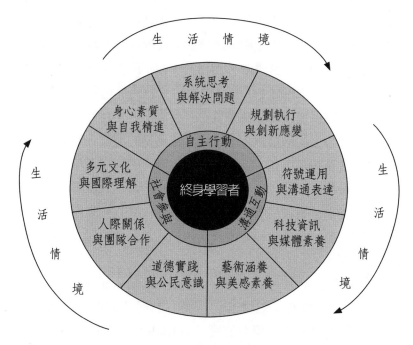

✿圖1.2　核心素養的滾動圓輪意象

　　《十二年國民基本教育課程綱要總綱》經由國家教育研究院「課程研究發展會」（簡稱課發會）研議，再經教育部「高級中等以下學校課程審議委員會」（簡稱課審會）於2014年10月27日審議通過，指出社會生活所需具備的「核心素養」是可分教育階段、分領域／科目進行學習（教育部，2014），且各領域／科目都可依其學科理念目標，發展為「領域／科目核心素養」（area/subject core competencies）與「領域／科目學習重點」（area/subject learning keypoints）（蔡清田、陳伯璋、陳延興、林永豐、盧美貴、李文富、方德隆、陳聖謨、楊俊鴻、高新建、李懿芳、范信賢，2013，8），解決過去國民中小學九年一貫課程與高中／職課程分離脫節的落差問題。過去重視領域／科目的「學科知識」，當前則強調跨領域／科目的核心素養（黃光雄、蔡清田，2017）。此種「以核心素養為導向的課程改革」，是在領域／科目基礎上，加入「核心素養」的課程設計，重視「以領域／科目為基礎的課程統整」、「以核心素養進行跨領域／科目的課程統整」與「以核心素養為焦點的教學與學習」（蔡清田，2018）。

　　「核心素養」是因應現在及未來社會生活情境所需具備的知識、能力與態度之統整（蔡清田，2015），可透過「領域／科目核心素養」引導「領域／科目學習重點」（簡稱「學習重點」）的課程發展（蔡清田、陳伯璋、陳延興、林永豐、盧美貴、李文富、方德隆、陳聖謨、楊俊鴻、高新建、李懿芳、范信賢，2013），並透過「領域／科目學習內容」（area/subject learning content）（簡稱「學習內容」，learning content）與「領域／科目學習表現」（area/subject learning performance）（簡稱「學習表現」，learning performance）呼應「領域／科目核心素養」，引導學生學到因應社會生活情境所需的「核心素養」，較過去的「學科知識」、「基本能力」、「核心能力」涵蓋更寬廣和豐富的教育內涵（蔡清田，2014），更注重學習歷程及方法策略，彰顯學習者的主體性，並由個體生活擴展到社會生活（Rychen & Salganik, 2003），不以學科知識作為學習的唯一範疇束縛學習內容，而是以「基本能力」與「核心能力」為基礎，將「學科知識」與「基本能力」整合運用並擴展轉型升級為「核心素養」（蔡清田，

2015），強調在生活情境中實踐力行的特質（蔡清田，2016）。

過去社會所重視的讀、寫、算是傳統「素養」，然而隨著環境變遷，素養的定義與內涵會有所修正（吳清山，2011）。面臨世界各國日益激烈的競爭與各區域合作之需要，臺灣必須與「國際接軌」並積極拓展國際視野，提升學生個人「素養」和厚植社會「競爭力」（competitiveness），「素養」是指學生能選擇個人的行為或行動歷程，以回應學生個人與社會生活情境的各種機會和挑戰，因此，應考慮運用素養時的情境脈絡（Lustig & Koester, 2006）。學生終其一生需要許多素養，以因應各種社會生活之所需，這些未來國民都應具備的「核心素養」，稱為「國民核心素養」（蔡清田，2014；EC, 2005; OECD, 2005a, 2005b; UNESCO, 2009），是因應社會生活所需的「核心素養」，是不分種族、性別或階級，都必須學習的重要素養（蔡清田，2012a），而且是未來國民生活所需的關鍵必要素養，而不是專門行業如醫師的專業素養（蔡清田，2011a）。

十二年國民基本教育之「核心素養」，強調培養以人為本的「終身學習者」，具有「自主行動」、「溝通互動」、「社會參與」及「終身學習」等四君子之多元學習面貌，及「身心素質與自我精進」、「系統思考與解決問題」、「規劃執行與創新應變」、「符號運用與溝通表達」、「科技資訊與媒體素養」、「藝術涵養與美感素養」、「道德實踐與公民意識」、「人際關係與團隊合作」、「多元文化與國際理解」等項目如同十全大補，是培育學生個人自我精進與社會健全發展的核心素養，一方面，因應社會競爭力需要，學生必須具備「核心素養」，以合乎全球化的發展趨勢並與「國際接軌」；另一方面，本土文化環境是學生成長與生命力的根源，因此「關懷本土」認識本土文化、尊重在地文化是應有的「核心素養」，更是連貫幼兒園、國小、國中、高中／職等教育階段的「共同素養」（蔡清田，2012a），也是統整各領域／科目的「核心素養」（蔡清田，2011b；2012b）。

作者曾界定「核心素養」的定義、理據、架構、內涵、連貫，指出「核心素養」是一系列多元面向組合而成的理念，具有複雜科學理論的複

雜思維之後現代精神，如同DNA（去氧核糖核酸，Deoxyribonucleic Acid
之簡稱）是存在於人體細胞的一種有機化合物，具有高階複雜性的基因密
碼，是人體基因構造的關鍵要素，是由A、G、C、T等四個字母組合而成
的一種具多元面向的複合構念，更是人體細胞所構成的各種複雜器官與組
織系統之構成要素，如同「知識」、「能力」、「態度」與「情境」之統
整，且組織綿密，結構嚴謹，可透過不同組合成為各種不同領域的組織系
統，能同時發揮個別功能與群體組織的系統整合功能（蔡清田，2014）。

　　本書進一步說明「核心素養的課程發展」，論述核心素養的「課程連
貫」（curriculum coherence）與「課程統整」（curriculum integration），
可作為課程改革的DNA，為「十二年國民基本教育」注入新靈魂。本章
「核心素養的課程連貫與課程統整」探討「核心素養」與「十二年國民基
本教育」的「課程連貫」與「課程統整」，強調核心素養的「教育階段」
之連貫，並與「領域／科目」進行統整設計，是各教育階段領域／科目進
行「課程連貫」與「課程統整」的關鍵DNA，可使各教育階段領域／科
目發揮個別功能與群體組織系統的統整功能，如變形金剛，有效因應中小
學課程的「共同性」（commonality）以及「差異性」（diversity），可循
序漸進在幼兒期、兒童期、青少年期與青年期等身心發展階段具體轉化為
幼兒園、國民小學、國民中學、高級中等教育等各「教育階段核心素養」
（education stage core competencies），進而轉化為「領域／科目核心素
養」與「領域／科目學習重點」，達成各教育階段領域／科目的「課程連
貫」與「課程統整」。

　　本章首先強調「核心素養」與「十二年國民基本教育」課程改革之
重要性，論述《十二年國民基本教育課程發展指引》有助於「課程連貫」
與「課程統整」，指出「核心素養」是《十二年國民基本教育課程發展指
引》的核心，可作為《十二年國民基本教育課程綱要》的課程發展主軸，
可達成各教育階段領域／科目之「課程連貫」與「課程統整」（蔡清田，
2011a；蔡清田、洪若烈、陳延興、盧美貴、陳聖謨、方德隆、林永豐、
李懿芳，2012；蔡清田、陳伯璋、陳延興、林永豐、盧美貴、李文富、方
德隆、陳聖謨、楊俊鴻、高新建、李懿芳、范信賢，2013）。

一、「核心素養」與「十二年國民基本教育」課程改革之重要性

《十二年國民基本教育課程綱要總綱》明定「啓發生命潛能」、「陶養生活知能」、「促進生涯發展」、「涵育公民責任」四項「課程目標」，以協助學生學習發展（教育部，2014）。上述課程目標應結合「核心素養」，並考量各教育階段特性的設計，可彌補基本能力的涵蓋範疇不全、區隔不清以及缺漏生活情境重要素養如「道德實踐與公民意識」、「科技資訊與媒體素養」及「藝術涵養與美感素養」等，可因應社會需要，強調促進個體全人發展以及終身學習的培養，可透過《十二年國民基本教育課程綱要總綱》的「教育階段核心素養」，發展各領域課綱之「領域／科目核心素養」及「領域／科目學習重點」轉化落實於各教育階段學校課程實施，具有「全人教育」、「核心素養」、「連貫統整」、「彈性活力」、「多元適性」的特色（洪詠善、范信賢，2015）。

「核心素養」，可促進「個人發展」與「社會發展」，如同課程改革的DNA（蔡清田，2014）。「國民核心素養」一詞，彰顯國民生活所需具備的「核心素養」之重要性，可涵蓋「學科知識」、「基本能力」、「核心能力」、「關鍵能力」等相關名詞，一方面可避免常人誤認「能力」相對於「知識」且忽略「態度」之偏失（蔡清田，2012a），可避免國民中小學九年一貫課程綱要「基本能力」是否適合作爲「課程目標」之爭議，因「能力」本位既非「生命整體」，也非「人之所本」，以其爲思考的課程並未眞正理解教育對於個體與社會的倫理本質（馮朝霖，2016）；另一方面，「核心素養」可培養生活所需素養成爲健全國民，進而培養社會所需人才，更有助於建立功能健全社會，可落實「提升中小學教育品質」與「成就每一個小孩」的願景，達成「培養現代公民素養」的目標（教育部，2012a）。

(一)「核心素養」不僅與個人競爭力有密切關係，更關係到社會競爭力

「核心素養」不僅與個人競爭力有密切關係，更關係到社會競爭力，不僅可提升國民個人競爭力，更可厚植社會競爭力。「核心素養」並非臺

灣獨創，而是世界各國教育改革的趨勢（Joke & Natalie, 2012），「聯合國教育科學文化組織」、「經濟合作與發展組織」及「歐洲聯盟」均重視「核心素養」（Rychen & Salganik, 2003）。這些國際組織會員國，均以投資教育爲優先，並以延長國民教育作爲培育人才之核心議題（曾志朗，2012；Halász & Michel, 2011），透過課程改革進行「全人教育」的培養（陳伯璋，2015；馮朝霖，2016；蔡清田，2017），培養學生獲得生活所需「核心素養」。

就「國際接軌」與「扎根臺灣」而言，「核心素養」，一方面，是根據國際組織研究，如「聯合國教科文組織」於1996年和2003年提出學會求知、學會做事、學會共處、學會自處（學會自我實現）及學會改變等終身學習五大支柱（UNESCO, 2003; 2004a）；2005年「經濟合作與發展組織」提出運用互動工具、異質性團體互動與自主行動等核心素養（OECD, 2005a; 2005b）；2005年「歐盟」提出母語溝通、外語溝通、數學素養與基本科技素養、數位素養、學習如何學習、人際、跨文化與社會素養以及公民素養、創業家精神、文化表達等八項核心素養（EC, 2005a; 2005b）；美國國家研究委員會（National Research Council, NRC）與21世紀技能夥伴聯盟（Partnership for 21st Century Skills）將學生須具備之21世紀技能（21st century Skills），整合於K-12年級的教育內容（NRC, 2010），命名爲「21世紀素養」（21st century competencies）涵蓋認知素養（cognitive competencies）、個人素養（intrapersonal competencies）、人際素養（interpersonal competencies）等三大範疇（NRC, 2011; 2012）；另一方面，依據臺灣的《界定與選擇國民核心素養：概念參考架構與理論基礎研究》（洪裕宏，2011；胡志偉、郭建志、程景琳、陳修元，2008；高湧泉、王道還、陳竹亭、翁秉仁、黃榮棋，2008；陳伯璋、張新仁、蔡清田、潘慧玲，2007；彭小妍、王瓔玲、戴景賢，2008；顧忠華、吳密察、黃東益，2008），彰顯生活需具備核心素養（蔡清田，2011a；2012b）；並參考《中小學課程相關之課程、教學、認知發展等學理基礎與理論趨向》（蔡清田、陳延興、李奉儒、洪志成、曾玉村、鄭勝耀、林永豐，2009）、《中小學一貫課程綱要核心素養與各領域連貫體系研究》（蔡清

田、陳延興、吳明烈、盧美貴、陳聖謨、方德隆、林永豐，2011）、《K-12各教育階段核心素養與各領域課程統整研究》（蔡清田、洪若烈、陳延興、盧美貴、陳聖謨、方德隆、林永豐、李懿芳，2012）、《十二年國民基本教育課程發展指引草案擬議研究》（蔡清田、陳伯璋、陳延興、林永豐、盧美貴、李文富、方德隆、陳聖謨、楊俊鴻、高新建、李懿芳、范信賢，2013），扎根於本土研究。

　　本書之「核心素養」係指一般人民於18歲完成「高級中等教育」時，能在社會文化脈絡中，積極回應情境的要求與挑戰，順利完成生活任務並獲致理想結果，所應具備的全人素養或全方位的素養，同時重視西方社會「人力資源」所需的成功個人生活與功能健全社會之「功能導向」，也更進一步強調以人爲本的教育價值，展現東方社會的人文知識、人才能力與人格態度之「全人教育」（蔡清田，2016），可培養學生融會貫通各種學科素養，並能有效應用於社會生活中，成爲一個完整的「全人」，著眼於因應全球化與在地化、學校內與學校外的環境變遷、過去、現在與未來社會所需的全方位核心素養（陳伯璋、張新仁、蔡清田、潘慧玲，2007），不僅可因應國際化與本土化的社會生活需要（蔡清田，2014），更合乎課程改革學理（蔡清田，2010），一方面呼應了Hirst（1995）主張教育目標是知識、能力與態度的實踐，以學習者爲主體，並根據學生認知、技能、情意的身心發展爲依歸；另一方面回應了《政治、經濟、社會、文化與科技變遷趨勢對K-12課程的影響及啓示》（張茂桂、董秀蘭、王業立、黃美筠、陳婉琪、杜文苓，2011），呼應《國民中小學課程綱要雛型擬議之前導研究》的「國民中小學課程綱要系統圖像之研究」（馮朝霖、范信賢、白亦方，2011），強調整體與部分、系統與環境之間的辯證複雜關係，以有機連結方式呈現其「整體特質」，合乎後現代理論（Slattery, 2013），可藉此建構未來理想社會（洪裕宏，2011；胡志偉、郭建志、程景琳、陳修元，2008；高湧泉、王道還、陳竹亭、翁秉仁、黃榮棋，2008；陳伯璋、張新仁、蔡清田、潘慧玲，2007；彭小妍、王瓈玲、戴景賢，2008；顧忠華、吳密察、黃東益，2008）。

(二)透過「核心素養」的課程發展，可提升學生素養和社會競爭力

透過「核心素養」的課程發展，可培養學生的學科知識、基本能力、核心能力與生活所需素養，可提升學生素養和厚植社會競爭力（教育部，2012a），達成「培養現代公民素養」的目標（蔡清田、陳延興、吳明烈、盧美貴、陳聖謨、方德隆、林永豐，2011；蔡清田、洪若烈、陳延興、盧美貴、陳聖謨、方德隆、林永豐、李懿芳，2012），落實「有教無類」、「因材施教」、「適性揚才」、「多元進路」、「優質銜接」等理念，可由「應試教育」朝向「適性學習」發展，以落實「提升中小學教育品質」、「成就每一個孩子」、「厚植社會競爭力」等願景，以及「精緻、創新、公義、永續」四大目標（教育部，2011c），舒緩學生升學壓力與引導學生適性發展、照顧弱勢學生就學機會與提升整體高中／職之品質、縮小教育落差，因應學生程度差異的現實與生涯發展的需求，回應「差異性」的課程與教學，重視延後課程分流及課程轉換的設計（教育部，2012a；黃政傑，2012；陳伯璋，2012），逐步推動「落實中學生性向探索與生涯輔導，引導多元適性升學或就業」以及「有效舒緩過度升學壓力，引導國中正常教學與五育均衡發展」（教育部，2011b），呼應《國民教育法》第1條國民教育宗旨「養成德、智、體、群、美五育均衡發展之健全國民」。

過去臺灣中小學教育分成前九年的國中小學「義務教育」，以及後三年的「高級中等教育」，但兩者之教育目標和課程內容各有不同法令依據而分開規劃，並未連貫成十二年國民教育課程體系，有必要透過《十二年國民基本教育課程發展指引》（蔡清田、陳伯璋、陳延興、林永豐、盧美貴、李文富、方德隆、陳聖謨、楊俊鴻、高新建、李懿芳、范信賢，2013），將「核心素養」視同「十二年國民基本教育」課程改革DNA，使國民中小學九年一貫課程連貫到高中／職，建立連貫的課程體系。

透過「核心素養」課程發展，進行幼兒園、國小、國中、高級中等教育等校教育階段垂直連貫，統整「領域／科目」課程目標、核心素養與學習重點，可培養「自主行動力」（competencies to act autonomously）、「溝通互動力」（competencies to communicate interactively）、「社會

參與力」（competencies to participate socially）（蔡清田，2014），不僅與「個人競爭力」（individual competitiveness）有密切關係（Au, 2012; Wheelahan, 2012; White, 2011），可培養能解決生活問題且「做人有品德」、「做事有品質」、「生活有品味」的國民（蔡清田，2012a），重視「有品德的生活方式態度」、「有品質的生活態度方式」、「有品味的生活價值」之三品生活（教育部提升國民素養專案辦公室，2013）（可改為「有品德的生活態度」、「有品質的生活方式」、「有品味的生活價值」），協助學生習得「成功的個人生活」並建立「功能健全的社會」（OECD, 2005b），成為「生命為核心」的終身學習者（孫效智，2009），彰顯儒家培養有良好德行的君子，展現有知識有智慧的「人文教育」、有能力會做事的「人才教育」與有品德樂善行的「人格教育」之「全人教育」特色（陳伯璋，2015；傅佩榮，2014；蔡清田，2017）。

(三)2006年臺灣初步完成第一波中小學課程改革，分別微調中小學課程綱要，但是十二年國民基本教育課程的「連貫」與「統整」仍有待完成

1995年臺灣公布《高級中學課程標準》便有「提升高中生人文與科學素養」之說（教育部，1995，599），2003年9月全國教育發展會議達成「階段性推動十二年國民基本教育」之共識，強化中小學課程連貫與統整成為重要教育政策。教育部為統整高中／職共同核心課程及建構課程體系，於2004年完成《後期中等教育共同核心課程指引》，並在2006年發布《中小學一貫課程體系參考指引》（教育部，2006a），揭櫫12歲、15歲、18歲學生的基本能力，強調培養學生能力及適性發展為目標（教育部，2006b），奠定十二年國民基本教育的第一波課綱研發基礎，彌補《國民中小學九年一貫課程綱要》與高中／職課程綱要分別規劃的缺失；但《國民中小學九年一貫課程綱要》儘管標題為「一貫」課程，並未說明實施「一貫」與「統整」的做法，只說明「期讓課程綱要在符應時代之趨勢下，得以更具體可行，且完成中小學課程之橫向統整與縱貫聯繫」（教育部，2008c：2）；並僅在領域一節提及「領域之實施，應掌握統整之精神，並視學習內容之性質，實施協同教學。」（教育部，2008c：8），其

「連貫」與「統整」仍有待落實。

　　依據《中小學一貫課程體系參考指引》，為因應首屆實施《國民中小學九年一貫課程綱要》的學生於94學年度進入高中，因此原預計修訂高中課程綱要於94學年度施行，然時程來不及，且高中／職國文、歷史等課程爭論多，教育部乃順應各界要求將此課綱延至95學年度施行（此即通稱95高中暫行課程綱要），並擬於三年後修訂（亦即98高中課程綱要），教育部分別於2008年修訂《普通高級中學課程綱要》（教育部，2008a）及《職業學校群科課程綱要》（教育部，2008b），惟爭議仍大，又延後一年自99學年度逐年實施（此乃99高中課程綱要），各界對此曾借用微軟公司的window95、98、XP稱此變動不已的高中課程綱要，代表對高中課程的現狀之不滿，需再調整，但卻導致「101高中課綱」與「103高中課綱」的爭議。尤其是，2008年（民國97年）中國國民黨馬英九當選總統執政後，擱置了上述高中課程綱要的國文科與歷史科課綱，另組專案小組進行課程綱要調整，在2012年（民國101年）完成課綱修改對外公布並於2013年（民國102年，101學年度）實施稱為「101高中課綱」；然在「101高中課綱」實施不到一年後，教育部又以進行「錯字勘誤、內容補正及符合憲法之檢核」為由，組成「高級中等學校及國民中小學社會、語文領域檢核工作小組」（以下簡稱「檢核小組」）進行針對高中國文與社會科課綱的「用語微調」，經「檢核小組」改寫後的課程綱要於2013年1月27日經教育部「高級中等以下學校課程審議會」（簡稱課審會）通過，蔣偉寧部長於2014年（民國103年）2月10日公布此「微調」後的課綱，此即為通稱為「103高中課綱」。但，蔡英文政府新任教育部長潘文忠在2016年5月21日上任首場記者會上宣布，因「103高中課綱」參與研修人員代表性不足，程序不正義，引發高中生反黑箱課綱微調運動，決定「廢止103高中國文和社會微調領綱」，但105學年度下學期後，到新課綱上路之前的過渡期，則沿用「101高中課綱」的版本（蔡清田，2017）。

　　《中小學一貫課程體系參考指引》雖同步修訂高中／職課程，在科目與學分數上都朝向配合《國民中小學九年一貫課程綱要》做了相對應調整；教育部也規劃「各類後期中等教育學校學生應具備之共同基本素養」

的「共同核心」課程（教育部，2006a），公布「推動十二年國民基本教育說帖」（教育部，2006b），不僅朝向與《國民中小學九年一貫課程綱要》的縱向銜接；也重視後期中等教育各進路之間的關係，提供各類型課程探索性向，冀能透過課程選修替代分組，從共同課程導向專精學習的漸進歷程、彈性選擇導向不同進路，落實「彈性分流與漸進分化」（行政院教改會，1996）。但過去高中／職「學制分流」與「課程分化」，高中／職和綜合高中課程綱要修訂各自進行，課程結構不一。因此，面對2014年實施「十二年國民基本教育」，18歲前的國民接近全體就學，使得高中／職與五專前三年學生之「差異性」與「共同性」更值得重視，過去培養學術菁英的普通高中課程，並不適用於其他高職與五專前三年的學生，原先高中／職分流設計培育「學術知識菁英」／「發展技職專長」為目標的「差異性」課程，需要強調「共同性」課程，以便高中／職學生可相互轉銜彼此接軌，可同時往上銜接綜合大學、科技大學、四技二專或進入就業市場。但「十二年國民基本教育」的學校制度如仍維持「學制分流」原狀未變，就需顧及高中／職及五專前三年學制上的「差異性」與「共同性」，需將國中小與高中等教育階段進行「課程連貫」與「課程統整」。

(四)中小學課程體系的「共同性」與「差異性」，有待「求同尊異」加以因應

《中小學一貫課程體系參考指引》初步完成第一波中小學課程改革，但「十二年國民基本教育」的「課程連貫」與「課程統整」仍有待完成，主要是過去《中小學一貫課程體系參考指引》雖強調課程體系的「共同性」，卻忽略了中小學課程的「差異性」，未兼顧不同教育階段學校類型課程之領域／科目之「共同性」與「差異性」（Wheelahan, 2012）。這便是為何《十二年國民基本教育課程發展建議書》（國家教育研究院，2014b），建議採一份《十二年國民基本教育課程綱要總綱》，以因應各教育階段的「共同性」與「差異性」：1.共同性部分如一至十二年級國民基本教育課程改革的「修訂背景」、「基本理念」、「課程目標」、「核心素養」、「學習階段」、「課程架構」、「實施要點」等；2.差異性部分如各「教育階段核心素養」與「課程架構」的課程類型及領域／科目劃

分，及在「實施要點」下各教育階段實施原則等。

　　為延續十二年國民基本教育的「共同性」與「差異性」，各領域／科目課程綱要，皆有其個別領綱之「基本理念」、「課程目標」、「時間分配及科目組合」、「核心素養」、「學習重點」、「實施要點」的「課程發展」、「教材編選」、「教學實施」、「教學資源」、「學習評量」及「附錄」等，提供給「學校現場」與「教科書出版單位」在進行課程實踐或教材編輯時，所應遵循的注意事項，重視各領域／科目課程綱要的配套措施，包含教材編選、教學方法、教學資源與設備、教學評量等項目；各領綱附錄則包括「學習重點與領域／科目核心素養呼應之示例」、學習重點的闡釋、核心素養教學與評量案例、專題探究案例、高中多元選修案例、課綱銜接案例，以進行各領域／科目重要內涵運作模擬，提出教師專業發展、教科書審查、學校圖儀設備、法令規範等建議或示例，以建構周延之領域／科目課程綱要。

　　特別是各領域／科目課程綱要之研擬，需參考《十二年國民基本教育課程綱要總綱》、《十二年國民基本教育課程發展指引》（國家教育研究院，2014a），以及《十二年國民基本教育課程發展建議書》（國家教育研究院，2014b）等政府文件，配合十二年國民基本教育之總體規劃及「共同性」需求，並依據「求同尊異」的原則研修各領域／科目課程綱要，改進過去各種課綱分立現象，以因應不同「教育階段」各種學校類型多樣「領域／科目」之「課程內容」（content）、「情境脈絡」（context）及其「人員認知」（cognition）等「差異性」，尤其是「各領域／科目內部的差異性」（intra-area/subject diversity）、「各領域／科目之間的差異性」（inter-area/subject diversity）、「各階段之間的差異性」（inter-stage diversity）、「各系統之間的差異性」（inter-system diversity），這四種層次的「領域／科目內部差異性」、「領域／科目之間的差異性」、「階段之間的差異性」、「系統之間的差異性」，統稱為「課程差異性」（curriculum diversity）或「課程多樣性」，彰顯出後現代課程發展的複雜性，反映其人員認知、課程情境、領域／科目與學校師生互動發展的複雜對話關係（Pinar, 2015）。

　　第一種是「各領域／科目內部的差異性」（intra-area/subject diversity）簡稱「領域／科目內部差異性」，是指國語文、英語文、數學、自然科學、藝術、社會等各「領域／科目內部」（intra-area/subject）的學科基本理念、課程目標、知識結構、研究方法、價值取向及期望學生的學習成果，形成各個領域／科目「內部屬性」「學術造型」之差異性（Pinar, 2011），這些個別領域／科目「內部屬性」的「課程目標」、「核心素養」、「學習重點」（learning keypoint）、「學習內容」（learning content）的要素選擇組織結構、「學習表現」（learning performance）等「學科內部屬性」之差異，形成「領域／科目內部差異性」（inter-subject diversity within the same area）的課程差異，甚至包含學習領域「內部屬性」的科目差異，如自然科學領域「內部屬性」的生物、物理、化學、地球科學等科目之差異，語文領域「內部屬性」的國語文、英語文、與本土語文等科目之差異，社會領域「內部屬性」的地理、歷史及公民與社會等科目之課程差異（蔡清田，2014）。

　　第二種是「各領域／科目之間的差異性」（inter-area/subject diversity）簡稱「領域／科目間之差異性」，是指各「領域／科目彼此之間的親疏關係」，特別是有關「課程內容」、「情境脈絡」及領域／科目「人員認知」之「學科間性」（in-between）的差異，而形成個別科目（subject）各自獨立或聯合結盟成為相關科目（relevant subjects）（如國語文、英語文、本土語文／新住民語文可稱為語文相關科目），或科目之間交集重疊統整成為創新的學習領域（learning areas）或領域（areas），如歷史、地理、公民結合統整成為社會學習領域，生物、物理、化學、地球科學可結合統整成為自然科學領域，上述科目之間既競爭又合作的競合關係，以及其所結合構成的課程統整模式、科際整合方法的差異性，而形成「領域／科目間之差異性」（Pinar, 2013）；各科目之間的關係愈強，愈能組成堅強的聯盟關係，較能抗拒外界干擾，維持較穩定的科目界線與科目彼此之關係；反之各科目之間的關係愈弱化，愈難組成堅強的同盟關係，較難抗拒外在情境變遷，不易成為穩定的科目界線與彼此關係，這些科目間關係形成「領域／科目之間的差異性」的課程差異，而這種「領域

／科目之間的差異性」的課程差異往往是課程學的課程統整研究與統整課程設計的重要課題（蔡清田，2008a）。

　　第三種是「各階段之間的差異性」（inter-stage diversity）簡稱「階段差異性」，是指該領域／科目課程在不同階段，如不同「學年階段」、「學習階段」、「教育階段」、「學校教育階段」等之差異性，特別是各學習年級之間（例如國小一到六年級）、各學習階段之間（例如國小低年級、中年級、高年級）、不同「教育階段」之間（例如學前教育、初等教育、前期中等教育、後期中等教育、高等教育等階段），以及「同一教育階段不同學校類型」（如後期中等教育階段的普通型高中、技術型高中（高職）、綜合型高中與單科型高中）之間所形成的「情境脈絡」差異性，必須因應不同階段學生學習程度差異與學習情境差異及學生生涯發展的未來需求，回應學生所處情境之「差異性」的課程，而形成學前教育階段的幼兒園、初等教育階段的國民小學（包括低年級、中年級、高年級等不同學習階段）、前期中等教育階段的國民中學、後期中等教育階段的高級中學與高級職業學校、高等教育的科技大學與綜合大學、技職教育的五年制專科學校、四年制技術學院或二年制專科等不同學校教育階段的差異，而形成不同「階段差異性」的課程差異。例如：「社會」與「自然科學」在初等教育的小學階段低年級可以合科統整成為「生活領域」；歷史、地理、公民等學習科目在初等教育的小學階段中年級可以合科統整成為「社會領域」；而歷史、地理、公民等學科在中等教育的高中／職階段可聯合成為社會相關科目；歷史、地理、公民等學習科目在大學階段可各自單獨成立成為獨立學科；又如生物、物理、化學、地球科學等學科在初等教育的小學階段中年級可合科統整成為「自然科學領域」，而生物、物理、化學、地球科學等學科在中等教育的高中／職階段可聯合成為自然科學相關科目，生物、物理、化學、地球科學等學科在大學階段可各自單獨成立成為獨立學科。而這些「階段差異性」的課程差異，往往是課程設計如幼小銜接課程、國民中小學九年一貫課程、十二年國民基本教育課程、K-12各教育階段課程、完全中學六年一貫課程、技職一貫課程、學士碩士五年一貫課程、碩士博士一貫課程等課程連貫研究課題（蔡清田，

2014）。

　　第四種是「各系統之間的差異性」（inter-system diversity）簡稱「系統差異性」，是指該領域／科目課程「外部屬性的教育系統」之差異，特別是屬於存在於不同層次／面向不同系統的「人員認知」（cognition）之差異性，如學者團體的學術理念、政府主管部門的政策方針、社會大眾的輿論觀感、民間出版社的書商市場利益、學生家長的權力利益、教師教學的實務考量、學生學習的習慣方式、升學考試的評量系統設計等不同層次／面向課程系統之間所形成的「差異性」（Pinar, 2013），而形成理念建議的課程、政府正式規劃的課程、資源支持的課程、教師實施教導的課程、學生學習獲得的課程、評量考試的課程、評鑑研究的課程等不同層次／面向的課程系統（蔡清田，2016），且每一個層次／面向的課程系統都有其獨特性，而形成「系統差異性」的課程差異，這些「系統差異性」是課程連貫與統整所應重視之重要課題（蔡清田，2015）。

　　上述這些「各領域／科目內部的差異性」、「各領域／科目之間的差異性」、「各階段之間的差異性」、「各系統之間的差異性」，形成不同層次／面向的課程「差異性」，是各級各類課程必須因應的「差異性」，代表了課程思考愈多元，課程面貌也愈豐富，形成了不同領域／科目、不同教育階段、不同課程系統面向及「課程差異性」（蔡清田，2016），課程研究發展人員如能有更多元的思考，將有助於《十二年國民基本教育課程綱要》進行不同層次面向的「課程連貫」及「課程統整」。過去高中／職的課程欠缺與國中小課程的垂直連貫設計，欠缺各領域／科目課程之整體規劃，缺乏共同核心素養之培育，尤其是高中／職與綜合高中等後期中等教育課程，彼此之間缺乏統整（吳清山、高家斌，2005），未能培養此教育階段的不同性質學校學生獲得共同具備的素養，不僅造成學生轉學的困難，更導致後期中等階段學生缺乏核心素養。

　　上述不同層次面向的課程「差異性」，除了「求同尊異」之外，可透過「十二年國民基本教育」核心素養的課程發展，並結合課程學者與領域科目專家與教育系統不同部門人員相互交流，共同合作建立不同部門的「立體交流道」，橋接其「差異性」以縮小差距，形成「立交橋」（而非

斷頭橋）。是以當前國民中小學、高中／職等各教育階段課程綱要及各領域／科目／群科綱要，須考量「十二年國民基本教育」整體規劃的需要，必須釐清課程綱要的基本理念、課程目標、核心素養、學習階段的「課程共同性」之重要範疇，有些技術面可透過現行高中課務發展工作圈／學科中心、職業學校群科課程規劃工作圈／各群科中心、國民中小學課程與教學輔導群等進行檢視、修正或調整，如2014年高中／職課綱微調目的在提供適性教材給不同性向的學生，以因應十二年國教強調「適性發展」，並著重橫向聯繫，調整數學、物理、生物等科目單元順序，將高職數學分成數個版本，呼應「因材施教」的理想。

　　高中／職和綜合高中等學校課程，應從「十二年國民基本教育」的「高級中等教育」角度重新思考，期能在「差異性」之中尋求「共同性」（蔡清田，2016），建立多元且彈性的高級中等學校課程，適性引導不同學生，而不只是把學生塞進原有的高中／職學校課程型態，「十二年國民基本教育」課程改革挑戰在於如何讓幼兒園、國民小學、國民中學、高級中等教育等階段的課程連貫，而不致產生課程內容不當重複，無法在深度及廣度上有效區分。特別是過去的高一生物、歷史、地理、地球科學，部分內容和國中重複；但化學、物理、數學和英文則剛好相反，國中課程難以銜接高中課程；為了銜接高一基礎化學，須在暑期上先修銜接課程的分子式、化學反應式、週期表、晶體分類與作用力；為了銜接高一基礎物理，須在暑期以國中物理加以延伸，加強直線運動、相對運動、靜力平衡、牛頓運動；為了銜接高一基礎物理，高一數學須先在暑期先上銜接課程的三角函數、平面向量、實數分析；為了銜接高一英文，須在暑假針對動詞種類與五大句型、假設法種類以縮短國高中課程落差。

　　由於過去臺灣高中／職課程在深度與廣度出現跳躍，國中生進入高中／職易出現不易銜接的脫節現象，因此國民中小學九年一貫課綱與高中／職課程綱要宜再調整，以因應國高中課程重疊與落差之議題，實有必要進行十二年國民基本教育課程的整體設計。如果「十二年國民基本教育」在於提升人民素養與社會競爭力，必須透過《十二年國民基本教育課程綱要》設計出一套能提升素養又能厚植社會競爭力的課程，並妥善處理各教

育階段課程內容重複或脫節問題，有效因應中小學課程的「共同性」與「差異性」。特別是，長久以來許多學校爲了應付升學考試而降低了學生對社會貢獻的期待，可透過連貫統整的《十二年國民基本教育課程綱要》，適用各教育階段與各類型學校並跨越教育階段與跨越領域／科目的「共同性」，以滿足不同類型學生學習需求。這些需要以核心素養爲課程設計核心的《十二年國民基本教育課程發展指引》之規劃，以確保課程連貫與統整。

二、《十二年國民基本教育課程發展指引》的重要性

行政院於2011年9月20日核定《十二年國民基本教育實施計畫》，其工作之一乃研擬《十二年國民基本教育課程發展指引》，強化十二年國民基本教育「課程發展」的縱向連貫及橫向統整。國家教育研究院（簡稱國教院）爲建構永續的課程研究發展機制，於2008年起陸續啓動中小學課程發展基礎性研究，爲課程發展奠立研究基礎，並於2013年11月完成《十二年國民基本教育課程發展建議書》與《十二年國民基本教育課程發展指引》兩份文件，作爲研修《十二年國民基本教育課程綱要總綱》之重要依據。國教院並於2013年1月成立「十二年國民基本教育課程研究發展會」（簡稱國教院課發會），徵求課程研發機構、教育行政機關、大學校院、中小學學校教師及教育團體等代表共同參與，負責課程綱要的研議、規劃、整合與決策工作；2013年6月爲建構完善的分層負責組織，又在國教院課發會組織下成立「十二年國民基本教育課程綱要總綱研修小組」，其下分爲「國小組」、「國中組」、「高中組」、「職校及綜高組」，「特殊類型教育組」，各負責其所屬範圍之《十二年國民基本教育課程綱要總綱草案》研修工作，定期召開總綱研修工作計畫團隊會議、核心會議、小組會議、全體代表委員會議與課發會，並於2014年2至3月陸續辦理北、中、南、東、離島地區等10場次的公聽會，同步設立網路論壇，廣徵社會大眾意見。國教院課發會及「十二年國民基本教育課程綱要總綱研修小組」根據公聽會及各項公眾意見，召開各項工作及會議修訂草案，並於

2014年5月起送交教育部課程審議委員會（簡稱課審會）進行審議，歷經多次課審會之討論修訂，於2014年11月28日由教育部正式發布《十二年國民基本教育課程綱要總綱》。同時國教院與技術及職業教育司於2014年6月起，依據《十二年國民基本教育課程綱要總綱》，陸續組成各領域／科目／群科課程綱要研修小組，啟動各領域／科目／群科課程綱要研修工作，歷經多次國教院課發會之討論修訂，陳報教育部課審會審議。

　　值得注意的是《十二年國民基本教育課程發展建議書》、《十二年國民基本教育課程發展指引》與《十二年國民基本教育課程綱要總綱》及各領域／科目課程綱要，皆希望落實十二年國民基本教育「核心素養」的理念，而核心素養與各領域／科目有關，但並非一一對應的關係。換言之，某項核心素養可能與某些領域／科目有較密切的關係（詳見本書第二、三、四章），因此《十二年國民基本教育課程發展指引》建議以國小、國中及高級中等學校的一般領域／科目為主要適用對象，而技術型、綜合型及單科型高中的專業科目則可彈性參考，以因應課程的「差異性」，兼顧各「領域／科目」的「共同性」及「差異性」，可供「十二年國民基本教育課程研究發展會」、「十二年國民基本教育課程綱要總綱研修小組」、「各領域／科目課程綱要研修小組」、「教育部課程審議委員會」，研發與審查課程綱要與學校課程發展的參考，如圖1.3顯示《十二年國民基本教育課程發展指引》與《十二年國民基本教育課程發展建議書》、《十二年國民基本教育課程綱要總綱》、領域／科目課程綱要之間的關係。

　　過去幼兒教育、初等教育、前期中等教育、後期中等教育等教育階段課程分屬不同司處管轄負責未能事權統一，國民中小學課程由教育部國民教育司負責，普通高中課程由中等教育司負責，職業學校課程由技術職業教育司負責，並採臨時任務編組方式，邀請學者專家、實務教師、行政人員與各界相關代表研擬課程綱要。然因採臨時任務編組，不易長期累積課程研發經驗，未能共同針對《十二年國民基本教育課程綱要》進行整體規劃，造成各教育階段課程脫節（蔡清田，2012a），如國民教育司2012年10月5日公布《幼兒園教保活動課程大綱》自2011年8月1日生效（教育部，2012b）、2008年修訂《國民中小學九年一貫課程綱要》自2011年

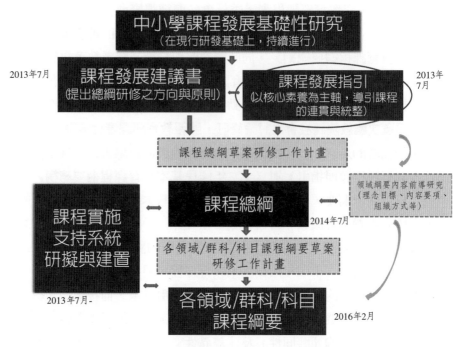

☆圖1.3 十二年國民基本教育課程綱要研發架構

資料來源：修改自十二年國民基本教育課程發展指引草案擬議研究（國家教育研究院
　　　　委託研究報告）（頁2），蔡清田、陳伯璋、陳延興、林永豐、盧美貴、
　　　　李文富、方德隆、陳聖謨、楊俊鴻、高新建、李懿芳、范信賢，2013，嘉
　　　　義縣：國立中正大學課程研究所。

逐年實施（教育部，2008c）、中等教育司2008年修訂《普通高中課程綱
要》自2010年開始實施（教育部，2008a）、技術職業教育司修訂《職業
學校群科課程綱要》自2010年開始實施（教育部，2008b）、《綜合高級
中學課程綱要》自2011年逐年實施（教育部，2009），各課綱公布期程前
後不一，實施期程未能銜接，未能落實課程連貫。因此，如何進行十二年
國教課程綱要整體規劃，以利「十二年國民基本教育」課程連貫，達成提
升中小學教育品質、成就每一個孩子、厚植社會競爭力等願景，值得重視
（教育部，2012a；蔡清田，2012b）。

　　《中華民國教育報告書》主張：「成立專責組織，積極推動十二年
國民基本教育，包括修訂相關法規、研發中小學連貫與統整之課程」（教

育部，2011b：21）。教育部（2011a）及國家教育研究院皆邀集專家討論〈十二年國民基本教育實施計畫——子計畫「建置十二年一貫課程體系方案」修訂草案〉，且2011年9月20日行政院發布院臺教字第1000103358號函核定《十二年國民基本教育實施計畫》，其配套措施「建置十二年國民基本教育課程體系方案」之具體目標：1.研定K-12年級課程發展建議書，以引導課程連貫與統整。2.研定各教育階段核心素養（內含基本能力）及《十二年國民基本教育課程發展指引》，提供各級各類課程綱要研發與修訂之基礎。3.研定及審議K-12年級／各教育階段課程綱要，作為中小學一貫課程體系的主要依據。4.強化課程發展機制與支持系統，以落實K-12年級課程實施（教育部，2011d）。行政院2013年3月1日院臺教揆字第1010079097號函核定修正後的《十二年國民基本教育實施計畫》，其中配套方案之一為「建置十二年國民基本教育課程體系方案」；《十二年國民基本教育課程發展建議書》及《十二年國民基本教育課程發展指引》為其重要項目，特別是《十二年國民基本教育課程發展指引》是作為十二年國民基本教育課程發展的先期工程藍圖，分階段引導後續的《十二年國民基本教育課程綱要總綱》與各領域／科目綱要之課程發展，係以2008年的中小學課程發展相關基礎研究為基礎，並參考國內外相關教育政策白皮書、歷年課程標準／綱要，及相關教育法令，建議研修《十二年國民基本教育課程綱要總綱》的「理念目標」、「核心素養」、「課程架構」、「實施要點」等內涵方向。

　　《十二年國民基本教育課程發展建議書》主要在提出《十二年國民基本教育課程綱要總綱》研修方向與原則，而非硬性規定各領域／科目內容，《十二年國民基本教育課程發展指引》則以「核心素養」為主軸，作為各領域／科目課程綱要發展的基礎，引導《十二年國民基本教育課程綱要總綱》及其與領域／科目課程綱要之間的課程連貫統整，並指引各領域／科目綱要具體研發各領域／科目的核心素養、學習重點等具體內涵（蔡清田、陳伯璋、陳延興、林永豐、盧美貴、李文富、方德隆、陳聖謨、楊俊鴻、高新建、李懿芳、范信賢，2013），學科專家與課程專家可針對該領域／科目課程特性、各教育階段需要，進一步發展各領域／科目課程內

容。

　　《十二年國民基本教育課程發展指引》，係以科技部（洪裕宏，2011；陳伯璋、張新仁、蔡清田、潘慧玲，2007）與國教院進行的「核心素養」相關研究為基礎（蔡清田、陳延興、吳明烈、盧美貴、陳聖謨、方德隆、林永豐，2011；蔡清田、陳延興、盧美貴、陳聖謨、方德隆、林永豐、李懿芳，2012；蔡清田、陳伯璋、陳延興、林永豐、盧美貴、李文富、方德隆、陳聖謨、楊俊鴻、高新建、李懿芳、范信賢，2013），提出核心素養架構內涵、再轉化到《十二年國民基本教育課程綱要總綱》各「教育階段核心素養」及「領域／科目核心素養」，指引「核心素養與領域／科目的關係」、「核心素養轉化到總綱與各領域／科目綱要的層次」、「領域／科目核心素養及學習重點編碼方式」等內容，具體說明核心素養在課程綱要的轉化與實踐方式，並考量領域／科目的理念與目標，呼應核心素養以發展及訂定「各領域／科目核心素養」及「各領域／科目學習重點」，因應課程的「共同性」與「差異性」，指引各領域／科目課程綱要的研修工作，達成十二年國民基本教育以學生主體的課程連貫與統整。

(一)《十二年國民基本教育課程發展指引》的規劃

　　《十二年國民基本教育課程發展指引》此一「指引」（名詞），是十二年國民基本教育課程發展的先期基礎工程，可奠定並「引導」未來十二年國民基本教育課程的研究發展方向，以《十二年國民基本教育課程發展指引》的「核心素養」為「指引」（動詞），可「指引」《十二年國民基本教育課程綱要總綱》及各《領域／科目課程綱要》的後續課程發展，以因應各教育階段領域／科目課程的「共同性」與「差異性」。

　　《十二年國民基本教育課程發展指引》的內文，首先是關於十二年國民基本教育課程發展指引的緣起、定位、目標，核心素養的定義、內涵及其在各教育階段的連貫，核心素養與各領域／科目的關係；其次是核心素養轉化到《十二年國民基本教育課程綱要總綱》與各領域／科目綱要的層次及編碼，進而指出其實踐，引導課程綱要的研發，以利轉化為教師教學、教科用書、學生學習、學習評量、行政支持、家長參與、社會配合之

參考，延續《中小學一貫課程體系參考指引》（教育部，2006）、《普通高中課程綱要》（教育部，2008a）、《職業學校群科課程綱要》（教育部，2008b）、《國民中小學九年一貫課程綱要》（教育部，2008c）、《綜合高級中學課程綱要》（教育部，2009）。因前述不同時間修訂的課綱實施期程未能銜接，未能落實課程連貫，且前述《中小學一貫課程體系參考指引》已過時而失去引導功能，須透過《十二年國民基本教育課程發展指引》，達成「十二年國民基本教育」的課程連貫。尤其是學者指出國民中小學九年一貫課程的問題是基本能力含糊不清，尤其是基本能力與各領域之間的轉化缺乏邏輯關係，不僅部分能力指標過於抽象且語意不清，能力指標轉化不合邏輯，難進行教科書設計與教室教學運作，難落實到學生學習經驗中（李宜玫、王逸慧、林世華，2004；林吟霞，2009；鄭雅豐、陳新轉，2011；馮朝霖、范信賢、白亦方，2011；蔡清田、陳延興、李奉儒、洪志成、曾玉村、鄭勝耀、林永豐，2010；蔡清田、陳延興、吳明烈、盧美貴、陳聖謨、方德隆、林永豐，2011），宜就此改進。

　　蔡清田、陳延興、吳明烈、盧美貴、方德隆、陳聖謨、林永豐（2011）完成《K-12中小學課程綱要的核心素養與各領域之連貫體系研究》，蔡清田、陳延興、盧美貴、方德隆、陳聖謨、林永豐、李懿芳（2012）完成《K-12各教育階段核心素養與各領域課程統整研究》，並以「核心素養」作為《十二年國民基本教育課程發展指引》垂直連貫各教育階段核心素養與水準統整各領域／科目學習內容的核心要素，改善目前幼兒園、國中小、高中／職階段等彼此分離不連貫的分散式課程規劃，進行十二年國民基本教育課程縱向連貫及橫向統整。

(二)指引《十二年國民基本教育課程綱要》之研議

　　面對不斷變遷的全球化、本土化以及多元文化的複雜關係，需要發展出更能回應並引導社會變遷，且能有效銜接不同教育階段和不同領域／科目的「十二年國民基本教育」新課程，以因應課程的「共同性」與「差異性」，引導學生多元適性發展（張茂桂、董秀蘭、王業立、黃美筠、陳婉琪、杜文苓，2011），可參考國內外課程改革經驗，思考整體基本教育目的與課程重點，深入探究國民教育階段相關課程綱要內部及課綱之間的

連貫（陳伯璋，2010a），依《幼兒教育及照顧法》、《國民教育法》、《高級中學法》、《職業學校法》的授權，審酌《高級中等教育法》條文的相關規定，審慎研發審議課程綱要，以符合課程學理發展趨勢與世界潮流。

　　為達上述目的，《十二年國民基本教育課程綱要總綱》係以相關教育法令為根據，秉持「素養導向、多元適性、彈性活力、連貫統整、配套整合」的原則進行研修，並以《十二年國民基本教育課程發展指引》與《十二年國民基本教育課程發展建議書》為主要基礎，提出課程發展方向與原則，特別是依據《十二年國民基本教育課程發展指引》提出核心素養作為課程連貫統整的主軸，並參照《教育部提升國民素養專案計畫報告書》提出面對未來生活及工作所需要的語文、數學、科學、數位、教養／美感等素養作為課程發展的基礎，作為《十二年國民基本教育課程綱要》的重要參考依據，倡導國民所需高層次知能與生活情境相結合之素養，可與《十二年國民基本教育課程發展指引》的理念目標相結合。《十二年國民基本教育課程綱要總綱》提出核心素養架構內涵，強調三面九項的核心素養作為課程發展的主軸，而《教育部提升國民素養專案計畫報告書》則強調教育作用結果，提出國民素養可用以作為學生受教成果的調查。《教育部提升國民素養專案計畫報告書》各素養向度研究計畫提出的內涵、願景與目標，可與未來「十二年國民基本教育」領域／科目／群科課程目標與實施要點等結合，例如：目前「語文素養」強調應加入功能性觀點貫穿課程，「數學素養」強調運用數位科技解決數學問題，「科學素養」強調探索式動手做，「數位素養」強調應用程式創作等（教育部提升國民素養專案辦公室，2013），這些都需要經過專業研發、公眾討論及多元審議，尋求各界共識後，再融入《十二年國民基本教育課程綱要》。

　　《十二年國民基本教育課程綱要》之規劃，需以十二年國民基本教育願景作為架構（吳清山，2011），一方面考量既有《國民中小學九年一貫課程綱要》、《普通高中課程綱要》、《職業學校群科課程綱要》、《綜合高中課程綱要》，方能呼應「建置十二年國民基本教育課程體系方案」之重要性；另一方面需前瞻國際研究發展趨勢（陳伯璋，2010b），參考

國際課程改革趨勢，統整《臺灣政治、經濟、社會、文化與科技變遷趨勢對K-12課程的影響及啓示》之研究（張茂桂、董秀蘭、王業立、黃美筠、陳婉琪、杜文苓，2011）、《界定與選擇國民核心素養：概念參考架構與理論基礎研究》、《能教學之適文化國民核心素養研究》、《國民自然科學素養研究》、《全方位的國民核心素養之教育研究》、《人文素養研究》、《我國國民歷史、文化及社會核心素養之研究》等理論基礎（洪裕宏，2011；胡志偉、郭建志、程景琳、陳修元，2008；高湧泉、陳竹亭、翁秉仁、黃榮棋、王道還，2008；陳伯璋、張新仁、蔡清田、潘慧玲，2007；彭小妍、王璦玲、戴景賢，2008；顧忠華、吳密察、黃東益，2008），及《中小學課程相關之課程、教學、認知發展等學理基礎與理論趨向》（蔡清田、陳延興、李奉儒、洪志成、曾玉村、鄭勝耀、林永豐，2009）、《中小學一貫課程綱要核心素養與各領域連貫體系研究》（蔡清田、陳延興、吳明烈、盧美貴、陳聖謨、方德隆、林永豐，2011）、《K-12各教育階段核心素養與各領域課程統整研究》（蔡清田、洪若烈、陳延興、盧美貴、陳聖謨、方德隆、林永豐、李懿芳，2012），《國民中小學課程綱要雛型擬議之前導研究》之《國民中小學課程綱要系統圖像之研究》（馮朝霖、范信賢、白亦方，2011），強調課程連貫與統整的「優質銜接」（蔡清田、陳伯璋、陳延興、林永豐、盧美貴、李文富、方德隆、陳聖謨、楊俊鴻、高新建、李懿芳、范信賢，2013）。

三、「核心素養」作為「十二年國民基本教育」課程發展的核心之重要性

就「核心素養」作爲「十二年國民基本教育」課程發展的核心之重要性而言，「核心素養」可爲「十二年國民基本教育」注入新靈魂，成爲《十二年國民基本教育課程發展指引》的核心（蔡清田、陳伯璋、陳延興、林永豐、盧美貴、李文富、方德隆、陳聖謨、楊俊鴻、高新建、李懿芳、范信賢，2013），可作爲課程改革的DNA（蔡清田，2014），指引《十二年國民基本教育課程綱要》的發展，以「核心素養」爲課程組織主

軸，作為連貫與統整的依據，達成課程、教學與評量之一致，呼應「以人為主體」的統整思維，培養兼具在地關懷與全球視野的學生素養（教育部，2011b）。

　　為強化十二年國民基本教育課程發展的連貫及統整，《十二年國民基本教育課程發展指引》提出「核心素養」作為課程發展與設計的主軸，除了參考我國與國際間之知識、科技、社會、經濟、文化變遷及課程改革趨勢之外，參酌國內外中小學課程綱要發展相關研究報告與學生學習成就資料庫以作為研修基礎，如「中華民國教育白皮書」、「教育部人才培育白皮書」、「提升國民素養專案報告書」、臺灣學生學習成就評量資料庫（Taiwan Assessment of Student Achievement，簡稱TASA）、國際學生評量計畫（Programme for International Student Assessment，簡稱PISA）、國際數學與科學教育成就調查（Trends in International Mathematics and Science Study，簡稱TIMSS）、「十二年國民基本教育領域綱要內容之前導研究」等；尤其是參考國內外相關研究擬定其架構及內涵，例如聯合國教育科學文化組織在2003年出版《開發寶藏：願景與策略2002–2007》提出終身學習的五大支柱；經濟合作與發展組織於2005年《核心素養的界定與選擇》提出運用互動工具、異質性團體互動與自主行動等核心素養，歐盟執委會2005年發表《終身學習核心素養：歐洲參考架構》，提出八項促進終身學習的核心素養內容；科技部曾委託學者於2008年完成《界定與選擇國民核心素養》研究，國家教育研究院亦分別於2011年完成《K-12中小學課程綱要的核心素養與各領域之連貫體系研究》、2012年完成《K-12各教育階段核心素養與各領域課程統整研究》、2013年完成《十二年國民基本教育課程發展指引擬議研究》等相關研究。

　　《十二年國民基本教育課程發展指引》以「核心素養」為主軸，進行課程連貫及統整，呼應十二年國民基本教育「成就每一個孩子」的願景，透過結合生活情境統整學習和運用，讓學生潛能得以適性開展，成為學會學習的終身學習者，進而能運用所學、善盡公民責任，使個人生命及整體社會生活更為美好（蔡清田、陳伯璋、陳延興、林永豐、盧美貴、李文富、方德隆、陳聖謨、楊俊鴻、高新建、李懿芳、范信賢，2013）。因

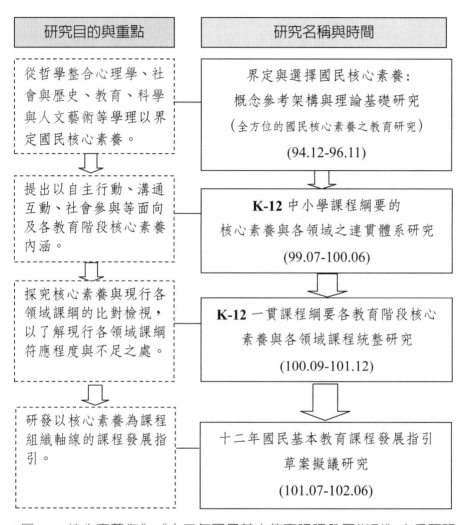

研究目的與重點	研究名稱與時間
從哲學整合心理學、社會與歷史、教育、科學與人文藝術等學理以界定國民核心素養。	界定與選擇國民核心素養： 概念參考架構與理論基礎研究 （全方位的國民核心素養之教育研究） (94.12-96.11)
提出以自主行動、溝通互動、社會參與等面向及各教育階段核心素養內涵。	K-12 中小學課程綱要的 核心素養與各領域之連貫體系研究 (99.07-100.06)
探究核心素養與現行各領域課綱的比對檢視，以了解現行各領域課綱符應程度與不足之處。	K-12 一貫課程綱要各教育階段核心素養與各領域課程統整研究 (100.09-101.12)
研發以核心素養為課程組織軸線的課程發展指引。	十二年國民基本教育課程發展指引草案擬議研究 (101.07-102.06)

✿圖1.4　核心素養作為《十二年國民基本教育課程發展指引》之重要研究沿革

資料來源：修改自十二年國民基本教育課程發展指引草案擬議研究（國家教育研究院委託研究報告）（頁1），蔡清田、陳伯璋、陳延興、林永豐、盧美貴、李文富、方德隆、陳聖謨、楊俊鴻、高新建、李懿芳、范信賢，2013，嘉義縣：國立中正大學課程研究所。

此，可將「核心素養」視爲十二年國民基本教育課程改革的DNA（蔡清田，2014），促成幼兒園、國小、國中、高級中等教育「課程連貫」，依據「求同尊異」的原則兼顧各教育階段「領域／科目」的「共同性」及「差異性」，以因應「各領域／科目內部的差異性」、「各領域／科目之間的差異性」、「各階段之間的差異性」、「各系統之間的差異性」等「課程差異性」，循序漸進在幼兒期、兒童期、青少年期與青年期等階段具體轉化成爲各「教育階段核心素養」、「領域／科目核心素養」與「領域／科目學習重點」（蔡清田，2014），建立課程的連貫性與統整性（黃光雄、蔡清田，2015）。

　　「核心素養」是建立在國內外相關研究基礎上，包括聯合國教科文組織、經濟合作與發展組織、歐盟等國際組織及各國學者倡導的「核心素養」之理念；國內包括科技部與教育部相關「核心素養」的研究基礎之上，本文特別就(一)延續第一代「核心素養」研究成果：界定與選擇國民核心素養；(二)充實第二代「核心素養」研究成果：垂直連貫各「教育階段核心素養」；(三)進行第三代「核心素養」研究發展：水準統整各個教育階段領域／科目課程;(四)十二年國民基本教育課程發展指引草案擬議研究，進一步探究核心素養的各教育階段課程發展理據，及核心素養與各教育階段領域／科目的關係等。

(一)延續第一代「核心素養」研究成果：界定與選擇國民核心素養

　　第一代「核心素養」研究成果《界定與選擇國民核心素養：概念參考架構與理論基礎研究》（簡稱臺灣DeSeCo）（洪裕宏，2011；胡志偉、郭建志、程景琳、陳修元，2008；高湧泉、王道還、陳竹亭、翁秉仁、黃榮棋，2008；陳伯璋、張新仁、蔡清田、潘慧玲，2007；彭小妍、王瓔玲、戴景賢，2008；顧忠華、吳密察、黃東益，2008），從哲學與理論面向探討整體計畫的概念架構與一致性，用以修正「經濟合作與發展組織」之《核心素養的界定與選擇》（Definition and Selection of Competencies，簡稱DeSeCo）的結論，建立「核心素養」的理論基礎。這參考國內外學者研究之成果報告，並說明經濟合作與發展組織以及西方學者倡導key competencies之理念，相當接近於我國學者倡導「核心素養」之理念，一

方面可彰顯「素養」的核心地位，另一方面並可涵蓋「基本能力」、「核心能力」或「關鍵能力」等範疇（洪裕宏，2011；胡志偉、郭建志、程景琳、陳修元，2008；高湧泉、陳竹亭、翁秉仁、黃榮棋、王道還，2008；陳伯璋、張新仁、蔡清田、潘慧玲，2007；彭小妍、王瓊玲、戴景賢，2008；顧忠華、吳密察、黃東益，2008）。

《界定與選擇國民核心素養：概念參考架構與理論基礎研究》，提出「國民核心素養」的架構，界定與選擇國民核心素養的內涵，並從分析「核心素養」的理念、理想社會的基本假設、積極人生與運作良好社會的內涵與背後之假定，採用哲學理論面向探討整體研究計畫的概念架構，提出「能使用工具溝通互動」、「能在社會異質團體運作」、「能自主行動」、「展現人類的整體價值並建構文明的能力」四維架構，期待養成「國民核心素養」，進而實現積極人生，使社會整體運作更為良好。其中陳伯璋、張新仁、蔡清田、潘慧玲（2007）所界定的核心素養架構，使用問卷調查法以了解學校行政人員、學校教師、學生家長，和教育專家學者對核心素養進行調查；透過小組研討進行核心素養的建構與修訂，歸納選出未來生活所需的三組核心素養，茲將其架構與具體內涵整理歸納為表1.1國民核心素養架構內涵：「能使用工具溝通互動」、「能在社會異質團體運作」、「能自主行動」之三面架構「核心素養」。

陳伯璋、張新仁、蔡清田、潘慧玲（2007）界定「核心素養」是指一般臺灣人民於18歲完成中等教育時，能在臺灣的社會文化脈絡中，積極地回應情境中的要求與挑戰，順利完成生活任務，獲致美好的理想結果之所應具備的素養，例如反省能力、閱讀理解、溝通表達、解決問題、協同合作、處理衝突、創新思考、獨立思考、多元包容、主動探索與研究、組織與規劃能力、使用科技資訊、學習如何學習、審美能力、國際理解、社會參與與責任、為自己發聲、數學概念與技術運用、了解自我、尊重與關懷。上述研究指出，進行「核心素養」之研究已刻不容緩，以便能及時與國際接軌，透過課程改革培養「核心素養」（陳伯璋，2010a；2010b；2010c）。然而上述「核心素養」之架構內涵有三面二十項之多，仍有待進一步轉化成為「幼兒教育」、「初等教育」、「前期中等教育」、「後

✿表1.1　國民核心素養架構內涵（陳伯璋、張新仁、蔡清田、潘慧玲，2007）

國民核心素養的三面架構	國民核心素養的二十項內涵
能自主行動	反省能力 問題解決 創新思考 獨立思考 主動探索與研究 組織與規劃能力 為自己發聲 了解自我
能使用工具溝通互動	閱讀理解 溝通表達 使用科技資訊 學習如何學習 審美能力 數的概念與應用
能在社會異質團體運作	團隊合作 處理衝突 多元包容 國際理解 社會參與與責任 尊重與關懷

期中等教育」等教育階段核心素養（蔡清田，2011a；2011b；2011c），以便進行課程連貫（蔡清田，2011d），進而與各領域／科目課程進行統整，達成課程連貫與統整（蔡清田，2011e）。

(二)充實第二代「核心素養」研究成果：垂直連貫各「教育階段核心素養」

第二代「核心素養」研究成果是依據《K-12中小學一貫課程綱要核心素養與各領域連貫體系研究》（蔡清田、吳明烈、盧美貴、方德隆、陳聖謨、林永豐、陳延興，2011），垂直連貫幼兒園、國小、國中、高級中等教育四個關鍵「教育階段核心素養」，強調以終身學習者為主體，進而培養「溝通互動」、「社會參與」、「自主行動」三面向能均衡發展的

健全國民，垂直連貫各「教育階段核心素養」，進而發展呼應核心素養之K-12年級領域／科目課程，將柯華葳、劉子鍵、劉旨峰（2005）《18歲學生應具備基本能力研究》延伸到幼兒園教育階段，並接軌18至65歲公民的閱讀、數學、科學等素養研究。這是透過國內外文獻探討、經過各教育階段學者專家德懷術研究調查、多次整合型研究團隊課程慎思與採納學者專家審查意見等方法界定的核心素養，亦即「社會參與」、「溝通互動」、「自主行動」三面向之「符號運用與溝通表達」、「科技資訊與媒體素養」、「藝術涵養與美感素養」、「道德實踐與公民意識」、「人際關係與團隊合作」、「多元文化與國際理解」、「身心素質與自我精進」、「系統思考與解決問題」、「規劃執行與創新應變」等九項「核心素養」，因應臺灣當前社會與未來生活世界所需之核心素養，其中「道德實踐與公民意識」的核心素養項目內涵說明了道德實踐是公民意識的上位概念，國民要先成為能道德實踐的人，再成為有公民意識的國民。而且《十二年國民基本教育課程發展建議書》指出十二年國民基本教育課程關注連貫與統整，國民中小學教育以培養五育均衡發展之身心健全國民為宗旨，且應強化生活教育，並做好繼續後期中等教育的準備，後期中等教育階段的課程應隨著社會時代及國民教育政策之變遷而調整，後期中等教育應接續九年國民義務教育，在健全國民培養的基礎上，把握「陶冶青年身心、培養健全公民、發展學生潛能」的原則，並在課程規劃上注意垂直連貫與水準統整。

　　核心素養依照個體身心發展階段各有其具體內涵，依序分為幼兒園、國小、國中及高級中等教育等教育階段，是以接受國民教育的學生需要透過學校教育循序漸進習得國民應具備的核心素養（教育部，2012a）。此處就十二年國民基本教育的完整圖像而言，強調培養以人為本的「終身學習者」，並以此為基礎建構出幼兒園、國小、國中及高級中等教育等關鍵「教育階段核心素養」之「階段性」，頗能彰顯發展心理學的「認知發展論」（Piaget, 1932）與「階段發展任務」（Erickson, 1950; Murray, 2003），呼應《國民核心素養：十二年國教課程改革的DNA》一書第四章圖4.3「國民核心素養」的滾動圓輪意象（蔡清田，2014），強調其「階段

任務」之動態發展，而非6歲、12歲、15歲、18歲等各點靜態區分，可以人為主體的生命教育詮釋終身學習者的核心素養內涵（孫效智，2009），進行幼兒教育、初等教育、前期中等教育、後期中等教育等階段課程的「連貫」與「統整」（蔡清田，2011e），合乎《國民教育法》（2011年11月30日修正公布）第7條「國民小學及國民中學之課程，應以民族精神教育及國民生活教育為中心，學生身心健全發展為目標，並注重其連貫性」，也合乎《高級中等教育法》（2013年6月27日立法院三讀通過）第1條「高級中等教育，應接續九年國民教育，以陶冶青年身心，發展學生潛能，奠定學術研究或專業技術知能之基礎，培養五育均衡發展之優質公民為宗旨」，將原先幼兒園、國中小、高中／職分段規劃的課程加以連貫與統整。

就核心素養與各「教育階段核心素養」的整體圖像而言，如表1.2國民核心素養與四個關鍵「教育階段核心素養」具體內涵重點所示，可將4-6歲「幼兒期」第一關鍵教育階段的「幼兒園教育階段核心素養」、6-12歲「兒童期」第二關鍵教育階段的「國民小學教育階段核心素養」、12-15歲「青少年期」第三關鍵教育階段前期中等教育的「國民中學教育階段核心素養」、15-18歲「青年期」第四關鍵教育階段後期中等教育的「高級中等教育階段核心素養」等四個關鍵「教育階段核心素養」加以垂直連貫，建立K-12年級課程的繼續性、順序性、統整性、連貫性與銜接性，合乎學生身心發展的「認知發展論」與「階段發展任務」（蔡清田，2014），學生可透過學校教育循序漸進學習（教育部，2012a），具有層次分明漸進發展的課程改革巨幅圖像（Qualifications and Curriculum Development Agency, 2010）。

❀表1.2 國民核心素養與四個關鍵「教育階段核心素養」具體內涵重點

一個核心	三個面向	九個項目	項目說明	4-6歲「幼兒期」學前教育階段 幼兒園之 具體內涵重點	6-12歲「兒童期」初等教育階段 國民小學之 具體內涵重點	12-15歲「青少年期」前期中等教育階段 國民中學之 具體內涵重點	15-18歲「青年期」後期中等教育階段 高級中等學校之 具體內涵重點
終身學習者			國民核心素養與各「教育階段核心素養」整體說明	幼兒園是奠定幼兒「核心素養」的第一個關鍵教育階段，幼兒具有主動探索與想像發展的豐富創造力，能：經由與人的互動、環境的互動與體驗學習，做人與學習生活的素養。	國民小學是奠定「核心素養」的第二個關鍵教育階段，國民小學教育是奠定各項學生基礎教育的重要階段，從生活情境中，陶養學生在主動、溝通互動及社會參與等方面最基本應具備的核心素養。	國民中學階段是奠定「核心素養」的第三個關鍵教育階段，國民中學教育階段正是身心發展、自我探索與人際發展，面臨適應與轉變的階段，因此需調整完整的素養提升各面向，以協助學生成長此階段發展需要。	高級中等教育階段是培養國民「核心素養」的第四個關鍵教育階段，也是十二年國民基本教育的最後一個階段，此階段教育應承接、提供身心發展及生涯定向之素養，同時具備此階段獨立自主學習及終身學習能力，以滿足世界公民所需的各項核心素養。
	A 自主行動	A1 身心素質與自我精進	具備身心健全發展的素質，擁有合宜的人性觀與自我觀，同時能運用新知，有效分析、選擇、探索新知，有效規劃生涯發展，探尋生命意義，並不斷自我精進，追求至善。	K-A1 具備良好的生活自理與習慣，並能表達自我需求與選擇。	E-A1 具備良好的生活習慣，促進身心健全發展，認識個人特質，發展生命潛能。	J-A1 具備良好身心發展知能與態度，並展現自我探索、自我價值與生命意義，積極實踐。	U-A1 提升各項身心健全發展素質，發展個人潛能，探索自我觀，肯定自我價值，有效規劃生涯，並透過自我精進、超越追求至善與幸福人生。

		K-A2 具備探索能力，並能探索環境上能嘗試解決問題的問題。	E-A2 具備探索問題的思考能力，並透過體驗與實踐處理日常生活問題。	J-A2 具備理解情境全貌，並做獨立思考與分析的知能，並能運用適當的策略處理解決生命議題。	U-A2 具備系統思考、分析與探索的素養，深化後設思考，並積極面對挑戰以解決人生的各種問題。
A2 系統思考與解決問題	具備問題理解、思辨分析、推理批判的系統思考與後設思考素養，並能行動與反思，以有效處理及解決生活、生命問題。				
A3 規劃執行與創新應變	具備規劃及執行計畫的能力，並試探與發展多元專業知能、充實生活經驗，發揮創新精神，以因應社會變遷、增進個人的彈性適應力。	K-A3 具備以圖像或符號，構思計畫的能力，並能因應生活情境調整活動的進行。	E-A3 具備擬定計畫與實作的能力，並以創新思考方式，因應日常生活情境。	J-A3 具備善用資源以擬定計畫，有效執行，並發展出主動學習以因應日常生活的基本素養。	U-A3 具備規劃、實踐與檢討反省的素養，並試探與發展出適合自己的生涯規劃，並以創新的態度與作為因應新的情境或問題。
B1 符號運用與溝通表達	具備理解及使用語言、文字、數理、肢體及藝術等各種符號進行表達、溝通及互動，並能了解與同理他人，應用在日常生活及工作上。	K-B1 具備運用肢體、口語與圖像符號的素養，並對生活日常生活周遭進行表達或記錄。	E-B1 具備「聽、說、讀、寫、作」的基本語文素養，並具有生活所需的基礎數理、肢體及藝術等符號知能，能以同理心應用在生活與人際溝通。	J-B1 具備運用各類符號表情達意的素養，能以同理心與人溝通互動，並能了解數理、美學等基本概念，應用於日常生活中。	U-B1 具備掌握各類符號表達的能力，以進行經驗、價值與情意之表達，能以同理心與他人溝通並解決問題。
B 溝通互動					

面向	項目	核心素養具體內涵	K	E	J	U
B 溝通互動	B2 科技資訊與媒體素養	具備善用科技、資訊與各類媒體之能力，培養相關倫理及媒體識讀的素養，俾能分析、思辨、批判人與科技、資訊及媒體之關係。	K-B2 具備運用科技的基本素養，並能善用生活中基本的科技資訊操作，並具備生活與實作的能力，擴展生活經驗。	E-B2 具備科技與資訊應用的基本素養，並理解各類媒體內容的意義與影響。	J-B2 具備善用科技、資訊與媒體以增進學習的素養，並察覺、思辨人與科技、資訊、媒體的互動關係。	U-B2 具備適當運用科技、資訊與媒體之素養，進行批判思辨與實作，並能反思科技、資訊與媒體倫理的議題。
	B3 藝術涵養與美感素養	具備藝術感知、創作與鑑賞能力，體會藝術文化之美，透過生活美學的省思，豐富美感體驗，培養對美善的人事物，進行賞析、建構與分享的態度與能力。	K-B3 具備感官察析、覺察與鑑賞美好的能力，探索生活中各種事物，並能運用各種媒材表現創作。	E-B3 具備藝術創作與欣賞的基本素養，促進多元感官的發展，培養生活環境中的美感體驗。	J-B3 具備藝術展演的一般知能及表現能力，欣賞各種藝術的風格和價值，並了解美感的特質、價值與表現方式，增進生活的豐富性與美感體驗。	U-B3 具備藝術感知、欣賞、創作與鑑賞的能力，體會藝術創作與社會、歷史、文化之間的互動關係，透過對美善的人事物，進行賞析、建構與分享。
C 社會參與	C1 道德實踐與公民意識	具備道德實踐的素養，從個人小我到社會公民，循序漸進，養成社會責任感及公民意識，主動關注公共議題並積極參與社會活動，關懷自然生態與人類永續發展，而展現知善、樂善與行善的品德。	K-C1 具備主動參與團體活動與遵守規範的素養，並在生活中展現尊重與關懷。	E-C1 具備個人生活道德的知識與是非判斷的能力，理解並遵守道德規範，培養公民意識，關懷生態環境。	J-C1 培養道德思辨與實踐能力，具備民主素養、法治觀念與環境意識，並主動參與公益團體活動，關懷生命倫理議題與生態環境。	U-C1 具備對道德課題與公共議題的思考與對話素養，培養良好品德、公民意識與社會責任，主動參與環境保育與社會公益活動。

		K	E	J	U
C2 人際關係與團隊合作	具備友善的人際情懷及與他人建立良好的互動關係，並發展與人溝通協調、包容異己、社會參與及服務等團隊合作的素養。	K-C2 具備與他人協商及關懷的素養，同時能調整自己的態度與行為。	E-C2 具備理解他人感受，樂於與人互動，並與團隊成員合作之素養。	J-C2 具備利他與合群的知能，並培育相互合作及與人和諧互動的素養。	U-C2 發展適切的人際關係，並展現包容異己、溝通協調及團隊合作的精神與行動。
C3 多元文化與國際理解	具備自我文化認同的信念，並尊重與欣賞多元文化，積極關心全球議題及國際情勢，且能順應時代需要，發展國際理解、多元文化價值觀與世界和平的胸懷。	K-C3 具備欣賞並尊重人己之間差異的素養，接納多元文化的態度。	E-C3 具備理解與關心本土與國際事務的素養，並認識、包容文化的多元性。	J-C3 具備敏察和接納多元文化的涵養，並關心、尊重國際事務，具備國際責業與欣賞差異。	U-C3 在堅定自我文化價值的同時，又能尊重欣賞多元文化；拓展國際視野，並主動關心全球議題或國際情勢，具備國際移動力。

註：各「教育階段核心素養」係指幼兒園、國小、國中與高級中等學校教育所對應之教育階段的九項核心素養，依各階段教育特質加以延伸，並加上階段別之編碼，其中K代表6歲的幼兒園階段（Kindergarten）、E代表12歲的國民小學教育階段（Elementary school education）、J代表15歲的國民中學教育階段（Junior high school education）、U代表18歲的高級中等學校教育階段（Upper secondary education），例如E-A2、J-B3、U-C1等。

資料來源：修改自十二年國民基本教育課程發展指引草案擬議研究（國家教育研究院委託研究報告）（頁5），蔡清田、陳伯璋、陳延興、林永豐、盧美貴、李奕賢、方德隆、李懿芳、范信賢，2013，嘉義縣：國立中正大學課程研究所。

　　《十二年國民基本教育課程發展指引》指出課程發展要能因應不同教育階段之教育目標與學生身心發展之特色，提供彈性多元的學習課程，以促成學生適性發展，而且核心素養可作為十二年國民基本教育課程發展的「共同核心」，以國小、國中及高級中等學校的一般領域／科目為主要適用對象，指引《十二年國民基本教育課程綱要總綱》及各領域／科目課綱的研修與各級學校課程發展，因應《十二年國民基本教育課程綱要總綱》與領域／科目課綱及不同教育階段學校類型之個殊的「共同性」與「差異性」之需要。特別是十二年國教的核心素養培養除了透過「共同核心」的普通課程外，技術型高中（高職）、建教合作班、實用技能班的專業課程設計，除培養學生專業知能之外，亦能涵養相關核心素養。

　　在《十二年國民基本教育課程發展指引》的審查過程中，雖有部分課程審議委員建議將表1.2國民核心素養的「教育階段核心素養」具體內涵重點之「高級中等教育」一欄一分為二，區分高中與高職，但本書作者認為不宜如此區分，主要的理由是因為表1.2國民核心素養的「教育階段核心素養」具體內涵重點，主要是在彰顯核心素養的培養是有其不同「教育階段性」，不同「教育階段核心素養」是進階發展的，每項核心素養可分幼兒園、國小、國中、高中／職四個教育階段的不同「教育階段發展任務」，學生所具備的核心素養應能隨著年齡階段的增長，逐漸開展愈趨完整與成熟，6歲、12歲、15歲、18歲的學生能夠循序漸進學習提升不同的「教育階段核心素養」。這說明了核心素養的「分教育階段」課程設計原則，例如「B1符號運用與溝通表達」此項核心素養，在幼兒園、國小、國中、高中各教育階段具體內涵重點不同，可以不同教育階段的身心發展學習任務來呈現「教育階段核心素養」。表1.2中的「高級中等教育」一欄，正表示「後期中等教育階段」的18歲青年能夠學習獲得的國民核心素養。因此，不宜將「高級中等教育」此欄一分為二，區分高中與高職。核心素養的設計特色，就是希望不是只有進行「理念課程」的陳述，而是希望每一項核心素養都能在十二年國民基本教育課程綱要的層次依照「分教育階段、分領域」的原則，進行「正式課程」的規劃設計。而表1.2國民核心素養的各「教育階段核心素養」具體內涵重點正是「分教育階段」這個原則的具體

展現。因此，不宜將「高級中等教育」此欄一分為二，以強調一般普通型高中及技術型高中（高職）的「共同性」。但各「教育階段核心素養」，可再依該教育階段的相關「領域／科目核心素養」以彰顯其「差異性」，不同領域／科目可以不同學科語言來呈現各「教育階段核心素養」的相關「領域／科目核心素養」。

　　值得注意的是，普通型高中與技術型高中有其課程的「差異性」，這是可理解的，而且技術型高中與普通型高中「一般科目」之時數、內容，確有差異，然亦須考量二者之間的「共同性」，因此進行領域／科目的課程綱要研修時，可考量將技術型高中的一般領域／科目與十二年普通教育的領域／科目，採取「同一團隊，分開撰寫」之原則，區分普通型高中及技術型高中的「領域／科目核心素養」，並加強彼此間的聯繫協調並兼顧其「共同性」與「差異性」。而且各「領域／科目核心素養」可考量其領域／科目的獨特性或高級中等教育階段學校類型的差異性而加以發展。《十二年國民基本教育課程發展指引》的此種課程設計，運用「分領域」的課程設計原則，以區分普通型高中及技術型高中的一般領域／科目核心素養。亦即，表1.2國民核心素養與四個關鍵「教育階段核心素養」具體內涵重點的各「教育階段核心素養」乃表示18歲國民要達到的國民核心素養，而國民的核心素養需要透過不同教育階段的不同領域／科目來達成，本書第二、三、四章將會進一步闡述普通高中與技術高中的科目編碼是不同的，例如「國S」與「國V」雖然同樣是指國文科，但分別指普通型高中及技術型高中的國文，這兩個科目所對應的核心素養，有其「共同性」與「差異性」，可由普通型高中的國文（國S）與技術型高中國文（國V）的學科專家進一步界定。換言之，技術型高中的「一般科目」，可因其高中類型的學校「差異性」而彈性運用《十二年國民基本教育課程發展指引》。至於並非所有學生共同必修的技術型高中各類型學校「專業科目」與「實習科目」所涉及相關分殊的、進階的素養，則依其專業特性及群科特性進行發展，核心素養可整合或彈性納入，因應其「差異性」。

　　核心素養，係每一位接受十二年國民基本教育的學生，所應具備的「共同素養」，代表著各級各類學校學生所應培養的最低共同要求，主要

是透過一般領域／科目進行培養，是每一位學生都必須學習獲得且不可或缺的素養。為因應與普通型高中在課程內容、時數不同的情況，本書第四章會舉出高級中等教育階段領域／科目核心素養敘寫方式，為普通型高中、技術型高中分開敘寫，且在學習重點與領域／科目核心素養的呼應表，說明技術型高中的專業科目，達成高級中等教育階段核心素養內涵的方式。換言之，核心素養，係從培養全人之角度，研擬國小至高級中等教育階段學生所需的核心素養。至於技術型高中個別專業學科或實作技能課程所欲培養之專業素養，則由專業學科課程去擬定與設計，在培養專業領域／科目的知能素養之外，仍可透過適當課程設計，培育核心素養。

國民核心素養與四個關鍵「教育階段核心素養」，係指強調以學習者為主體，依照個體身心發展，在各教育階段循序漸進，進而成為一位終身學習者。這呼應了《十二年國民基本教育課程發展建議書》指出核心素養可以強化課程內容的連貫性，妥善處理內容重複、難易度及知識量等問題，並能顧及與幼兒教育和高等教育階段的課程銜接，可透過《十二年國民基本教育課程綱要》界定國民核心素養架構，將中小學的學科知識、基本能力與核心能力範疇擴大為國民所需核心素養，並將各「教育階段核心素養」列為重點，強調各教育階段的垂直連貫，據此進行課程規劃、設計、實施與評量（蔡清田，2009）。

(三)進行第三代「核心素養」研究發展：水準統整教育階段「領域／科目核心素養」

第三代「核心素養」的研究發展，是延續第一代與第二代核心素養研究，以達成「核心素養」之「連貫」與「統整」，完成幼兒園、國民小學、國民中學、高級中等教育等四個教育階段核心素養與各領域／科目之課程統整，不僅延續《K-12中小學一貫課程綱要核心素養與各領域連貫體系之研究》（蔡清田、吳明烈、盧美貴、方德隆、陳聖謨、林永豐、陳延興，2011）與《K-12各教育階段核心素養與各領域水準統整研究》（蔡清田、陳延興、盧美貴、陳聖謨、方德隆、林永豐、李懿芳，2012）。

特別是「領域／科目課程目標」、「領域／科目核心素養」、「領域／科目學習重點」的課程統整設計，乃透過文獻探討、學科專家諮詢等方

法建構「領域／科目課程目標」、「領域／科目核心素養」、「領域／科目學習重點」之德懷術問卷，由課程學者及學科專家與教育實務工作者共同合作實施三次問卷調查修訂，初步完成各教育階段「領域／科目課程目標」、「領域／科目核心素養」、「領域／科目學習重點」架構內涵，採「核心素養」作為《十二年國民基本教育課程發展指引》的核心，透過各教育階段核心素養與各領域／科目課程統整，進行領域／科目核心素養的連貫與統整，建構各領域／科目的「課程目標」、「核心素養」及「學習重點」等要素，如圖1.5國民核心素養統整K-12年級各領域／科目課程統整圖，說明核心素養與各教育階段領域／科目統整關係。

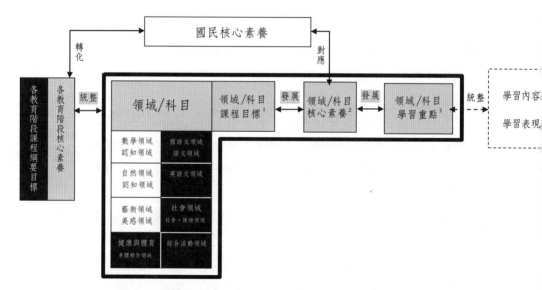

✿圖1.5　國民核心素養與K-12年級各領域／科目課程統整圖

修改自K-12各教育階段核心素養與各領域課程統整研究（國家教育研究院委託研究報告）（頁42），蔡清田、洪若烈、陳延興、盧美貴、陳聖謨、方德隆、林永豐、李懿芳，2012，嘉義縣：國立中正大學課程研究所。

　　第一個要素「領域／科目課程目標」，係統整國民核心素養與原領域／科目課程目標，修訂現行各教育階段各領域／科目課程目標，結合「教育階段核心素養」的理念，並考量各教育階段的銜接性，亦即「領域／科目課程目標」係統整現行各教育階段、各領域／科目之課程目標與「教育

階段核心素養」而來，從九項國民核心素養當中選擇一至兩項能統整領域／科目之課程目標，並考慮該領域／科目內部各教育階段的銜接性。第二個要素「領域／科目核心素養」，則根據「領域／科目課程目標」，轉化為該教育階段所欲培養的該領域／科目核心素養具體內涵。第三個要素「領域／科目學習重點」，則根據「領域／科目核心素養」的具體內涵為指引轉化成為學習重點，且「領域／科目學習重點」由「學習表現」與「學習內容」組合交織而成，以引導課程設計、教材發展、教科書審查及學習評量等，呈現所欲達成的核心素養，彰顯認知、技能、情意之領域／科目特性與核心素養內涵，稍後將在各章說明。

(四)十二年國民基本教育課程發展指引草案擬議研究

「十二年國民基本教育課程發展指引草案擬議研究」是國家教育研究院委託國立中正大學教育學院蔡清田等人的研究案，原先研究案名稱為「K-12年級課程體系指引草案擬議研究」（研究期程：2012年7月1日至2013年6月30日），研究範圍涵蓋了從幼兒園、國小、國中與高中／職的K-12年級課程體系，為因應政府推動「十二年國民基本教育」政策需要於2013年2月6日該案期中審查後改名為「十二年國民基本教育課程發展指引草案擬議研究」。就核心素養的各教育階段課程發展理據而言，「十二年國民基本教育課程發展指引草案擬議研究」旨在延續第一代、第二代與第三代核心素養之研究，並以「核心素養」作為《十二年國民基本教育課程發展指引》的核心，以「核心素養」作為課程改革DNA，具體轉化成為各領域／科目的課程目標、核心素養與學習重點，可作為研擬《十二年國民基本教育課程綱要》之參考。首先，「十二年國民基本教育課程發展指引草案擬議研究」除參考國際組織有關核心素養研究（UNESCO, 2003; OECD, 2005; EC, 2005），並兼顧本土脈絡延續「界定與選擇國民核心素養：概念參考架構與理論基礎研究」（洪裕宏，2011）、「全方位的國民核心素養之教育研究」（陳伯璋、張新仁、蔡清田、潘慧玲，2007）、「中小學課程相關之課程、教學、認知發展等學理基礎與理論趨向之研究」（蔡清田、陳延興、李奉儒、洪志成、曾玉村、鄭勝耀、林永豐，2010）、「K-12中小學一貫課程綱要核心素養與各領域連貫體系

研究」（蔡清田、陳延興、吳明烈、盧美貴、方德隆、陳聖謨、林永豐，2011）、「K-12各教育階段核心素養與各領域課程統整研究」（蔡清田、陳延興、盧美貴、方德隆、陳聖謨、林永豐、李懿芳，2012）。

　　其次，「核心素養」會因其所適用的環境脈絡情境之不同而有其差異性，因此「十二年國民基本教育課程發展指引草案擬議研究」特別參考《臺灣政治、經濟、社會、文化與科技變遷趨勢對K-12課程的影響及啓示》（張茂桂、董秀蘭、王業立、黃美筠、陳婉琪、杜文苓，2011）以及現行高中／職課程與國民中小學九年一貫課程現況之分析檢討，參酌柯華葳、劉子鍵、劉旨峰（2005），歐用生、李建興、郭添財、黃嘉雄（2010）等及吳敏而、黃茂在、趙鏡中（2010）有關基本能力與課程統整之研究成果，尤其是學科的統整及分化程度，除了學科結構之外，亦需考慮學習者的認知能力及其學習需求，對年齡較小的學習者，其學習內容宜有適切的統整，以便與其生活經驗統整；至於年紀較大的學習者，則其學習內容除了生活應用之外，當然需要注意到學科的結構，並奠定未來學術探究的基礎。這彰顯核心素養是統整學科知識、基本能力及核心能力與價值情意，能因應臺灣未來多變的需要（蔡清田，2014），並呼應「經濟合作與發展組織」「素養的界定與選擇」之跨國研究（OECD, 2005a）。換言之，核心素養能橫跨生活的各種不同社會場域，能協助個體有效參與學校、社會網路、經濟市場、政治運作及家庭生活各種社會場域（Bourdieu, 1983），一方面，能橫跨生活的各種不同多元社會場域（Perrenoud, 2001），另一方面，個體也可透過參與這些各種不同的多元社會場域之活動（Canto-Sperber & Dupuy, 2001），獲得社會規範、權力關係、社會互動等動態素養組合（Rychen & Salganik, 2003）。

　　核心素養是培育能自我實現與促進社會健全發展的國民所需的「核心素養」，可作為各領域／科目垂直連貫與水準統整課程設計的組織「核心」。十二年國民基本教育以「核心素養」作為《十二年國民基本教育課程發展指引》的核心，是跨越教育階段的「核心素養」，更是跨越領域／科目的「核心素養」，可以統整現行《幼兒園教保活動課程暫行大綱》的幼兒六大能力、《國民中小學九年一貫課程綱要》的十大基本能力、《綜

合高級中學課程綱要》的十大基本能力、《高級中學課程綱要》的核心能力、《高級職業學校課程綱要》的核心能力，並可作為《十二年國民基本教育課程綱要》課程目標的重要來源。

一般基礎課程（以領域/科目為例）									
學齡	教育階段	學習階段	A自主行動			B溝通互動			C社會參與		

✿圖1.6　K-12國民基本教育課程架構

修改自十二年國民基本教育課程發展指引草案擬議研究（國家教育研究院委託研究期中報告）（頁8），蔡清田、陳伯璋、陳延興、林永豐、盧美貴、李文富、方德隆、陳聖謨、楊俊鴻、高新建、李懿芳、范信賢，2012，嘉義縣：國立中正大學課程研究所。

　　一方面，就核心素養的培養途徑而言，十二年國民基本教育課程架構包括「一般基礎課程」與「分殊專精課程」兩部分，「一般基礎課程」是國民基本教育「共同性」的主要內涵，旨在培養學生具備核心素養，扎根

到幼兒教育階段成為國民教育的基礎，並協助國民成為終身學習者，重視各教育階段課程學習進程，將K-12年級的學習時程依序規劃幼兒教育、初等教育、前期中等教育、後期中等教育等四個關鍵教育階段，包括幼兒園課程、國小課程、國中課程、與高中／職「共同核心」課程，兼顧學生身心與認知發展的進程以及知識領域的邏輯結構漸進開展，可適切達成各教育階段領域／科目之連貫，本書第二章將會進一步論述其領域／科目系譜圖，國民基本教育整體架構關照核心素養的培育及領域／科目課程的學習。

　　另一方面，就核心素養的各教育階段培養原則而言，需秉持漸進、加廣加深、跨領域／科目等原則，可透過連貫各教育階段的不同領域／科目之學習來達成，如圖1.6 K-12國民基本教育課程架構所示（蔡清田、陳伯璋、陳延興、林永豐、盧美貴、李文富、方德隆、陳聖謨、楊俊鴻、高新建、李懿芳、范信賢，2013）。而且重視課程彈性原則，促成領域／科目的課程彈性組合，在總節數不減少下，各領域／科目可在不同年級規劃修習不同科目，以減少每週修習科目。例如社會領域除實施領域教學外，經學校課程發展委員會通過後，亦得實施歷史、地理、公民與社會的分科教學，同時可在不同年級彈性修習不同科目，可考量於普通高級中等學校第一學年，安排先修習「歷史」，第二學年再安排修習「地理」、「公民與社會」，不必每個科目在每學期／每週都修習。若以每學期二科方式安排，六學期中每科可採0-2節的方式規劃，以減少每學期／每週所修習的科目數量，但各科學習總節數應維持，不得減少。

　　目前學校制度依據十二年國民基本教育劃分為三個教育階段，分別為國民小學教育六年、國民中學教育三年、高級中等學校教育三年。再依各教育階段學生之身心發展狀況，區分如下五個學習階段：國民小學一、二年級為第一學習階段，國民小學三、四年級為第二學習階段，國民小學五、六年級為第三學習階段，國民中學七、八、九年級為第四學習階段，高級中等學校十、十一、十二年級為第五學習階段。各級各類學校之領域／科目／群科課程，應配合各學習階段之不同特性與重點，規劃連貫且統整的課程內容，以達成總體課程目標。五個學習階段之特性與重點分述如下：

1.國民小學

第一學習階段（小學低年級）係學生各項核心素養的奠基期，應著重生活習慣與良好品德的培養，協助學生在生活與實作中主動學習，並奠定語言與符號運用的基礎。第二學習階段（小學中年級）持續發展學生的基本生活素養與社會素養，開發多元智能，培養多方興趣，協助學生能夠透過體驗與實踐，適切處理生活問題。第三學習階段（小學高年級）應協助學生自我探索，提高自信心，增進判斷是非的知能，培養社區與國家意識，養成民主與法治觀念，展現互助與合作精神。

2.國民中學

第四學習階段是學生身心發展的快速期，也是自我探索與人際發展的關鍵期，應持續提升所有核心素養，以裨益個體的全人發展。尤其著重協助學生建立合宜的自我觀念，增進社會生活所需素養；鼓勵自主學習、同儕互學與團隊合作；能理解與關心社區、社會、國家、國際與全球議題。

3.高級中等學校

第五學習階段係接續國民中小學九年國民義務教育，尤其著重為學生的學習銜接、身心發展、生涯定向、生涯準備、獨立自主等，提供所需之核心素養與專門素養，以期培養五育均衡之優質公民。各類型高中之特性與重點如下：

普通型高級中等學校：提供基本學科為主的課程，協助學生試探不同學科的性向，著重培養通識素養、人文關懷及社會參與，奠定學術預備基礎。

技術型高級中等學校：提供專業及實習學科為主的課程，著重培養實務技能、職業道德、科技應用，奠定生涯發展基礎，提升務實致用之職場專業素養。

綜合型高級中等學校：提供基本學科、專業及實習等課程，協助學生發展學術預備或職業準備的興趣與素養，使學生了解自我、生涯試探，以期適性發展。

單科型高級中等學校：提供特定學科領域為核心課程，協助學習性向明顯之學生持續開發潛能，奠定特定學科知能拓展與深化之基礎。

　　就其課程銜接而言，幼兒教育階段的學科界線並不明顯，重視生活經驗學習及活動課程，與國小教育階段的銜接，具有由整體而逐漸分化的特性。幼兒園需要與國小進行轉銜的各項措施，培育幼兒在進入國小前的學習準備度；國小也需要理解學生在幼兒教育階段各項核心素養的發展狀況，教師也需能夠連結學生在幼兒園習得的舊經驗，才能使得學生的新舊學習經驗產生連結。國民小學及國民中學教育階段透過「部定課程」及「校訂課程」的規劃，包括培育核心素養的一般「領域學習課程」，以及能讓學生試探與培養個人興趣的「彈性學習課程」。而在高級中等學校「部定課程」可包含達成各領域基礎學習的「一般科目」，以及讓學生獲得職業性向發展的「專業科目」及「實習科目」。「校訂課程」則是由學校規劃安排，以形塑學校教育願景及強化學生適性發展，包括校訂必修課程、選修課程、團體活動時間、彈性學習時間，可安排學生修習「大學預修課程」，或提供不同深度與廣度的課程，讓高中／職學生的學習能與未來的大學學習接軌，以利學生經驗的持續發展。再者，大學甄選入學將現行非升學考試的選修科目在校修習的表現，列為學生加分的條件，可增加學生選習選修課的動機，增加後期中等教育階段學校開設多樣化選修課程，亦能藉此推動十二年國民基本教育後期中等教育階段學校特色課程的發展。此種課程發展與設計重視「適性學習」的原則，以學生為學習的主體，依據多元智能、性向和學習差異等，設計及調整課程內容，訂定領域內科目的修習年級、規劃合適的必修及選修的適性學習進路，學習三面九項核心素養，提升學生個人與社會競爭力，並同時考量升學與就業之間的關係等。

　　「十二年國民基本教育」的課程架構秉持彈性分流、漸進分化之原則，兼顧個別設計及整體規劃，協助教師進行因材施教並協助學生適性發展，一方面提供多元課程供學生彈性選修與轉換進路，並透過教材教法的分版設計進行職涯與生涯發展之進路引導，另一方面強調統整、試探、分化、與專精的漸進歷程，協助學生導向不同的分殊專精發展。特別是後期中等教育共同核心課程是前期中等教育的延伸，是後期中等教育各進路的共同要求，屬於一般基礎教育的最後階段。後期中等教育共同核心課程的

建立，可使國中與高級中等學校順利銜接，再銜接邁向不同進路的組／群／或學程。為前瞻地建置未來「十二年國民基本教育課程」（教育部，2011d），審慎地擬定《十二年國民基本教育課程綱要》，需進一步深化並轉化國民核心素養，進行K-12年級各「教育階段核心素養」與各領域／科目之課程統整，將「核心素養」與各級學校課程目標、領域／科目內容等規劃設計結合，特別是將各「教育階段核心素養」融入相關「領域／科目核心素養」，改進過去基本能力與各領域之間轉化的不合邏輯之缺失，進而強化核心素養與各領域／科目之課程統整設計。

「十二年國民基本教育課程發展指引草案擬議研究」指出核心素養與各教育階段領域／科目的關係，包括核心素養與各教育階段領域／科目的對應關係與連結方式。核心素養需透過適切的課程轉化，並落實於各教育階段領域／科目課程教學與評量。各教育階段領域／科目課程綱要研修需參照《十二年國民基本教育課程發展指引》，考量領域／科目理念與目標，結合或呼應核心素養以發展及訂定各「領域／科目核心素養」及各「領域／科目學習重點」。一方面，就核心素養與領域／科目的對應關係而言，是指核心素養可引導各領域／科目課程發展，各領域／科目應能呼應所欲培養的核心素養，但各領域／科目各有其獨特性，因此，毋需勉強將所有九大核心素養內容全部納入每個領域／科目課程中。此種課程設計尊重學科特性，較有彈性，不同於過去將所有基本能力全部硬塞到單一領域／科目中。「核心素養」具有橫跨各種多元社會場域與領域／科目之廣度（陳伯璋，2010a；蔡清田，2011a），因此可針對國語文、英語文、數學、自然科學（物理、化學、生物）、社會（歷史、地理、公民）、藝術、健康與體育及綜合活動等中小學共同領域／科目進行研究，擬定其核心素養，以幫助學生因應未來生活需要，本書第二章與第三章會就核心素養與領域／科目的關係加以闡述。

另一方面，就核心素養與領域／科目的連結方式而言，各階段領域／科目的規劃應包括該領域／科目的核心素養及學習重點，並視需要發展補充說明。特別是「核心素養」可以轉化成為各教育階段「領域／科目課程目標」、「領域／科目核心素養」與「領域／科目學習重點」，特別是

「領域／科目學習重點」，可避免內容重複複雜瑣碎，可統整該領域／科目過去的學習指標、能力指標、教材大綱，可避免學科知識與能力指標對立之二元論，而且「領域／科目學習重點」，可透過分齡設計轉化為學習內容與學習表現並加以統整，將在第二、三、四、五章進一步加以詳細說明。

四、「核心素養」的課程發展有助於「十二年國民基本教育」的「課程連貫」與「課程統整」

「核心素養」的課程發展，可兼顧各教育階段各領域／科目的「共同性」及「差異性」，有效因應「領域／科目內部的差異性」、「領域／科目之間的差異性」、「階段之間的差異性」、「系統之間的差異性」等四種「課程差異性」，有助於進行不同層次／面向的「課程連貫」（curriculum coherence）與「課程統整」（curriculum integration）。特別是以核心素養作為「課程連貫」與「課程統整」之核心，可促進各教育階段間的連貫與各領域／科目間的統整，可達成課程的前後連貫而沒有斷層或脫節的現象（賴光真，2015）。

「十二年國民基本教育」課程改革，強調透過核心素養的「課程連貫」與「課程統整」（洪詠善、范信賢，2015），以「核心素養」作為「分教育階段」及「分領域／科目」的課程設計核心，可強化教育階段之間循序漸進的「課程連貫」，以及領域／科目之間的「課程統整」，建立十二年國民基本教育課程的繼續性、順序性、統整性、連貫性與銜接性（蔡清田，2016），呼應洪裕宏（2011）以及陳伯璋、張新仁、蔡清田、潘慧玲（2007）與顧忠華、吳密察、黃東益（2008）指出可將學科知識、基本能力、核心能力擴展為國民應具備的「核心素養」統整知識、能力與態度，可避免過去國民中小學九年一貫課程改革重視「基本能力」，卻被誤解為忽略學科知識與態度情意之批評（蔡清田，2012a）。

過去《國民中小學九年一貫課程綱要總綱》與七大領域課程綱要的連結性較弱（歐用生、李建興、郭添財、黃嘉雄，2010），如果因循過去國

中小與高中／職課程分別規劃，將不易進行課程連貫與統整。因此，十二年國民基本教育課程綱要之研修，重視《十二年國民基本教育課程發展指引》、《十二年國民基本教育課程綱要總綱》與各領域／科目課程綱要之間的連貫與統整，特別是各領綱的「基本理念」、「課程目標」、「核心素養」、「學習重點」彼此之間關聯的緊密連貫統整，強調循序漸進注重各教育階段連貫統整的「課程銜接」（curriculum articulation），減少各年級間不必要的重複，進行課程規劃如統整性主題／專題／議題探究、社團活動與技藝課程、特殊需求課程或是其他類課程之學習內容，融入重大議題或新興議題，發展學生整合所學運用於眞實情境的核心素養，進行領域／科目與其他領域／科目、社會關心重要議題之間的橫向聯繫統整（Bateman, Taylor, Janik, & Logan, 2009）。

　　《十二年國民基本教育課程綱要總綱》以「核心素養」爲架構，界定各教育階段共同的課程目標與課程設計核心，可以銜接國民基本教育不同階段教育目標以達成連貫性，讓各級教育形成協同合作關係，清楚界定國民進入大學教育階段及社會職場生活所必須具備的核心素養，有助於個人提升素養並厚植社會競爭力，爲個人發展與社會發展提供明確的目標。以國民爲「終身學習者」的主體，這是從全人發展的理念出發，特別是「自主行動」、「溝通互動」、「社會參與」等三面向之下的「身心素質與自我精進」、「系統思考與解決問題」、「規劃執行與創新應變」、「符號運用與溝通表達」、「科技資訊與媒體素養」、「藝術涵養與美感素養」、「道德實踐與公民意識」、「人際關係與團隊合作」、「多元文化與國際理解」的九項，可引導學生進行「分教育階段」及「分領域／科目」學習並與生活情境進行統整，引導各領域／科目課程綱要的連貫與統整，展現出終身學習者在幼兒園、國小、國中、高級中等教育等四個關鍵教育階段之垂直連貫性，彰顯「核心素養」嚴謹結構與精緻巧妙的課程連貫體系，可展現「核心素養」垂直連貫之姿，統整國民教育階段學校領域／科目核心素養，融入生活情境並跨越各種社會領域，有助於國民個人獲得積極的人生，更有助於建立功能健全的社會。

　　「核心素養」作爲十二年國民基本教育課程改革的DNA（蔡清田，

2012b），可透過核心素養內涵的「分教育階段、分領域」及「跨教育階段、跨領域／科目」課程設計（蔡清田、陳伯璋、陳延興、林永豐、盧美貴、李文富、方德隆、陳聖謨、楊俊鴻、高新建、李懿芳、范信賢，2013），進行「課程連貫」及「課程統整」之課程銜接的設計（黃政傑，1991；黃光雄、蔡清田，2015；Oliver, 1997），一方面可以進行核心素養的「分教育階段」設計，以便進行學前教育、初等教育、前期中等教育、後期中等教育等各教育階段課程的垂直連貫（vertical coherence）；另一方面可進行「分領域／科目」的水平統整（horizontal integration），以達成連貫與統整之課程銜接效果。

十二年國民基本教育課程改革以「連貫」和「統整」兩大原則進行規劃，使後續學習能奠基於先前學習的基礎之上，同時避免過多重複的學習。是以《十二年國民基本教育課程綱要總綱》在「課程架構」方面，特別強調國小、國中及高級中等教育課程的連貫統整，統一各教育階段領域／科目名稱；一至十二年級領域綱要將由同一團隊研修，並強化領域／科目之內及之間的統整。一方面，經由「課程連貫」的設計，可以達成「連貫課程」（coherent curriculum），將各教育階段課程加以統合連結成為一個整體，不只是將不同階段課程加以拼湊組合，而是透過各教育階段課程的垂直連貫而成為一個連貫整體以達成「見樹又見林」的目的。相反地，所謂「不連貫的課程」（incoherent curriculum）是未能將各教育階段的課程加以垂直連貫成為一個整體，導致各教育階段課程是不相關而零碎分散的部分，未能連貫成為一個有意義的整體（Beane, 1995）。

十二年國民基本教育課程改革，除透過一套《十二年國民基本教育課程綱要總綱》進行連貫與統整，依領域／科目特性進行領域／科目課程綱要的研修，並成立跨領域的工作圈小組進行課程連貫與課程統整，強調「課程統整」是將課程目標及課程內容與日常生活的學習經驗加以連結（黃光雄、蔡清田，2015；Oliver, 1997; Ornstein & Hunkins, 1988），以成為關聯而統整的課程（integrated curriculum），透過各領域／科目內部的統整、領域／科目之間的統整、領域／科目與生活的統整，以增進學生的生活意義並促進其生活目標與領域／科目課程目標的統整，協助學生成

爲一個具有核心素養的終身學習者（Boyer, 1995）。相反地，所謂「不統整的課程」（un-integrated curriculum）是未能將領域／科目加以統合連結成爲一個有意義的整體，各領域／科目課程只是不相關而零碎分散的部分，各部分之間缺乏連結，而未能加以統整成爲一個有意義的整體（Beane, 1995）。特別是十二年國民基本教育課程綱要跨領域工作圈小組，其目標在促成各領域／科目課程綱要之連貫與統整、重視跨領域／科目學習內容的相互銜接、促進領域／科目間統整的策略與方法，並建立運作機制強化領域統整工作圈與各領域／科目綱要研修之間的聯繫，達成其間的相關溝通與彼此連結，以建立共識。特別是透過領域統整工作圈會議統籌、研議與決定領域統整相關事項，掌握領域／科目綱要研修進度、方向與問題，促成各項領域／科目綱要研修連貫與統整之事項；各項領域／科目連貫與統整會議，由領域／科目工作圈工作成員參加會議，會議主持人視實際需要由領域／科目綱要召集人或副召集人擔任；領域統整幕僚小組會議由國家教育研究院內研究團隊組成，以協助統整工作圈推動及相關會議召開之幕僚工作。

　　透過「核心素養工作圈」其目標在協助各領域／科目課程綱要研修團隊發展該領域／科目核心素養，檢視各領綱之領域／科目核心素養的「連貫」與「統整」，檢視各領綱團隊所訂之領域／科目核心素養與學習重點之間的呼應情形，並提供修正意見，進行不同領綱之領域／科目核心素養之間的「校準」，了解彼此之間是否有不一致之處，並提供跨領域對話或修正意見，對於各領綱之實施要點的擬訂，提出關於核心素養取向課程、教學設計及評量方式之建議。「核心素養工作圈」的工作重點，在於進行領綱與《十二年國民基本教育課程發展指引》之「連貫」與「統整」，檢核核心素養落實於各領綱之情形，檢核以核心素養達成跨領域的「連貫」與「統整」之情形，提出核心素養取向課程設計與核心素養取向評量之建議，透過核心素養工作圈與各領綱研修團隊之間的聯繫運作機制，達成其間的相關溝通與彼此「連貫」與「統整」，以促成課程緊密連結成爲既「連貫」又「統整」的「一貫體系」（alignment system），然由於部分學者主張「一貫」可能使人誤會是「統一」之意（Glatthorn, 1987），因此

需進一步釐清這些相關用詞之意涵。

(一)課程一貫

　　如沿用過去教育部官方文件用法，「一貫」（alignment）係指基本理念、課程目標、課程架構的「一貫」，例如1968年公布的《國小課程標準》即指出課程設計採「九年一貫精神」，以國民小學6年和國民中學3年，共9年為範圍（教育部，1968：342）；《國民教育法》第7條亦指出：「國民小學及國民中學之課程，應以民族精神教育及國民生活教育為中心，學生身心健全發展為目標，並注重其連貫性。」2000年《國民中小九年一貫課程暫行綱要》、2006年《中小學一貫課程體系參考指引》、2008年《國民中小九年一貫課程綱要》的「一貫」是指「基本理念」、「課程目標」、「課程架構」的一貫，如《國民中小九年一貫課程綱要》的「基本理念」、「課程目標」、「課程架構」都是國民中小學九年「一貫」，「領域」名稱有其「共同性」，但「科目」名稱內容具有「差異性」，是以「課程一貫」是指學校課程同時具有縱向「連貫」與橫向「統整」的內容嚴謹「緊密連結」，應無「統一」、「唯一」、「一模一樣」、「完全一致」（consistence）之意。

　　過去官方文件用法，「一貫」或「連貫」，兩者意義或可通用，然而「課程一貫」（curriculum alignment）一詞，是指「課程連結」（黃光雄、蔡清田，1999），或稱「課程的緊密連結」（黃政傑，1988），成為「課程一貫體系」（curriculum alignment system），是指課程緊密連結成為既「連貫」又「統整」的「一貫體系」（alignment system）（Beane, 1995; Glatthorn, 1987），簡稱為「課程一貫」，包括「課程連貫」（curriculum coherence）及「課程統整」（curriculum integration）之課程銜接（curriculum articulation）（黃政傑，1991；黃光雄、蔡清田，2015；Oliver, 1997）。例如根據蔡清田、吳明烈、盧美貴、方德隆、陳聖謨、林永豐、陳延興（2011）建構以「終身學習者」為核心的核心素養，由「自主行動」、「溝通互動」、「社會參與」三面向，進一步轉化成為「身心素質與自我精進」、「系統思考與解決問題」、「規劃執行與創新應變」、「符號運用與溝通表達」、「科技資訊與媒體素養」、「藝術涵

養與美感素養」、「道德實踐與公民意識」、「人際關係與團隊合作」、「多元文化與國際理解」，可透過緊密連結的課程設計成爲既「連貫」又「統整」的「一貫體系」（蔡清田、洪若烈、陳延興、盧美貴、陳聖謨、方德隆、林永豐、李懿芳，2012）。「核心素養」可透過「課程連貫」具體轉化成爲幼兒園、國小、國中、高級中等教育等教育階段核心素養，再轉化成爲「領域／科目課程目標」、「領域／科目核心素養」與「領域／科目學習重點」，統整該「領域／科目」之學習指標、能力指標、教材大綱（Drake, 2007）。是以，「核心素養」具有「課程一貫」緊密連結的性質，可展現出各關鍵教育階段垂直連貫，強化各階段核心素養與各領域／科目課程統整，達成各階段核心素養與各領域／科目連貫與統整之「一貫體系」。

　　「課程一貫」意指不同學校教育階段之間的課程改革「基本理念」、「課程目標」、「課程架構」的一貫，重視不同學校教育階段的課程目標與課程內容之緊密連結，促成「正式規劃的課程」、「資源支持的課程」、「實施教導的課程」、「學習獲得的課程」與「評量考試的課程」之間緊密連貫（Glatthorn, 1987），更強調學生學習經驗的統整（Beane, 1995）。因此，「課程一貫」強調「課程連貫」與「課程統整」的設計，使課程改革的理想願景與計畫目標相互一貫。「課程一貫」強調課程改革理想願景的「基本理念」、「課程目標」、「課程架構」之一貫緊密連貫成爲「課程體系」，更重視不同教育階段之間的課程連貫、領域／科目統整與課程實施層次的緊密連結，以確保事前規劃的課程計畫目標與事後付諸實施課程的前後一貫。但是，要達成這種緊密連結的「課程一貫」，須向教師詳細說明政府官方公布「正式規劃的課程」之「課程綱要」，並成立教科用書審查委員會，發展出一套選擇教科書的規準，規範教材並進行特定課程單元設計與開發學習活動及測驗評量，特別是實施緊密連結的測驗考試評量，以合乎「課程綱要」之要求，這些策略將有助於學校課程更爲緊密連結與前後一貫（黃光雄、蔡清田，2015）。然而過去教育部頒布《課程標準》規定鉅細靡遺，不僅規範了「課程目標」與課程內容「教材大綱」，甚至規定學校「教學科目」與「教學時數」與「教學進度」。

國立編譯館透過教科用書審查委員會與教科書審查辦法，進行「課程一貫」，更利用統一聯考、學期段考與期末考試等，進一步迫使師生接受「課程一貫」。雖然「課程一貫」，獲得不少教育人員支持，也有許多自由派人士詆毀此種構想，認為過於嚴苛的「課程一貫」是禁錮教師專業自主與創造力的牢籠。有些人則認為「課程一貫」的構想，賦予測驗考試太多權力，導致考試領導教學。中庸之道乃在將「課程一貫」的緊密連結應用於學生必須精熟學習的領域／科目，不必實施在所有領域／科目上。

(二)課程連貫

「連貫」（coherence）係指兩種內容的前後呼應，是「一貫」（alignment）的必要條件；「課程連貫」（curriculum coherence）是「課程一貫」（curriculum alignment）的必要條件（Squires, 2009），是控制教育進行課程緊密連結的重要議題（Schmidt & Prawat, 2006），可促進學習的循序漸進（Fortus & Krajcik, 2012），促進成功的學習（Bateman, Taylor, Janik, & Logan, 2009）。Oates（2010）研究多國課程發展與管理後，發現「課程式控制」（curriculum control）是影響教育成就學習表現的重要因素（蔡清田，2003），課程式控制是需要的，但不必然進行由上而下的中央集權宰制（蔡清田，2001），而是可轉而重視「課程連貫」，強調緊密連結教科書、教學、師資培訓認證、評量以確保「課程連貫」，可兼顧「十二年國民基本教育」的不同教育階段學校類型課程之領域／科目之「共同性」與「差異性」，又可避免學科知識壟斷與意識型態宰制（Slattery, 2013; Wyse, Baumfield, Egan, Gallagher, Hayward, Hulme, Leitch, Livingston, Menter, with Lingard, 2013）。「課程連貫」強調學前教育階段、初等教育階段、前期中等教育階段、後期中等教育階段等不同階段課程的連貫，可以「核心素養」作為課程綱要的主軸，以引導K-12年級課程的連貫，並可將核心素養「分教育階段」規劃為幼兒園、國民小學、國民中學、高級中等教育等不同層次而垂直連貫的「教育階段核心素養」，本書第二章「核心素養與領域／科目的課程連貫」會更進一步闡述。

十二年國民基本教育的課程研議，是以可透過課程綱要，界定核心素養架構與內涵，以供教育人員據此進行課程規劃、設計、實施與評量，並

且確定學習者的達成程度：特別是必須與領域／科目的課程內容、教學運作與實施通則、學習評量等進行緊密連結（蔡清田，2016）。以核心素養作爲指引，作爲未來《十二年國民基本教育課程綱要》的連貫主軸，引導未來新課程綱要的「連貫」，可避免幼兒園、國小、國中、高級中等教育課程綱要不連貫的缺失，可據以培養具有「核心素養」的國民（陳伯璋、張新仁、蔡清田、潘慧玲，2007；Boyer, 1995）。一方面，就幼兒園、國小、國中、高級中等教育四個「連貫」的「教育階段」而言，「核心素養」的培育是一項高難度而複雜的艱鉅任務，特別是過去國民中小學九年一貫課程改革被誤解爲強調「基本能力」，而相對地忽略知識與態度，因此，爾後不宜只是強調「基本能力」，而應同時重視知識、能力與態度，並將課程理念內涵加以擴展並升級進化轉型成爲能同時統整知識、能力與態度的核心素養；進而以「核心素養」爲課程設計的經緯線，審愼規劃設計各教育階段的「教育階段核心素養」，進而「連貫」幼兒園、國民小學、國民中學、高級中等教育等不同「教育階段核心素養」的領域／科目課程內容。特別是領域／科目可採螺旋式的課程發展設計，考量領域／科目學習重點的先後次序，學習內容在不同教育階段逐漸加深加廣有其「連貫」的作用，減少各年級間不必要的重複。

　　另一方面，更進一步地，「課程連貫」包含課程改革的「基本理念」、「課程目標」、「課程架構」、課程內容與學生學習經驗之間的連貫（Bateman, Taylor, Janik, & Logan, 2009），兼採科目內外的連貫（Beane, 1995）、科目間的連貫（Palmer, 1995）、超越學科的連貫（Brady, 1995）；特別是課程綱要的基本理念、課程目標、課程架構、學習內容與教科書之間、教科書與教師專業素養之間、及課程內容與教師專業素養之間的連貫（Wiggins, 1995），甚至透過如TIMSS（Trends In International Mathematics and Science Study，簡稱TIMSS）國際數學與科學教育成就趨勢調查等評量機制控制國民教育（Schmidt & Prawat, 2006）。換言之，「課程連貫」強調「基本理念」、「課程目標」、「課程架構」與「預期學習結果」、教學歷程與學習評量是相互連貫（Fitzpatrick, 1995）。「課程連貫」是一種教育的進步現象（Posner &

Rudnitsky, 1997），將教育部門成員聚集在一起成為課程社群（Schubert, 1995），所有教育成員共同合作創造一個有利於所有學生學習並獲得連貫學習機會（Ladson-Billings, 1995），進而建構課程體系（陳伯璋，2010b；蔡清田，2012a），使後續的學習能奠基於先前學習基礎上，建立連貫的學習經驗。本書第二章將對核心素養之課程連貫進一步說明。

(三)課程統整

「統整」（integration）是指構成整體的不同部分之間有連結關係，而且可透過個別部分之間的緊密連結，成為一個有意義的整體，是「一貫」的必要條件；「課程統整」（curriculum integration）是「課程一貫」（curriculum alignment）的必要條件，「課程統整」係指將兩個或兩個以上的概念、事物、現象等學習內容或經驗，組織結合成為一個有意義的整體課程（黃光雄、蔡清田，2015），課程統整不只是一種課程設計，更是一種教育理念（Beane, 1997），包含了連結知識形式與學習經驗的統整歷程，設計領域／科目課程綱要與社會關心重要議題之間的橫向聯繫統整，並考量各領域／科目課程與「核心素養」統整成為「領域／科目核心素養」（如前述圖1.4國民核心素養統整K-12年級各領域／科目課程統整圖），說明核心素養與各教育階段領域／科目統整關係，本書第三章「核心素養與領域／科目的課程統整」將會更進一步闡述，以引導領域／科目學習重點的課程設計並統整學習內容與學習表現，讓學生可在不同領域／科目習得核心素養。甚至，可參考「領域／科目課程統整」的原則，規劃統整性主題／專題／議題探究、社團活動與技藝課程、特殊需求課程或是其他類課程之學習內容，融入重大議題或新興議題，發展學生整合所學運用於真實情境的「核心素養」。

就「課程統整」之重要性而言，課程內容如果沒有經過「統整」的努力歷程與教育成果，則課程內容將是支離破碎的、凌亂不堪的、不易學習、缺乏教育意義。「統整」並不是混合拼湊（盧美貴、薛曉華、王麗惠、蔡佳燕、張佩韻、黃娟娟等譯，2008），因為「統整」之後，各部分個體組合成為新的整體形式，有其獨特性、統一性與共同性，並非只是個別部分總和而已，「統整」就是「融會貫通」，是指構成整體的不同部分

之間有其關係，而且可透過個別部分之間的交流互動與緊密連結，成為一個有意義的整體（黃光雄、蔡清田，2015），如同「立交橋」而非斷頭橋。「課程」之統整，應先於「教學」的統整與「學習」的統整，因為如果課程沒有先統整，教師就不易察覺到教學統整之必要，學生就更不易察覺到學習統整的重要（蔡清田，2008a）。

　　課程統整是課程設計的一種努力過程，「統整課程」（integrated curriculum）則是課程設計的一種可能結果。「統整課程」是指「被統整過的課程」或「統整的課程」。例如：《國民中小學九年一貫課程綱要》的「語文」、「數學」、「社會」、「自然與生活科技」、「健康與體育」、「藝術與人文」、「綜合活動」等七大學習領域，便是一種課程統整的設計（教育部，2000a；陳伯璋，2001；蔡清田，2004）。但是，這並不因為學習領域具有課程統整傾向，就保證其內容必然統整，當許多科目混合或拼湊成為一個學習領域時，若不能連結組織成為一個有意義的整體，則此種組合可能是一種虛有其表的假統整。上述七大學習領域，名義上是屬於「可統整的課程」（integrative curriculum），內容上卻不一定是「被統整過的課程」，必須透過課程統整的設計與實施，才能實際轉化成為「被統整的課程」（蔡清田，2016），成為統整的學生學習經驗（Tyler, 1949）。

　　歐用生（2010）認為「課程統整」是一種課程設計的方式，不考慮學科的界線，教師與學生共同界定重要的問題，進行課程組織，以真實世界中具有個人和社會意義的問題作為組織中心，透過與知識有關的內容和活動，學生將課程經驗統整到生活意義架構中，並親身經驗解決問題的方法，達成經驗和知識的統整。「課程統整」不僅包括個人經驗的統整、社會的統整與知識的統整（Beane, 1997）。課程內容與學生日常學習經驗之間的統整（Bateman, Taylor, Janik, & Logan, 2009），重視超越科目的連貫（Brady, 1995），也重視科目間的統整、科目內外的統整（Palmer, 1995）；因此，課程統整可以分為學科知識間的統整、學科知識與生活的統整、資源的統整。課程設計者可以進行不同面向的統整，尋求「現在與過去」、「學校與社會」、「學科與學科」的連結，考慮己課統整、己我

統整與己世統整（黃譯瑩，1998），可兼顧「十二年國民基本教育」的不同教育階段學校類型課程之領域／科目的「共同性」與「差異性」，又可避免學科知識壟斷與意識型態宰制（Slattery, 2013; Wyse, Baumfield, Egan, Gallagher, Hayward, Hulme, Leitch, Livingston, Menter, with Lingard, 2013; Paraskeva, 2011）。

「課程統整」可協助教師規劃統整之內容（Hale, 2008），協助學生規劃學習歷程（Hale, 2010），並協助學生建立學習地圖（Kallick & Colosimo, 2009），能將所學統整至生活經驗中，達成經驗和知識的統整（Jacobs, 2010），甚至根據由教育人員與學生所共同合作確認的重大問題而組織課程，提升個人與社會統整可能性（Beane, 1997）。是以透過核心素養統整各教育階段領域／科目，不僅可使課程改革的「基本理念」、「課程目標」、「課程架構」符合國際潮流趨勢，使學生成為學習的主體，並從各領域／科目習得國民所需具備的核心素養，對於學生在領域／科目的學習與生活經驗的結合，將更具連貫性與統整性。

1.核心素養是領域／科目的親友不是敵人

「核心素養」是「領域／科目」的親友不是敵人（蔡清田，2016），「核心素養」不僅可以和各「領域／科目」的學科課程目標相互呼應，「核心素養」更可以轉化成為各「教育階段核心素養」與各「領域／科目核心素養」，並和「正式規劃的課程」與「資源支持的課程」、「實施教導的課程」、「學習獲得的課程」與「評量考試的課程」等進行連貫與統整（蔡清田，2008）。就核心素養與「領域／科目」的關係而言，傳統課程是學科本位的，重視領域／科目的學科知識能力（馬雲鵬，2017；馬斌，2017；黃政傑，1991），《十二年國民基本教育課程綱要》所強調的核心素養，與「領域／科目」的關係是可進行課程統整的盟友，也是相輔相成的親朋好友，甚至學科教學與核心素養就如同一個錢幣的兩面（鐘啟泉，2017），學科教學是該時代對學校教育所期許的核心素養之具體體現，核心素養是借助學校的學科教學得以實踐的。《十二年國民基本教育課程綱要》所強調的核心素養，是希望十二年國教課程在傳統「領域／科目」的學科知識能力之外，也能強調跨學科的素養之培養，彼

此共同合作以提升國民核心素養。本書第二章將進一步闡述「核心素養」可透過《十二年國民基本教育課程綱要》的研擬，闡明核心素養的課程地圖（curriculum mapping）（Jacobs, 1997; 2004），規劃十二年國教新「領域／科目」的課程連貫與統整（蔡清田，2008a），設計無縫的課程（seamless curriculum）（Beane, 1997; Jacobs, 2010; Drake, 2007），包括教與學的活動、學生學習的材料、以及利用評量來記錄學生的核心素養達成程度的學習單元、教學順序、學習經驗、活動策略與評量（Glatthorn, 2000; Schmidt & Prawat, 2006）。

　　核心素養與學校「領域／科目」課程關係遍及幼兒園到12年級，可用圖1.7核心素養與學校「領域／科目」課程統整模式圖示（修改自Drake, 2007），代表核心素養與包括學生在國民教育階段「領域／科目」應該學習的知識（認知）、能力（技能）、態度（情意）的統整課程設計。核心素養是課程統整模式中的上位概念，如同雨傘涵蓋整個課程統整模式，核心素養以知識（認知）、能力（技能）、態度（情意）三個概念互相循環作為核心素養的重點，由於核心素養是「領域／科目」的上位概念，且適用於所有「領域／科目」的學科內容（Drake, 1998），可以垂直連貫各教育階段「領域／科目」的課程地圖進路，可將十二年國民教育「部定課程」的所有「領域／科目」都可納入核心素養關係架構傘下運作，至於「校訂課程」如彈性學習課程或校訂必修課程、選修課程等亦可參考運用。

　　核心素養如變形金鋼可進行「課程連貫」，而且可進行「課程統整」設計，可進一步轉化成為各教育階段的語文、數學、自然科學、社會、藝術、健康與體育、綜合活動等「領域／科目」的「領域／科目核心素養」，與「領域／科目學習重點」，並轉化為各「學習內容」與「學習表現」，透過長期培育以學習遷移應用到實際生活情境（陳伯璋，2010a，2010b；蔡清田，2011a，2011b）。

　　「核心素養」是各「領域／科目」的盟友，而不是敵人，且課程發展必須邀請各「領域／科目」學科專家之參與，更可以取得各「領域／科目」、「學科知識」、「基本能力」及「核心能力」之間的協同合作，各

「領域／科目」學科專家可和課程學者共同合作進行雙向溝通交流，打開各「領域／科目」的傳統疆界閘門，從「科目本位」疆域牢籠中獲得解放，擺脫傳統學科知識意識型態束縛，並在典雅優美的學科知能基礎之上，注入現代與未來生活所需的核心素養之創新精神，發展更寬廣豐富且具時代意義的「領域／科目」學習內涵，進而建構十二年國民基本教育課程連貫體系與課程改革新氣象，提升「領域／科目」課程設計、教學實施及學生學習的效能（蔡清田，2012b），而且「國民核心素養」是國民生活所需的「核心素養」，不僅是國民教育階段的「共同素養」，是經過社會賢達所精心挑選出來，是可學習、可教學、可評量的關鍵素養，而且具有「自主行動」、「社會參與」、「溝通互動」的三面螺旋結構，可從九項項目加以精挑細選之後與各「領域／科目課程目標」進行統整成為各「領域／科目核心素養」。

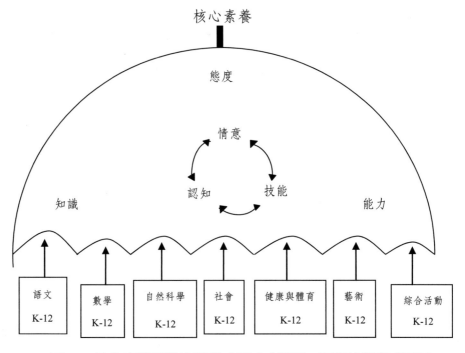

✿圖1.7　核心素養與學校課程「領域／科目」課程統整模式圖示

　　換言之，「核心素養」是「領域／科目」的親友不是敵人，學科專家可依據各「領域／科目」理念目標，挑選合適該「領域／科目」的數項「核心素養」作為滋補品或提味的藥方引子，結合該領域／科目的學科知能，經過精心設計的「課程統整」之後，並將該領域／科目學科知能（如同雞肉、排骨、麵粉）升級轉型成為「領域／科目核心素養」如同「松露雞湯」、「山藥排骨湯」、「荔枝養生麵包」的營養美食，不僅能保有原先雞肉或排骨或麵粉的主要滋味，又可創造出美味可口的營養湯汁或美味食品，如同本書第四章所論將可以透過更進一步的課程統整設計，將「學科知識」、「基本能力」與「核心能力」加以統整並升級轉型成為「領域／科目核心素養」，或如本書第五章所論，將可再轉化成為各「領域／科目學習重點」以統整各領域／科目的「學習表現」（learning performance）與「學習內容」（learning content），可促成各領域／科目的課程連貫與統整，協助學生獲得現代國民生活所需之核心素養。

　　2.核心素養與領域／科目之課程統整設計

　　核心素養除了可與領域／科目進行課程連貫設計之外，核心素養還可與領域／科目進行課程統整設計，可達成核心素養的課程連貫與課程統整，核心素養的課程設計具有「分教育階段」、「分領域／科目」的特性，一方面根據「臺灣政治、經濟、社會、文化與科技變遷趨勢對K-12課程的影響與啟示研究」，以及「國民中小學課程綱要雛型擬議之前導研究」指出核心素養宜融入各領域／科目課程之中（張茂桂、董秀蘭、王業立、黃美筠、陳婉琪、杜文苓，2011；馮朝霖、范信賢、白亦方，2011），除了了解核心素養能跨越各教育階段各領域／科目及重要的新興議題之外，另一方面教育人員應適當地規劃設計課程，安排學生透過參與學習這些領域／科目內容，以協助學生學習獲得核心素養，以便能在許多不同情境中（Kegan, 2001），進行負責任與積極進取的生活（Canto-Sperber & Dupuy, 2001），並在不同情境中，採取負責任的行動，以因應生活的不同需求與挑戰。

　　就核心素養之「課程統整」而言，是指將各核心素養或「教育階段核心素養」進入各「領域／科目課程目標」、「領域／科目核心素養」、

「領域／科目學習重點」之課程統整（蔡清田，2012a），呼應Dweck與Leggett（1988）強調的「學習目標」（learning goal），也呼應了「內容標準」（content standards）、「表現標準」（performance standards）（CCSSI, 2013a; 2013b; NGA Center & CCSSO, 2010a, 2010b），更呼應了「終身學習標準」（lifelong learning standards）（Marzano, Pickering, & McTighe, 1993）。其中的「領域／科目」可包括語文、數學、自然科學、社會、藝術、健康與體育、綜合等領域／科目（蔡清田、陳延興、盧美貴、方德隆、陳聖謨、林永豐、李懿芳，2012）。「核心素養」的課程發展，有助於促成「十二年國民基本教育」的「課程連貫」與「課程統整」，本書稍後將會在第二章論述「核心素養與領域／科目的課程連貫」、第三章闡述「核心素養與領域／科目的課程統整」、第四章領域／科目核心素養的課程發展、第五章領域／科目學習重點的課程發展。

第二章

核心素養與領域／科目的課程連貫

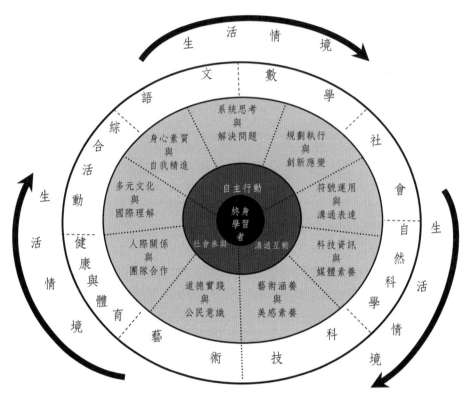

✿圖2.1　「核心素養」與「領域／科目」的滾動圓輪意象

　　本章「核心素養與領域／科目的課程連貫」，旨在論述核心素養與各教育階段「領域／科目」的課程連貫，建構「核心素養」垂直連貫K-12四個「教育階段」之「領域／科目」課程銜接架構；檢核K-12四個「教育階段」數學、自然科學、藝術、國語文、英語文、社會、綜合、健康與體育等「領域／科目」課程目標可呼應「核心素養」並加以結合，進而提出「核心素養」可與「領域／科目」進行課程連貫與課程統整之檢核表，指出核心素養可分「教育階段」分「領域／科目」進行發展；首先「教育階段核心素養」是「進階性」的，可分為幼兒園、國小、國中、高中／職等四個「教育階段」進行課程發展，愈高階愈趨完整；其次「領域／科目核心素養」（area/subject core competencies）是「延伸性」的，可分「領域／科目」的學科特性來進行核心素養的課程發展，亦即「教育階段核心素

養」可再依據「領域／科目」學科特性進行課程發展，以「領域／科目」特色加以設計。一方面，核心素養是可跨「領域／科目」，可跨越個別領域／科目的傳統界線，而非侷限於某單一「領域／科目」之內（黃光雄、蔡清田，2015）；另一方面，每個「領域／科目」可涵蓋多個「項目」核心素養，各「領域／科目」可強調許多不同而非單一「項目」的核心素養，且某「項目」核心素養不是侷限於某單一「領域／科目」內，而可同時出現在不同「領域／科目」中，亦即「核心素養」如同天空中閃爍的星星，可在不同「領域／科目」出現而組成不同「星群」，如天鵝座的天津四、天鷹座的牛郎和天琴座的織女等三顆一等星的夏季大三角標示出銀河所在的銀河赤道帶，或具不同學科特色的「領域／科目核心素養」之「星座」，如北斗七星組成大熊星座，此種核心素養課程發展，非常尊重學科特性且富有彈性（蔡清田，2016），不同於過去將所有十項基本能力全硬塞到所有領域／科目內，本書第三、四章將進一步闡述。

　　本章闡述「核心素養」和幼兒園、國民中小學九年一貫課程與高級中等教育等各領域／科目具有連貫與統整關聯，而且「核心素養」與「領域／科目」之間彈性而非單一對應特質，如圖2.1「核心素養」與「領域／科目」的滾動圓輪意象所示，具有「一對多」與／或「多對一」的對應關係，可衍生出核心素養課程發展三個通則：(一)每項核心素養皆具有跨「領域／科目」的性質，皆可透過不同「領域／科目」加以發展，並非侷限於某單一「領域／科目」內，可打破個別「領域／科目」的傳統疆界；(二)每一個別「領域／科目」皆涵蓋多項核心素養，而非單項的核心素養；(三)九項核心素養除了在各「教育階段」垂直連貫外，在各「領域／科目」所強調的重點仍有不同，並非每一「領域／科目」都需包含所有九項核心素養，但核心素養可由所有「領域／科目」共同實踐，核心素養可引導各「領域／科目」課程發展，但各「領域／科目」各有學科特性，毋需勉強將所有九項核心素養全塞入單一「領域／科目」內。

　　本章透過表2.1《十二年國民基本教育課程綱要》與《國民中小學九年一貫課程綱要》比較表，說明《十二年國民基本教育課程綱要》的重要改革包括：一將「基本能力」升級轉型為「核心素養」，《十二年國民基

本教育課程綱要》強調「核心素養」導向的課程、教學及評量,從教科用書的設計、教師的教學實施及評量的方式,皆不同於過往的《國民中小學九年一貫課程綱要》,主要目的就是爲了落實新課綱的「核心素養」;另外在課程方面,「部定課程」可因應學生學習差異而實施適性分組教學、學校也可依據學校願景及在地特色規劃「校訂課程」,以及增加「彈性學習時間」;二將「能力指標」簡化爲「領域 / 科目核心素養」及其呼應的「領域 / 科目學習重點」(area/subject learning keypoints)。

✿表2.1　《十二年國民基本教育課程綱要》與《國民中小學九年一貫課程綱要》比較表

十二年國民基本教育課程綱要	國民中小學九年一貫課程綱要
國家教育研究院研擬,並由教育部課程審議委員會審議通過後於2014年公布總綱	國民中小學九年一貫課程發展專案小組研擬,並由教育部於1998年公布總綱
國民中小學連貫到高中的十二年課程改革	國民中小學九年一貫課程改革
自發、互動、共好等三大基本理念,呼應「成就每一個孩子—適性揚才、終身學習」的願景(以學習者為主體)	人本情懷、統整能力、民主素養、鄉土與國際意識、終身學習等五大基本理念
四大課程目標	十大課程目標
三面九項核心素養與各教育階段核心素養(核心素養導向)	十大基本能力(基本能力導向)
五個學習階段(國小低、中、高年段、國中與高中 / 職)	四個學習階段(國小低、中、高年段與國中)
部定課程與校訂課程的課程架構 部定必修課程之安排,學校得依實際條件就授課年段、學期或週數進行彈性開設,以降低學生每學期修習科目數。高一及高二每學期部定必修科目之開設以十二科以下為原則	學習領域節數與彈性學習節數課程
八大領域(科技從原來的「自然與生活科技領域」分出,並將「生活科技」與「資訊教育」加以統整成為一個新的「科技領域」)	七大學習領域

領域內可分科教學（單領域可單科或多科）。自然科學、社會、藝術、綜合活動、健體等領域均含數個科目，除實施領域教學外，經學校課程發展委員會通過後，亦得實施分科教學，同時可在不同年級彈性修習不同科目，不必每個科目在每學期都修習，以減少每學期修習的科目數量，但領域學習總節數應維持不得減少。跨領域統整課程最多占領域學習課程總節數五分之一，其學習節數得分開計入相關學習領域，並可進行協同教學	領域內協同教學為原則（單領域不分科）
各領域／科目課綱明訂領域／科目核心素養（領域／科目依特性彈性對應九項核心素養）	各領域課程綱要明訂領域能力指標（各領域必須對應十大基本能力）
領域／科目學習重點含學習表現與學習內容	基本學習內容
實施要點（重校本課程發展與教師專業發展）	實施通則（重視學校本位課程發展）
各領域／科目課程綱要附錄 含學習重點與領域／科目核心素養之呼應表	各領域課程綱要附錄 含基本學習內容

　　十二年國民基本教育課程改革，以「自發、互動、共好」為理念，以「成就每一個孩子—適性揚才、終身學習」為願景，注重五育均衡發展的全人教育，強調核心素養導向，以核心素養整合知學用，推動課程連貫與統整，具有七項重要特色：

　　第一個特色是「以核心素養為導向的課程改革」，十二年國民基本教育課程改革不只重視「學科知識」與「基本能力」，更強調「核心素養」，「核心素養」承續過去課程綱要的「基本能力」、「核心能力」與「學科知識」，但涵蓋更寬廣和豐富的教育內涵。「核心素養」是指一個人為適應現在生活及面對未來挑戰，所應具備的知識、能力與態度，關注學習與生活的結合，核心素養的表述可彰顯學習者的主體性，關照學習者的全人發展可整合運用於「生活情境」，強調其能在生活中實踐力行的特質。

　　十二年國民基本教育課程培養的「核心素養」，能與國際接軌並兼具本土特色，將過去「基本能力」加以擴展升級轉型為「跨領域／科目」的「核心素養」，而非取代領域／科目內的「能力指標」。十二年國民基本教育課程改革之「核心素養」乃是回應「聯合國教育科學文化組織」、「經濟合作與發展組織」及「歐洲聯盟」等國際組織對「核心素養」的界定，是指國民能在社會中扮演積極公民角色所需具備的核心素養，包括「自主行動」、「溝通互動」與「社會參與」三個面向，呼應《十二年國民基本教育課程綱要總綱》「自發」、「互動」、「共好」的全人圖像理念，彰顯核心素養的功能，如表2.2「三面九項核心素養」可涵蓋「十大基本能力」所示可彌補十大基本能力的範疇不全、區隔不清以及缺漏重要議題，如「道德實踐與公民意識」、「科技資訊與媒體素養」及「藝術涵養與美感素養」等，可因應社會需要，重視在學習過程促進個體全人發展及終身學習的培養。

✿表2.2　「三面九項核心素養」可涵蓋「十大基本能力」

三面九項核心素養內涵			十大基本能力內涵
A自主行動	A1 身心素質 與 自我精進	具備身心健全發展的素質，擁有合宜的人性觀與自我觀，同時透過選擇、分析與運用新知，有效規劃生涯發展，探尋生命意義，並不斷自我精進，追求至善。	1.了解自我與發展潛能（充分了解自己的身體、能力、情緒、需求與個性，愛護自我，養成自省、自律的習慣、樂觀進取的態度及良好的品德；並能表現個人特質，積極開發自己的潛能，形成正確的價值觀。） 3.生涯規劃與終身學習（積極運用社會資源與個人潛能，使其適性發展，建立人生方向，並因應社會與環境變遷，培養終身學習的能力。）
	A2 系統思考 與 解決問題	具備問題理解、思辨分析、推理批判的系統思考與後設思考素養，並能行動與反思，以有效處理及解決生活、生命問題。	9.主動探索與研究（激發好奇心及觀察力，主動探索和發現問題，並積極運用所學的知能於生活中。） 10.獨立思考與解決問題（養成獨立思考及反省的能力與習慣，有系統地研判問題，並能有效解決問題和衝突。）

	A3 規劃執行 與 創新應變	具備規劃及執行計畫的能力，並試探與發展多元專業知能、充實生活經驗，發揮創新精神，以因應社會變遷、增進個人的彈性適應力。	2. 欣賞、表現與創新（培養感受、想像、鑑賞、審美、表現與創造的能力，具有積極創新的精神，表現自我特質，提升日常生活的品質。） 3. 生涯規劃與終身學習（積極運用社會資源與個人潛能，使其適性發展，建立人生方向，並因應社會與環境變遷，培養終身學習的能力。） 7. 規劃、組織與實踐（具備規劃、組織的能力，且能在日常生活中實踐，增強手腦並用、群策群力的做事方法，與積極服務人群與國家。）
B.溝通互動	B1 符號運用 與 溝通表達	具備理解及使用語言、文字、數理、肢體及藝術等各種符號進行表達、溝通及互動，並能了解與同理他人，應用在日常生活及工作上。	4. 表達、溝通與分享（有效利用各種符號〔例如語言、文字、聲音、動作、圖像或藝術等〕和工具〔例如各種媒體、科技等〕，表達個人的思想或觀念、情感，善於傾聽與他人溝通，並能與他人分享不同的見解或資訊。）
	B2 科技資訊 與 媒體素養	具備善用科技、資訊與各類媒體之能力，培養相關倫理及媒體識讀的素養，俾能分析、思辨、批判人與科技、資訊及媒體之關係。	8. 運用科技與資訊（正確、安全和有效地利用科技，蒐集、分析、研判、整合與運用資訊，提升學習效率與生活品質。）
	B3 藝術涵養 與 美感素養	具備藝術感知、創作與鑑賞能力，體會藝術文化之美，透過生活美學的省思，豐富美感體驗，培養對美善的人事物，進行賞析、建構與分享的態度與能力。	2. 欣賞、表現與創新（培養感受、想像、鑑賞、審美、表現與創造的能力，具有積極創新的精神，表現自我特質，提升日常生活的品質。）

C社會參與	C1 道德實踐 與 公民意識	具備道德實踐的素養，從個人小我到社會公民，循序漸進，養成社會責任感及公民意識，主動關注公共議題並積極參與社會活動，關懷自然生態與人類永續發展，而展現知善、樂善與行善的品德。	5.尊重、關懷與團隊合作（具有民主素養，包容不同意見，平等對待他人與各族群；尊重生命，積極主動關懷社會、環境與自然，並遵守法治與團體規範，發揮團隊合作的精神。）
	C2 人際關係 與 團隊合作	具備友善的人際情懷及與他人建立良好的互動關係，並發展與人溝通協調、包容異己、社會參與及服務等團隊合作的素養。	4.表達、溝通與分享（有效利用各種符號〔例如語言、文字、聲音、動作、圖像或藝術等〕和工具〔例如各種媒體、科技等〕，表達個人的思想或觀念、情感，善於傾聽與他人溝通，並能與他人分享不同的見解或資訊。） 5.尊重、關懷與團隊合作（具有民主素養，包容不同意見，平等對待他人與各族群；尊重生命，積極主動關懷社會、環境與自然，並遵守法治與團體規範，發揮團隊合作的精神。）
	C3 多元文化 與 國際理解	具備自我文化認同的信念，並尊重與欣賞多元文化，積極關心全球議題及國際情勢，並能順應時代脈動與社會需要，發展國際理解、多元文化價值觀與世界和平的胸懷。	6.文化學習與國際理解（認識並尊重不同族群文化，了解與欣賞本國及世界各地歷史文化，並體認世界為一整體的地球村，培養相互依賴、互信互助的世界觀。）

　　第二個特色是「以學生為主體的課程發展」，《十二年國民基本教育課程綱要總綱》彰顯以學生為學習主體的重要性，強化學校課程發展，因應不同教育階段之教育目標與學生身心發展之特色，提供彈性多元的學習，以促成學生適性發展，一方面強調「彈性學習課程」與「校訂課

程」，明列彈性學習課程可規劃的專案為統整性主題／專題／議題探究課程、社團活動與技藝課程、特殊需求領域課程、其他類八項，增加學生自主學習的時間與空間（洪詠善、范信賢，2015），例如彈性學習課程每週節數國小高年級「第三學習階段」原3-6節改為4-7節，國中「第四學習階段」原7、8年級4-6節；9年級3-5節，皆改為3-6節（國家教育研究院，2015a），而且高中調降部分必修時數增加部分選修空間，選修課學分占了三分之一，且各高中須增加4到8學分「校訂必修」以發展特色，以落實適性揚才的核心價值，回應當代多元差異的時代精神，培養學生具備自主行動的核心素養，特別是「校訂課程」，包含多元選修（至少6學分）、校訂必修（至少4學分）、彈性學習（每週2-3小時）、團體活動（每週2-3小時），多元選修讓學生可透過至少每週3節課選擇有興趣的學科或是有特定性向的課程；校訂必修每週2節加上彈性學習每週3節，每週可有5節課進行專題、小論文、科學研究、創客實作、社會學習方式以製作學習歷程檔案，另外還有每週2小時團體活動可參與社團、校隊、學生自治組織的非正式課程學習機會，彰顯「以學生為主體的課程發展」之特色；另一方面更重視學生學習因應社會生活所需的「核心素養」，可依據教育階段循序漸進加深加廣，依教育階段的身心發展任務逐漸具備所需的「核心素養」（蔡清田，2014），核心素養的表述可彰顯學習者的主體性，不以學科知識作為學習的唯一範疇，而是強調「以學生為主體的課程發展」，關照學習者可整合運用於「生活情境」，強調其能在生活中實踐力行的特質（蔡清田，2016）。

第三個特色是「以終身學習者為核心的課程設計導引課程連貫與統整」，《十二年國民基本教育課程綱要總綱》強調學生所需的「核心素養」係以「終身學習者」為核心，透過「以終身學習者為核心的課程設計導引課程連貫與統整」，引導學生學習獲得自主行動、溝通互動及社會參與之核心素養，進而導向社會永續發展的共好生活（Bateman, Taylor, Janik, & Logan, 2009），特別是以「核心素養」為各教育階段及各領域／科目課程連貫統整的主軸，導引課程連貫與統整（蔡清田，2015），使「核心素養」和幼兒園課程、國民中小學九年一貫課程與高級中等教育等

教育階段各領域／科目具有連貫與統整的密切關係（黃光雄、蔡清田，2015），建置以「核心素養的連貫與統整」為核心理念之K-12年級課程（蔡清田，2016），各教育階段核心素養除可進行垂直連貫外，並可與各教育階段領域／科目進行課程連貫與統整（蔡清田，2014），發展符合核心素養之領域／科目課程，使學生具備因應生活情境所需的「核心素養」以統整知識、能力、態度（蔡清田，2011）。

第四個特色是「以領域／科目與核心素養為基礎的課程統整」，《十二年國民基本教育課程綱要總綱》重視各領域／科目與核心素養之統整，以核心素養作為領域課程的核心，可引導領域／科目內容的發展，重視各領域／科目學科知識、能力、情意之統整。一方面強調「部定課程」與「校訂課程」的「彈性學習課程」，並重視領域／科目的重要性，如表2.3「十二年國民基本教育」各教育階段課程類型所示（教育部，2014，8）：另一方面核心素養主要應用於國民小學、國民中學及高級中等學校的一般領域／科目，至於技術型、綜合型、單科型高級中等學校則依其專業特性及群科特性進行課程發展，核心素養可彈性納入。

✿表2.3　「十二年國民基本教育」各教育階段課程類型

教育階段 ＼ 課程類型		部定課程	校訂課程
國民小學		領域學習課程	彈性學習課程
國民中學			
高級中等學校	普通型高級中等學校	一般科目 專業科目 實習科目	校訂必修課程 選修課程 團體活動時間 彈性學習時間
	技術型高級中等學校		
	綜合型高級中等學校		
	單科型高級中等學校		

「以領域／科目與核心素養為基礎的課程統整」，一方面保留傳統課程綱要優點，另一方面又注入核心素養的新生命力，可循序漸進課程改革，例如為培養學生的科技思維、科技設計及創作能力，保有生活科技的課程品質，將「生活科技」與「資訊教育」統整成為一個新的「科技領

域」，如表2.4所示十二年國民基本教育課程架構與國民中小學九年一貫課程架構比較（洪詠善、范信賢，2015）：

✿表2.4　十二年國民基本教育課程架構與國民中小學九年一貫課程架構比較

比較項目	十二年國教 課程綱要總綱	九年一貫課綱	十二年國教課程綱要 總綱補充說明
課程規劃	八大領域	七大領域	國民中學階段增設「科技領域」
	彈性學習課程	彈性學習節數	為學校校訂課程，以形塑學校教育願景及學生適性發展
領功能變數 名稱／內容 調整	語文領域 （國語文、本土語文、新住民語文及英語文）	語文領域 （本國語文及英語文）	為尊重人權、多元文化及增進族群關係，鼓勵學校聘請合格師資，開設「本土語文／新住民語文」課程，國小應依據學生的需求開課，國中則可於彈性學習課程實施，落實學生的適性學習
	科技領域	自然與生活科技領域	為培養學生的科技思維、科技設計及創作能力，保有生活科技的課程品質，將「生活科技」與「資訊教育」整合為一個新的「科技領域」
	藝術領域	藝術與人文領域	為能與國際中小學藝術領域／科目名稱對應，強調人文融入各領域內涵
	生活課程 （統合社會、藝術、自然科學及綜合活動等領域）	生活課程 （統合社會、藝術與人文、自然與生活科技等學習領域）	第一學習階段之生活課程與綜合活動領域皆重視兒童的探索、體驗、實踐與省思，兩者基本理念相近，因此，整併國民小學第一學習階段「生活課程」與「綜合活動」
	健康與體育領域 （健康教育與體育）	健康與體育領域 （健康與體育）	原「健康」名稱是概念並非科目名稱，故國中教育階段調整為「健康教育」
領域學習 節數調整	各領域採固定節數，並有彈性學習課程	各領域節數採彈性比例制，並有彈性學習節數	參考九年一貫課程領域學習節數比例及學校現場各領域節數實施現況，取消百分比，以每週實際上課節數規劃，以不增加領域學習總節數為原則

	國民小學第一學習階段「國語文」增加為6節課	國民小學第一學習階段「國語文」最高5節課	語文與數學是學習各領域的重要工具，同時世界各國在國民中小學教育階段，語文及數學課程所占的節數比例皆較高，故調整國語文及數學的學習節數，讓學生在第一、二學習階段能獲得充分學習，奠立基礎
	國民小學第一、二學習階段「數學」增加為4節課	國民小學第一、二學習階段「數學」最高3節課	
	國中新增科技領域2節課	國中於彈性學習節數實施資訊科技1節課	國中科技領域整合「生活科技」與「資訊科技」

資料來源：洪詠善、范信賢（主編）（2015）。同行：走進十二年國民基本教育課程綱要總綱（頁22-23）。新北市：國家教育研究院。

　　《十二年國民基本教育課程綱要總綱》與九年一貫課程總綱在課程架構的規劃與學習領域及學習節數的呈現方式均不同，詳如表2.5十二年國教課程綱要總綱課程架構的國民小學及國民中學課程規劃所示，十二年國教課程綱要總綱課程架構與學習節數的規劃和九年一貫程課程以百分比例呈現不同。十二年國教課程綱要總綱課程架構的各領域／科目學習節數採用固定的節數編排，彈性學習課程則依據不同學習階段規劃適切的區間節數，且各領域課程綱要規劃時，已參酌學習節數發展適切的「領域／科目核心素養」與「領域／科目學習重點」。

✿表2.5　十二年國教課程綱要總綱課程架構的國民小學及國民中學課程規劃

教育階段			國民小學					國民中學		
階段			第一學習階段		第二學習階段		第二學習階段		第四學習階段	
年級 領域／科目			一	二	三	四	五	六	七	八	九
部定課程	領域學習課程	語文	國語文(6)		國語文(5)		國語文(5)		國語文(5)		
			本土語文／新住民語文(1)		本土語文／新住民語文(1)		本土語文／新住民語文(1)				
					英語文(1)		英語文(2)		英語文(3)		
		數學	數學(4)		數學(4)		數學(4)		數學(4)		
		社會	生活課程(6)		社會(3)		社會(3)		社會(3)（歷史、地理、公民與社會）		

	自然科學		自然科學(3)	自然科學(3)	自然科學(3)（理化、生物、地球科學）
	藝術		藝術(3)	藝術(3)	藝術(3)（音樂、視覺藝術、表演藝術）
	綜合活動		綜合活動(2)	綜合活動(2)	綜合活動(3)（家政、童軍、輔導）
	科技				科技(2)（資訊科技、生活科技）
	健康與體育	健康與體育(3)	健康與體育(3)	健康與體育(3)	健康與體育(3)（健康教育、體育）
	領域學習節數	20節	25節	26節	29節
校訂課程	統整性主題/專題/議題探究課程	2-4節	3-6節	4-7節	3-6節
	社團活動與技藝課程				
	特殊需求領域課程				
	其他類課程				
學習總節數		22-24節	28-31節	30-33節	32-35節

（彈性學習課程）

資料來源：教育部（2014）。十二年國民基本教育課程綱要總綱（頁10-11）。臺北市：作者。

　　十二年國民基本教育課程綱要也帶動普通高中課程五大變革，第一是必修學分數由138學分降為118學分；另開加深加廣必選及選修課程。例如：國文必修學分從現行24學分降為20學分，但學生必須另外選修至少4學分的國文加深加廣課程如國學常識、語文表達與傳播應用、文學選讀、專題閱讀、多元或補強選修等。第二是新增「校訂必修」4至8學分，規劃

學校本位特色課程，須以專題、跨領域、知識統整應用、動手作為主。第三是新增「彈性／自主學習」課，每週2至3節。可以找同學做專題研究、去圖書館找資料，把學習主權還給學生。第四是重視「多元選修」、「跨領域」、「動手做」，學生至少選修6學分的多元選修課程、至少4學分的「跨領域／科目專題」、「實作／實驗」或「探索體驗」等課程。第五是降低修課學分數，從現行的198個學分，減為180個學分；畢業門檻也從現行的160學分，減為150學分。

　　各領域／科目考量本身的理念與目標，結合「教育階段核心素養」，發展符合學習節數的「領域／科目核心素養」及「領域／科目學習重點」，確立與核心素養關係最為密切的課程目標，並發展「領域／科目核心素養」，彰顯該領域／科目特色的「學習重點」統整「領域／科目學習內容」與「領域／科目學習表現」以呼應「領域／科目核心素養」（蔡清田，2015），確保接受十二年國教的學生具備核心素養（洪詠善、范信賢，2015）。各領域／科目課程綱要的研修，需參考教育部審議通過的《十二年國民基本教育課程綱要總綱》及《十二年國民基本教育課程發展指引》，考量領域／科目的理念與目標，結合核心素養具體內涵，以發展「領域／科目核心素養」及「領域／科目學習重點」，本書第三章圖3.3「核心素養在課程綱要的轉化及其與學習重點的呼應關係」會進一步闡述。

　　第五個特色是「以核心素養進行跨領域／科目的課程統整」，《十二年國民基本教育課程綱要總綱》之三面九項「核心素養」是同時強調「領域／科目核心素養」與「跨領域／科目」（cross area/subject）的「核心素養」（蔡清田，2016）。「核心素養」，是國民因應現在及未來社會生活情境所需具備的「知識」、「能力」與「態度」之統整，可透過「領域／科目核心素養」引導各「學習重點」的課程發展（蔡清田、陳伯璋、陳延興、林永豐、盧美貴、李文富、方德隆、陳聖謨、楊俊鴻、高新建、李懿芳、范信賢，2013），並透過「領域／科目學習內容」與「領域／科目學習表現」，展現各「學習重點」課程設計（蔡清田，2015），引導學生學到更為寬廣且能因應社會生活情境所需的「核心素養」。過去的課

程標準強調「學科知識」，國民中小學九年一貫課程強調培養學生帶著走的「基本能力」，而十二年國民基本教育課程改革則進一步強調能應用在生活情境所需的「核心素養」，較現行中小學課程綱要的「學科知識」、「基本能力」、「核心能力」涵蓋更寬廣和豐富的教育內涵（蔡清田，2014），更注重學習歷程及方法策略，強調培養終身學習者，彰顯學習者的主體性，不以學科知識作為學習的唯一範疇，不以傳統有限的「基本能力」窄化教學內容或以「核心能力」束縛學習內容（Qualifications and Curriculum Development Agency, 2008），而是以「基本能力」與「核心能力」為基礎，加以擴展轉型升級為核心素養（蔡清田，2011a），關照學習者可將「學科知識」與「基本能力」整合運用於生活情境（蔡清田，2015），並由個體生活擴展到社會生活，強調在生活情境中實踐力行的特質，因應現在及未來生活挑戰所需（蔡清田，2016）。特別是現代社會生活中，有很多現象是很難用過去的學科知識加以切割，因此新課綱很強調跨領域的學習，讓學生有機會進行跨領域的學習，協助學生更適應社會生活脈絡情境，以便進行社會參與，換言之，《十二年國民基本教育課程綱要總綱》一方面，重視各「領域／科目」內部「領域／科目核心素養」的學科知識、能力、情意的統整學習，另一方面也重視「跨領域／科目」的「核心素養」之培養，兩方面相輔相成。在符合教育部教學正常化之相關規定及領域學習節數之原則下，學校得彈性調整或重組部定課程之領域學習節數，實施各種學習型式的跨領域統整課程，培養學生因應現在及未來生活挑戰所需的「核心素養」。跨領域統整課程最多占領域學習課程總節數五分之一，其學習節數得分開計入相關學習領域，並可進行協同教學。教師若於領域學習或彈性學習課程進行跨領域／科目之協同教學，提交課程計畫經學校課程發展委員會通過後，其協同教學節數可採計為教師授課節數，相關規定由各該主管機關訂定之（教育部，2014）。

　　第六個特色是「以核心素養為焦點的教學與學習」，十二年國民基本教育課程改革不僅強調以學生作為學習的主體及師生互動參與，同時重視統整知識能力與態度情意的「領域／科目核心素養」，透過「領域／科目學習重點」的課程設計統整系統的學科知識「學習內容」與核心能力的

「學習表現」，兼顧能力導向與知識導向學習，並配合學生認知結構發展，因應學生由國小到國中、高中的認知技能情意之教育階段發展過程；並延續「跨領域／科目」核心素養的特色，鼓勵教師調整過去偏重學科知識的教學型態，活化教學現場與學習評量（洪詠善、范信賢，2015），引導學生學習學科知識，並強調轉化實踐行動的知能，培養學生因應生活所需的「跨領域／科目」核心素養。教師宜依據不同學習領域／科目／群科特性進行「適性教學」與「差異教學」，呼應核心素養導向的教學原則，不僅教知識也要重視技能與情意，不僅重視結果也要重視學習的歷程與方法，不僅教抽象知識更要重視情境學習，不僅在學校中學習更要落實於社會行動（洪詠善、范信賢，2015），特別是採用經實證研究發現「有效教學」的方法或策略，設計「有效教學」的活動，引導學生進行「核心素養」的「自主學習」、「情境學習」、「合作學習」。特別是《十二年國民基本教育課程綱要總綱》一方面強調校訂課程和共同備課公開觀課，讓教師專業社群經營成為課程發展的重心，營造全新的學校團隊氛圍，翻轉傳統的教師教學，另一方面《十二年國民基本教育課程綱要總綱》重視「核心素養」，強調以學生作為學習的主體及師生互動，而非傳統教師講授主導教學。

　　《十二年國民基本教育課程綱要》重視核心素養，強調「領域／科目學習重點」統整「領域／科目學習表現」與「各領域／科目學習內容」，作為教材設計之參考，引導教師的教學與學習，能較完整呈現出學習的歷程、方法及內容。簡而言之，「學習重點」指的就是領域／科目的「學習內容」與學生的「學習表現」，這些是教師的教學重點，也是學生的學習重點，也是提供各領域／科目進行課程發展的教材設計、教科書審查及學習評量的重要依據。特別是「學習內容」是該領域／科目「核心」的「知識、能力、態度」等有價值的「內容」，能呼應領域／科目核心素養的重要、關鍵、必要之特質（蔡清田，2012b），並引導學生透過「學習內容」而展現「學習表現」以達成目標。學習內容是該領域／科目重要的內容，學校、地方政府或出版社得依其專業需求與特性，將學習內容做適當的轉化，以發展適當的教材，提供各領域／科目進行教材設計時的彈性，

在不同版本的教材中，學習表現與學習內容可以有不同的呼應關係。教科用書編輯人員或學校教師可依不同學生的需求或學習階段的差異，彈性地組合「領域／科目學習表現」與「領域／科目學習內容」，將課程綱要內涵轉化為實際教材，提供學生適性的學習機會（國家教育研究院，2014a）。

　　第七個特色是「以核心素養為依據的學習評量」，十二年國教強調以核心素養為依據的學習評量，應依據「學習重點」為依據的學習評量，換言之，以核心素養為依據的學習評量，應與「學習重點」進行連結，以評估各該學習階段學生的各項核心素養的學習表現程度，以核心素養為依據的學習評量內容應考量學生身心發展、個別差異、文化差異及核心素養內涵，並兼顧認知、技能、情意等不同層面的學習表現。學習評量應依據「核心素養」的「學習重點」，考量學生生活背景與日常經驗，妥善運用在地資源，發展真實有效的學習評量工具。以「核心素養」為主軸的學習評量，須兼顧整體性和連續性，以了解學生在相對於「核心素養」的「學習重點」之學習進展，並有效進行追蹤，長期評估學生在「學習重點」的「學習內容」與「學習表現」之成長與進步。特別是「學習表現」是指該領域／科目關鍵而重要的「核心」認知、技能、情意等有價值的「表現」，能呈現該領域／科目有關「非內容」（non-content）面向的學習特質，引導學生學習達成認知、技能、情意之學習表現而達成學習目標，呼應領域／科目核心素養的重要、關鍵、必要之特質（蔡清田，2012b），但毋須像傳統課程綱要一樣列出所有能力指標，以避免指標過多數量龐大或流於繁瑣而難以掌握或不當重複或脫節遺漏之缺失。學習表現是強調以學習者為中心的概念，學習表現重視認知、情意與技能之學習展現，代表該領域／科目的非「內容」向度，應能具體展現或呼應該領域／科目核心素養。認知向度包括記憶、理解、應用、分析、評鑑、創造等層次；情意向度包括接受、反應、評價、價值組織、價值性格化等層次；技能向度包括感知、準備狀態、引導反應（或模仿）、機械化、複雜的外在反應、調整、獨創等層次。因此，為了解學生的學習過程與成效，核心素養之學習評量的工具類型宜有彈性，並可使用多元的學習評量方式，可彈性運用測

驗、觀察、記錄、問答及面談、檔案等多元工具，兼顧整體性和連續性，有關提升學生未來發展可能性的實作、探究、專題性等課程的多元評量，也包括核心素養的考量範疇，發展眞實有效的學習評量工具，了解教學所欲達成之「核心素養」如「人際關係與團隊合作」，而卻無法以一般紙筆測驗評量者，尤應重視核心素養的知識、能力與態度在實際生活應用之檢核，以反映學生學習情形或應用之成效，並進行有效評估與回饋，特別是依據學習評量的結果，提供不同需求的學習輔導（蔡清田、陳伯璋、陳延興、林永豐、盧美貴、李文富、方德隆、陳聖謨、楊俊鴻、高新建、李懿芳、范信賢，2013）。

　　茲先就「核心素養」與「領域／科目」的「課程連貫」及「課程統整」說明如次：

一、「核心素養」與「領域／科目」的課程連貫及課程統整之初步檢核

　　「核心素養」以培育「終身學習者」爲核心（蔡清田、陳延興、吳明烈、盧美貴、陳聖謨、方德隆、林永豐，2011），強調學生爲國民教育主體的理念（蔡清田、洪若烈、陳延興、盧美貴、陳聖謨、方德隆、林永豐、李懿芳，2012），具有「課程連貫」與「課程統整」理據（蔡清田，2012a），以學生學習需求及潛能發展爲依據（蔡清田、陳延興、李奉儒、洪志成、曾玉村、鄭勝耀、林永豐，2009），考量學生身心發展、社會文化情境、國際潮流趨勢及課程發展理論（張茂桂、董秀蘭、王業立、黃美筠、陳婉琪、杜文苓，2011），可培育學生成爲兼具關懷本土與國際視野的健全國民（蔡清田，2014）。一方面，核心素養可循序漸進分「教育階段」、分「領域／科目」進行培養，透過各「教育階段」不同「領域／科目」的學習來達成。另一方面，核心素養可跨越領域／科目的傳統疆界，每一領域／科目皆可涵蓋多項的核心素養，各領域／科目皆可強調不同項目的核心素養，且並非每一領域／科目都需包含所有九項核心素養，各領域／科目各有其特性，因此，毋需勉強將所有九項核心素養全部納入

單一領域／科目內。此種課程設計尊重學科特性，較有彈性，不同於過去國民中小學九年一貫課程綱要將所有十項基本能力全部硬塞到某單一領域／科目中。

但「核心素養」要能發揮功能，須藉由幼兒園教育、初等教育、前期中等教育、後期中等教育等K-12四個關鍵「教育階段」的審慎課程規劃，並於「領域／科目」進行「課程連貫」與「課程統整」，才能有效落實。「核心素養」具有發展性，可培養國民成為具備核心素養的「終身學習者」，而核心素養的學習是學生個人在各教育階段學校情境互動下的動態發展，不僅學生個人具有適性發展的可能性，且其在各「領域／科目」的核心素養（陳伯璋，2010a），具有不斷的開展性（Drake, 1998），可持續就各「教育階段核心素養」進行轉化成為各「領域／科目核心素養」（蔡清田，2014）。「核心素養」要能真正發揮功能必須藉由各「教育階段」注入核心素養，並於「領域／科目」加以實施，才能從「領域／科目」習得所需的「核心素養」並與學生生活經驗進行統整（蔡清田，2016）。特別是「核心素養」需要透過K-12四個關鍵「教育階段」的「課程連貫」與「課程統整」，垂直連貫K-12四個教育階段「領域／科目」，有助於適切建構K-12四個「教育階段」之課程架構，協助學生系統地在各教育階段「領域／科目」習得「核心素養」。

「核心素養」可與K-12四個「教育階段」的哪些「領域／科目」進行「課程連貫」與「課程統整」？就課程發展而言，可以「核心素養」檢視現有的「領域／科目」，探討「核心素養」如何統整「領域／科目」。本章所論「核心素養」之「課程統整」，主要針對本書第一章論及幼兒教育、初等教育、前期中等教育、後期中等教育涉及「共同性」的「一般基礎課程」如數學、自然、藝術、國語文、英語文、社會、健康與體育、及綜合活動等一般科目進行檢核，並依據《幼兒教育及照顧法》、《國民教育法》、《高級中學法》及《職業學校法》等法律授權制定之《幼兒園教保活動課程大綱》、《國民中小學九年一貫課程綱要》、《綜合高級中學課程綱要》、《高級中學課程綱要》、《高級職業學校課程綱要》，進一步探究「課程統整」。其次，可針對九項「核心素養」與K-12四個「教育

階段」之「領域／科目」的課程目標進行交叉檢核，作為進行垂直連貫之「領域／科目」課程銜接架構。

二、核心素養垂直連貫K-12四個關鍵教育階段「領域／科目」課程銜接架構

「核心素養」所相對應K-12四個關鍵「教育階段」之「領域／科目」的課程架構為何？本章檢視過去各教育階段課綱的主要「領域／科目」之課程目標，並依據三面九項「核心素養」進行其課程目標之檢核。本書強調「課程連貫」與「課程統整」，係指透過「核心素養」垂直連貫K-12四個「教育階段」的「領域／科目」之「領域／科目課程目標」、「領域／科目核心素養」與「學習重點」進行「課程統整」；重視各「教育階段核心素養」與「領域／科目」之課程連貫與課程統整。

透過「核心素養」進行「課程連貫」與「課程統整」之K-12四個「教育階段」相關課程綱要之「領域／科目」依學習內涵獨特性，漸次分化：幼兒園為語文、認知、社會、情緒、身體動作與健康、美感等六個領域、國小與國中階段為國語文、英語文、數學、自然科學、社會、藝術、健康與體育、綜合活動等八個「領域／科目」、後期中等教育階段分為國文、英文、數學、自然科學（物理、化學、生物、地球科學）、社會（歷史、地理、公民與社會）、藝術（音樂、美術、藝術生活）、健康與體育（體育、健康與護理）、綜合活動（高中家政、綜合活動、高職專題製作、高職計算機概論）等「領域／科目」，可進行不同教育階段「領域／科目」內容的知識、能力、態度之「課程連貫」與「課程統整」。依據《十二年國民基本教育課程發展建議書》，參照認知科學相關研究，依據不同教育階段研定該教育階段學生在各「領域／科目」學習的認知負荷量，採行「向上減少」、「向下增加」或「向上增加」、「向下減少」之方式，調整不同階段「領域／科目」的知識、能力、態度之質與量（Drake, 1998）。為清楚呈現從幼兒園、國民小學、國民中學至高級中等教育等K-12四個「教育階段」、「領域／科目」之「課程連貫」與「課程統整」

的銜接架構，可參考圖2.2核心素養垂直連貫K-12四個關鍵「教育階段」的「領域╱科目」銜接架構。這是以幼兒園、國小、國中至高中職等四個關鍵「教育階段」相關課程綱要之「領域╱科目」為例，舉出可與國中小領域垂直連貫的高中職科目，說明「核心素養」是K-12四個關鍵「教育階段」與「領域╱科目」的上位概念，彰顯「核心素養」與幼兒園、國民

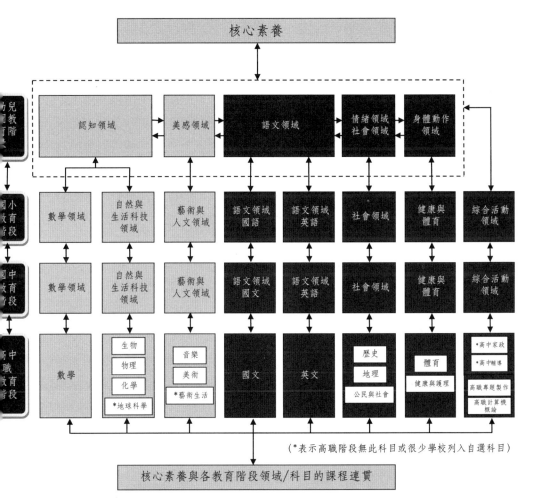

✿圖2.2　核心素養垂直連貫K-12四個關鍵教育階段的「領域╱科目」銜接架構

說明：修改自K-12各教育階段核心素養與各領域課程統整研究（國家教育研究院委託研究報告）（頁41），蔡清田、洪若烈、陳延興、盧美貴、陳聖謨、方德隆、林永豐、李懿芳，2012，嘉義縣：國立中正大學課程研究所。

小學、國民中學至高中職等教育階段「領域／科目」之垂直連貫與水準統整關係，其中，初等教育、前期中等教育至後期中等教育階段包括數學、自然科學、藝術、國語文、英語文、社會、健康與體育、綜合活動等八個「領域／科目」可呼應本書第一章所指出國中小的「一般基礎課程」，也可作爲後期中等教育的「共同核心課程」，不只是前期中等教育的延伸，更是後期中等教育各進路的共同要求，可兼顧不同教育階段學校類型課程之領域／科目的「共同性」與「差異性」。

較爲特別的是幼兒園教育階段，其課程範疇雖分爲認知、美感、語文、社會、情緒、身體動作與健康等六個領域（教育部，2012b），但幼兒園領域是一種重視課程統整的活動課程類似於國民小學教育階段的「綜合活動」而非學科本位課程，故在上圖將幼兒園之認知、美感、語文、社會、情緒、身體動作與健康等領域以虛線框之，以利其連貫對應國民小學教育階段之「綜合活動」（盧美貴，2012）。此外，幼兒園各領域雖可與國民小學教育階段各領域垂直連貫，但幼兒園階段之領域有其獨特性，故並非與國小領域一對一相互對應。根據上述研究，十二年國民基本教育課程的領域科目系譜圖儼然成形如圖2.3所示。

語文領域涵蓋了國語文、本土語文、新住民語文、英語文及第二外國語文，爲尊重人權、多元文化及增進族群關係，鼓勵學校聘請合格師資開設「本土語文／新住民語文」課程，國小應依據學生的需求開課，國中則可於彈性學習課程實施，落實學生的適性學習（洪詠善、范信賢，2015）；尤其是十二年國教重視領域／科目課程彈性原則，促成領域／科目的課程彈性組合，在總節數不減少下，各領域可在不同年級規劃修習不同科目，以減少每週修習科目（教育部，2014）。例如社會領域除實施領域教學外，經學校課程發展委員會通過後，亦得實施歷史、地理、公民與社會的分科教學，同時可在不同年級彈性修習不同科目，不必每個科目在每學期／每週都修習，以減少每學期／每週所修習的科目數量，但各科學習總節數應維持，不得減少。

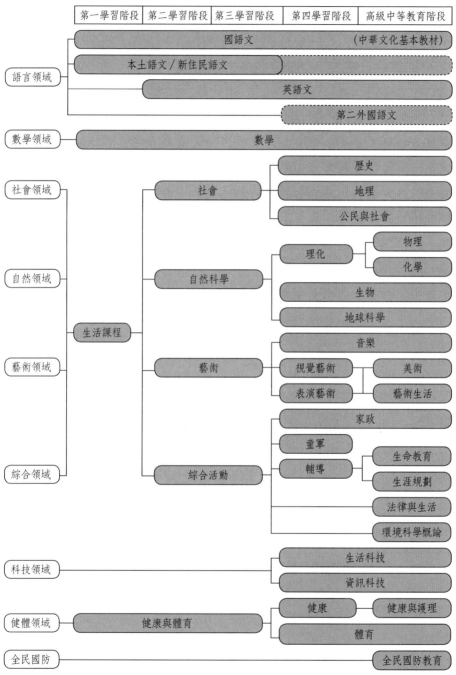

☘圖2.3　十二年國民基本教育領域／科目課程綱要研修系譜圖

三、K-12四個關鍵「教育階段」數學、自然科學、藝術、國語文、英語文、社會、綜合、健體等「領域／科目」課程目標合乎核心素養，可進行課程統整

「核心素養」垂直連貫K-12四個關鍵「教育階段」之後，係以「核心素養」三面九項作爲架構，與現行幼兒園、國民小學、國民中學、高級中等教育階段各「領域／科目」課程目標進行交叉檢證，並考量縱向連貫與橫向統整之銜接，秉持分「教育階段」、分「領域／科目」循序漸進等原則來達成。

「K-12四個關鍵教育階段」數學、自然科學、藝術、國語文、英語文、社會、綜合、健體等「領域／科目」課程目標合乎核心素養，可進行課程統整。領域／科目課程目標兼重認知、技能及情意，並重視高層次目標的培養，而且核心素養的培養、課程計畫的規劃、教學活動的設計、學習評量的實施及教育成效的評鑑，宜以「領域／科目」課程目標爲圭臬。從「核心素養」垂直連貫轉化成爲各「教育階段核心素養」及各「領域／科目核心素養」，建構「領域／科目」課程架構，可同時強調透過「領域／科目課程目標」與「領域／科目核心素養」進行統整課程設計，統整領域／科目的知識、能力與態度。這種課程設計，可先從圖2.2「核心素養」垂直連貫K-12四個關鍵「教育階段」的「領域／科目」之銜接架構的某個領域（例如「科學」）或科目（例如「數學」）選擇「領域／科目課程目標」，再選出該「領域／科目」呼應的「核心素養」，再彙整所有「領域／科目」呼應的「核心素養」，透過此種先「課程連貫」再「課程統整」的二維交叉雙管齊下，可同時兼顧各「教育階段」的垂直連貫與各「領域／科目」水準統整課程設計，選擇合乎「領域／科目課程目標」的核心素養。如此可根據「領域／科目課程目標」進行「核心素養」的水準統整課程設計。由於「領域／科目課程目標」比較具體，因此可從「領域／科目課程目標」找出相對應的「核心素養」項目，所以「核心素養」的「課程連貫」與「課程統整」是可能的，其垂直連貫與水準統整的課程銜接更是可行的。圖2.2「核心素養」垂直連貫K-12四個關鍵「教育階段」、「課

程連貫」與「課程統整」之架構所包括的領域／科目，係透過核心素養與各「教育階段」之「領域／科目」課程目標相互檢核，顯示其「領域／科目」課程目標可與「核心素養」相互呼應，能與核心素養進行K-12各個關鍵「教育階段」的「領域／科目」「課程連貫」與「課程統整」之銜接，茲詳細說明其雙向交叉檢核如下：

(一)幼兒園六個領域課程目標能與核心素養進行課程統整

《幼兒園教保活動課程大綱》是從人的培養出發，強調活動課程，並將幼兒課程分化為相關的身體動作、認知、語言、社會、情緒和美感等六大領域。幼兒園六個領域課程目標能與核心素養進行課程統整，幼兒園教育階段核心素養可與《幼兒園教保活動課程大綱》之身體動作、語文、社會、情緒、認知及美感領域課程目標彼此相互呼應，如表2.6幼兒園六個領域課程目標與核心素養雙向檢核表所示，可進行課程統整設計。其次，幼兒園教育階段核心素養，可統整幼兒園的領域課程目標、核心素養及學習重點，具體轉化設計幼兒園領域內涵（盧美貴，2012，58）。

✿表2.6　幼兒園六個領域課程目標與核心素養雙向檢核表

原領域	幼兒階段	領域課程目標	A自主行動			B溝通互動			C社會參與		
			A1	A2	A3	B1	B2	B3	C1	C2	C3
國語	語文領域	1體驗與覺知日常生活、環境與資訊媒體之語言、圖示、文字元號的趣味與功能。				✓	✓	✓			
		2合宜運用語言、圖示、符號並結合日常資訊媒體主動參與互動情境。	✓		✓	✓	✓		✓		
英語		3運用語言、圖示、符號紀錄或再現經驗，並以有意義的方式呈現。	✓	✓	✓	✓		✓		✓	
		4喜歡閱讀不同形式的文本，並能以語言、圖示、符號或結合資訊媒體進行回應。	✓	✓	✓	✓	✓	✓			✓
		5認識並主動參與生活情境中多種語言、文字的溝通方式。		✓	✓	✓				✓	✓

		上述領域目標係依據「幼兒園教保活動課程暫行大綱」調整而成。	（「✓」代表該目標與幼兒核心素養的內涵適切）							
	跨領域	語-1認知領域、美感領域、情緒領域 語-2認知領域、社會領域 語-3認知領域、美感領域、情緒領域 語-4社會領域、美感領域、情緒領域 語-5社會領域、美感領域								
數學	認知領域	1運用舊有經驗或資訊科技主動探索環境、發現問題以拓展對周遭環境的認識。	✓	✓		✓			✓	
		2運用多種溝通工具主動探索環境、蒐集訊息、整理訊息以解決問題形成新的知識。	✓	✓	✓	✓			✓	
自然科學		3運用舊有經驗與新知識，形成問題解決策略，拓展處理複雜訊息的能力。	✓	✓		✓				
		4樂於與他人合作並運用語言、圖示、符號或其他媒介進行溝通、協商以解決問題。	✓	✓	✓	✓			✓	✓
		5運用知識或資訊科技主動關懷周遭環境並參與行動。		✓	✓		✓	✓	✓	
		上述領域目標係依據「幼兒園教保活動與課程暫行大綱」調整而成。	（「✓」代表該目標與幼兒核心素養的內涵適切）							
	跨領域	認-1社會領域、美感領域 認-2語文領域、社會領域、美感領域 認-3社會領域、 認-4語文領域、社會領域 認-5社會領域								
社會	社會領域	1主動探索自己與身旁人、事、地、物的特質及其互動關係。	✓	✓				✓	✓	✓
		2運用多元媒材體驗人我互動，並與生活經驗結合，發展良好的自我照顧能力。				✓	✓			
		3覺察自我、他人與環境的異同，調整行為以符合社會規範。	✓		✓				✓	
		4建立正向積極的人際關係與學習態度。	✓		✓			✓	✓	

		5體會自己與環境存在與共生的重要性，尊重他人與多元文化並珍惜自然環境。	✓	✓				✓		✓	
	上述領域目標係依據「幼兒園教保活動與課程暫行大綱」調整而成。		（「✓」代表該目標與幼兒核心素養的內涵適切）								
	跨領域	社-1語文領域、認知領域、身體動作領域 社-2認知領域、情緒領域、美感領域 社-3認知領域、情緒領域 社-4情緒領域 社-5認知領域、身體動作領域									
健康與藝術	情緒領域	1覺察與辨識自我與他人的情緒。	✓			✓				✓	✓
		2理解肢體、口語、符號與文字所展現的意涵，適度反應情緒。				✓					✓
		3學習符合團體規範的情緒表達方式，接納自己與他人的情緒。	✓	✓					✓	✓	
		4運用各種策略與管道調節並轉化情緒。			✓		✓	✓		✓	
	上述領域目標係依據「幼兒園教保活動與課程暫行大綱」調整而成。		（「✓」代表該目標與幼兒核心素養的內涵適切）								
	跨領域	情-1語文領域、社會領域 情-2社會領域、身體動作領域、語文領域 情-3美感領域、社會領域 情-4身體動作領域、認知領域、社會領域									
	身體動作領域	1覺知身體動作的基本技能以奠定獨立自主的生活基礎。	✓	✓	✓						
		2應用圖示或簡易符號記錄說明生活中各種肢體遊戲活動的進行。				✓	✓	✓			
		3學習應用各種教玩具或科技媒材的操作，強化身體動作技能的發展。			✓			✓			
		4樂於參與團體活動調節人己情緒，以促進人我關係。		✓					✓	✓	✓
		5養成健康與安全和諧展現運動的好習慣。			✓						✓

	上述領域目標係依據「幼兒園教保活動與課程暫行大綱」調整而成。	(「✓」代表該目標與幼兒核心素養的內涵適切)								
跨領域	身-1社會領域 身-2語文領域、認知領域、社會領域、身體動作領域 身-3美感領域、身體動作領域、美感領域 身-4社會領域 身-5身體動作領域、社會領域									
美感領域	1認識感官、覺知能力以及好奇心，對生活中美好事物的體驗與表達的關係。	✓			✓					
	2運用感官知覺體察與記錄生活周遭的事物及其變化。		✓	✓		✓	✓			✓
	3學習在生活中接納多元文化的態度與溝通協調的能力。		✓	✓				✓	✓	✓
	4樂於參與藝文活動以充實美的聆賞能力和擴展生活經驗							✓		✓
	5主動探索與體驗生活中各種創意活動，並嘗試以自己的意見回應其感受力。	✓		✓				✓	✓	
	上述領域目標係依據「幼兒園教保活動與課程暫行大綱」調整而成。	(「✓」代表該目標與幼兒核心素養的內涵適切)								
跨領域	美-1情緒領域、身體動作領域 美-2情緒領域 美-3社會領域 美-4社會領域 美-5語文領域、認知領域、社會領域、身體動作領域									

　　從幼兒園領域課程目標與核心素養的對照檢核過程，發現所有領域課程目標能與核心素養相互統整，因此，如圖2.4核心素養與幼兒園領域課程設計所示，可進而設計領域課程目標、領域核心素養、領域學習重點。

(二)國民小學八個領域／科目課程目標能與核心素養進行課程統整

　　「國民小學教育階段」八個「領域／科目」課程目標能與核心素養進行課程統整，「初等教育階段」核心素養，可有效統整《國民中小學九年一貫課程綱要》國民小學之數學、自然與生活科技、藝術與人文、語文（國語、英語）、社會、綜合活動、健康與體育等「領域／科目」的課程目標，進行課程統整。首先，「初等教育階段」核心素養與數學、自然與

生活科技、藝術與人文、語文（國語、英語）、社會、綜合活動、健康與體育等「領域／科目」課程目標對應良好，如表2.7之對照說明（陳聖謨，2012，49），可據以發展成為「領域／科目」之課程目標、核心素養、學習重點，進行課程統整設計。

	認知領域	美感領域	語文領域	社會領域	情緒領域	身體動作領域
A自主行動						
A-1身心素質與自我精進 具備生活自理能力與良好的生活習慣，並能表達自我需求與選擇。						
A-2系統思考與解決問題 具備探索環境與發現問題的能力，並能思考問題發生的原因，嘗試解決問題。						
A-3規劃執行與創新應變 具備以圖示或符號構思工作計畫的能力，並能因應生活情境的調整活動的進行。						
B溝通互動						
B-1符號運用與溝通表達 具備體驗與覺知肢體、口語、圖像與文字的能力，並能運用簡單的語文或數學符號繪圖或記錄。						
B-2科技資訊與媒體素養 具備運用生活中基本的資訊科技操作能力，並能豐富生活與擴展經驗。						
B-3藝術涵養與生活美感 具備感官探索、覺察與賞析生活中各種美好事物的能力，並能運用各種媒材表現創作。						
C社會參與						
C-1道德實踐與公民意識 具備主動參與團體活動與遵守規範的能力，並能在生活中展現尊重與關懷。						
C-2人際關係與團隊合作 具備與人協商與關心身旁人、事、物的能力，並能調整自己的態度與行為。						
C-3多元文化與國際理解 具備理解與欣賞人己之間差異的能力，並能接納多元文化的態度。						

幼兒教育階段領域課程
領域課程目標
領域核心素養
領域學習重點

✿圖2.4 核心素養與幼兒園領域課程設計

　　根據上述資料分析顯示，國小教育階段核心素養與各領域課程目標呼應良好，因此，如圖2.5核心素養與國民小學領域／科目課程設計所示可進一步規劃「領域／科目」之「領域／科目課程目標」、「領域／科目核心素養」及「學習重點」，增益核心素養於國民小學領域／科目之展現。

●表2.7 國民小學八個領域／科目課程目標與核心素養對應表

領域	領域／科目課程目標	A自主行動			B溝通互動			C社會參與		
		A1 身心素質與自我精進	A2 系統思考與解決問題	A3 規劃執行與創新應變	B1 符號運用與溝通表達	B2 科技資訊與媒體素養	B3 藝術涵養與美感素養	C1 道德實踐與公民意識	C2 人際關係與團隊合作	C3 國際理解與多元文化
數學	1. 培養學生的演算能力、抽象能力、推論能力及溝通能力。				✓				✓	
	2. 學習應用問題的解題方法。		✓	✓						
	3. 奠定下一階段的數學基礎。				✓					
	4. 培養欣賞數學的態度及能力。						✓			
自然與生活科技	1. 培養探索科學的興趣與熱忱，並養成主動學習的習慣。		✓			✓				
	2. 學習科學與技術的探究方法和基本知能，並能應用所學於當前和未來的生活。		✓			✓				
	3. 培養愛護環境、珍惜資源、尊重生命的知能與態度，以及熱愛本土生態環境與科技的情操。	✓						✓		
	4. 培養與人溝通表達、團隊合作及和諧相處的能力。	✓							✓	
	5. 培養獨立思考、解決問題的能力，並激發開展潛能。			✓		✓				
藝術	1. 探索和表現：使每位學生能自我探索，覺知環境與個人的關係，運用媒材與形式，從事藝術表現，以豐富生活與心靈。	✓				✓			✓	

項目								
2. 審美與理解：使每位學生能透過審美與鑑賞活動、體認各種藝術價值、風格及其文化脈絡，並熱忱參與多元文化的藝術活動。			✓		✓			
3. 實踐與應用：使每位學生能理解藝術與生活的關聯，透過藝術活動增強對環境的知覺與關聯，認識多元藝術行業，珍視物與藝術作品，尊重與了解藝術創作，並能身體力行實踐於生活中。	✓				✓			✓
1. 應用語言文字，激發個人潛能，擴展學習空間。	✓		✓					
2. 培養語文創作之興趣，並提升欣賞評析文學作品之能力。	✓		✓	✓				
3. 具備身文學習的自學能力，奠定生涯規劃與終身學習之基礎。		✓						
4. 運用語言文字表情達意，分享經驗，溝通見解。	✓		✓					✓
5. 透過語文互動，因應環境，適當應對進退。								
6. 透過語文學習體認本國及外國之文化習俗。		✓	✓					
7. 運用語言文字研擬計畫，並有效執行。		✓	✓			✓		
8. 結合語文、科技與資訊，擴充語文學習效果，提升學習效果。	✓	✓	✓				✓	
9. 培養探索語文的興趣，並養成主動學習語文的態度。	✓							

英語

10. 運用語文獨立思考，解決問題。
1. 培養學生基本的英語溝通能力，俾能運用於實際情境中。
2. 培養學生學習英語的興趣與方法，俾能有效地學習。
3. 增進學生對本國與外國文化習俗的認識，俾能加以比較，並尊重文化差異。

社會

1. 了解本土與他區的環境與人文特徵、差異性及面對的問題。
2. 了解人與社會、文化和生態環境之多元交互關係，以及環境保育和資源開發的重要性。
3. 充實社會科學之基本知識。
4. 培養對本土與國家的認同、關懷及世界觀。
5. 培養民主素質、法治觀念以及負責的態度。
6. 培養了解自我與自我實現之能力。
7. 發展批判思考、價值判斷、解決問題的能力。
8. 培養社會參與、做理性決定及實踐的能力。
9. 培養表達、溝通以及合作的能力。
10. 培養探究之興趣以及研究、創造和處理資訊之能力。

			✓						
				✓			✓		
								✓	
									✓
		✓							
					✓				
✓									
✓									
✓									
✓									

綜合活動

1. 促進自我發展
探索自我潛能與發展自我價值，增進自我管理知能與強化自律負責，尊重自己與他人生命進而體會生命生命的價值。

2. 落實生活經營
實踐個人生活所需的技能並能做有效管理，覺察與開發生活中的變化以創新適應、探究、運用與開發各項資源。

3. 實踐社會參與
善用人際溝通技巧與參與各項團體活動，服務社會並關懷不同族群並積極參與並尊重多元文化。

4. 保護自我與環境
辨識生活中的危險情境以解決問題，增進野外生活技能並與大自然和諧相處，保護或改善善環境以促進環境永續發展。

健康與體育

1. 養成尊重生命的觀念，豐富全人健康的生活。

2. 充實促進健康的知識、態度與技能。

3. 發展運動概念與運動技能，提升適能。

4. 培養增進人際關係與互動的能力。

5. 培養營造健康社區與環境的責任感和能力。

6. 培養擬定健康與體育策略及實踐的能力。

7. 培養運用健康與體育資訊、產品和服務的能力。

	語文	數學	社會	自然	藝術與人文	健康與體育	綜合活動
A自主行動							
A-1身心素質與自我精進 具備良好的生活習慣，養成身心保健的能力，並能認識個人特質及發展潛能。							
A-2系統思考與解決問題 具備探索問題的思考能力，並能透過體驗與實踐處理日常生活問題。							
A-3規劃執行與創新應變 具備擬定計畫與實作的能力，並能以創新思考方式，因應日常生活情境。							
B溝通互動							
B-1符號運用與溝通表達 具備「說、讀、寫、作」的基本語文能力，並具有生活所需的基礎數理知能及應用能力。							
B-2科技資訊與媒體素養 具備資訊科技應用的基本能力，並能理解傳播媒體內容的意義。							
B-3藝術涵養與生活美感 具備生活藝術創作與欣賞的能力，並能在生活環境中展現美學涵養。							
C社會參與							
C-1道德實踐與公民意識 具備生活道德知識與是非判斷能力，並能遵守社會道德規範，陶冶關懷環境的素養。							
C-2人際關係與團隊合作 具備理解他人感受的能力，樂於與人互動，並能與團隊成員合作。							
C-3多元文化與國際理解 具備關心本土與國際事務的能力，並能認識與尊重文化的多元性。							

（圖中文字方塊）國小教育階段領域課程
領域/科目課程目標
領域/科目核心素養
領域/科目學習重點

✿圖2.5　核心素養與國民小學領域／科目課程設計

　　核心素養可統整國小「領域／科目」之「課程目標」、「核心素養」及「學習重點」，並能與幼兒園及國中教育階段進行垂直連貫。國小教育階段「領域／科目」之課程目標、核心素養及學習重點之建構，有助於進行課程統整設計，並有效統整《國民中小學九年一貫課程綱要》的領域能力指標。而且國民小學教育階段核心素養的課程統整設計，可呼應課程統整設計原則，建立課程實施通則。

(三)國民中學八個領域／科目課程目標能與核心素養進行課程統整

　　「國民中學教育階段」八個領域／科目課程目標能與核心素養進行統整課程，第一，國民中學國中數學、自然與生活科技、藝術與人文、語文（國文、英語）、社會、綜合活動、健康與體育等領域／科目課程目標能

與核心素養對應良好如表2.8所示（方德隆，2012，43），並可如圖2.6核心素養與國民中學領域／科目課程設計所示可進一步規劃「領域／科目」之「領域／科目課程目標」、「領域／科目核心素養」及「學習重點」，進行水準統整課程設計。

☘表2.8　國民中學八個領域／科目課程目標與核心素養檢核表

領域	領域課程目標	A自主行動			B溝通互動			C社會參與		
		A1	A2	A3	B1	B2	B3	C1	C2	C3
本國語文	1.應用語言文字，激發個人潛能，發展學習空間。	✓								
	2.培養語文創作之興趣，並提升欣賞評析文學作品之能力。						✓			
	3.具備語文學習的自學能力，奠定終身學習之基礎。			✓						
	4.應用語言文字表情達意，分享經驗，溝通見解。				✓					
	5.透過語文互動，因應環境，適當應對進退。								✓	
	6.透過語文學習，體認中華文化，並認識臺灣不同族群文化及外國之文化習俗。									✓
	7.應用語言文字研擬計畫，並有效執行。			✓						
	8.結合語文與科技資訊，提升學習效果，擴充領域。					✓				
	9.培養探索語文的興趣，並養成主動學習語文的態度。			✓						
	10.應用語文獨立思考，解決問題。		✓							
英語	1.培養學生基本的英語溝通能力，俾能運用於實際情境中。				✓					
	2.培養學生學習英語的興趣與方法，俾能自發有效地學習。			✓						
	3.增進學生對本國與外國文化習俗的認識，俾能加以比較，並尊重文化差異。									✓

數學	1.能理解座標的表示，並熟練代數的運算及數的四則運算。			✓						
	2.能理解三角形及圓的基本幾何性質，並學習簡單的幾何推理。			✓						
	3.能理解統計、機率的意義，並認識各種簡易統計方法。			✓						
自然與生活科技	1.培養探索科學的興趣與熱忱，並養成主動學習的習慣。		✓							
	2.學習科學與技術的探究方法和基本知能，並能應用所學於當前和未來的生活。				✓					
	3.培養愛護環境、珍惜資源及尊重生命的態度，以及熱愛本土生態環境與科技的情操。						✓			
	4.培養與人溝通表達、團隊合作及和諧相處的能力。							✓		
	5.培養獨立思考、解決問題的能力，並激發開展潛能。		✓							
	6.察覺和試探人與科技的互動關係。				✓					
社會	1.了解本土與他區的環境與人文特徵、差異性及面對的問題。									✓
	2.了解人與社會、文化和生態環境之多元交互關係，以及環境保育和資源開發的重要性。						✓			
	3.充實社會科學之基本知識。									
	4.培養對本土與國家的認同、關懷及世界觀。									✓
	5.培養民主素質、法治觀念以及負責的態度。						✓			
	6.培養了解自我與自我實現之能力。	✓								
	7.發展批判思考、價值判斷及解決問題的能力。		✓							
	8.培養社會參與、做理性決定以及實踐的能力。						✓			
	9.培養表達、溝通以及合作的能力。							✓		
	10.培養探究之興趣以及研究、創造和處理資訊之能力。				✓					

領域	項目									
健康與體育	1.養成尊重生命的觀念，豐富全人健康的生活。	✓								
	2.充實促進健康的知識、態度與技能。	✓								
	3.發展運動概念與運動技能，提升體適能。	✓								
	4.培養增進人際關係與互動的能力。								✓	
	5.培養營造健康社區與環境的責任感和能力。							✓		
	6.培養擬定健康與體育策略與實踐的能力。			✓						
	7.培養運用健康與體育的資訊、產品和服務的能力。						✓			
藝術	1.探索與表現：使每位學生能自我探索，覺知環境與個人的關係，運用媒材與形式，從事藝術表現，以豐富生活與心靈。	✓				✓				
	2.審美與理解：使每位學生能透過審美與鑑賞活動，體認各種藝術價值、風格及其文化脈絡，並熱忱參與多元文化的藝術活動。					✓				✓
	3.實踐與應用：使每位學生能理解藝術與生活的關聯，透過藝術活動增強對環境的知覺，認識多元藝術行業、珍視藝術文物與作品、尊重與了解藝術創作，並能身體力行實踐於生活中。					✓				
綜合活動	1.促進自我發展：探索自我潛能與發展自我價值，增進自我管理知能與強化自律負責，尊重自己與他人生命而體會生命的價值。	✓				✓				
	2.落實生活經營：實踐個人生活所需的技能並做有效管理，覺察生活中的變化以創新適應，探究、運用與開發各項資源。			✓						
	3.實踐社會參與：善用人際溝通技巧參與各項團體活動，服務社會並關懷人群，尊重不同族群並積極參與多元文化。							✓	✓	✓

	內容							
	4.保護自我與環境：辨識生活中的危險情境以解決問題，增進野外生活技能並與大自然和諧相處，保護或改善環境以促進環境永續發展。	✓					✓	

　　第二，國民中學教育階段核心素養可統整各領域／科目之「課程目標」、「核心素養」及其「學習重點」，並能與「國小教育階段」及「高中教育階段」進行垂直連貫。「國中教育階段」各領域／科目之課程目標、核心素養及學習重點之建構，有助於進行課程統整設計，有效統整《國民中小學九年一貫課程綱要》各領域／科目的能力指標。

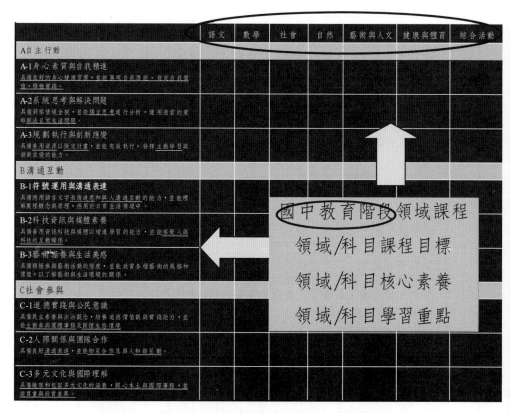

✿圖2.6　核心素養與國民中學領域／科目課程設計

　　第三，「國中教育階段」各領域／科目之核心素養除進行橫向統整之外，並能與國小及高中教育階段進行連貫，可透過K-12各個關鍵教育階段的課程連貫與課程統整設計，培育核心素養。

1.就各領域／科目課程目標橫向來看

　　國文、英語、自然與生活科技、社會、健康與體育、藝術等領域之課程目標，皆可回應核心素養「溝通互動、社會參與、自主行動」三面向，數學課程目標僅能回應「溝通互動」面向，而綜合活動則可回應「社會參與」與「自主行動」兩大面向；藝術和綜合活動之單一課程目標甚至可回應一項以上之核心素養內涵，此兩領域單一課程目標可涵蓋多項核心素養內涵（方德隆，2012）。

2.從九項核心素養縱向來看

　　「B1符號運用與溝通表達」內涵，可與本國語文、英語及數學之課程目標對應，且數學領域之三項課程目標全部對應此內涵；「B2科技資訊與媒體素養」內涵，與國文、自然與生活科技、社會及健康與體育皆有對應之課程目標；「B3藝術涵養與美感素養」內涵，可與國文與藝術之課程目標對應；「C1道德實踐與公民意識」內涵，可與自然與生活科技、社會、健康與體育、綜合活動領域課程目標對應；「C2人際關係與團隊合作」內涵，可與國文、自然與生活科技、社會、健康與體育及綜合活動課程目標對應；「C3多元文化與國際理解」內涵，除數學、自然與生活科技、健康與體育未有課程目標可對應外，其餘領域皆有課程目標對應；「A1身心素質與自我精進」內涵，與健康與體育、綜合活動領域相對有較多課程目標能夠對應；「A2系統思考與解決問題」內涵，可與國文、自然與生活科技及社會領域課程目標相互對應；「A3規劃執行與創新應變」內涵，可與國文、英語、自然與生活科技、健康與體育及綜合活動領域課程目標對應，是以由橫向或縱向都可見核心素養落實於各領域之可能性（方德隆，2012）。

(四)高中八個領域／科目課程目標能與核心素養進行課程統整

　　「高中教育階段」八個領域／科目課程目標能與核心素養進行課程統整，依據2010年完成修訂2011年7月14日發布《普通高級中學課程綱要》其目標指出普通高級中學教育，除延續國民教育階段之目的外，並以提升

普通教育素質，增進身心健康，養成術德兼修、五育並重之現代公民爲目的，須從生活素養、生涯發展及生命價值三面向輔導學生達成提升人文、社會與科技的知能；加強邏輯思考、判斷、審美及創造的能力；增進團隊合作與民主法治的精神及責任心；強化自我學習的能力及終身學習態度；增強自我了解及生涯發展能力；深植尊重生命與全球永續發展的觀念等，實現高中教育目標。

就「高中教育階段」而言，科目眾多，因此與核心素養的對應分析較爲複雜，第一，核心素養可與高中國文、英文、數學、自然科學（物理、化學、生物、地球科學）、社會（歷史、地理、公民與社會）、藝術（音樂、美術、藝術生活）、健康與體育（體育、健康與護理）、綜合活動（高中家政、綜合活動）等領域／科目之課程目標對應良好，可據以發展成爲各領域／科目課程目標、核心素養、學習重點，進行水準統整課程設計。值得注意的是，高中是以99課程綱要之「學科」而非以「領域」來規劃課程統整（蔡清田、洪若烈、陳延興、盧美貴、陳聖謨、方德隆、林永豐、李懿芳，2012）。「高中教育階段」八領域／科目經與九項核心素養對照後，發現各科目課程綱要所列「核心能力」可呼應多項「核心素養」，與該科目內涵亦有相關，如表2.9列出各科目之核心能力與核心素養對應分析，可說明高中各科目與核心素養的呼應情形（改自林永豐，2012a，38）。

✿表2.9 「高中教育階段」八個領域／科目課程目標與核心素養對應表

領域	領域／科目課程目標	A自主行動			B溝通互動			C社會參與		
		A1 身心素質與自我精進	A2 系統思考與解決問題	A3 規劃執行與創新應變	B1 符號運用與溝通表達	B2 科技資訊與媒體素養	B3 藝術涵養與美感素養	C1 道德實踐與公民意識	C2 人際關係與團隊合作	C3 多元文化與國際理解
國文	1. 達成本國語文，聽、說、讀、寫之學科能力指標。				✓					
	2. 學習經由各類文學作品之欣賞與寫作練習，開拓生活視野，培養優美情操，認識複雜人性，養成廣大的同情，以及表白自我內心，引發人我共感的能力。	✓			✓	✓	✓		✓	✓

科目	目標									
	3. 養成廣泛閱讀的習慣，理解文明社會的基本價值，經由文化經典與當代生存環境的對話，開發文化反思的能力與尊重多元的精神。	✓			✓	✓	✓	✓		✓
英文	1. 增進英語文的聽、說、讀、寫能力，以應用於實際生活之溝通。		✓		✓				✓	
	2. 培養以英語文進行邏輯思考、分析、判斷與整合創新的能力。		✓	✓						
	3. 建立有效的英語文學習方法，以加強自學能力，奠定終身學習之基礎。	✓			✓					
	4. 涵育學習英語文的興趣與積極的態度，主動涉獵各領域知識，提升人文素養與科技知能。	✓			✓	✓				
	5. 促進對多元文化的了解與尊重；培養國際視野與全球永續發展的世界觀。									✓
數學	1. 培養學生具備以數學思考問題、分析問題和解決問題的能力。		✓							
	2. 培養學生具備實際生活應用和學習相關學科所需的數學知能。			✓	✓					
	3. 培養學生欣賞數學內涵中以簡馭繁的精神和結構嚴謹完美的特質。				✓		✓			
社會（歷史）	1. 藉由歷史問題的探討，提升歷史思維的能力。		✓							
	2. 理解文化的根源，建立自我認同感。	✓								
	3. 認識世界多元文化的特質與演變，養成互為主體、彼此尊重的開闊胸襟。		✓		✓					✓
	4. 激發對於歷史的興趣，充實生活的內涵。				✓			✓		
社會（地理）	（通論地理1-4） 1. 增進學生了解人類活動和地理環境間關係的能力。		✓		✓			✓		
	2. 培養學生了解地表重要現象空間分布的地理意涵能力。		✓							
	3. 提升學生了解重要的地理學觀點與方法，並適當應用於地理問題的能力。		✓		✓					
	4. 幫助學生體會環境的多樣性及複雜性，培養其欣賞及包容的態度。		✓	✓						✓
	（區域地理5-8） 5. 使學生了解世界主要區域的地理環境及其區域特徵。									✓

領域	目標								
	6. 使學生了解臺灣自然環境的特色與發展背景，並認知其所形成的區域特色和區域差異。		✓		✓				
	7. 使學生了解中國的地理環境特色及發展問題。		✓						✓
	8. 使學生了解地理學區域分析的方法，並建構鄉土情懷。		✓			✓			
社會 (公民)	1. 充實社會科學與相關知識。	✓				✓			
	2. 培養多元的價值關懷與公民意識。		✓					✓	✓
	3. 增進參與民主社會的行動能力。			✓		✓		✓	
自然科學 (物理)	1. 銜接國民中小學九年一貫課程自然及生活科技學習領域教材，進一步介紹物理學的基本知識，使學生認識一般物理現象的因果關係和其間所遵行的規律。			✓		✓	✓		
	2. 介紹物理學的基本精神及物理學的範圍，引起學生對大自然的好奇，激發學生追求事物原理的興趣，同時使學生體認物質科學的發展對人類生活和環境的影響與其重要性，啟發學生在科學創造及應用上的潛在能力。				✓		✓	✓	✓
	3. 藉由師生互動與實驗活動，養成學生良好的科學態度，使其熟悉科學方法，提升學生縝密思考、探索真理及解決問題的能力。		✓	✓	✓				
	4. 基礎物理二A是以高一基礎物理教材為本，介紹力學的基本知識，使學生藉由力學得以認識物理學的基本精神與架構。基礎物理二B是以高一基礎物理教材為本，深入探索力學，使學生藉由力學得以理解物理學的基本精神及架構，培養學生定量分析能力，奠定學生研習高三選修物理的基礎。		✓		✓		✓		
自然科學 (化學)	1. 延續九年一貫課程的精神，掌握普通高中的教育目標，以中小學一貫課程體系參考指引為依據，兼顧人文、社會與自然領域學生的科學學習目標。		✓		✓				
	2. 教材內容著重在基礎的化學原理及應用與實驗活動學習，認識並了解物質的組成、結構、性質及其中的能量變化，並藉認識科學發展史學習科學知識的產生及發展。		✓	✓		✓			✓

	3.教材應能加強科學基本素養，培養化學興趣，認識科學方法，增進個人解決問題、自我學習、推理思考、表達溝通之能力，俾養成為具有科學素養的國民。		✓		✓					
自然科學(生物)	1.引導學生經由探討各種生命現象及生物之共同性和多樣性，理解生物體的構造和功能，以培養基本生物學素養，認識現代生物學知識的發展，激發其探究生物學的興趣。		✓		✓					✓
	2.引導學生了解生物科學在人類生活及產業上的應用，藉由了解生物與環境之間的關係，體會保護生態環境及永續發展的重要性，並探討現代生物科學發展在社會、法律及倫理方面所衍生的相關議題，以培養尊重生命與愛護自然的情操與美德，強化永續發展的理念與目標。				✓	✓				✓
	3.培養學生的觀察、推理和理性思辨等技能以及批判思考、溝通、論證、價值判斷等能力，以應用於解決日常生活中所遭遇的問題與生物學相關的議題。		✓	✓	✓					
自然科學(地科)	培養具備「地球科學」基本素養（包括知識、思維和技能、態度）的現代公民。		✓	✓	✓	✓		✓		
藝術(音樂)	1.建構音樂概念，增進音樂知能。							✓		
	2.培養唱奏能力，豐富生活體驗。	✓			✓					
	3.運用媒材創作，激發創意思考。		✓	✓	✓					
	4.欣賞音樂作品，提升審美素養。	✓						✓		
	5.了解世界音樂，尊重多元文化。									✓
藝術(美術)	1.了解美術的意義、功能與價值及其與社會文化的關係，以強化人文素養與生命的價值。	✓		✓	✓			✓		
	2.培養創造力、文化理解、批判思考與敏銳的感知能力，以豐富創作表現與鑑賞的內涵及其文化背景。		✓	✓				✓		
	3.透過校內外多元的藝術資源，培養審美能力，提升生活文化的品質與境界。	✓						✓		✓
藝術(生活藝術)	1.探索各類藝術及生活的關聯。	✓						✓		
	2.增進生活中的藝術知能。				✓			✓		
	3.奠定各類藝術的應用基礎。			✓				✓		
	4.涵育藝術文化的素養。							✓		✓

家政	1. 增進家庭生活能力，提升生活品質。	✓								
	2. 形塑健康家庭的信念，啟發生命價值效能。							✓	✓	
	3. 提升生活應用與創造能力，勇於面對生活挑戰。		✓	✓						
綜合活動	1. 提升自我學習、邏輯思考、價值澄清與問題解決的能力，以強化自我體驗、省思與實踐。	✓	✓							
	2. 擴展生活經驗，持續發展興趣與專長，提升個人生活與休閒能力，以發揮個人潛能及促進適性發展。	✓								
	3. 增強自治、領導與溝通能力，以涵養互助合作、修己善群之團體精神。	✓			✓				✓	
	4. 落實團體、社群與服務活動，強調合作學習，涵養敬業樂群與團隊精神，以促進個性及群性的調和發展。	✓						✓	✓	
	5. 強化服務他人、關懷社會的行為，從中反思服務意義，以體現社會正義的熱忱與知能。							✓	✓	
	6. 實踐關懷生命，保護與改善自然環境，以涵養關愛自己、社會與自然環境的情懷。	✓		✓				✓		
健康與體育（體育）	1. 充實體育知能，建構完整體育概念。	✓								
	2. 增進運動技能，發展個人運動專長。	✓								
	3. 積極參與運動，養成規律運動習慣。	✓					✓			
	4. 培養運動倫理，表現良好社會行為。							✓	✓	
	5. 體驗運動樂趣，豐富休閒生活品質。						✓			✓
健康與體育（健康護理）	1. 增進健康知識、態度與技能的能力。	✓								
	2. 營造健康支持性環境的能力。							✓	✓	
	3. 維護個人與環境安全的能力				✓			✓		
	4. 擬定健康生活策略與實踐的能力。		✓	✓						
	5. 運用健康資訊、產品和服務的能力。					✓				

　　第二，由上可見，高中可兼顧學科專業知能與核心素養，高中各學科重點在專業知能，但與核心素養依然高度相關，均可對應到多項核心素養。雖然各科性質不同，但同領域／科目所對應的核心素養項目則較為相近，如自然科學的物理、化學、生物、地科等科所對應的核心素養相似，同樣的，藝術領域的音樂、美術與藝術生活等科，所對應的核心素養亦類似；而語文領域的國文、英文，社會領域的歷史、地理、公民與社會，健康與體育領域的健康與護理、體育等科以及綜合活動領域的家政科與綜合活動等科目，亦有相似發現（林永豐，2012b），是以核心素養與學科的關係並非互斥，核心素養的培養需要透過學科學習，核心素養的學習也有助於學生學習學科知能。因此如圖2.7核心素養與「高中教育階段」領域／

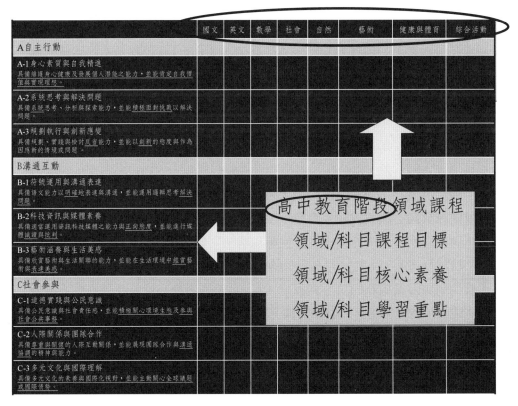

✿圖2.7　核心素養與「高中教育階段」領域／科目課程設計

科目課程設計所示，可規劃「領域／科目」之「領域／科目課程目標」、「領域／科目核心素養」及「學習重點」，未來高中各領域／科目內涵可兼顧領域／科目知能與核心素養。

第三，「高中教育階段」普通高中科目之核心素養除進行橫向統整外，並能與「國中教育階段」進行連貫，核心素養可統整高中科目之「課程目標」、「核心素養」及其「學習重點」，並統整《普通高級中學課程綱要》各科目課程目標及核心能力，高中教育可調整爲兼具學科知能與核心素養的課程統整設計，以發展符合核心素養之課程方案，特別是高中各學科課綱所列之課程目標及核心能力與九項核心素養有呼應之處，可培養核心素養。

第四，「高中教育階段」核心素養具備跨科目的領域普遍性，可經由多個科目加以培養，包括「U-B1具備語文能力以明確地表達與溝通，並能運用邏輯思考解決問題」、「U-B3具備欣賞藝術與生活關聯的能力，並能在生活環境中鑑賞藝術與表達美感」、「U-C3具備多元文化素養與國際視野，並能主動關心全球議題或國際情勢」等三項，最具有跨科目性質（林永豐，2012a，42），可透過多個科目加以培養，似乎多個科目都可適用，因此除可納入各科目核心素養內涵，更可作爲統整課程設計參考。

第五，「高中教育階段」某些核心素養具備科目的個殊性，需特定科目加以強調培養：部分科目與核心素養較有相關，如對自然科學而言，與下列三項核心素養有高度相關，包括「C-1具備公民意識與社會責任感，並能積極關心環境生態及參與社會公共事務」、「A-2具備系統思考、分析與探索能力，並能積極面對挑戰以解決問題」、「A-3具備規劃、實踐與檢討反省能力，並能以創新的態度與作爲因應新的情境或問題」等。對藝術領域較爲相關的核心素養是「A-1具備維護身心素質及發展個人潛能之能力，並能肯定自我價值與實現理想」（林永豐，2012b）。

就「高中教育階段」各科目課程目標而言：八個領域／科目大都有提到九項核心素養。在三面九項的核心素養中，在國文科中提到的課程目標有3個與溝通互動的面向有關，也與社會參與有關，與自主行動的「A1身心素質與自我精進」、「A2系統思考與解決問題」就比較少相關。英文科

總共五個課程目標，似乎較少顧及溝通互動「B3藝術涵養與美感素養」及社會參與「C1道德實踐與公民意識」。數學科三個目標中，都與核心素養相關，但似乎與社會參與「C1道德實踐與公民意識」、「C2人際關係與團隊合作」較少關聯，另與數學科較重視專精的學科知能有關。物理科四個課程目標中，與「B1符號運用與溝通表達」、「A2系統思考與解決問題」關係較為密切，似乎與「A1身心素質與自我精進」、「C2人際關係與團隊合作」甚少關聯。化學科三個目標，與「B1符號運用與溝通表達」、「A2系統思考與解決問題」等關係較為密切，似乎與「A1身心素質與自我精進」、「C2人際關係與團隊合作」甚少關聯。生物科的目標三個，和溝通互動、社會參與與自主行動三面向均有呼應，但似乎與「A1身心素質與自我精進」、「C2人際關係與團隊合作」較少關聯。地球科學的課程目標僅一條，僅略微涉及溝通互動與社會參與面向之核心素養，但似乎與「A1身心素質與自我精進」、「C2人際關係與團隊合作」較少關聯。

歷史科四條課程目標與「B1符號運用與溝通表達」與「A2系統思考與解決問題」關係較為密切，與其他素養則關聯少。地理科共8項課程目標，與各項核心素養的關係最為密切，包括「B1符號運用與溝通表達」、「B2科技資訊與媒體素養」、「C1道德實踐與公民意識」、「C3多元文化與國際理解」、「A2系統思考與解決問題」、「A3規劃執行與創新應變」，尤其強調「A-2系統思考與解決問題」，但似乎與「A1身心素質與自我精進」、「B3藝術涵養與美感素養」、「C2人際關係與團隊合作」較少關聯。公民與社會科三條課程目標，涉及自主行動，強調社會參與面向，尤其是「C1道德實踐與公民意識」，但似乎與「B1符號運用與溝通表達」、「B2科技資訊與媒體素養」較少關聯。體育科五條課程目標與「A1身心素質與自我精進」、「A3規劃執行與創新應變」、「B3藝術涵養與美感素養」、「C1道德實踐與公民意識」、「C2人際關係與團隊合作」、「C3多元文化與國際理解」相關，但似乎與「A2系統思考與解決問題」、「B1符號運用與溝通表達」、「B2科技資訊與媒體素養」較少關聯。健康與護理五條課程目標與「A1身心素質與自我精進」、「A2系統思考與解決問題」、「A3規劃執行與創新應變」、「B1符號運用與溝通表達」、

「B2科技資訊與媒體素養」、「C1道德實踐與公民意識」、「C2人際關係與團隊合作」有關，但似乎與「B3藝術涵養與美感素養」、「C2人際關係與團隊合作」較少關聯。家政科三條課程目標與「A1身心素質與自我精進」、「A2系統思考與解決問題」、「A3規劃執行與創新應變」、「C1道德實踐與公民意識」、「C2人際關係與團隊合作」相關，但似乎與溝通互動B及「C3多元文化與國際理解」較少關聯。綜合活動六條課程目標與「A1身心素質與自我精進」、「A2系統思考與解決問題」、「A3規劃執行與創新應變」、「B1符號運用與溝通表達」、「C1道德實踐與公民意識」、「C2人際關係與團隊合作」、「C3多元文化與國際理解」有關，但似乎與「B2科技資訊與媒體素養」、「B3藝術涵養與美感素養」較少關聯。

(五)高職八個領域／科目課程目標能與核心素養進行課程統整

「後期中等教育階段」高職八個領域／科目課程目標能與核心素養進行課程統整，「後期中等教育階段」高職核心素養，可以統整高職教育階段各領域／科目之課程目標、核心素養及學習重點，有助於統整現行高職課綱核心能力、群科能力和教材大綱。第一，依據九項核心素養內涵，以及教育部頒布的99職業學校課程綱要，發現各領域課程目標與核心素養彼此可相互對應。以高職語文（國文、英文）、數學、社會（歷史、地理、公民）、自然科學（物理、化學、生物）、藝術（美術、音樂）、生活（計算機概論）、健康與體育（體育、健康與護理）、專業及實習（專題製作）等領域／科目課程目標進行對照，各領域課程目標可與核心素養彼此相互呼應，如表2.10「後期中等教育階段」高職八個領域／科目課程目標與核心素養對應表，可進行課程統整設計（李懿芳，2012，34）。第二，K-12各個關鍵教育階段可垂直連貫之核心素養，可統整融入高職各領域／科目之課程目標與核心素養，如圖2.8核心素養與高職領域／科目課程設計所示，高職教育階段核心素養能與各領域／科目進行課程統整。

✿表2.10 「後期中等教育階段」高職八個領域／科目課程目標與核心素養對應表

領域	領域／科目課程目標	A自主行動			B溝通互動			C社會參與		
		A1 身心素質與自我精進	A2 系統思考與解決問題	A3 規劃執行與創新應變	B1 符號運用與溝通表達	B2 科技資訊與媒體素養	B3 藝術涵養與美感素養	C1 道德實踐與公民意識	C2 人際關係與團隊合作	C3 多元文化與國際理解
語文 (國文 A)	1. 培養學生閱讀、表達、欣賞與寫作簡易語體文之興趣及能力。				✓		✓			
	2. 培養學生閱讀與欣賞文選、古典詩選等淺近古籍之興趣及能力，以陶冶優雅之氣質及高尚之情操。	✓					✓			
	3. 指導學生理解中國文化基本教材論語，以培養倫理道德之觀念及愛國淑世之精神。						✓	✓		
	4. 指導學生熟習常用應用文書信、便條、名片等之格式與作法，以應實際生活及職業發展之需要。			✓	✓	✓			✓	
	5. 培養學生思考、組織、創造及想像之能力。		✓	✓						
	6. 指導學生認知人文素養，以培養人文關懷之情操。						✓	✓		✓
英文	1. 訓練學生運用所學的字詞及語法於日常生活聽、說、讀、寫之溝通中。				✓				✓	
	2. 養成學生具備英語文有效的學習方法。					✓				
	3. 引導學生認識及了解中西文化差異。									✓
	4. 培養學生獨立思考之能力。		✓							
數學 (C)	1. 引導學生了解數學概念與函數圖形，增進學生的基本數學知識。				✓					
	2. 培養學生基本演算與識圖能力，以應用於解決日常實際問題及未來工程專業及資訊應用領域內實務問題。		✓	✓	✓	✓				
	3. 訓練學生運用計算器與電腦軟體，解決日常實際問題及未來工程專業及資訊應用領域內實務問題。		✓	✓		✓				
	4. 增強學生基礎應用能力，以培養學生未來就業、繼續進修、自我發展的能力。	✓	✓	✓	✓				✓	

社會 (歷史 A)	1. 引導學生以國中時期所學的歷史知識為基礎,進一步了解近代中國由傳統走向現代的發展過程。								
	2. 將歷史由基本事實的「認知」,提升至「理解」層次,並且能夠掌握史實的脈絡及意義。		✓						
	3. 學生透過學習養成歷史意識,理解歷史學科的因果關係,對歷史事件的原因及影響提出解釋。		✓		✓				
社會 (歷史 B)	1. 引導學生以國中時期所學習之歷史知識為基礎,經由史事鋪陳、解釋,理解臺灣歷史發展脈絡,時代延續及變遷。								✓
	2. 幫助學生理解自己文化的根源,建立自我認同感及信心。	✓							
	3. 幫助學生就時間脈絡來了解現在,透過對歷史發展因果的認知與歷史思維,培養學生的思考、分析、反省的學習能力,並導引學生對人與事的同理心。		✓	✓				✓	
	4. 引導學生藉由史料證據、歷史理解及歷史解釋的討論,達到課程目標。				✓	✓			
社會 (歷史 C)	1. 建立學生對於世界上其他不同文化歷史的認識和理解,培養學生世界觀與包容及欣賞多元文化的開闊胸襟。								✓
	2. 培養歷史學科的學習方法,激發學生對歷史的興趣,充實生活內涵。		✓						
	3. 利用多樣化的歷史敘述,包括運用文字、圖表、照片、圖像與影視資料等的呈現,引發學生深刻的歷史認知及靈活的歷史思考。					✓	✓		
社會 (地理 A、B)	1. 引導學生了解重要地理現象的空間分布及其意涵。							✓	
	2. 引導學生了解地理環境與人類活動之間的關係,並認識其生長、生活的地理環境。							✓	
	3. 引導學生了解重要的地理知識與地理技能,以增進認識地理現象、適應地理環境及解決問題的能力。		✓	✓	✓				
	4. 引導學生了解地理的實察、資料的蒐集與分析,以及圖表的繪製等重要的地理學方法,以培養科學素養及學習地理的興趣。		✓		✓	✓			
	5. 培養學生關心地理環境的情懷,增進本土意識並拓展國際視野。	✓					✓	✓	✓

社會 (公民)	1. 引導學生了解現代社會生活／現代公民必備的心理、社會、文化、教育、道德與法律／政治與經濟的公民知識及現實感。	✓						✓		
	2. 培養學生適應現代社會生活／政治變遷與經濟發展的公民德行及關懷心。							✓	✓	✓
	3. 增進學生具備現代社會生活的公民參與能力及未來觀。							✓		
自然 科學 (物理C)	1. 養成學生對自然科學的認知及興趣。	✓	✓							
	2. 指導學生體認科學發展對人類生活與環境的影響及其重要性。							✓	✓	
	3. 啟發學生創造及解決問題的能力。			✓						
	4. 協助學生培養正確的科學態度及學習科學的方法。		✓	✓		✓			✓	
	5. 奠定學生較佳的專業學科基礎能力。									
自然 科學 (化學B)	1. 建立學生對於後期中等教育化學科之基本核心概念的了解及應用。		✓	✓						
	2. 引導學生學習化學的興趣。	✓								
	3. 培養學生具備化學基本素養、科學態度並熟悉科學方法。		✓	✓		✓			✓	
	4. 增進學生解決問題、自我學習、推理思考及表達溝通之能力，以適應社會變遷，成為具有科學素養之公民。	✓	✓	✓	✓			✓	✓	✓
自然 科學 (生物B)	1. 指導學生經由探討生命現象的奧祕，了解生物學與生活的關係，培養現代國民應具備的基本生物學素養。	✓								
	2. 指導學生經由認識生物圈中生命的共同性與多樣性，培養學生鑑賞生命與自然和諧之美，以及尊重生命、愛護生態環境和維持永續發展的情操。						✓	✓		✓
	3. 培養學生觀察、推理、理性思辨及創造等能力，以解決日常生活中所遭遇到的生物領域問題。		✓	✓	✓	✓				✓
藝術 (音樂)	1. 豐富通識性之音樂基本素養。			✓		✓				
	2. 培養多樣化音樂欣賞的興趣及能力。					✓				
	3. 增進演奏及歌唱之表現能力。			✓	✓	✓			✓	
	4. 涵養適性化之音樂終身活動。	✓				✓				
	5. 建構整合性之音樂文化理念。		✓							✓

領域	課程目標									
藝術 （美術）	1. 涵養並陶育學生美術的基本概念，增進學生審美的能力。					✓				
	2. 引導學生認識美術的各種創作媒材及技法。		✓		✓	✓				
	3. 培養學生對美術的興趣，以提高生活品質。	✓				✓				
生活 （計算機 概論A）	1. 培養學生對資訊的獲取、處理、管理、表達及交流的能力。		✓		✓					
	2. 引導學生善用資訊科技解決生活問題，提高自主學習能力及競爭力。		✓			✓				
	3. 引導學生使用網路資訊科技，促進合作學習的能力。					✓			✓	
	4. 引導學生了解並遵守資訊倫理道德、相關法規及資訊安全保護。	✓						✓		
生活 （計算機 概論B）	1. 了解電腦對現代生活的重要性。									
	2. 認識電腦的軟硬體架構。					✓				
	3. 熟練操作電腦的技巧及基本工具軟體的使用。					✓				
	4. 了解通訊與網路的觀念。					✓				
	5. 熟練應用電腦網路的技巧。					✓				
	6. 培養自我學習、推理思考及解決問題的能力。	✓								
專業及實習（專題製作—工業類為例）	1. 能熟悉各種機械加工機器的基本操作。									
	2. 能將創意構思具體化，並繪製工作圖。				✓	✓				
	3. 能依據加工工作圖的加工需求，選擇適切的加工機器加工。		✓		✓					
	4. 能將加工物品的工作程式做合理化的安排。		✓		✓					
	5. 能應用工模與夾具，以提高加工物品的加工精度與加工效率。		✓		✓					
	6. 能將加工物品依據工作圖的功能需求，作正確的裝配與組合。				✓					
健康與體育 （體育）	1. 協助學生認識體育功能，建立正確的體育觀念。	✓								
	2. 引導學生充實體育知識，奠定良好的運動基礎。	✓								
	3. 協助學生增進運動技能，提升身體的適應能力。	✓								
	4. 養成學生良好運動習慣，樹立良好的運動道德。							✓		
	5. 引導學生養成運動興趣，提升休閒生活的品質。	✓				✓				

健康與體育（健康護理）	一、促進健康生活型態 1. 認識健康生活型態的重要，並積極努力養成。 2. 具備健康自我管理的能力。 3. 了解並學習預防慢性病和傳染病的方法。 4. 認識老化，並學習老年照護。					✓		
	二、促進安全生活 1. 培養願意主動救人的心態與學習急救的原則和技能。 2. 學會事故傷害處理原則與技能。			✓		✓		
	三、促進健康消費 1. 提升消費者自我覺察與資訊辨識的能力。 2. 應用正確的健康消費概念於日常生活中。		✓			✓		
	四、促進心理健康 1. 了解並提升自尊與心理健康。 2. 具備維護心理健康的生活技能。 3. 認識精神疾病，破除對精神疾病患者與家屬的烙印化態度。					✓		
	五、促進無菸及無物質濫用的生活 1. 了解成癮藥物在醫療上的正確使用，以及物質濫用對個人、家庭與社會所造成的危害。 2. 具備解決問題及拒絕技巧，以避免濫用成癮物質。						✓	
	六、促進性健康 1. 養成健康的性觀念。 2. 培養尊重不同性取向的態度。 3. 具備健康兩性交往所需的生活技能。 4. 具備促進性健康所需的知識、態度和行為。					✓		

　　就高職而言，各領域／科目皆能對應於核心素養的三面九項，可進行各領域／科目之課程目標、核心素養、學習重點之設計。

　　整體而言，幼兒園課程、國民中小學九年一貫課程與高級中等教育等四個關鍵教育階段各領域／科目課程，均涉及三面九項的核心素養，為強化幼兒園課程、國民中小學九年一貫課程與高級中等教育之課程連貫與課程統整，並建置以「學生主體」、「課程的垂直連貫與水準統整」、「培養核心素養」為核心理念之K-12年級課程，各個關鍵教育階段核心素養除可進行垂直連貫之外，並可與各關鍵教育階段的八個領域／科目進行「課

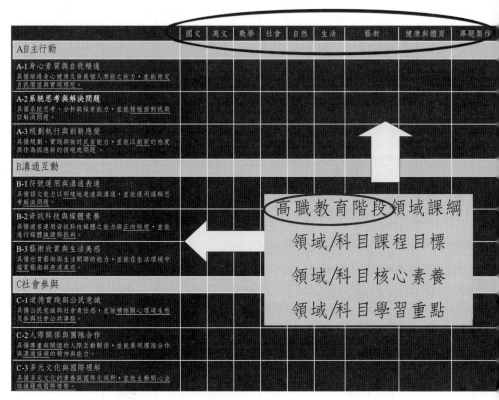

✿圖2.8　核心素養與高職領域／科目課程設計

程統整」與「課程連貫」，可發展符合核心素養之領域／科目課程方案，培養學生的核心素養。

四、核心素養可統整數學、自然科學、藝術、國語文、英語文、社會、綜合、健體等「領域／科目」，並發展「領域／科目」之課程目標、核心素養、學習重點

　　如上所述K-12各個關鍵「教育階段」數學、自然科學、藝術、國語文、英語文、社會、綜合、健體等「領域／科目」課程目標合乎核心素養，因而具備可統整融入領域／科目的特性，可與各領域／科目進行課程

連貫與課程統整。

　　本書係以蔡清田、洪若烈、陳延興、盧美貴、陳聖謨、方德隆、林永豐、李懿芳（2012）《K-12各教育階段核心素養與各領域統整之研究》成果爲基礎，透過文獻探討、學科專家諮詢、研究團隊內部討論、整合型定期會議與德懷術問卷等方法建構數學、自然科學、藝術、國語文、英語文、社會、綜合、健體等領域／科目之「領域／科目課程目標」、「領域／科目核心素養」及「學習重點」之德懷術問卷，再經由專家學者及學科專家之三次問卷調查之意見修訂，如圖2.9「核心素養」可垂直連貫K-12四個關鍵「教育階段」八個「領域／科目」之課程目標、核心素養、學習重點之課程統整流程所示，主要說明「核心素養」與K-12四個關鍵「教育階段」及八個「領域／科目」之垂直連貫與水準統整關係；其中「核心素養」是K-12四個關鍵「教育階段」及八個「領域／科目」的上位概念，K-12四個關鍵「教育階段」包括幼兒園、國小、國中、高中／職及五專

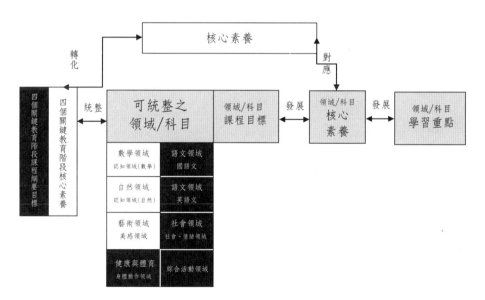

❀圖2.9　「核心素養」垂直連貫「K-12四個關鍵教育階段」八個「領域／科目」之課程目標、核心素養、學習重點之課程統整流程

修改自K-12各教育階段核心素養與各領域課程統整研究（國家教育研究院委託研究報告）（頁39），蔡清田、洪若烈、陳延興、盧美貴、陳聖謨、方德隆、林永豐、李懿芳，2012，嘉義縣：國立中正大學課程研究所。

前三年等四個關鍵「教育階段」，八個「領域／科目」包括數學、自然科學、藝術、國語文、英語文、社會、綜合活動、健康與體育等「領域／科目」，換言之，「核心素養」可垂直連貫K-12四個關鍵「教育階段」數學、自然科學、藝術、國語文、英語文、社會、綜合活動、健康與體育等八個「領域／科目」之課程目標進行「課程連貫」與「課程統整」。

就核心素養垂直連貫「領域／科目」的課程統整過程而言，首先，乃是根據某關鍵「教育階段核心素養」統整某「領域／科目」的課程目標，成為「領域／科目課程目標」；其次，「領域／科目課程目標」統整某「領域／科目」的認知（知識）、技能（能力）、情意（態度）之「領域／科目」特色要素，成為「領域／科目核心素養」；之後再具體轉化發展成為「學習重點」；「學習重點」則根據「領域／科目核心素養」為指引轉化而來，並由「學習表現」與「學習內容」組合交織而成，用以引導課程設計、教材發展、教科書審查及學習評量等，能呈現所欲達成的核心素養及學習表現與內容，本書第三章將進一步詳細闡述。簡言之，由圖2.9核心素養垂直連貫K-12四個關鍵「教育階段」的「領域／科目」之課程目標、核心素養、學習重點之課程統整流程圖，可知「核心素養」與現行「K-12各個關鍵教育階段」課程綱要進行統整後，可透過「領域／科目課程目標」、「領域／科目核心素養」及「學習重點」三者來闡述其課程統整具體轉化成果。

(一)「核心素養」是K-12四個關鍵「教育階段」的「領域／科目」及可統整的課程目標之上位概念

本書探討的「核心素養」，乃是在兼顧現行幼兒園、國民小學、國民中學、高中／職及五專前三年的後期中等教育等K-12各個關鍵「教育階段」之領域／科目的「共同性」與「差異性」，可透過數學、自然科學、藝術、國語文、英語文、社會、綜合、健體等八個「領域／科目」之課程目標的課程統整設計，以培養「核心素養」。圖2.9的上方為本書第一章所闡述三面九項的「核心素養」，是K-12各個關鍵「教育階段」課程綱要與幼兒園、國民小學、國民中學、高級中等教育等各關鍵「教育階段核心素養」的上位概念，也是K-12四個關鍵「教育階段」八個可統整「領域／

科目」的「領域／科目課程目標」、「領域／科目核心素養」、「學習重點」之上位概念。本章依K-12各個關鍵「教育階段」的特質，檢核可與核心素養統整之「領域／科目」，系統分析各「領域／科目」的課程內涵，探討與核心素養相對應的「領域／科目」，據以發展可進行課程統整的「領域／科目課程目標」、「領域／科目核心素養」、「學習重點」。

(二)「教育階段核心素養」是根據上述「核心素養」分教育階段設計具體轉化而來

　　圖2.9的左側四個關鍵「教育階段核心素養」是根據上述「核心素養」進行四個教育階段設計，可統整現行幼兒園、國民小學、國民中學、高級中等教育等K-12各個關鍵「教育階段」課程綱要目標，具體轉化成為K-12各個關鍵「教育階段核心素養」，這是統整現行幼兒園、國民小學、國民中學、高中／職等各個關鍵教育階段課程綱要目標而來，是各關鍵教育階段可進行課程統整的領域／科目目標的重要來源，也是各「領域／科目」之「領域／科目課程目標」、「領域／科目核心素養」、「學習重點」的課程統整重要來源。

(三)可進行課程統整的「領域／科目」是依據四個關鍵教育階段課程綱要的目標與「教育階段核心素養」而來，可統整其「領域／科目課程目標」、「領域／科目核心素養」、「學習重點」

　　圖2.9的右側是數學、自然科學、藝術、國語文、英語文、社會、綜合活動、健康與體育，這些可進行課程統整的「領域／科目」是幼兒園、國民小學、國民中學、高級中等教育等各關鍵「教育階段核心素養」可統整融入之「領域／科目」，是各個「教育階段核心素養」針對各「領域／科目」的特性，可進一步具體轉化並發展出可統整的「領域／科目課程目標」、「領域／科目核心素養」、「學習重點」。因此，左側的幼兒園、國民小學、國民中學、高級中等教育等各個關鍵教育階段課程綱要目標與各關鍵「教育階段核心素養」，和右側各個「領域／科目」互為統整關係。

　　各關鍵「教育階段核心素養」可與領域／科目進行課程統整設計，核心素養可透過各個關鍵教育階段課程綱要的數學、自然科學、藝術、國語文、英語文、社會、綜合活動、健康與體育等「領域／科目」進行統整

課程設計發展成為「領域／科目課程目標」、「領域／科目核心素養」、「學習重點」。換言之，數學、自然科學、藝術、國語文、英語文、社會、綜合活動、健康與體育等八個可進行課程統整的「領域／科目」之「領域／科目課程目標」、「領域／科目核心素養」、「學習重點」，是依據各個關鍵教育階段課程綱要與各關鍵「教育階段核心素養」統整而來。

　　本書透過「核心素養」作為課程統整之基礎，統整各教育階段之數學、自然科學、藝術、國語文、英語文、社會、綜合活動、健康與體育等八個「領域／科目」之「領域／科目課程目標」、「領域／科目核心素養」、「學習重點」，可強化各「教育階段核心素養」與各「領域／科目」之課程統整，達成《十二年國民基本教育課程綱要》之「課程連貫」與「課程統整」。

　　「領域／科目課程目標」係統整核心素養與「領域／科目」課程目標，調整修訂現行各關鍵教育階段相關課程綱要之領域／科目課程目標（參見表2.6幼兒園六個領域課程目標與核心素養雙向檢核表、表2.7國民小學八個領域／科目課程目標與核心素養對應表、表2.8國民中學八個領域／科目課程目標與核心素養檢核表、表2.9「高中教育階段」八個領域／科目課程目標與核心素養對應表、表2.10高職八個領域／科目課程目標與核心素養對應表），結合該關鍵教育階段核心素養，並考量幼兒園、國小、國中、高級中等教育等「K-12各個關鍵教育階段」之間的銜接。

　　「領域／科目課程目標」係統整現行各教育階段、各領域／科目之「課程目標」與該階段核心素養而來，從九項核心素養選擇某一至兩項能統整並連貫各教育階段之領域／科目課程目標，並考慮該領域／科目能在幼兒園、國民小學、國民中學、高級中等教育等階段銜接，並依據「領域／科目課程目標」，發展「領域／科目核心素養」與「學習重點」。其後，「領域／科目核心素養」則根據「領域／科目課程目標」，轉化為該教育階段的該領域／科目所彰顯培養的核心素養；最後，「學習重點」則根據「領域／科目核心素養」為指引，彰顯該教育階段該學習重點所要強調的學習表現與學習內容。

　　就「領域／科目課程目標」、「領域／科目核心素養」與「學習重

點」的上下關係而言，某「領域／科目課程目標」係統整該教育階段、該領域／科目之課程目標與該「教育階段核心素養」而來，從九項核心素養選擇某一至兩項能統整該「教育階段核心素養」與該領域／科目之課程目標，並考慮該領域／科目內部各教育階段之間的銜接。「領域／科目核心素養」則根據「領域／科目課程目標」，轉化為該教育階段該領域／科目所欲彰顯培養的核心素養具體內涵。「學習重點」則根據「領域／科目核心素養」為指引，「學習重點」是由「領域／科目核心素養」轉化而來，並由學習表現與學習內容組合交織而成，以引導課程設計、教材發展、教科書審查及學習評量等，能呈現所欲達成的核心素養。故「領域／科目課程目標」與「領域／科目核心素養」是屬於較上位的領域／科目課程綱要較抽象的要素；而「學習重點」則是屬於較下位的「領域／科目」課程綱要的較具體內涵。

五、核心素養可與各領域／科目進行課程連貫與課程統整之檢核

　　就核心素養與各領域／科目可進行課程連貫與課程統整之檢核而言，是哪幾條核心素養進入哪些「領域／科目」？以現行各教育階段相關課程綱要之領域／科目而言，是否九項核心素養都需進入各「領域／科目」加以連貫？研究發現「自主行動」、「溝通互動」和「社會參與」等三面向的核心素養，不僅能扣緊十二年國民基本教育的「自發」、「互動」和「共好」的基本理念，每一領域／科目皆可包括兩項以上的核心素養，而且每項核心素養也能呼應到兩個以上領域／科目。本書以蔡清田、陳延興、吳明烈、盧美貴、方德隆、陳聖謨、林永豐（2011）之研究作為建構核心素養為基礎，先由現有幼兒園課程綱要、國民中小學九年一貫課程綱要、高中課程綱要、高職課程綱要，探究其與「核心素養」之關係，並選擇可與「核心素養」進行「各個關鍵教育階段」課程連貫之數學、自然科學、藝術、國語文、英語文、社會、綜合活動、健康與體育等八個「領域／科目」，進而轉化可課程連貫「各個關鍵教育階段」並水準統整「領域／科目」之「領域／科目課程目標」、「領域／科目核心素養」、「學習

重點」。茲以各教育階段課程綱要之領域／科目舉例說明列出核心素養可與「四個關鍵教育階段」及八個「領域／科目」進行課程連貫與課程統整之檢核表，如表2.11核心素養可與領域／科目進行課程連貫與課程統整之檢核表，每一領域／科目皆可包括兩項以上的核心素養，而且每項核心素養也可對應到兩個以上領域／科目。這彰顯核心素養具有跨領域／科目的特質，某一項核心素養，可以透過不同領域／科目來培養，例如「C3多元文化與國際理解」可透過社會、國語文、藝術等來培養，反過來說，同一領域／科目的學習也可促進不同項目核心素養的培養，例如：自然科學領

❀表2.11　核心素養可與領域／科目進行課程連貫與課程統整之檢核表

國民核心素養　　領域／科目	A自主行動			B溝通互動			C社會參與		
	A1 身心素質與自我精進	A2 系統思考與解決問題	A3 規劃執行與創新應變	B1 符號運用與溝通表達	B2 科技資訊與媒體素養	B3 藝術涵養與美感素養	C1 道德實踐與公民意識	C2 人際關係與團隊合作	C3 多元文化與國際理解
數學		✓		✓	✓	✓			✓
自然科學		✓	✓		✓		✓		
藝術	✓					✓			✓
語文—國語文				✓	✓		✓	✓	
語文—英語文				✓					✓
社會		✓			✓		✓		✓
綜合活動（高中綜合活動、生活家政）	✓		✓				✓	✓	
健康與體育	✓		✓			✓			

修改自K-12各教育階段核心素養與各領域課程統整研究（國家教育研究院委託研究報告）（頁38），蔡清田、洪若烈、陳延興、盧美貴、陳聖謨、方德隆、林永豐、李懿芳，2012，嘉義縣：國立中正大學課程研究所。

域的學習，也有助於「A2系統思考與解決問題」、「A3規劃執行與創新應變」、「B2科技資訊與媒體素養」之養成。但這並非指涉每一領域／科目都需包含九項核心素養，而是強調核心素養應由各領域／科目共同實踐，打勾是彰顯在各教育階段中均可垂直連貫之核心素養，並可藉此對應發展各領域／科目課程目標、核心素養與學習重點，未打勾並非代表該領域／科目並無具備該核心素養，各領域／科目在必要時仍可增加領域／科目課程目標、核心素養與學習重點。

由表2.11核心素養可與領域／科目進行課程連貫與課程統整之檢核表，可見核心素養不僅可進行K-12「各個關鍵教育階段」垂直連貫，核心素養更具「共同性」，是可跨越「領域／科目」的核心素養，是可以進行水準統整課程設計（Drake, 2007），可與數學、自然科學、藝術、國語文、英語文、社會、綜合活動、健康與體育「領域／科目」課程目標相結合，並考量縱向連貫與橫向統整之課程發展，據以建構該領域／科目「課程目標」、「核心素養」及「學習重點」。

「核心素養」可與「領域／科目」進行統整，且各關鍵教育階段各領域／科目仍保自主彈性以維持「差異性」。核心素養的培養係通過各領域／科目的學習而達成，但各領域／科目皆有其「獨特性」且高級中等教育階段學校類型的「差異性」，不必涵蓋所有核心素養項目，如此可避免每一領域／科目核心素養過度繁雜。但是核心素養轉化難度高，須謹慎進行課程設計（蔡清田、陳延興，2013），核心素養是一種跨「領域／科目」的課程設計，並非如同過去的「生活與倫理」、「公民與道德」是一種單獨設置的「領域／科目」；核心素養這種跨「領域／科目」的課程設計，尊重不同「領域／科目」的課程特性，因此不是所有九項核心素養都必須融入某一個「領域／科目」，而是部分核心素養項目與「領域／科目」進行統整成為「領域／科目課程目標」、「領域／科目核心素養」及「學習重點」，進一步引發觸動該「領域／科目」知識、能力、態度的統整。

表2.11的檢核過程是透過現有四個關鍵教育階段之課程綱要，從中找出與核心素養相對應之各教育階段課程目標，呼應了圖2.10「核心素養」垂直連貫「K-12四個關鍵教育階段」八個「領域／科目」之課程目標、核

心素養、學習重點之課程統整流程。而且由表2.8可見核心素養具有跨領域／科目的特質，亦即每一領域／科目至少可包括兩項以上的核心素養，而且每項核心素養也都能對應到兩個以上領域／科目。核心素養具有「跨領域／科目」的特質，即某項核心素養，可以透過不同領域／科目來促進與培養，同一領域／科目的學習也可以促進不同核心素養的培養，核心素養此一特質可以衍生出課程發展的三個通則（蔡清田，2011a；2012a；2014）：

(一)核心素養是跨越「領域／科目」的核心素養，可同時透過不同「領域／科目」加以培養，並非侷限於單一「領域／科目」之內，可打破個別「領域／科目」的傳統疆界侷限

　　第一個值得注意的是，核心素養是跨越「領域／科目」的核心素養，並非侷限於單一「領域／科目」之內，可打破個別「領域／科目」的傳統疆界，如表2.11核心素養與各領域／科目進行課程連貫與課程統整之檢核表所示，所有九項核心素養都是跨越「領域／科目」的核心素養，可打破單一「領域／科目」的傳統疆界侷限，如某些核心素養如「A1身心素質與自我精進」跟藝術、綜合活動、健康與體育等「領域」直接有關；「A2系統思考與解決問題」，跟數學、自然與生活科技、社會等「領域／科目」直接有關；「A3規劃執行與創新應變」，則與自然與生活科技、綜合活動、健康與體育等「領域／科目」較為直接有關；「B1符號運用與溝通表達」，跟國語文、英語文、數學等「領域／科目」直接有關；「B2科技資訊與媒體素養」，跟社會「領域」直接有關；「B3藝術涵養與美感素養」跟藝術「領域」直接有關；「C1道德實踐與公民意識」跟社會「領域」直接有關；「C2人際關係與團隊合作」跟國語文、綜合活動等「領域／科目」直接有關；「C3多元文化與國際理解」跟藝術、英語文、社會等「領域／科目」直接有關。由此可見，核心素養是跨越「領域／科目」的核心素養，是可統整融入相關「領域／科目」的核心素養，而不只是侷限在某一個別「領域／科目」。

　　核心素養是跨越「領域／科目」的核心素養，更是跨越單一「領域／科目」的核心素養；而且在「跨域學習」理念下，核心素養課程設計牽

涉到理念革新。在此「跨域學習」理念下，每一個特定項目的核心素養（如「A1身心素質與自我精進」），並非侷限於單一「領域／科目」（如「健康與體育」），而每一個項目的核心素養，都必須透過跨越「領域／科目」的課程設計加以培育，特別是跨越單一「領域／科目」，透過多個「領域／科目」如數學、自然科學、藝術、國語文、英語文、社會、綜合活動、健康與體育等多個「領域／科目」的協同合作，才能統整地培育每一個項目的核心素養，以培養當代國民所需的核心素養，方能不同於並跨越單一「領域／科目」的課程目標。這也呼應了本書上一章所闡述的「核心素養」不只是能橫跨各種不同的多元社會場域（OECD, 2005b），並可跨越各關鍵教育階段主要領域／科目，並在社會文化環境脈絡情境下，協助個體獲得經營積極生活所需的核心素養。

(二)個別「領域／科目」涵蓋的並非是單一項目的核心素養，而是包括多項核心素養

　　第二個值得注意的是，個別「領域／科目」涵蓋的並非是單一項目的核心素養，而是包括多項核心素養，例如「數學」此一個別「領域／科目」其所涵蓋的核心素養並非只是單項的核心素養，而是與「A2系統思考與解決問題」、「B1符號運用與溝通表達」、「B2科技資訊與媒體素養」、「B3藝術涵養與美感素養」、「C3多元文化與國際理解」等五項核心素養較相關，而且尚可進行幼兒園、國小、國中、高級中等教育等各個教育階段的垂直連貫，這五項核心素養不只與數學直接相關，也和語文有密切關聯，但數學則與其他「A1身心素質與自我精進」、「C1道德實踐與公民意識」、「C2人際關係與團隊合作」等項目的核心素養則關係較小。是以「數學」可從此一個別「領域／科目」的記憶背誦計算要求之學科素養，進而轉向培養學生發展可「跨越」並加以「伸展」「跨領域／科目」的「A2系統思考與解決問題」、「B1符號運用與溝通表達」、「B2科技資訊與媒體素養」、「B3藝術涵養與美感素養」、「C3多元文化與國際理解」等五項核心素養，而學習獲得國民因應現代社會生活所需之核心素養。類似地，「英語文」其所涵蓋的核心素養也並非九項之中的單一項目核心素養，而是與「B1符號運用與溝通表達」、「C3多元文化與國際

理解」等核心素養較爲直接相關，尚可以進行國小、國中、高級中等教育等各個教育階段的垂直連貫，而「英語文」則與其他「A3規劃執行與創新應變」、「C1道德實踐與公民意識」等項目的核心素養則關係較小，是以「英語文」也不能自我設限於單項核心素養之內，以協助國民能在新時代變局中找到未來努力的方向。

可見核心素養是「跨領域／科目」的核心素養，而不只是侷限在某一個別「領域／科目」，而且核心素養是可以統整融入相關「領域／科目」，核心素養是透過相關「領域／科目」來培育，並讓學生透過「領域／科目」，培育多項核心素養，至少可透過八個「領域／科目」以共同培養「符號運用與溝通表達」、「系統思考與解決問題」、「藝術涵養與美感素養」、「道德實踐與公民意識」、「多元文化與國際理解」、「科技資訊與媒體素養」、「人際關係與團隊合作」、「規劃執行與創新應變」、「身心素質與自我精進」等國民所需的核心素養。

(三)九項核心素養除了在K-12各個關鍵「教育階段」垂直連貫培育之外，其在各教育階段各領域／科目所強調的重點仍有不同，並非每一領域／科目都需包含所有九項核心素養，但強調核心素養應由各領域／科目共同實踐

九項核心素養皆可與現行幼兒園、國小、國中、高級中等教育之各領域／科目進行課程統整，這九項核心素養除可與現行各領域／科目進行水準統整外，尚可進行各個教育階段之垂直連貫，但並非所有九項核心素養都必須在各領域／科目進行連貫與統整。以現行各教育階段劃分領域爲例，這九項核心素養在各教育階段各領域／科目所強調重點仍有不同。

在K-12各教育階段的整體課程架構中，由於各領域／科目內涵不同，在不同教育階段所強調的也不同，因此，即使同一領域／科目，在不同教育階段便可能強調不同的核心素養，茲將各關鍵教育階段領域／科目所強調的核心素養對照，找出該領域／科目在各教育階段均強調的核心素養，亦即該項核心素養可從幼兒、國小、國中、後期中等教育均受到重視而可加以垂直連貫，如表2.12核心素養可與各領域／科目進行K-12垂直連貫之檢核表。本表以各教育階段相關課程綱要之領域／科目舉例，彰顯核心素

✿表2.12 核心素養可與各領域／科目進行K-12垂直連貫之檢核表

領域／科目 ＼ 國民核心素養	A自主行動			B溝通互動			C社會參與		
	A1 身心素質與自我精進	A2 系統思考與解決問題	A3 規劃執行與創新應變	B1 符號運用與溝通表達	B2 科技資訊與媒體素養	B3 藝術涵養與美感素養	C1 道德實踐與公民意識	C2 人際關係與團隊合作	C3 多元文化與國際理解
數學 幼兒		✓		✓					
數學 國小		✓		✓					
數學 國中		✓		✓					
數學 高中		✓		✓					
數學 高職		✓		✓					
自然科學 幼兒		✓	✓						
自然科學 國小		✓	✓						
自然科學 國中		✓	✓						
自然科學 高中		✓	✓						
自然科學 高職		✓	✓						
藝術 幼兒	✓					✓			✓
藝術 國小	✓					✓			✓
藝術 國中	✓					✓			✓
藝術 高中	✓					✓			✓
藝術 高職	✓					✓			✓
國語文 幼兒				✓				✓	
國語文 國小				✓				✓	
國語文 國中				✓				✓	
國語文 高中				✓				✓	
國語文 高職				✓				✓	
英語文 幼兒				✓					✓
英語文 國小				✓					✓
英語文 國中				✓					✓
英語文 高中				✓					✓
英語文 高職				✓					✓

社會	幼兒		✓			✓	✓	✓
	國小		✓			✓	✓	✓
	國中		✓			✓	✓	✓
	高中		✓			✓	✓	✓
	高職		✓			✓	✓	✓
綜合活動	幼兒	✓		✓			✓	
	國小	✓		✓			✓	
	國中	✓		✓			✓	
	高中	✓		✓			✓	
	高職	✓		✓			✓	
健康與體育	幼兒	✓		✓				
	國小	✓		✓				
	國中	✓		✓				
	高中	✓		✓				
	高職	✓		✓				

註：修改自K-12各教育階段核心素養與各領域課程統整研究（國家教育研究院委託研究期中報告）（頁42），蔡清田、洪若烈、陳延興、盧美貴、陳聖謨、方德隆、林永豐、李懿芳，2012，嘉義縣：國立中正大學課程研究所。

養可垂直連貫不同教育階段之領域／科目。本表並非指涉每一領域／科目都需包含三面九項，而是強調核心素養應由各領域／科目共同實踐，打勾是彰顯在各教育階段中均可垂直連貫之核心素養，並可藉此對應發展各領域／科目之課程目標、核心素養與學習重點，未打勾並非代表該領域／科目並未具備該核心素養，各領域／科目在必要時仍可增加該領域／科目課程目標、核心素養與學習重點，但數量不宜過多。以表2.13核心素養與普通高中各領域／科目關係表為例（林永豐，2012a，56），數學與「B1符號運用與溝通表達」、「B2科技資訊與媒體素養」、「B3藝術涵養與美感素養」、「A2系統思考與解決問題」等四項核心素養較相關，而在表2.9各領域／科目可進行K-12年級垂直連貫之核心素養檢核表之中，數學與「B1符號運用與溝通表達」、「A2系統思考與解決問題」等兩項核心素養較直接相關且可進行幼兒園、國小、國中、高級中等教育等各個教育階段

的垂直連貫。由此可見，各教育階段領域／科目所能涵蓋的核心素養項目之數量多於表2.12各領域／科目可進行K-12年級垂直連貫之核心素養項目數量。

「B1符號運用與溝通表達」、「A2系統思考與解決問題」、「A3規劃執行與創新應變」等核心素養皆與國、英、數、自、社、健體、綜合活動等領域／科目有密切相關。特別是「數學」領域／科目可進行K-12年級垂直連貫的核心素養包括了「B1符號運用與溝通表達」與「A2系統思考與解決問題」，而不只包括單一素養，也多於表2.12的核心素養；「自然科學」領域／科目可進行K-12年級垂直連貫的核心素養包括了「A2系統思考與解決問題」與「A3規劃執行與創新應變」，而不只包括單一素養，也多於表2.12的核心素養；「藝術」領域／科目可進行K-12年級垂直連貫的核心素養包括了「B3藝術涵養與美感素養」、「C3多元文化與國際理解」與「A1身心素質與自我精進」，而不只包括單一素養，也多於表2.12的核心素養。

核心素養與「國語文」可進行垂直連貫的至少包括了「B1符號運用與溝通表達」與「C2人際關係與團隊合作」；「英語文」領域／科目可進行K-12年級垂直連貫的核心素養包括了「B1符號運用與溝通表達」與「C3多元文化與國際理解」，也多於表2.12的核心素養；「社會」領域／科目可進行K-12年級垂直連貫的核心素養包括了「B2科技資訊與媒體素養」、「C1道德實踐與公民意識」、「C3多元文化與國際理解」與「A2系統思考與解決問題」，也多於表2.12的核心素養；「綜合領域」領域／科目可進行K-12年級垂直連貫的國民核心素養包括了「C2人際關係與團隊合作」、「A1身心素質與自我精進」與「A3規劃執行與創新應變」，也多於表2.12的核心素養；「健康與體育」領域／科目可進行K-12年級垂直連貫的核心素養包括了「A1身心素質與自我精進」與「A3規劃執行與創新應變」，也多於表2.12的核心素養。

✿表2.13　核心素養與普通高中各領域／科目關係表為例

領域／科目		國民核心素養	A自主行動			B溝通互動			C社會參與		
			A1 身心素質與自我精進	A2 系統思考與解決問題	A3 規劃執行與創新應變	B1 符號運用與溝通表達	B2 科技資訊與媒體素養	B3 藝術涵養與美感素養	C1 道德實踐與公民意識	C2 人際關係與團隊合作	C3 多元文化與國際理解
數學				✓		✓	✓	✓	✓		✓
自然科學	物理			✓	✓	✓	✓	✓	✓	✓	✓
	化學			✓	✓	✓	✓	✓	✓	✓	✓
	生物			✓	✓	✓	✓	✓	✓		✓
	地科			✓	✓	✓	✓	✓	✓		✓
藝術	音樂		✓		✓		✓		✓		✓
	美術		✓		✓		✓		✓		✓
	藝術生活		✓		✓		✓		✓		✓
國語文			✓	✓	✓	✓	✓	✓	✓	✓	✓
社會	歷史		✓	✓		✓	✓		✓		✓
	地理			✓	✓		✓		✓		✓
	公民與社會		✓	✓			✓		✓		✓
綜合	綜合活動		✓	✓	✓	✓			✓	✓	
	家政		✓	✓	✓				✓		
健體	健康與護理		✓	✓	✓	✓	✓		✓	✓	
	體育		✓					✓		✓	
英語文				✓	✓	✓	✓			✓	✓

註：修改自十二年國民基本教育課程發展指引草案擬議研究（國家教育研究院委託研究期中報告）（頁11），蔡清田、陳伯璋、陳延興、林永豐、盧美貴、李文富、方德隆、陳聖謨、楊俊鴻、高新建、李懿芳、范信賢，2012，嘉義縣：國立中正大學課程研究所。

　　由此可見，十二年國民基本教育課程綱要的修訂特色之一，是在傳統學科導向的課程設計理念外，強調跨領域／科目的「核心素養」，同時重視學科知識與跨領域／科目的核心素養（林永豐，2012a）。表2.9係依照過去高中各學科課程綱要分析得來，可看出不同領域／科目與不同素養面

向項目有關；若認為某一領域／科目與某一核心素養有關卻未打勾，則意味著既有課程綱要未有明確敘述可據以判定是否呼應該素養？是以未來課程綱要修改時可以補充或強調。

簡言之，由上述分析可看出高級中等教育各領域／科目課程目標能達成「溝通互動」、「社會參與」及「自主行動」，惟各領域／科目偏重略有不同，例如數學領域較強調「溝通互動」和「自主行動」；在社會領域中，「社會參與」和「自主行動」則相對較多。整體而言，「自主行動」面向較多，此結果符應高中職99課程綱要對學生共同應具備核心能力的要求，如生活適應及未來學習、及公民資質及社會服務等核心能力。

其次，以個別「領域／科目」課程目標為分析單位來看，核心素養與個別「領域／科目」都有相關，惟個別「領域／科目」的課程屬性有其「差異性」，因此其所重視的核心素養也有其「差異性」，如公民科較重視社會參與的「C1道德實踐與公民意識」、國語文較偏重溝通互動的「B1符號運用與溝通表達」和「B3藝術涵養與美感素養」，體育、健康與護理較強調自主行動的「A1身心素質與自我精進」、專題製作則偏重自主行動的「A2系統思考與解決問題」和「A3規劃執行與創新應變」（李懿芳，2012）。由上述分析可見核心素養的培養需秉持漸進、加廣加深、跨領域／科目等原則，可透過各教育階段不同領域／科目的學習來達成。

就核心素養與領域／科目課程內容的呼應關係而言，核心素養可以引導各領域／科目內容的課程發展方向，核心素養是分教育階段、分領域的，所謂的分領域，意指即使同樣是「B1符號運用與溝通表達」此一素養在各領域的重點是不同的，不同領域可以不同的學科語言來呈現這個核心素養。換言之，分領域核心素養是衍生性的概念，可依領域的學科特性加以延伸，可以學科的語言來敘述呈現，呼應的則是同一個核心素養。核心素養與領域／科目之間的此種關係，乃呼應了《十二年國民基本教育課程發展指引》」的「核心素養與領域／科目的關係」，特別是核心素養的培養需秉持漸進、加廣加深、跨領域／科目等原則，可透過各教育階段的不同領域／科目的學習來達成；各教育階段領域／科目的課程內涵應能呼應所欲培養的核心素養；各領域／科目各有其特性及強調重點，不必全部對

應所有九項核心素養；各教育階段領域／科目的規劃應結合各教育階段核心素養及各領域／科目的理念與目標，轉化與發展成為該領域／科目核心素養及學習重點（蔡清田、陳伯璋、陳延興、林永豐、盧美貴、李文富、方德隆、陳聖謨、楊俊鴻、高新建、李懿芳、范信賢，2013）。此一課程設計尊重學科特性，較富有彈性（蔡清田、陳伯璋、陳延興、林永豐、盧美貴、李文富、方德隆、陳聖謨、楊俊鴻、高新建、李懿芳、范信賢，2013），不同於過去將所有十大基本能力硬塞到單一領域科目之中。

根據上述連貫與統整的課程設計原理原則，是以《十二年國民基本教育課程綱要》研議過程中，設立了跨領域小組包含領域統整、素養及議題三個工作圈，主要任務在：1.促進《十二年國民基本教育課程綱要總綱》和各領域課綱的銜接；2.協助十二年國民基本教育課程各領域／科目課綱內外之間的統整；3.檢核各領綱時間分配、實施要點的適切性；4.檢視各領綱核心素養和學習重點（含學習表現和學習內容）之間的關聯性；5.檢核及協助各領域／科目小組議題融入情形等，提出相關建議作為修訂之參考，這呼應了《十二年國民基本教育課程發展指引》與《十二年國民基本教育課程發展建議書》指出在課程綱要制定過程中，需重視知識結構的統整，以核心素養達成各領域／科目內容、生活經驗與社會情境的統整。

特別是《十二年國民基本教育課程綱要》有系統地分為《十二年國民基本教育課程綱要總綱》與各領域／科目課程綱要，透過界定跨越教育階段與跨越領域／科目的「共同性」之核心素養，引導各教育階段各領域／科目核心素養，進而透過各領域／科目「學習重點」規劃「學習表現」與「學習內容」，以滿足不同類型學校學生學習需求，因應課程的「共同性」與「差異性」。核心素養在課程綱要中，可透過《十二年國民基本教育課程綱要總綱》的「核心素養」、「教育階段核心素養」，及各領域／科目綱要的「領域／科目核心素養」、「學習重點」、「領域／科目學習表現」、「領域／科目學習內容」來進行轉化與表述。《十二年國民基本教育課程綱要總綱》與各領域／科目課程綱要兩者連貫同步統整和諧關係，並非相互取代（replace）而是相互補充（supplement）的一種協同合作之「協力作用」（tandem），如同串聯前後彼此連貫統整的協力車，彼此協力「相輔相成」共同培養所需核心素養，如圖2.10十二年國民基本教

育課程綱要總綱與各領域／科目課程綱要兩者之核心素養轉化層次關係，同時「十二年國民基本教育領域課程綱要研修流程圖」其研修原則需依照《十二年國民基本教育課程綱要總綱》執行，各領綱研修小組得回饋研修歷程至「十二年國民基本教育課程綱要總綱研修小組」，供後續《十二年國民基本教育課程綱要總綱》來回修訂（國家教育研究院，2015b），如圖2.11所示，簡言之，《十二年國民基本教育課程綱要》所強調的核心素養與領域／科目的關係是相輔相成的盟友，強調學科知能與跨學科的核心素養彼此共同合作，培養所需核心素養以因應社會生活，第三章會就此進一步闡述。

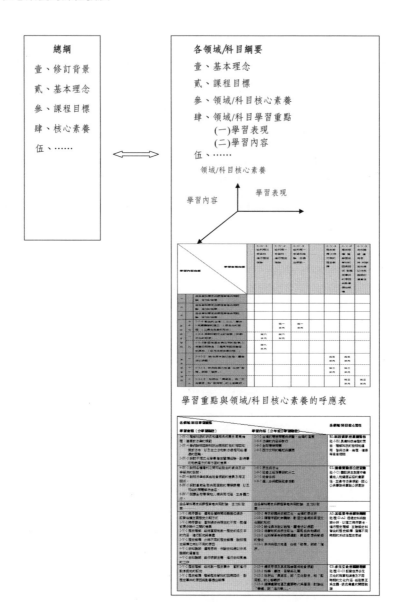

✿圖2.10　十二年國民基本教育課程綱要總綱與各領域／科目課程綱要兩
　　　　者之核心素養轉化層次關係

註：修改自十二年國民基本教育課程發展指引草案擬議研究（國家教育研究院委託研
　　究報告）（頁17），蔡清田、陳伯璋、陳延興、林永豐、盧美貴、李文富、方德
　　隆、陳聖謨、楊俊鴻、高新建、李懿芳、范信賢，2013，嘉義縣：國立中正大學
　　課程研究所。

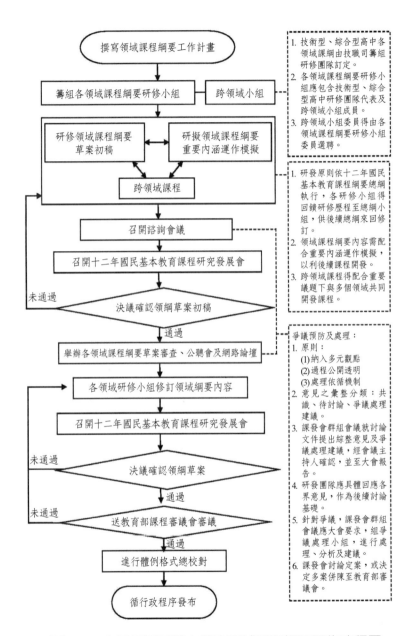

✿圖2.11　十二年國民基本教育領域課程綱要研修流程圖

資料來源：國家教育研究院（2015b）。十二年國民基本教育領域課程綱要（國民中　　　小學、普通型高中）研修工作手冊（頁6）。取自http://12cur.naer.edu.tw/　　　upload/files/1040818領綱研修工作手冊.pdf

第三章 核心素養與領域／科目的課程統整

本書第二章核心素養與領域／科目的課程連貫，指出「核心素養」是十二年國民基本教育課程之核心，各領域／科目皆有共同責任應合作培養「核心素養」。本章「核心素養與領域／科目的課程統整」，則論述核心素養的領域／科目課程統整設計，指出「核心素養」可統整「領域／科目」轉化為「領域／科目核心素養」（area/subject core competencies）與「領域／科目學習重點」（area/subject learning keypoints）（簡稱「學習重點」）（蔡清田、陳伯璋、陳延興、林永豐、盧美貴、李文富、方德隆、陳聖謨、楊俊鴻、高新建、李懿芳、范信賢，2013），且「學習重點」可統整「領域／科目學習內容」（area/subject learning content）（簡稱「學習內容」）與「領域／科目學習表現」（area/subject learning performance）（簡稱「學習表現」）是一種初階的二維（2D）螺旋課程統整設計，而「學習重點」的「學習內容」與「學習表現」可呼應「領域／科目核心素養」更是一種高階的三維（3D）螺旋課程統整設計（蔡清田，2016），彰顯了本書前章所論十二年國教課程改革的核心素養導向課程發展，是一種「以核心素養爲導向的課程改革」。

一、核心素養統整「領域／科目」並轉化成為「領域／科目核心素養」與「領域／科目學習重點」的課程發展

「核心素養」作爲十二年國民基本教育課程發展的主軸，可轉化爲幼兒園、國民小學、國民中學、高級中等教育等「教育階段核心素養」，引導各教育階段「領域／科目核心素養」之連貫與統整（蔡清田，2016），亦即本書第二章所指出「核心素養」可垂直連貫K-12四個關鍵「教育階段」之「領域／科目」，本章則進一步指出「核心素養」可統整「領域／科目」轉化爲「領域／科目課程目標」、「領域／科目核心素養」、「領域／科目學習重點」，進而統整各「學習重點」的「學習內容」與「學習表現」，其流程簡示如下：

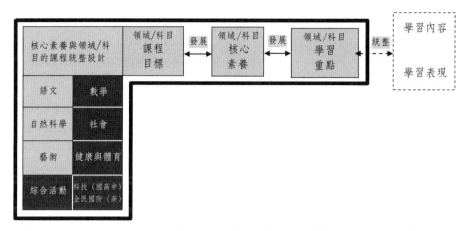

✿圖3.1　核心素養統整「領域／科目」成為課程目標、核心素養、學習
　　　　重點之課程統整設計

修改自K-12各教育階段核心素養與各領域課程統整研究（國家教育研究院委託研究報告）（頁39），蔡清田、洪若烈、陳延興、盧美貴、陳聖謨、方德隆、林永豐、李懿芳，2012，嘉義縣：國立中正大學課程研究所。

　　就「核心素養」統整「領域／科目」而言，核心素養進入幼兒園、國小、國中、高級中等教育階段後，係以九項核心素養為架構，與各學習領域／科目基本理念結合，考量連貫統整之課程設計以建構「領域／科目課程目標」（area/subject curriculum goals）、「領域／科目核心素養」及「領域／科目學習重點」。圖3.1核心素養統整「領域／科目」成為「領域／科目課程目標」、「領域／科目核心素養」、「領域／科目學習重點」之統整課程設計，乃依據《K-12各教育階段核心素養與各領域課程統整研究》（蔡清田、洪若烈、陳延興、盧美貴、陳聖謨、方德隆、林永豐、李懿芳，2012），並結合《十二年國民基本教育課程發展指引草案擬議研究》的核心素養課程轉化，由各「教育階段核心素養」到各「領域／科目核心素養」，環環相扣層層轉化（蔡清田、陳伯璋、陳延興、林永豐、盧美貴、李文富、方德隆、陳聖謨、楊俊鴻、高新建、李懿芳、范信賢，2013）。

　　「核心素養」可統整學科知識、基本能力與核心能力、態度情意，避免過去重知識能力而忽略態度情意的缺失，一方面保留傳統課程綱要優

點，另一方面又注入核心素養新生命力，過去「領域／科目」和「核心素養」兩者分離，現在「領域／科目」和「核心素養」可統整成為嶄新的「領域／科目核心素養」，這是傳統舊課程「脫胎換骨」的升級轉型，說明如次：

(一)各「領域／科目」的課程發展，可彈性保留部分原有基本理念，並彈性調整更新部分課程目標成為「領域／科目課程目標」，彰顯該「領域／科目」的特色。

(二)各「領域／科目」的課程發展，可依據「領域／科目課程目標」並結合各「教育階段核心素養」，研定各「領域／科目核心素養」，並透過相呼應的「學習重點」統整「學習內容」與「學習表現」，引導該領域／科目課程發展、教材開發、教學活動設計與學習評量。

(三)各「領域／科目」的課程發展，或可彈性保留部分原有教材大綱或基本內容，並簡化為「學習重點」之「學習內容」，顧及各「領域／科目」的學科知識及教材大綱的特色，可統整現有教材大綱與基本學習內容，減少過多的教材內容，減輕教師教學負擔與學生學習負擔。

(四)各「領域／科目」的課程發展，或可修正原有「能力指標」或「學習指標」，並簡化為「學習重點」之「學習表現」，或可統整過多的「能力指標」，以減輕教師教學負擔與學生學習負擔。

十二年國民基本教育課程發展，透過「核心素養」促成各教育階段「領域／科目」與「核心素養」的連貫與統整，統整「領域／科目」的知識、能力、態度，發展成為「領域／科目核心素養」、「學習重點」。就核心素養統整「領域／科目」並轉化成為「領域／科目核心素養」、「學習重點」的課程發展而言，圖3.1核心素養統整「領域／科目」成為「領域／科目課程目標」、「領域／科目核心素養」、「領域／科目學習重點」之統整課程設計，最右端之虛線箭頭與虛線框，說明「學習重點」可由「領域／科目核心素養」轉化而來，而且「學習重點」由「學習內容」與「學習表現」雙向組合交織而成，可引導各領域／科目課程發展，呼應所欲達成的核心素養，並進行教材設計、教科書審查及學習評量等，且「學習內容」可彰顯該領域／科目的重要學科知識能力，「學習表現」可彰顯

該領域／科目的認知歷程、技能、情意之學習歷程的重要表現水準。特別是「學習重點」可統整過去的學習指標、能力指標、教材大綱內容，避免過於瑣碎繁雜的缺點，以簡化教材內容、活化教師教學、減輕學生學習負擔（Fortus & Krajcik, 2012）。

二、核心素養在課程綱要的轉化

依據2017年2月23日「十二年國民基本教育領綱研修工作計畫」跨領域小組第13次核心工作會議指出，由於教育部課程審議委員會對十二年國民基本教育核心素養之課程轉化十分關心，特別是《十二年國民基本教育課程綱要總綱》核心素養到各《領域／科目課程綱要》核心素養的連結，各教育階段之層次性之逐步提升與區隔性，《領域／科目課程綱要》核心素養與基本理念、課程目標、學習重點的連結，《領域／科目課程綱要》核心素養之橫向聯繫，如本土語文各科目間的一致性，學習內容與學習表現之區隔等，不易理解，因此以下進一步說明，可提供課審大會委員與相關人士了解。

「核心素養」是指一個人為適應現在生活及未來挑戰，所應具備的知識、能力與態度。「核心素養」承續過去課程綱要的「基本能力」、「核心能力」與「學科知識」，但涵蓋更寬廣和豐富的教育內涵。核心素養的表述可彰顯學習者的主體性，不再只以學科知識作為學習的唯一範疇，而是關照學習者可整合運用於「生活情境」，強調其在生活中能夠實踐力行的特質：十二年國民基本教育之核心素養包括「A自主行動」、「B溝通互動」、「C社會參與」三大面向，以及「A1身心素質與自我精進」、「A2系統思考與解決問題」、「A3規劃執行與創新應變」、「B1符號運用與溝通表達」、「B2科技資訊與媒體素養」、「B3藝術涵養與美感素養」、「C1道德實踐與公民意識」、「C2人際關係與團隊合作」、「C3多元文化與國際理解」九大項目：領域／科目核心素養係指各教育階段核心素養結合各領域／科目理念與目標後，在各領域／科目內的具體展現。

有關《十二年國民基本教育課程綱要總綱》核心素養到各《領域／科

目課程綱要》核心素養的連結，可透過總綱的「核心素養」、「教育階段核心素養」，及各領域／科目綱要的「領域／科目核心素養」、「領域／科目學習重點」來進行轉化與表述；核心素養依照個體身心發展階段各有其具體內涵，依序分為國小、國中及高級中等教育等三個教育階段，在自主行動、溝通互動與社會參與等三大面向循序漸進，進而成為能具備在各面向均衡發展的現代國民；領域／科目核心素養與基本理念、課程目標、學習重點的連結，係指各教育階段核心素養結合各領域／科目理念與目標後，在各領域／科目內的具體展現，其詳細的具體內涵除參考各《領域／科目課程綱要》項次「肆、核心素養」之外，亦可參考各領域／科目課程手冊；各領域／科目核心素養可考量其領域／科目的獨特性或高級中等教育階段學校類型的差異性而加以發展，不必涵蓋核心素養或各教育階段核心素養的所有面向，有關《領域／科目課程綱要》核心素養之橫向聯繫，如本土語文各科目間的一致性，建議閩南語文、客家語文、原住民語文領綱研修小組進行跨科目之橫向聯繫與討論；各領域／科目核心素養可考量其領域／科目的獨特性或高級中等教育階段學校類型的差異性而加以發展，不必涵蓋核心素養或各教育階段核心素養的所有面向，各領綱研修小組宜就各領域／科目的獨特性加以說明其所挑選的核心素養項目。

　　特別是十二年國民基本教育核心素養的課程轉化，係包含從《十二年國民基本教育課程綱要總綱》到各《領域／科目課程綱要》，從《十二年國民基本教育課程綱要總綱》的理念與目標，到各《領域／科目課程綱要》的課程目標、核心素養、學習重點，到教材設計、教學實務及學習評量等各環節，需有效進行課程轉化，以利學生學習經驗與課程目標的達成。「核心素養」在課程綱要的轉化層次，包括了核心素養轉化到各教育階段核心素養、各領域／科目核心素養、學習重點，如圖3.2核心素養在課程綱要的轉化及其與學習重點的呼應關係所示，說明核心素養是可以「分教育階段」與「分領域／科目」進行課程發展；「分教育階段」是指核心素養依序分為幼兒園、國小、國中、高級中等教育等「教育階段」循序漸進；「分領域／科目」是指如「B1符號運用與溝通表達」，此一素養在同一教育階段（如高中U-B1具備精確掌握各類符號表達的能力，以進行經

驗、思想、價值與情意之表達，能以同理心與他人溝通並解決問題）的各
領域／科目各有不同重點，如數學符號、化學符號、音樂符號、語文符號
等不同學科的符號運用表達，因此，分「教育階段」的核心素養，可以再
依該「領域／科目」的學科特色，分「領域／科目」加以敘寫其核心素養
具體內涵。

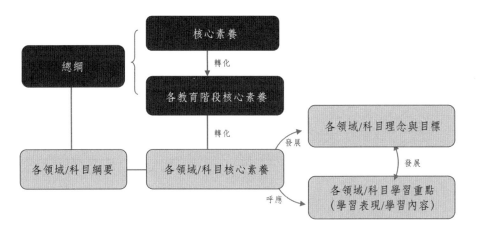

✿圖3.2　核心素養在課程綱要的轉化及其與學習重點的呼應關係

修改自十二年國民基本教育課程發展指引草案擬議研究（國家教育研究院委託研究報
告）（頁8），蔡清田、陳伯璋、陳延興、林永豐、盧美貴、李文富、方德隆、陳聖
謨、楊俊鴻、高新建、李懿芳、范信賢，2013，嘉義縣：國立中正大學課程研究所。

　　「核心素養」的課程轉化並非單向直線演繹而是雙向互動，尤其是特
殊類型教育之各「教育階段核心素養」與各「領域／科目核心素養」的先
後層次可保持彈性，可先考慮「領域／科目」或特殊類型學生學習需求，
再考慮「教育階段核心素養」。就「核心素養」與「領域／科目」的關係
而言，《十二年國民基本教育課程綱要總綱》所強調的「核心素養」，與
上述「領域／科目」的關係是相輔相成的盟友。十二年國教課程重視領域
／科目之理念、目標與學科素養，也強調跨「領域／科目」的「核心素
養」，彼此共同合作以提升學生素養，各「領域／科目課程綱要」領域／
科目專家可依該領域／科目理念目標，挑選可和該領域統整的數項核心素
養，以發展「領域／科目核心素養」，而且「領域／科目核心素養」與該

領域／科目理念目標之間，可彼此雙向互動，彰顯「領域／科目核心素養」與「學習重點」的呼應情形。由圖3.2「核心素養在課程綱要的轉化及與學習重點的呼應關係」，可知「學習重點」主要係由該領域／科目之理念目標與特性內涵發展而來，但應與「領域／科目核心素養」進行呼應。是以「核心素養」、「教育階段核心素養」及「領域／科目核心素養」、「學習重點」的轉化皆可雙向互動彼此呼應，此種課程設計統整了核心素養與領域／科目之關係，更彰顯領域／科目的學科理念特色。

（一）「國民核心素養」，在臺灣簡稱「核心素養」，其定義根據《十二年國民基本教育課程發展指引》與《十二年國民基本教育課程綱要總綱》，係指國民因應現在生活與未來挑戰成為「終身學習者」所需的自主行動、溝通互動、社會參與之「三面」核心素養，及其衍生的身心素質與自我精進、系統思考與解決問題、規劃執行與創新應變、符號運用與溝通表達、科技資訊與媒體素養、藝術涵養與美感素養、道德實踐與公民意識、人際關係與團隊合作、多元文化與國際理解等「九項」核心素養，可加上三面九項編碼，如A1身心素質與自我精進、A2系統思考與解決問題、A3規劃執行與創新應變、B1符號運用與溝通表達、B2科技資訊與媒體素養、B3藝術涵養與美感素養、C1道德實踐與公民意識、C2人際關係與團隊合作、C3多元文化與國際理解。這些是《十二年國民基本教育課程發展指引》的「指引核心素養」與《十二年國民基本教育課程綱要總綱》的「總綱核心素養」重要內涵。

（二）「教育階段核心素養」的定義，根據《十二年國民基本教育課程發展指引》與《十二年國民基本教育課程綱要總綱》，係指國小、國中與高級中等教育階段所對應的「九項」核心素養具體內涵，依各「教育階段」特質加以衍生，並加上教育階段別編碼如「E-A1具備良好的生活習慣，促進身心健全發展，並認識個人特質及發展生命潛能」是「A1身心素質與自我精進」此項核心素養在國民小學（E）「教育階段核心素養」的具體內涵，「J-B1具備運用各類符號表情達意的素養，能以同理心與人溝通互動，並理解數理、美學等基本概念，應用於日常生活中」是「B1符號運用與溝通表達」此項核心素養在國民中學（J）「教育階段核心素養」

的具體內涵；這些也是《十二年國民基本教育課程發展指引》的「指引核心素養」與《十二年國民基本教育課程綱要總綱》的「總綱核心素養」重要內涵，更包括幼兒園教育階段（蔡清田、陳伯璋、陳延興、林永豐、盧美貴、李文富、方德隆、陳聖謨、楊俊鴻、高新建、李懿芳、范信賢，2012），其中K代表6歲的幼兒園階段（kindergarten）、E代表12歲的國民小學教育階段（Elementary school education）、J代表15歲的國民中學教育階段（Juniorhigh school education）、U代表18歲的高級中等學校教育階段（Upper secondary education），例如：E-A2、J-B3、U-C1等，適用於各教育階段的一般共同領域／科目，至於高職（技術型高中）各類型學校專業科目涉及分殊的、進階的專業素養，則可彈性參考上述核心素養。上述三面九項「核心素養」與各「教育階段核心素養」已透過《十二年國民基本教育課程發展指引》與《十二年國民基本教育課程綱要總綱》公布，因此亦稱爲「指引核心素養」或「總綱核心素養」。

　　(三)「領域／科目核心素養」的定義，根據《十二年國民基本教育課程發展指引》與《十二年國民基本教育課程綱要總綱》的核心素養與各「教育階段核心素養」，結合各領域／科目理念與目標後，在各《領域／科目課程綱要》展現的核心素養具體內涵，是以爲落實《十二年國民基本教育課程發展指引》與《十二年國民基本教育課程綱要總綱》之九項核心素養，各領域／科目均可進行設計，在各教育階段培養學生能習得相關項目核心素養，稱爲「領域／科目核心素養」，這是透過《領域／科目課程綱要》加以發展設計，因此又稱爲「領綱核心素養」，這是「6-18歲學生於某「領域／科目」所應具備「重要關鍵必要」且共同的「核心素養」。

1.各領域／科目都是從該領域／科目理念與目標的學科特質去設計適合學生身心發展階段的核心素養，亦即適合該領域科目在12歲、15歲、或18歲等教育階段的核心素養，是以「領域／科目核心素養」敘寫宜分國民小學、國民中學、高級中等學校教育三階段敘寫，視核心素養具體內涵之性質不同，在某特定教育階段呈現，如「數S-U-B3領會數學作爲藝術創作原理或人類感知模型的素養，並願意嘗試運用數學原理協助藝術創作」，是屬於普通型高中的數學核心素養，不宜橫跨國民中學及高級中等教育階

段，以免混淆不同教育階段之教科書設計與校本課程發展以免影響高中會考、大學學測及指考之命題作業。2.「領域／科目核心素養」的數量不宜太多，以「領域」為敘寫原則，強調其「重要關鍵必要」的「核心」精神，因此在各教育階段下之「領域／科目核心素養」不再細分科目。因為核心素養係為各類學校的學生所應培養的「重要關鍵必要」素養。特別是高級中等教育階段之「領域／科目核心素養」不宜區分太細。例如：「數 V-U-B2」是技術型高中數學核心素養，係指：「技術型高中（V）學生，學習三年數學後，所應具備的重要關鍵必要且共同的素養，是技術型高中學生（不管是哪一個職業類科）所應培養的共同要求。」3.「領域／科目核心素養」雖未必等同於各領域／科目的所有素養，但可引導各「學習重點」之課程發展。就核心素養與領域／科目的呼應關係而言，核心素養可引導各「學習重點」的「學習內容」與「學習表現」之課程發展，但各「領域／科目核心素養」可考量其領域／科目的獨特性或高級中等教育階段學校類型的「差異性」，不必全部涵蓋所有九項核心素養，因此，毋需勉強將所有九項核心素養全納入該領域／科目內涵中。

「領域／科目核心素養」的撰寫，應分國小、國中、高級中等教育三階段敘寫，其理由是依據「分教育階段」、「分領域」的基本原則設計核心素養，如同國小、國中、高中等不同教育階段學生，宜依照不同教育階段穿著大中小型號不同的服裝，因此「領域／科目核心素養」在各教育階段「學習重點」不同，如此可進一步引導該領域／科目「學習內容」的垂直連貫與「學習表現」的階段發展，可參考《十二年國民基本教育課程發展指引》（p.15）表3學習重點的雙向細目架構—以國中社會領域、高中歷史科為例；而且國小、國中畢業生與高中畢業生所學到的「領域／科目核心素養」應有層次上的區別，以便能與該領域／科目的學習重點相互呼應，可參考《十二年國民基本教育課程發展指引》（p.16）表4學習重點與領域／科目核心素養的呼應表。換言之，分「教育階段」的「領域／科目核心素養」，一方面可指引「學習內容」依學習階段或年級選擇組織建立1-12年級垂直連貫的學科知識邏輯結構，另一方面可指引學生「學習表現」在認知、技能、情意面向，循序由低階往高階逐步進階學習，建立適

合學生身心發展階段的學習表現與學科知識邏輯結構的學習歷程階梯。

（四）各「領域／科目學習重點」（area/subject learning keypoint）的定義或簡稱「學習重點」（learning keypoint），根據《十二年國民基本教育課程發展指引》與《十二年國民基本教育課程綱要總綱》，「學習重點」係指由該「領域／科目」基本理念、課程目標與核心素養具體內涵發展轉化而來的「學習重點」，其目的在引導建立適合學生身心發展階段的學習表現與學科知識邏輯結構的學習歷程階梯，設計課程目標並進行教材發展、教科書審查及學習評量的規劃，並配合教學加以實踐。而且「學習重點」是由「領域／科目學習內容」（簡稱「學習內容」）與「領域／科目學習表現」（簡稱「學習表現」）兩個向度交織組合而成，「學習表現」與「學習內容」兩者，可以透過編織統整設計整合成為相輔相成「互為表裡」密切關係，成為「學習重點」的一體兩面，可統整「學科知識」與「學科能力」，並可強化各領域／科目內部的連貫性，以減少各學習階段之間不必要的重複（蔡清田、陳伯璋、陳延興、林永豐、盧美貴、李文富、方德隆、陳聖謨、楊俊鴻、高新建、李懿芳、范信賢，2013）。

就學習內容與學習表現之區隔而言，學習內容應聚焦於課程目標中的「內容」項目，性質上接近教材大綱，而學習表現則呈現「非內容」的項目，性質上接近現有的能力指標。簡言之：1.學習表現：學習表現是強調以學習者為中心的概念，學習表現重視認知、情意與技能之學習展現，代表該領域／科目的非「內容」向度，應能具體展現或呼應該領域／科目核心素養。認知向度包括記憶、理解、應用、分析、評鑑、創造等層次；情意向度包括接受、反應、評價、價值組織、價值性格化等層次；技能向度包括感知、準備狀態、引導反應（或模仿）、機械化、複雜的外在反應、調整、獨創等層次。2.學習內容：學習內容需能涵蓋該領域／科目之重要事實、概念、原理原則、技能、態度與後設認知等知識。學習內容是該領域／科目重要的、基礎的內容，學校、地方政府或出版社得依其專業需求與特性，將學習內容做適當的轉化，以發展適當的教材。

換言之，「學習重點」係由領域／科目理念目標與特性發展而來，「學習表現」與「學習內容」兩者，可以透過編織統整設計整合成為相輔

相成「互為表裡」密切關係，可統整「學科知識」與「學科能力」，並與「領域／科目核心素養」進行雙向檢核，以了解彼此呼應情形。「學習重點」展現領域／科目的「學習表現」與「學習內容」具體內涵，能呼應「領域／科目核心素養」。各「學習重點」係由「學習表現」與「學習內容」兩個向度所組成，但如有特殊情形者，得就「學習表現」與「學習內容」結合後呈現並加以說明其原因。如有特殊情形者，係指為因應特殊類型教育、學習階段或領域／科目之特別需要，得就「學習表現」或「學習內容」兩者加以結合後擇一採用。「學習重點」的「功能」在引導該領域／科目課程設計並進行教材發展、教科書審查、教學活動及學習評量等。各領域／科目應結合各「教育階段核心素養」及各領域／科目理念目標，發展該領域／科目核心素養具體內涵，且各「學習重點」應能透過「學習表現」與「學習內容」的綜合運用，將學習重點與領域／科目核心素養的呼應關係具體展現出來；「學習重點」的架構可提供各領域／科目教材設計的彈性，在不同版本教材中，「學習表現」與「學習內容」可有不同的呼應關係，得視不同教育階段或領域／科目的特性，呈現「學習表現」與「學習內容」。學習重點之呈現，可細分國民小學、國民中學、普通型高中必修課程、普通型高中選修課程等類，並得分科敘寫。

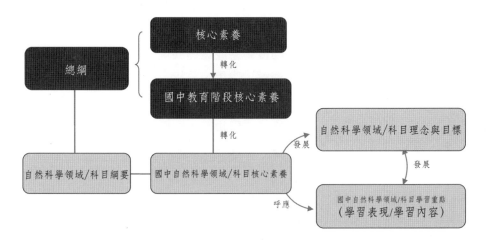

✿圖3.3　核心素養在國中自然科學領域課程綱要的轉化及其與學習重點的呼應關係

　　「學習內容」是該領域／科目重要的內容，也是該領域／科目「核心」的「知識、能力、態度」等有價值的「內容」，需能涵蓋該領域／科目之重要事實、概念、原理原則、技能、態度與後設認知等知識，能呼應領域／科目核心素養的重要、關鍵、必要之特質（蔡清田，2012b），並引導學生透過「學習內容」，學習人類探索生活情境累積的系統知識，並能作為解決問題過程中的重要基礎而展現「學習表現」以達成學習目標，但毋須像傳統教材大綱一樣列出所有教材或內容，以避免教材太多或不當重複或脫節遺漏之缺失。「學習表現」強調以學習者為中心的概念，是指該領域／科目關鍵而重要的「核心」認知、技能、情意等有價值的學習歷程之「表現」，特別是指學習者經歷學習之後，展現出面對生活情境時所需的能力、態度與行動，能展現該領域／科目有關「非內容」（non-content）面向的學習特質，可引導學生學習達成認知、技能、情意之學習目標，能呼應領域／科目核心素養的重要、關鍵、必要之特質（蔡清田，2012b），但毋須像傳統課程綱要一樣列出所有能力指標或學習指標，以避免指標過多流於繁瑣而難以掌握或不當重複之缺失。

　　例如圖3.3核心素養在國中自然科學領域課程綱要的轉化及其與學習重點的呼應關係所示，基於培養國民基本科學素養之理念與課程目標，自然科學領域學習重點涵蓋概念認知、探究能力及科學的態度與本質等三大範疇，各學習階段課程根據者身心發展特質、社會與生活需要等以合適方式將三者整合組織之。「學習表現」呈現「探究能力」與「科學的態度本質」兩個向度之各階段學習者具體表現，在「學習內容」部分呈現各學習階段的具體科學學習內容。自然科學領域課程中「學習表現」與「學習內容」兩者關係至為密切互為表裡：「學習表現」為預期各學習階段面對科學相關議題時展現的探究能力與態度之表現，「學習內容」則展現該學習階段的當前人類對自然世界探索所累積系統科知識，也是作為探究解決問題過程中必要的起點基礎。

　　課程綱要是課程發展原則之政策方針，不宜太過鉅細靡遺，避免約束教科書編寫及學校教師發展課程之彈性空間，因此領域／科目課程綱要僅呈現「學習表現」及「學習內容」二項，「學習重點雙向細目表」不列於

領綱正文，以免限縮教科書編寫的多種發展空間，或可舉例呈現於各「領域／科目課程綱要」的課程說明手冊中，可由教材設計者進一步發展並靈活彈性運用。至於各「領域／科目課程綱要」附錄一的「學習重點與領域／科目核心素養呼應表參考示例」，可作為各領綱檢核「領域／科目核心素養」與「學習重點」之間連結設計的過程工具，以期能落實核心素養之實踐。「學習重點」之課程發展，宜注意兩項設計要點與三個重要設計步驟，包括：1.可先對應參考「EJU三個教育階段」領域／科目核心素養；2.再轉化或研擬「學習重點」之「學習表現」與「學習內容」，可修正原領域／科目課綱的「能力指標」與「基本內容」。三個重要設計步驟包括：1.可先對應參考「EJU三個教育階段」領域／科目核心素養；2.再轉化到國小低、中、高年段及國中、高中「五個學習階段」的「學習表現」加以垂直連貫，可修正「能力指標」轉化為「學習表現」，並將「內容」移到「學習內容」；3.再轉化到1-12年級或五個學習階段的「學習內容」加以垂直連貫，可修正原領域／科目課程綱要的「基本內容」轉化為「學習內容」，並呼應特定教育階段「領域／科目核心素養」。

三、核心素養與「領域／科目課程目標」、「領域／科目核心素養」、「領域／科目學習重點」具有統整呼應關係

「自主行動」、「溝通互動」和「社會參與」等三面向的核心素養，不僅能呼應十二年國民基本教育的「自發」、「互動」和「共好」的基本理念，而且可轉化為各「教育階段核心素養」並結合「領域／科目」理念與目標，再發展出「領域／科目核心素養」與「學習重點」。換言之，從「核心素養」轉化為各「教育階段核心素養」後，可考量不同教育階段領域／科目理念特性，設計「領域／科目課程目標」、「領域／科目核心素養」、「學習重點」其初步統整呼應關係（蔡清田、洪若烈、陳延興、盧美貴、陳聖謨、方德隆、林永豐、李懿芳，2012），如表3.1所示其中空白處，可由各領域／科目學科專家再加持續發展各領域／科目核心素養，本表以各教育階段劃分之領域／科目舉例說明，彰顯核心素養可垂直連貫不

同教育階段之主要領域／科目，而非代表所有領域／科目之規劃。

　　核心素養可透過各領域／科目轉化為「領域／科目課程目標」、「領域／科目核心素養」、「學習重點」，引導領域／科目「學習表現」與「學習內容」的課程設計。特別是透過核心素養統整領域／科目理念與目標成為「領域／科目課程目標」，一方面可參考原「領域／科目」理念與目標，並加上該教育階段核心素養特色，另一方面也可設計全新的「領域／科目課程目標」，將各教育階段核心素養內涵和國、英、數、自、社、藝術、健體等「領域／科目」理念目標，兩者交叉呼應（詳見第二章表2.6至表2.10），並進行統整，由表3.1核心素養與「領域／科目課程目標」、「領域／科目核心素養」、「領域／科目學習重點」的統整呼應關係可見，並非指涉每一領域／科目都需包含所有三面九項核心素養，而是強調核心素養可由各領域／科目共同實踐，彰顯各教育階段均可垂直連貫之核心素養與領域／科目可呼應發展之課程目標、核心素養、學習重點，空白而無數字並非代表該領域／科目並未具備該核心素養，各領域／科目仍可再增加其課程目標、核心素養、學習重點，但數量不宜過多，以合乎「量少質精」的關鍵必要且重要之特質（蔡清田，2012a）。例如表3.2可具體顯示核心素養與十二年國教課程「領域／科目」的初步統整呼應關係。

　　核心素養與各領域／科目不是一對一的僵化關係，而是一對多、多對一、多對多的彈性關係，亦即，同一項核心素養，是可以透過不同領域／科目來培養，每一領域／科目也可包括至少五項的核心素養，每項核心素養也能呼應到至少五個領域／科目，例如「A2系統思考與解決問題」、「B1符號運用與溝通表達」、「C3多元文化與國際理解」等項是所有領域／科目皆涵蓋到的核心素養，此種「領域／科目核心素養」的「星群組合」，如同天空中閃爍的星星，可以組成不同「星群組合」如同具有特定「領域／科目」意涵的學科「星座」（蔡清田，2016），本書稍後第四章會進一步說明。更進一步地「領域／科目核心素養」與「學習重點」也不是一對一關係，也是彈性關係，可呼應多個「學習內容」與「學習表現」，本書稍後會在第五章「學習重點」進一步說明。

✿表3.1 核心素養與「領域／科目課程目標」、「領域／科目核心素養」、「領域／科目學習重點」的初步統整呼應關係示例

國民核心素養 領域／科目		A自主行動			B溝通互動			C社會參與		
		A1 身心素質與自我精進	A2 系統思考與解決問題	A3 規劃執行與創新應變	B1 符號運用與溝通表達	B2 科技資訊與媒體素養	B3 藝術涵養與美感素養	C1 道德實踐與公民意識	C2 人際關係與團隊合作	C3 多元文化與國際理解
數學	目標		✓		✓					
	素養		✓		✓					
	重點		✓		✓					
自然科學	目標		✓	✓						
	素養		✓	✓						
	重點		✓	✓						
藝術	目標	✓					✓			✓
	素養	✓					✓			✓
	重點	✓					✓			✓
國語文	目標				✓				✓	
	素養				✓				✓	
	重點				✓				✓	
英語文	目標				✓					✓
	素養				✓					✓
	重點				✓					✓
社會	目標		✓			✓		✓		✓
	素養		✓			✓		✓		✓
	重點		✓			✓		✓		✓
綜合活動 （高中綜合活動、家政）	目標	✓		✓					✓	
	素養	✓		✓					✓	
	重點	✓		✓					✓	
健康與體育	目標	✓		✓						
	素養	✓		✓						
	重點	✓		✓						

修改自K-12各教育階段核心素養與各領域課程統整研究（國家教育研究院委託研究報告）（頁42），蔡清田、洪若烈、陳延興、盧美貴、陳聖謨、方德隆、林永豐、李懿芳，2012，嘉義縣：國立中正大學課程研究所。

✿表3.2 核心素養與十二年國教課程「領域／科目」的初步統整呼應關係示例

國民核心素養＼領域／科目	A自主行動			B溝通互動			C社會參與		
	A1 身心素質與自我精進	A2 系統思考與解決問題	A3 規劃執行與創新應變	B1 符號運用與溝通表達	B2 科技資訊與媒體素養	B3 藝術涵養與美感素養	C1 道德實踐與公民意識	C2 人際關係與團隊合作	C3 多元文化與國際理解
國語文	✓	✓	✓	✓	✓	✓	✓	✓	✓
英語文	✓	✓		✓	✓			✓	✓
閩南語文	✓	✓		✓	✓	✓	✓	✓	✓
客家語文	✓	✓	✓	✓	✓	✓	✓	✓	✓
原住民族語文	✓	✓	✓	✓	✓	✓	✓		✓
新住民族語文	✓	✓		✓	✓	✓	✓	✓	✓
第二外國語文	✓	✓		✓	✓	✓	✓	✓	✓
數學	0	✓	0	✓	✓	✓	0	0	✓
生活	✓	✓	✓	✓	✓	✓	✓	✓	✓
社會	✓	✓	✓	✓	✓	✓	✓	✓	✓
自然科學	✓	✓	✓	✓	✓	✓	✓	✓	✓
藝術	✓	✓	✓	✓	✓	✓	✓	✓	✓
綜合活動	✓	✓	✓	✓	✓	✓	✓	✓	✓
科技	✓	✓	✓	✓	✓	✓	✓	✓	✓
健康與體育	✓	✓		✓	✓	✓	✓	✓	✓
全民國防	✓	✓	✓	✓	✓		✓	✓	✓

四、核心素養可統整領域／科目成為領域／科目課程目標、領域／科目核心素養、領域／科目學習重點

本書第一章指出十二年國民基本教育，重視各領域／科目課程綱要之「基本理念」、「課程目標」、「核心素養」、「學習重點」彼此之間的緊密連結與連貫統整，特別是《十二年國民基本教育課程綱要總綱》的「核心素養」可垂直連貫「領域／科目」之「領域／科目課程目標」、「領域／科目核心素養」、「學習重點」，其課程統整設計過程，首先乃是根據某「核心素養」的某「教育階段核心素養」，統整「領域／科目」理念與目標成為「領域／科目課程目標」；其次根據某「教育階段核心素養」與某「領域／科目課程目標」，統整該「領域／科目」的認知（知識）、技能（能力）、情意（態度）之特色，成為「領域／科目核心素養」；再根據某「領域／科目核心素養」，統整該「領域／科目」的「學習表現」與「學習內容」成為「學習重點」。

(一)領域／科目課程目標

領域／科目課程目標（curriculum goal）係指學生透過領域／科目學習過程，預期學習後的學習結果。領域／科目課程目標的擬定，宜參考《十二年國民基本教育課程綱要總綱》的基本理念與課程目標如「啓發生命潛能」、「陶養生活知能」、「促進生涯發展」、「涵育公民責任」，並彰顯該領域／科目之理念與目標，以回應十二年國教課程總綱與各領綱的共同性與差異性；尤其是各領域／科目「課程目標」可能差異性頗大，須呼應該領域課程綱要的基本理念與「特性」，如設立的合理性、學科性質、重要內涵等；依據領域／科目之「立論基礎」，如該領域／科目對學習者、學習方式、學習效應的「價值」觀點；展現該領域／科目對全人發展、社會生活的影響作用。例如十二年國民基本教育健康與體育課程，為貼近世界各國教育與時代需求發展趨勢，訂定下列九項課程目標：1.培養學生具備健康生活與體育運動的知識、態度與技能，增進健康與體育的素養；2.養成學生規律運動與健康生活的習慣；3.培養學生健康與體育問題解決及規劃執行的能力；4.培養學生獨立生活的自我照護能力；5.培養學

生思辨與善用健康生活與體育運動的相關資訊、產品和服務的素養；6.建構學生運動與健康的美學欣賞能力及職涯準備所需之素養，豐富休閒生活品質與全人健康；7.培養學生關懷生活、社會與環境的道德意識和公民責任感，營造健康與運動社區；8.培養學生良好人際關係與團隊合作精神；9.發展學生健康與體育相關之文化素養與國際觀（國家教育研究院課程及教學研究中心核心素養工作圈，2015，47）。

1.「領域／科目課程目標」的課程統整要素

各「領域／科目」可彈性保留部分原課綱基本理念，並彈性調整更新部分課程目標成為「領域／科目課程目標」，彰顯該「領域／科目」的特色。各領域／科目「課程目標」的內涵差異性大，但其撰寫方式宜儘量一致，因為課程目標的撰寫應能呼應各領域／科目理念目標的特性，但各領域／科目「課程目標」宜同時兼顧《十二年國民基本教育課程綱要總綱》的「基本理念」、「願景」、「課程目標」、「核心素養」等「共同性」，再研擬各「領域／科目課程目標」。「領域／科目課程目標」的課程統整要素，第一是該領域／科目基本理念與目標特色，第二是《十二年國民基本教育課程綱要總綱》之基本理念與課程目標，第三是課程綱要總綱之「核心素養」。如圖3.4領域／科目課程目標的課程統整三要素所示，這是一種精巧的三維（3D）螺旋課程統整設計。

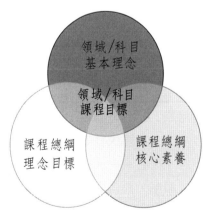

✿圖3.4　領域／科目課程目標的課程統整三要素

　　領域／科目課程目標的敘寫可參考《十二年國民基本教育課程綱要總綱》的課程目標敘寫，以段落敘述為主，條列方式為輔。例如綜合活動領域的「基本理念」秉持「自發」、「互動」及「共好」的理念，以學習者為主體，以多元的生活經驗為重心，引導學生經由體驗、省思、實踐與創新的心智及行為運作歷程，建構內化意義。課程總目標在培養學生具備「價值探索、經驗統整與實踐創新」的能力，以促進自我與生涯發展、實踐生活經營與創新、落實社會與環境關懷的生活實踐能力，達成人與自己、人與社會、人與自然的永續發展，實現社會公平正義，追求至善與幸福的人生。基於上述理念，綜合活動領域的總目標為培養學生具備「價值探索、經驗統整與實踐創新」的能力，綜合活動領域之課程目標如下：(1)促進自我與生涯發展：探索自我觀、人性觀與生命意義，發展自我潛能與自我價值，增進自主學習與強化自我管理，以建立人生觀與人生信念，規劃個人生涯與促進適性發展，進而尊重並珍惜生命，追求幸福人生。(2)實踐生活經營與創新：發展友善的互動知能與態度，建立良好的人際關係；培養團體合作與服務領導的素養，開發及管理各項資源，發揮未來想像，經營與創新生活，並能省思生活美學議題，提升生活品質，展現生活美感。(3)落實社會與環境關懷：辨識社會與環境中的各種挑戰與危機，發展思辨能力與適切的處理策略，尊重多元文化，積極關懷人群與生態，養成公民意識及社會責任感。參與戶外活動，並能與大自然和諧相處，以促進環境永續發展。這些「領域／科目課程目標」，係依據該領域／科目基本理念，彰顯「核心素養」與十二年國教課程總綱之基本理念願景目標，並呼應總綱課程目標與核心素養。

2.領域／科目課程目標的統整設計過程

　　「領域／科目課程目標」的統整歷程，是先根據該領域／科目的「基本理念」及特色，參考《十二年國民基本教育課程綱要總綱》之基本理念及課程目標，再與總綱之「核心素養」進行統整，進而成為某「領域／科目課程目標」，強調該「領域／科目課程目標」在各教育階段之間的垂直連貫與彰顯該「領域／科目」特色。

　　「領域／科目課程目標」的敘寫可參考總綱的課程目標，而且宜呼

應該領域／科目的基本理念特色為主，並可參考十二年國教課程總綱的核心素養。詳細而言，「領域／科目課程目標」，乃是依據特定「領域／科目」之基本理念，統整某些十二年國教課程總綱課程目標與「核心素養」，而成為「領域／科目課程目標」，這屬於某一「領域／科目」的定位，特別是，可依據該教育階段該「領域／科目」之基本理念，一方面與十二年國教課程總綱課程目標和「核心素養」進行課程統整成為該「領域／科目課程目標」，可引導該「領域／科目」各教育階段課程之間的垂直連貫銜接性。例如十二年國民基本教育的數學「基本理念」，指出數學被納入國民基本教育的基礎課程有三個重要的原因：它是一種語言、是一種科學、也是一種文化。而且進入21世紀，數學應用的發展愈發蓬勃，科學、技術、資訊、金融各領域對數理人才的需求，也日益殷切。十二年國民基本教育數學課程配合前述基本理念與未來社會演變，考量個人生涯規劃、社會經濟發展、國際社會參與，希望提供優質的十二年基礎數學課程，為學生日後進入大學、職場與社會做充分的準備。從另一角度看，國民教育的重點在於學習對生涯有用的知識與能力。數學知識雖然本質抽象，卻因此有廣大的應用面向與深刻的應用層級。如何讓學生在不同年齡、不同能力、不同興趣或領域，皆能獲得足以結合理論與應用的數學素養，是國民數學教育的重要目標。因此，數學有下列的課程目標：(1)培養學生的演算能力、抽象能力、推論能力及溝通能力。(2)培養學生運用數學思考問題、分析問題和解決問題的能力。(3)培養學生日常生活應用與學習相關學科所需的數學知能。(4)培養學生欣賞數學內涵中以簡馭繁的精神與結構嚴謹完美的特質。具體來說，數學領域的目標以階段細分，如以國中數學「領域／科目課程目標」為例，第四階段（國中一至三年級）：在數方面，能認識負數與根式之概念與計算，並理解座標表示之意義。在代數方面，要熟悉代數式的運算、解方程式及常用的函數。在幾何方面，要學習三角形及圓的基本性質，認識線對稱與圖形縮放的概念，並學習基本的幾何推理。能理解統計與機率的意義，並認識基本的統計方法。這是定位國中數學領域／科目之課程目標，此一國中數學「領域／科目課程目標」是同時強調數學基本理念、特色及核心素養。「領域／科目課程目標」是

某「領域／科目」的定位目標，是學生透過該教育階段「領域／科目」課程之後，應習得的預期成果，可據此「領域／科目課程目標」指出特定教育階段學生學習獲得某「領域／科目」的知識、能力、態度，具有目標導向的預期學習成果（Dweck & Leggett, 1988），可據此後續發展出「領域／科目核心素養」與「學習重點」。

(二)領域／科目核心素養

「領域／科目核心素養」係指各「教育階段核心素養」具體內涵結合各領域／科目理念與目標後，在各領域／科目展現的核心素養具體內涵。我國首見的「領域／科目核心素養」，如同十二年國民基本教育各「領域／科目」課程發展與設計的DNA（去氧核糖核酸，Deoxyribonucleic Acid之簡稱），是由情境（脈絡）、認知（知識）、技能（能力）及情意（態度）等組合而成的一種具備多元面向的複合構念之學習要素，可以循序漸進加以設計，使十二年國民教育各「領域／科目」發揮個別功能與群體組織的系統統整功能。

「領域／科目核心素養」係依據《十二年國民基本教育課程綱要總綱》與《十二年國民基本教育課程發展指引》的九項核心素養與「教育階段核心素養」，結合各領域／科目之理念與目標後，在各領域／科目展現的核心素養具體內涵。各領域／科目課程綱要可考量其領域／科目的獨特性，或教育階段的個殊性，或學校類型的差異性，而加以發展「領域／科目核心素養」具體內涵，不必涵蓋全部九項核心素養或所有「教育階段核心素養」具體內涵。各領域／科目課程綱要之「肆、核心素養」之標題，是指「領域／科目核心素養」亦即「領域／科目之核心素養」或「領域／科目內的核心素養」，也是「領域／科目呼應展現總綱之核心素養」。

「領域／科目核心素養」具體內涵需能符合《十二年國民基本教育課程綱要總綱》之核心素養，特別是「領域／科目核心素養」需能符合「教育階段核心素養」具體內涵。各「領域／科目核心素養」的編碼，宜依據教育部公布《十二年國民基本教育課程綱要總綱》的核心素養編碼方式處理，亦即E代表12歲的國民小學教育階段（Elementary school education）、J代表15歲的國民中學教育階段（Juniorhigh school education）、U代表18歲的高級中等學校教育階段（Upper secondary education），例如以國小教育階段數學領域核心素養「數-E-B3具備感受藝術作品中的數學形體或式樣的素養」為例，第1碼「數」代表「領域／科目」：是指屬於數學領域；第2碼「E」代表「教育階段」：是指屬於國小階段；第3碼「B3」代表「核心素養項目」：是指屬於「B3藝術涵養與美感素養」的項目。

　　「領域／科目核心素養」係該領域／科目之定位要素，是根據某項「核心素養」某關鍵「教育階段核心素養」，統整某「領域／科目課程目標」後，轉化成為某教育階段某「領域／科目核心素養」，如圖3.6領域／科目核心素養的課程統整三要素所示，這是一種精巧的核心素養轉化之三維（3D）螺旋課程統整設計。「領域／科目核心素養」項目示例之撰寫原則說明如下：1.分國民小學、國民中學、高級中等教育三階段敘寫，其理由是可引導該領域／科目在不同教育階段的垂直連貫；特別是可彰顯國小、國中與高中學生所學到的「領域／科目核心素養」有層次高低的區別，且可視該「領域／科目核心素養」具體內涵之性質不同，只在某教育階段呈現。2.在各教育階段下的各領域／科目之「領域／科目核心素養」總數不宜太多，否則將會失去其「核心」之精神。是以「領域／科目核心素養」採領域方式敘寫，不再細分科目，以免過度繁雜。3.核心素養係為各類學校的學生所應培養的「共同要求」。因此，高中教育階段之核心素養具體內涵，以「必修」範疇為主進行發展規劃。特別是高級中等教育階段之「領域／科目核心素養」不宜區分太細。例如：所謂技術型高中（V）之「數學核心素養」，如「數V-U-B2」係指：「技術型高中（V）這個學習進路的學生，於三年數學的學習歷程後，所應具備的關鍵必要且共同的數學核心素養，是技術型高中學生所應培養的共同要求。」

　　為確立各領域／科目撰寫「領域／科目核心素養」時，能確實對照參考各「教育階段核心素養」具體內涵，因此設計各教育階段「00」領域／科目核心素養具體內涵內部檢核參考表，以利發展「領域／科目核心素養」。各「領域／科目核心素養」可考量該領域／科目的獨特性或學校類型的差異性而加以發展，不必涵蓋各「教育階段核心素養」的所有項目。

　　數學領域核心素養，便是根據數學理念特色與課程目標，並且參考
《十二年國民基本教育課程綱要總綱》的九項核心素養與「教育階段核心
素養」，透過數學領綱研修小組及核心素養工作圈進行對話，並提供建議
如納入「C2人際關係與團隊合作」引導學生進行合作學習等，加以統整發
展成爲國小、國中、高中三個教育階段數學領域核心素養具體內涵初稿。
一開始進行課程統整設計雖將某「核心素養」與某教育階段核心素養融入
某「領域／科目課程目標」與某「領域／科目核心素養」，可能「領域
／科目核心素養」的「領域／科目」特色尚不明顯，此時可再將各條「領
域／科目核心素養」用詞再次與該「領域／科目課程目標」進行檢核，特
別強調加入「領域／科目」名稱如數學、自然科學、藝術等名稱以彰顯該
「領域／科目」特色，特別重視該「領域／科目課程目標」所強調要培養
的認知（知識）、技能（能力）及情意（態度），其後就能彰顯該「領域
／科目核心素養」之特色。特別是「領域／科目核心素養」的「關鍵動
詞」可取自「核心素養」與關鍵教育階段核心素養如規劃、執行、溝通、
表達、創新、合作，「關鍵內容」則可從「領域／科目課程目標」的認知
（知識）、技能（能力）及情意（態度）之學習內容而來，如此可將「核
心素養」與「領域／科目課程目標」統整成爲「領域／科目核心素養」！
依據「領域／科目課程目標」並結合「教育階段核心素養」研定「領域／
科目核心素養」，並透過呼應的「學習重點」統整「學習內容」與「學習
表現」，引導該領域／科目課程發展，進行教材開發、教學活動設計與學
習評量。本書稍後第四章「領域／科目核心素養」將進一步闡述。

(三)領域／科目學習重點

　　各領域／科目課程綱要均依據其領域／科目基本理念、課程目標及
「領域／科目核心素養」，進一步發展該「領域／科目學習重點」（area/
subject learning keypoint），簡稱「學習重點」（learning keypoint），此
一名詞首見於我國，係該「領域／科目」之定位學習要素。「學習重點」
係指由該領域／科目基本理念、課程目標與核心素養發展轉化而來，而且
「學習重點」是由「領域／科目學習內容」（簡稱「學習內容」）與「領

✿表3.3 各教育階段與（數學）領域／科目核心素養具體內涵內部檢核參考表（初稿）

核心素養面向	核心素養項目	項目說明	核心素養具體內涵		
			E 國民小學學校教育（12）階段（數學）領域核心素養項目	J 國民中學學校教育（15）階段（數學）領域核心素養項目	U 高級中等學校教育（18）階段（數學）領域核心素養項目
A 自主行動	A1 身心素質與自我精進	具備身心健全發展的素質，擁有合宜的人性觀與自我觀，同時透過選擇、分析與運用新知，有效規劃生涯發展，探尋生命意義，並不斷自我精進，追求至善。	E-A1具備良好的生活習慣，促進身心健全發展，並認識個人特質，發展生命潛能。	J-A1具備良好的身心發展知能與態度，並展現自我潛能、探索人性、自我價值與生命意義、積極實踐。	U-A1提升各項身心健全發展素質，發展個人潛能，探索自我觀，肯定自我價值，有效規劃生涯，並透過自我精進與超越，追求至善與幸福人生。
			各領域填入	各領域填入	各領域填入
	A2 系統思考與解決問題	具備問題理解、思辨分析、推理批判的系統思考與後設思考素養，並能行動與反思，以有效處理及解決生活、生命問題。	E-A2具備探索問題的思考能力，並透過體驗與實踐處理日常生活問題。	J-A2具備理解情境全貌，並做獨立思考與分析的知能，運用適當的策略處理解決生活及生命議題。	U-A2具備系統思考、分析與探索的素養，深化後設思考，並積極面對挑戰以解決人生的各種問題。
			數-E-A2 能執行基本的算術操作，能指認基本的形體與相對關係，並在日常生活的情境中，用數學表述與解決問題。 （宜考量國小與國中學生知能上的差異，適切區分「用數學表述與解決問題」的程度及其用詞）。	數-J-A2 能執行基本的有理數、根式、平面座標系之操作，能以符號代表數或幾何物件，執行基本的運算與推論，並在生活情境或可理解的想像情境中，用數學表述與解決問題。 （大都國中生已具備形式運思能力，宜考量使用「操作」一詞的適切性。）	數-S-A2 認識以數學模型解決現實問題的基本模式，知道建立數學模型的基本工具，並能用以解決典型問題。知道數學在觀察歸納之後還須演繹證明的思維特徵，認識此思維的價值。 （宜考慮使用認知領域較高層次的動詞。）

				E-A3具備擬定計畫與實作的能力，並以創新思考方式，因應日常生活情境。	J-A3具備善用資源以擬定計畫，有效執行，並發揮主動學習與創新求變的素養。	U-A3具備規劃、實踐與檢討反省的素養，並以創新的態度與作為因應新的情境或問題。
		A3 規劃執行 與 創新應變	具備規劃及執行計畫的能力，並試探與發展多元專業知能、充實生活經驗，發揮創新精神，以因應社會變遷、增進個人的彈性適應力。	各領域填入	各領域填入	各領域填入
B 溝通互動	B1 符號運用 與 溝通表達		具備理解及使用語言、文字、數理、肢體及藝術等各種符號進行表達、溝通及互動，並能了解與同理他人，應用在日常生活及工作上。	E-B1具備「聽、說、讀、寫、作」的基本語文素養，並具有生活所需的基礎數理、肢體及藝術等符號知能，能以同理心應用在生活與人際溝通。	J-B1具備運用各類符號表情達意的素養，能以同理心與人溝通互動，並理解數理、美學等基本概念，應用於日常生活中。	U-B1具備掌握各類符號表達的能力，以進行經驗、思想、價值與情意之表達，能以同理心與他人溝通並解決問題。
				數-E-B1 能熟練地在日常語言與數字、算術符號之間轉換，認識日常使用之度量衡時間並熟練地操作，認識日常經驗中的幾何形體，能以符號表示公式。 （「度量衡時間」是否須加「及」字。 最後一句的內涵是否為「具備以符號及公式表達日常經驗中幾何形體的知能」或「能以符號及公式，表達日常經驗中的幾何形體」？）	數-J-B1 能熟練地操作代數式，認識數量或幾何中的數學關係，並用以描述情境中的現象。在經驗範圍內，以數學語言表述平面與空間的基本關係和性質。理解生活中的不確定性，並以基本的統計量與機率描述其程度。 （最後的內涵是否為：「能以基本統計量與機率，描述生活中不確定性的程度」？）	數-S-B1 知道描述狀態、關係、運算的數學符號，認識這些符號與日常語言的輔成價值；能根據此符號執行操作程序，能用以陳述情境中的問題，並能用以呈現數學操作或推論的過程。

				J-B2具備善用科技、資訊與媒體以增進學習的素養，並察覺、思辨人與科技、資訊、媒體的互動關係。	U-B2具備適當運用科技、資訊與媒體之素養，進行各類媒體識讀與批判，並能反思科技、資訊與媒體倫理的議題。
	B2 科技資訊 與 媒體素養	具備善用科技、資訊與各類媒體之能力，培養相關倫理及媒體識讀的素養，俾能分析、思辨、批判人與科技、資訊及媒體之關係。	E-B2具備科技與資訊應用的基本素養，並理解各類媒體內容的意義與影響。		
			各領域填入	數-J-B2 知道計算器的數學運算功能，知道其適用性與限制，認識其與數學知識的輔成價值，並能用以執行數學程序。 （國中及高中階段的程度，宜有所差異。）	數-S-B2 知道計算器或計算機軟體的數學運算功能，知道其適用性與限制，認識其與數學知識的輔成價值，並能用以執行數學程序。
	B3 藝術涵養 與 美感素養	具備藝術感知、創作與鑑賞能力，體會藝術文化之美，透過生活美學的省思，豐富美感體驗，培養對美善的人事物，進行賞析、建構與分享的態度與能力。	E-B3具備藝術創作與欣賞的基本素養，促進多元感官的發展，培養生活環境中的美感體驗。	J-B3具備藝術展演的一般知能及表現能力，欣賞各種藝術的風格和價值，並了解美感的特質、認知與表現方式，增進生活的豐富性與美感體驗。	U-B3具備藝術感知、欣賞、創作與鑑賞的能力，體會藝術創作與社會、歷史、文化之間的互動關係，透過生活美學的涵養，對美善的人事物，進行賞析、建構與分享。
			數-E-B3 在適當的課題與時機，能辨認藝術作品中的數學形體或式樣。 （具備感受藝術作品中的數學形體或式樣的素養）	數-J-B3 在適當的課題與時機，能辨認藝術作品中的幾何形體或數量關係。 （數學的模式及圖形是否具有美的成分？如帕斯卡三角形，能否運用數學原理進行藝術創作？）	數-S-B3 在適當的課題與時機，知道數學作為藝術創作原理或人類感知模型的範例。

C社會參與	C1 道德實踐 與 公民意識	具備道德實踐的素養，從個人小我到社會公民，循序漸進，養成社會責任感及公民意識，主動關注公共議題並積極參與社會活動，關懷自然生態與人類永續發展，而展現知善、樂善與行善的品德。	E-C1具備個人生活道德的知識與是非判斷的能力，理解並遵守社會道德規範，培養公民意識，關懷生態環境。	J-C1培養道德思辨與實踐能力，具備民主素養、法治觀念與環境意識，並主動參與公益團體活動，關懷生命倫理議題與生態環境。	U-C1具備對道德課題與公共議題的思考與對話素養，培養良好品德、公民意識與社會責任，主動參與環境保育與社會公共事務。
			各領域填入	各領域填入	各領域填入
	C2 人際關係 與 團隊合作	具備友善的人際情懷及與他人建立良好的互動關係，並發展與人溝通協調、包容異己、社會參與及服務等團隊合作的素養。	E-C2具備理解他人感受，樂於與人互動，並與團隊成員合作之素養。	J-C2具備利他與合群的知能與態度，並培育相互合作及與人和諧互動的素養。	U-C2發展適切的人際互動關係，並展現包容異己、溝通協調及團隊合作的精神與行動。
			請問是否需要分享解題的過程？是否需要合作以解決日常問題？是否需要分享前述的過程及結果？		
	C3 多元文化 與 國際理解	具備自我文化認同的信念，並尊重與欣賞多元文化，積極關心全球議題及國際情勢，且能順應時代脈動與社會需要，發展國際理解、多元文化價值觀與世界和平的胸懷。	E-C3具備理解與關心本土與國際事務的素養，並認識與包容文化的多元性。	J-C3具備敏察和接納多元文化的涵養，關心本土與國際事務，並尊重與欣賞差異。	U-C3在堅定自我文化價值的同時，又能尊重欣賞多元文化，具備國際化視野，並主動關心全球議題或國際情勢，具備國際移動力。
			數-E-C3 在適當的課題與時機，知道其他文化或語言的數學表徵，並與自己的語言文化比較。	數-J-C3 在適當的課題與時機，知道數學發展的全球性歷史與地理背景。	數-S-C3 在適當的課題與時機，知道數學觀念或工具跨文化傳承的歷史與地理背景，以及它促成技術發展或文化差異的範例。

域／科目學習表現」（簡稱「學習表現」）兩個向度交織組合爲「學習重點」的「學習內容」與「學習表現」，可強化各領域／科目內部的連貫性，可引導校本課程發展與教材設計。

「領域／科目學習重點」乃參考某「領域／科目核心素養」並統整該「領域／科目」學科特質所欲培養的認知（知識）、技能（能力）及情意（態度）之「學習內容」與「學習表現」，統整成爲「學習重點」，指示某「領域／科目核心素養」在某一學習領域內應有的「學習內容」與「學習表現」之陳述，可統整「知識認知」與「認知歷程」之雙向層面（蔡清田、陳伯璋、陳延興、林永豐、盧美貴、李文富、方德隆、陳聖謨、楊俊鴻、高新建、李懿芳、范信賢，2013），可統整過去各領域／科目課綱的「學科知識」和「學科能力」兩個面向，展現Dweck與Leggett（1988）強調的「學習目標」和「表現目標」，呼應了內容標準、表現標準（CCSSI, 2013a; 2013b; NGA Center & CCSSO, 2010a, 2010b; NGA, 2012），符合Tyler（1949）、Bloom（1956）對教育目標的基本理念，也符合Anderson & Krathwohl（2001）新版教育目標的分類，可引導課程設計、教材發展、教科書審查及學習評量等，並配合教學加以實踐。例如「藝術領域」學習重點係由藝術領域理念、目標與核心素養發展而來；由「學習表現」與「學習內容」兩個向度組成，用以引導課程設計、教材發展、教科書審查與學習評量等。

我國首見的「領域／科目學習重點」，如同「領域／科目核心素養」，可以循序漸進加以設計，使十二年國民教育各「領域／科目」發揮個別功能與群體組織的系統統整功能。「學習重點」具有統整「學習內容」與「學習表現」之功能，呼應「學習目標」和「表現目標」，也呼應「內容標準」與「表現標準」，並且可統整「學科知識」與「學科能力」，如同DNA能貫串人體內部各種器官與組織系統的每一種領域細胞，並使各種組織發揮其統整組織功能（蔡清田，2011a，2011b）；特別是領域／科目的課程設計牽涉到「領域／科目」的「學習內容」及「學習表現」等雙向交叉統整設計的二維（2D）螺旋，又涉及到「學習內容」及「學習表現」呼應「領域／科目核心素養」的三維（3D）螺旋課程統整設

計之核心素養高階課程設計，必須透過長期培育，並統整「學習內容」與「學習表現」方能發揮培育核心素養之功能，說明如次：

1.學習內容

「學習內容」是指學習的「內容」面向，是指要學習「什麼」（what）「內容」（content），包括該領域／科目之重要事實知識、概念知識、程序知識、後設認知知識、能力與態度，「學習內容」是該領域／科目重要的內容，學校、地方政府或出版社得依其專業需求與特性，將學習內容做適當的轉化，以發展適當的教材。各「領域／科目」課程綱要的設計，可彈性保留部分原有教材大綱或基本內容，並調整為「學習重點」之「學習內容」，顧及各「領域／科目」的特定學科知識及教材大綱的特色，可統整現有教材大綱與基本學習內容，減少過多的教材內容，減輕教師教學負擔與學生學習負擔。

特別是「學習內容」包含了該領域／科目之重要知識、能力與態度動機價值等。特別是「後設認知」（Metacognition）即「認知的認知」（cognition of cognition），是個人對認知活動的理解、意識與監控的歷程（Flavell, 1967），陳李綱也認為「後設認知」是指個人對自己的認知歷程能夠掌握、控制、支配、監督與評鑑的一種知識；「後設認知」是在已有知識之後為了指揮、運用、監督既有知識而衍生的認知知識。簡言之，就是對自己的認知過程如記憶、理解、應用、分析、評鑑、創造等各項認知的思考。「後設認知」可分為「後設認知知識」及「後設認知經驗」兩部分：「後設認知知識」（Metacognitive knowledge）是指對一般認知策略、自己認知之察覺和自己認知加以認識的知識，意即在認知的過程（processes）中所獲得的知識（acquired knowledge），也是可用於控制認知過程的知識；「後設認知經驗」則是由後設認知知識所產生經驗的「後設認知規則」。

就「學習內容」的意義與界定而言，「學習內容」主要包括認知歷程中的知識向度，其中又可細分四種類型：事實知識、概念知識、程序知識、後設認知知識；此外「學習內容」還包括了能力態度價值的重要內容，例如：(1)社會領域能力指標「6-2-2舉例說明兒童權、學習權、隱私權

及環境權與自己的關係」，其中的兒童權、學習權等，都是「學習內容」的概念。(2)數學領域能力指標「N-2-22能理解正方形和長方形的面積與周長公式。（S-2-08）」其中的正方形、長方形、面積、周長等也都是「學習內容」的概念。(3)健體領域能力指標「4-1-5透過童玩、民俗等身體活動，了解本土文化」，其中的童玩、民俗等身體活動指的是內容。又如「5-2-5探討不同運動情境中的傷害預防及其處理」其中的不同運動情境中的傷害，乃是「學習內容」的概念。至於整體領域學習內容架構，建議可依照領域特性（如綜合活動領域）評估後，置放於領綱的學習重點前做整體說明，或另於領綱完成後啓動的領綱說明手冊中呈現。

「領域／科目學習內容」相當具有特色，首先「學習內容」是依據「領域／科目課程目標」與「領域／科目核心素養」發展而來；其次「學習內容」非常強烈聚焦於該「領域／科目」學習重點的內容面向；其三「學習內容」非常具有連貫性，可以跨越年級與階段的方式進行領域／科目課程設計；其四「學習內容」非常嚴謹可與各「教育階段」、「學習階段」的學習重點的「學習內容」進行緊密連結；其五「學習內容」可以涵蓋該領域／科目之重要概念、範疇與原理原則。因此，學習內容不應被窄化爲事實知識，尤其是記憶性的知識，而是包括事實知識、概念知識、程序知識、後設認知知識、能力與態度價值等。「學習內容」指出該學習重點的知識、能力、態度價值等核心關鍵之「學習內容」，毋須像傳統的教材大綱一樣列出所有的教學材料，可避免教材太多或不當重複或脫節遺漏。「學習內容」的規劃不見得要把所有領域科目節數全部塞滿，領域／科目課綱研修小組應該只是列出該領域／科目的重要內容，其他學習內容則可由授課教師根據課程設計專業彈性加以選擇組織。各領域／科目的「學習內容」，可由領域／科目課綱研修小組依據領域／科目性質分爲幾個主題軸（Strands）（如聽、說、讀、寫或幾何、代數、機率、統計等內容主題），彈性依年級適切（grade-appropriate）或學習階段適切（learning stage-appropriate）的方式進行敘寫（NGA Center & CCSSO, 2010a; 2010b），可依照年級或學習階段區分，依序爲1至12個年級或分爲 I.國小低年級、II.國小中年級、III.國小高年級、IV.國中階段、V.高級中等

教育等學習階段，並依據「年級階梯」（learninggrade-by-grade staircase）或「學習階段階梯」（learningstage -by- stage staircase）透過「學習內容」的數量（quanity）與品質（quality）之逐漸增加（例如數量由10%-30%-50%-70%-90%）與陸續提升（例如知識由事實知識、概念知識、程序知識、後設認知知識）其「學習內容之複雜度」（learning content complexity），可建構垂直連貫的「學習內容」課程地圖，如同《十二年國民基本教育課程發展建議書》指出可建立清楚明確跨不同「教育階段」、「學習階段」、「學年」、「學期」等學習進程的重要性，藉以改善兒童、青少年與青年學生學習經驗的繼續性及連貫性與統整性，提供學習者一系列精確、連貫而共同的學習內容，不管是存在於學習領域／科目當中或是跨越不同學習領域／科目的內容，這些「學習內容」都可提供連貫性與統整性的銜接，透過建立課程的連貫與統整原則，提供兒童與青少年「無縫的教育旅程」，以利不同教育階段學習經驗的連貫與統整，有利於統合幼兒園到中小學學校教育目標，在課程綱要的制定、各領域／科目／群科內容的發展、教科書的編寫等層次，均能達成十二年連貫的目標與理想，甚至可透過編碼系統循序漸進的界定「學習內容」的垂直連貫與水平統整之關聯與定位，可促進學習的循序漸進。

「學習內容」類似過去的基本內容，是該領域／科目內某一「學年」或「學習階段」才可能學會的上限「難度內容」，學生在該「學年」（如七年級）或「學習階段」（如第四學習階段）才可能學會的「難度內容」，難以有效提前一個「學年」（如六年級）或「學習階段」（如第三學習階段）進行學習，因此各「學習內容」，宜依「學年」或「學習階段」進行規劃設計。「學習內容」應考量學生循序漸進的學習難度，若學生程度已達可學習該難度內容，但因節數有限之時應將此項「難度內容」往後規劃於下一個「學年」或「學習階段」進行教學，而非提前一個「學年」或「學習階段」，學習內容不能超越次第，難度應循序漸進設計，此即《禮記·學記》所謂「學不躐等也」。

各領域／科目「學習內容」，可視領域／科目性質，彈性依年級或學習階段的方式進行敘寫。第1碼為「內容主題」，依各階段各領域／科目

的性質，將內容進行主題的歸類區分，內容主題可以採取大寫英文字母編號，例：N、S、A、D、C等；若內容主題下含有若干的次項目，可以增加小寫英文以進行編號，第2碼為年級（學習階段）別，依年級區分，依序為1至12個年級，以阿拉伯數字1-12表示之；或依學習階段區分，依序為I.國小低年級、II.國小中年級、III.國小高年級、IV.國中階段、V.高級中等教育等學習階段，第3碼為流水號。以國小階段數學領域「S-III-4平面圖形的線對稱關係」為例，第1碼「S」表示是屬於第二個內容主題；第2碼「III」表示是國小高年級；第3碼「4」為流水號。本書稍後第五章學習重點的學習內容將進一步闡述。

2.學習表現

「領域／科目學習表現」是指學習的過程與結果之「表現」（performance）的「類型」（type）或「種類」（category），「學習表現」是強調以學習者為中心的概念，重視學習的認知歷程、情意與技能之學習展現，代表該領域／科目的「非內容」（non-content）向度，強調學生「如何表現」該領域／科目所學內容之後的表現，以呼應該「領域／科目核心素養」。認知歷程向度包括記憶、理解、應用、分析、評鑑、創造等層次；情意向度包括接受、反應、評價、價值組織、價值性格化等層次；技能向度包括感知、準備狀態、引導反應（或模仿）、機械化、複雜的外在反應、調整、獨創等層次，這些學習表現包含了培養學生所能展現的認知思考知能、情意態度及過程技能，以及過去高中職課程綱要的「核心能力」與國中小九年一貫課程綱要能力指標中的「能力」。

各「領域／科目」課程綱要的設計，可修正部分原有「能力指標」或「學習指標」，並調整成為「學習表現」，可統整「能力指標」並減少其數量，以減輕教師教學負擔與學生學習負擔。一條「學習表現」最好以一個重要概念的表現為主（如原住民語文1-III-2能主動回應說話者的情緒），不宜同時涵蓋太多複雜概念（如原住民語文1-III-2能在聆聽過程中感受說話者的情緒，並思考其遭遇到的問題），以免造成兩個概念的混淆而不易進行學習表現之評量。「學習表現」代表該「領域／科目」的「非內容」向度，可以參考該領域／科目「學習內容」並進一步結合「具體動

詞」以明確指出學生學習表現的「階梯水準」。「學習表現」之動詞使用，應能展現核心素養導向的精神，例如：探索、實作、歷程、情境應用等高層次的學習表現。

　　「學習表現」應能呼應核心素養，並展現學生在該「學習重點」的學習成就，並可具體展現其在該「學習重點」的認知、情意與技能向度之學習成就，如是否學到該單元的學科知識能力、養成良好學習動機、積極學習態度等預期之學習成果（Posner & Rudnitsky, 2001）。「學習重點」的「學習表現」之設計，可使各領域／科目課綱研修小組、學校教師與教科書設計者，依據熟悉的學科能力之關鍵學習表現，依據「學習階段」的先後順序進行選擇組織排列設計，可以依照學習階段循序漸進加深加廣（Jacobs, 2010），提升學科素養，合乎發展任務階段論的學理，便可進行各學習階段學科能力之垂直連貫課程設計，有助於規劃各領域課程的連貫與統整（蔡清田，2008a），設計無縫的課程（Drake, 2007），一方面可以達成各學習階段學科能力連貫體系之建構，以收課程連貫與統整之效，另一方面依照「內容」與「歷程」區分的原則，則「學習表現」當中，比較涉及內容的部分，都可以移到內容的「學習內容」，如此也可減少「學習表現」的數量，特別是努力合理控制「學習表現」之數量不致太多，以避免過去能力指標過於繁瑣之現象。

　　就「學習表現」與「能力指標」的差異而言，過去中小學課程綱要主要以「教材大綱」為內涵，列舉的是教學內容，就是教師上課要講的單元或教材；相對地，國民中小學九年一貫課程則提出「能力指標」的概念，列出學生所要達到的能力水準，而教材內容只是培養學生具有此一能力水準的媒介。簡言之，「能力指標」強調的是給學生一條魚，不如給他一支釣竿。過去國民中小學九年一貫課程重視的是透過課程培養的能力水準，所以訂定了「能力指標」，而不規範「教材內容」，希望給教師更大的教學專業彈性以協助學生達到「能力指標」。不過，國民中小學九年一貫課綱各領域中能力指標之表述，卻往往不只是能力的概念，而是包含了認知、技能、情意面向。此外，許多領域課綱中的能力指標也包含了「內容」的概念，例如：社會領域能力指標中的九大主題軸／基本內容、數學

領域中五大主題等，都是一種「內容」的概念，而非「能力」的概念，甚至將兩者混爲一談，十二年國民基本教育課程綱要則希望能進一步加以區分爲「學習內容」與「學習表現」。十二年國民基本教育課程綱要總綱則是以「學習重點」來表述各領域科目之內涵，納入上述「學習內容」與「學習表現」兩個概念。

各領域／科目的「學習表現」宜具體展現該學習的重要歷程（important process）與精熟表現水準（proficiency level）（NGA Center & CCSSO, 2010a; 2010b），並可依學習階段進行敘寫，依據「學習階段階梯」（learning stage -by- stage staircase）透過「學習表現」的數量與品質之逐漸增加（如數量由10%-30%-50%-70%-90%）與陸續提升（如認知由記憶、理解、應用、分析、評鑑、創造，技能由感知、準備狀態、機械化、複雜的外在反應、適應、獨創，情意由接受、反應、評價、重組、價值觀或品格陶冶）其「學習表現之複雜度」（learning performance complexity）或「表現水準之複雜度」（performance level complexity），並可進一步設計學習評量的得分等級以判斷其表現水準，例如得分等級在第4級水準者，爲「完全掌握」（complete command）該學期、學年、學習階段、教育階段所需之認知、技能與情意；得分等級爲第3級者，爲「充分掌握」（sufficient command）該「教育階段」、「學習階段」、「學年」、「學期」所需之認知、技能與情意；得分等級爲第2級及第1級的學生，分別爲「部分掌握」（partial command）「極少掌握」（minimal command）該學期、學年、學習階段、教育階段所需之認知、技能與情意。甚至「學習表現」可透過編碼系統循序漸進地界定「學習表現」的垂直連貫與水平統整之關聯與定位。值得注意的是，並不是所有項目的學習表現，都需要去呼應「領域／科目核心素養」，而是將呼應「領域／科目核心素養」的「學習表現」的項目列出來，以表示領域／科目核心素養是可透過這些學習表現來加以落實。

「學習表現」類似過去能力指標之非內容部分，是該領域／科目內某一「學習階段」最基本應達到下限的「最低標準」，學生必須達到該「學習階段」（如第三學習階段）下限的「最低標準」，方能有效進行下

一個「學習階段」（如第四學習階段）的學習，因此各領域／科目的學習表現，依學習階段進行規劃，學習應循序漸進不能超越次第，此亦即《禮記‧學記》所謂「學不躐等也」；學習階段的劃分方式如下：國小一至二年級爲第一學習階段、三至四年級爲第二學習階段、五至六年級爲第三學習階段、國中一至三年級爲第四學習階段、高級中等教育一至三年級爲第五學習階段。學習表現可加以編碼：第1碼爲「表現類別」，依性質或內涵，分爲數個範疇，依序以數字編號；第2碼爲學習階段別，依序爲I.國小低年級、II.國小中年級、III.國小高年級、IV.國中階段、V.高級中等教育階段；第3碼爲流水號。本書第五章「學習重點」將進一步闡述。

3.「領域／科目學習重點」、「學習表現」與「學習內容」都是「領域／科目」的課程設計概念。但其中「學習重點」是上位的概念，「學習表現」與「學習內容」是下位的概念。「學習重點」的「學習表現」與「學習內容」包含「歷程」與「內容」兩個面向，符合對認知概念的分類，提供教師具體設計的課程元素，也可以兼顧課程設計中的「目標模式」與「歷程模式」（Jacobs, 2010; Drake, 2007），前者比較適合對課程「學習內容」的強調，後者則重視學生在學習歷程的「學習表現」（林永豐，2017），「學習表現」與「學習內容」兩者宜與「領域／科目核心素養」相呼應，亦即「領域／科目核心素養」能引導「學習重點」的建構，「學習重點」雖不必完全呼應「領域／科目核心素養」（蔡清田、陳伯璋、陳延興、林永豐、盧美貴、李文富、方德隆、陳聖謨、楊俊鴻、高新建、李懿芳、范信賢，2013），但「學習表現」或「學習內容」應能與該「領域／科目核心素養」相呼應。

值得注意的是，在領域／科目課程綱要中，「學習內容」與「學習表現」哪一項應先呈現呢？一般人往往認爲「學習內容」就是學習的材料，而「學習表現」則是學習的成果，所以應該先有材料的「學習內容」，再有成果的「學習表現」，因此，似乎應先呈現「學習內容」，再呈現「學習表現」。不過，十二年國民基本教育課程綱要的「學習內容」與「學習表現」，並非材料與目的的關係，兩者都是「學習重點」內涵，而且要互相呼應，都是課程目標與學習經驗的重要來源，同等重要，並無孰先孰後

之優先順序問題。以「語文領域」為例，學習內容是教材大綱，如民間故事、鄉土民謠、臺灣史地介紹；學習表現就是能力指標，如聽、說、讀、寫等。當教師教學習內容時，一定涉及某一項或多項能力；反過來說，當教師教聽、說、讀、寫這些能力時，一定也會利用某些教材內容。所以「學習內容」與「學習表現」是同等重要的（這就是雙向細目表的概念）。若以「藝術領域」為例，教師可以列出學習內容是：兒歌、民謠、世界歌曲；而學習表現則是聆聽、演唱、賞析、創作。在這個例子中，當教師教兒歌時，教師可能比較著重培養學生聆聽或演唱的能力表現，而當教師教民謠時，或許會比較強調演唱與創作；到了教世界歌曲時，則著重賞析與創作。可見，「學習內容」與「學習表現」是要互相搭配。因此，就「學習重點」的雙向細目表的架構而言，「學習內容」與「學習表現」兩個向度都是重要的，並無固定先後。作者將會在本書第四章「領域／科目核心素養」統整設計與第五章「領域／科目學習重點」課程統整設計進一步闡述。

　　「領域／科目核心素養」與「學習重點」的課程發展流程如下：

　　(1)確認領域／科目的「基本理念」：參考《十二年國民基本教育課程綱要總綱》的基本理念，結合該領域／科目特性以發展領域／科目的基本理念。

　　(2)發展「領域／科目課程目標」：考量從1到12年級就該領域／科目所要達成的目標，係根據該領域／科目理念及特性加以訂定。可參考《十二年國民基本教育課程綱要總綱》課程目標。課程目標在領綱中的位階高於該「領域／科目核心素養」，故敘寫的內容以該領域／科目的理念與目標為主，不受限於三面九項核心素養。

　　(3)確認「領域／科目核心素養」項目：每一階段中的科目（如高中數學）可以先檢核《十二年國民基本教育課程綱要總綱》九項核心素養，看看與哪幾項核心素養有關？需考量該領域／科目的目標可呼應一或多個核心素養。每一領域／科目需要呼應幾項核心素養，應由該領域／科目的學習重點來判定。例如：若高中英語足以培養「C3多元文化與國際理解」，則應有相關的「學習內容」、或「學習表現」來支持。亦即在表中，對於

所宣稱的「領域／科目核心素養」，應能呼應「學習內容」或「學習表現」。「領域／科目核心素養」依該領域理念與目標，從《十二年國民基本教育課程綱要總綱》之九項核心素養中找出呼應之項目。

(4)發展「領域／科目核心素養」具體內涵：由學科專家與課程學者共同討論，再確認本領域／科目是否與此項核心素養有關？內涵為何？「領域／科目核心素養」具體內涵就其呼應之「教育階段核心素養」項目，依其該領域理念與目標，進行其「領域／科目核心素養」具體內涵之陳述。

(5)發展「領域／科目學習重點」：各「學習重點」由「學習表現」與「學習內容」兩個向度所組成，但如有特殊情形者，得僅就「學習表現」或「學習內容」兩者結合之後擇一採用呈現「學習重點」。各「學習重點」用以引導課程設計、教材發展、教科書審查及學習評量等，並配合教學加以實踐。各「學習重點」係由該領域／科目理念、目標與特性發展而來。各「學習重點」應與「各領域／科目核心素養」進行雙向檢核，以了解二者的呼應情形。亦即「學習重點」需能展現該領域／科目的具體內涵，並能呼應該「領域／科目核心素養」。

(6)檢視「領域／科目學習重點」是否與「領域／科目核心素養」相互呼應：「學習重點」不是從「領域／科目核心素養」直接推衍而來的；「領域／科目核心素養」也不是「學習重點」直接推衍而來的，兩者是相互呼應、增刪修正的關係。可先從學習重點，檢視「領域／科目核心素養」的項目是否增刪？再基於「領域／科目核心素養」，看看學習重點是否增刪？檢核是否能呼應核心素養內容，並不是所有的學習重點都需要去呼應到所謂的「領域／科目核心素養」，而是希望將有呼應的「學習重點」列出來，以表示「領域／科目核心素養」是可以透過這些「學習重點」加以落實。

「學習重點與領域／科目核心素養呼應表參考示例」是由領域／科目核心素養發展至學習重點之重要文件，亦是必要之過程。部分學者主張各領域課程綱要之學習重點是由核心素養發展而來，而且「學習重點與領域／科目核心素養呼應表參考示例」屬過程性文件，為避免領域課綱內容過多，建議「學習重點與領域／科目核心素養呼應表參考示例」不置放於領

綱內，可將其置放於後續發展之「課程手冊」。然就「學習重點與領域／科目核心素養的呼應表」在領域課綱中之重要性而言，「學習重點與領域／科目核心素養呼應表參考示例」具有：(1)可呼應《十二年國民基本教育課程發展指引》與《十二年國民基本教育課程綱要總綱》核心素養的重要性；(2)可宣示學習重點與核心素養是能夠相互呼應的，且該「領域／科目核心素養」是能透過學習重點加以具體落實，如此該項「領域／科目核心素養」不致落空，具有引導各領域課綱落實「領域／科目核心素養」之示例的重要性；(3)可檢核學習重點與「領域／科目核心素養」的項目，明確指出學習重點與「領域／科目核心素養」之合理呼應關係的重要性，可以彰顯領綱課程設計的邏輯嚴謹性；(4)可進行跨領域溝通之作用，並能引導後續各領域課綱及教科書出版社與學校教師進行跨領域課程設計連貫統整之實質功能的重要性。

　　「學習重點與領域／科目核心素養呼應表參考示例」在各領綱中具有重要而不可或缺的關鍵功能，一方面可以呼應總綱核心素養並彰顯各領綱強調「領域／科目核心素養」導向的功能，另一方面更可以具有「引導學習重點落實核心素養的實踐功能」，透過示例可進一步闡明「領域／科目核心素養」與學習重點的呼應關係，透過自我檢核使學習重點與「領域／科目核心素養」能合理呼應，不只可幫助學校教師與教科書編輯者能夠理解，將有助於教師與教科書編輯者理解從「領域／科目核心素養」轉化至學習重點的歷程，使核心素養能落實於課程之中，更進一步能透過此呼應表指引各領域教科書編輯、學校本位課程發展、跨領域統整課程設計，有效結合學習表現、學習內容與「領域／科目核心素養」的合理關係，落實十二年國教核心素養取向的課程發展，因此於各領綱呈現「學習重點與領域／科目核心素養呼應表參考示例」有其實際需要的重要性與必要性。

　　就「學習重點與領域／科目核心素養呼應表參考示例」在領綱中之必要性而言，「學習重點與領域／科目核心素養呼應表參考示例」在領綱之內實屬必要，領綱如果缺少了「學習重點與領域／科目核心素養呼應表參考示例」，領綱就有缺漏而不夠完整，導致領綱嚴重缺陷，欠缺「學習重點」與「領域／科目核心素養」彼此關係的嚴謹性，形成領域科目核心

素養落空，將失去各領綱的「領域／科目核心素養」具體引導功能；是以各領綱附錄宜有「學習重點與領域／科目核心素養的呼應表」，並根據各領域／科目核心素養項目（A1-C3項目）提供「學習重點與領域／科目核心素養的呼應表」之適切示例，舉例呈現學習內容、學習表現與「領域／科目核心素養」之呼應關係，進而彰顯國小、國中、高中等教育階段之垂直連貫。學習內容與學習表現應以高度相關者來呼應「領域／科目核心素養」，且每一單項「領域／科目核心素養」至少舉一條之示例，以檢核學習表現、學習內容與「領域／科目核心素養」三者之關係，如下圖3.5。

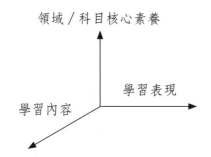

✿圖3.5　學習表現、學習內容與「領域／科目核心素養」三者之關係

　　在各領域課綱的研發過程當中，核心素養工作圈也特別設計了表3.4「學習重點與領域／科目核心素養呼應表參考示例」（國家教育研究院課程及教學研究中心核心素養工作圈，2015），具有檢視之功能與重要性，特別是此表可以宣示學習重點與「領域／科目核心素養」是能夠相互呼應的，且該「領域／科目核心素養」是能夠透過學習重點具體被落實；而且具有跨領域溝通之作用，並能引導後續領綱之跨領域課程設計連貫統整之實質功能；更能夠檢核學習重點與「領域／科目核心素養」的呼應項目，增進各領綱課程發展的嚴謹度。

✿表3.4 「學習重點與領域／科目核心素養呼應表參考示例」

○○領域／科目學習重點		○○領域／科目 核心素養（分教育階段）
學習表現（分學習階段）	學習內容（分年或分學習階段）	

　　「學習重點與領域／科目核心素養呼應表參考示例」乃為使學習重點與核心素養能夠相互呼應，且透過學習重點落實「領域／科目核心素養」，並引導跨領域／科目的課程設計，增進課程發展的嚴謹度。「學習重點與領域／科目核心素養呼應表參考示例」能夠檢核學習重點與核心素養的呼應項目，增進課程發展的嚴謹度，因此建議置放各領域課程綱要附錄中。「學習重點與領域／科目核心素養的呼應表參考示例」定位為在提供「參考示例」，宣示學習重點與「領域／科目核心素養」是能夠相互呼應的，且該「領域／科目核心素養」是能夠透過學習重點具體被落實，並可引導跨領域／跨科目的課程設計，增進課程發展的嚴謹度。既然是示例，貴精不貴多，每一單項「領域／科目核心素養」至少列舉出一對高度相關之學習重點（一對同一學習階段之「學習表現」與「學習內容」）呼應示例，只需在領綱附錄加以重要列舉不必窮盡，但後續可再於各領域課程綱要的「課程手冊」進一步說明其他實例。因此，以下就「學習重點與領域／科目核心素養的呼應表」填表說明如下：

　　(1)透過各學習階段之學習重點，以累積性培養學生該教育階段之核心素養。學習重點的舉例，以能充分的呼應該項該階段核心素養為原則，其學習表現與學習內容之挑選僅為示例性質，不必窮盡列舉而在彰顯重要性與意涵，是以「學習重點與領域／科目核心素養呼應表參考示例」貴精不貴多，只需重要列舉，並非窮盡。(2)學習重點係指由學習表現、學習內容雙向度所交織而成的課程設計，可落實「領域／科目核心素養」。「領域／科目核心素養」，未來可引導校本課程發展與教材的單元設計。因此「學習重點與領域／科目核心素養呼應表參考示例」定位為在提供「參考示例」，宣示學習重點與核心素養是能夠相互呼應的，且該「領域／科目核心素養」是能夠透過學習重點具體被落實。(3)「學習重點與領域／科目核心素養呼應表參考示例」的每一單項領域／科目核心素養至少列舉出「同一學習階段」（「學習內容」的難度不高於「學習表現」，「學習內容」的難度也不低於「學習表現」）的一對高度相關相互呼應的學習重點之「學習表現」與「學習內容」。換言之，「學習重點與領域／科目核心素養呼應表參考示例」表非雙向細目表，不須呈現所有的「學習表現」和「學習內容」，只需舉出至少一對「學習表現」與「學習內容」的示例即可；但如有「學習內容」卻沒有呼應的「學習表現」，或有「學習表現」卻沒有呼應的「學習內容」，以及「學習表現」和「學習內容」分別屬於不同學習階段，皆是不恰當的示例。(4)若該項「領域／科目核心素養」皆無呼應之「學習表現」與「學習內容」，建議刪除該項核心素養，或調整學習重點以呼應該項領域核心素養。(5)就「學習重點與領域／科目核心素養呼應表參考示例」之原則而言，領域／科目各教育階段核心素養應依序列於該呼應表之右欄，宜分三個教育階段（E、J、U）個別呈現該呼應表，如同「領域／科目核心素養」分三教育階段敘寫，列舉能彰顯國小、國中、高中三個教育階段（最好五個學習階段）垂直連貫之參考示例，但尊重各領域／科目特色，可將呼應的「學習表現」與「學習內容」列舉到「學習重點與領域／科目核心素養呼應表參考示例」中（如：健康與體育可分國小、國中、高中三個教育階段呈現垂直連貫，全民國防教育，只需填寫高中一個教育階段）。(6)鼓勵各領綱發展出各教育階段完整之「學習

重點與領域／科目核心素養呼應表」可放置課程手冊中；而領綱附錄的每一單項核心素養列舉至少一對高度相關之學習重點（同一學習階段之「學習表現」與「學習內容」）呼應參考示例，這項呼應表參考示例可由各領綱副召集人撰寫初稿經各領綱召集人審閱後送交領綱會議討論，並請核心素養工作圈協助校閱，再送交領綱聯席會議確認並連同領綱初稿進行公聽會後再送課程研發會議議決。以十二年國民基本教育健康與體育領域「學習重點與領域／科目核心素養」呼應表參考示例（修改自國家教育研究院課程及教學研究中心核心素養工作圈，2015，22）：

✿表3.5　健康與體育領域「學習重點與領域／科目核心素養呼應表參考示例」（國小教育階段）

健康與體育領域學習重點		健康與體育領域核心素養
學習表現	學習內容	
4a-I-2養成健康的生活習慣。	Da-I-1日常生活中衛生習慣的培養。	健體-E-A1 具備良好身體活動與健康生活的習慣，以促進身心健全發展，並認識個人特質，發展運動與保健的潛能。
4a-III-3主動地表現促進健康的行動。	Da-III-1衛生保健習慣的檢視與改進。	
4d-III-1養成規律運動習慣，維持動態生活。	Bc-III-2運動與疾病保健、終身運動相關知識。	
1a-III-2描述生活行為對個人與群體健康的影響。	Ca-III-1健康環境的交互影響因素。	健體-E-A2 具備探索身體活動與健康生活問題的思考能力，並透過體驗與實踐，處理日常生活中運動與健康的問題。
3d-III-3透過體驗或實踐，解決練習或比賽的問題。	Hb-III-1攻守入侵性運動基本動作及基礎戰術。	
1b-III-3對照生活情境的健康需求，尋求適用的健康技能和生活技能。	Ca-III-3環保行動的參與及綠色消費概念。	健體-E-A3 具備擬定運動與保健計畫及實作能力，並以創新思考方式，因應日常生活情境。
4c-III-3擬定簡易的體適能與運動技能的運動計畫。	Ab-III-2自我身心適能掌控與簡易運動處方執行。	
3b-III-4能於不同的生活情境中，運用生活技能。	Fa-III-3人際關係良好的溝通技巧與方法。	健體-E-B1 具備運用體育與健康之相關符號知能，能以同理心應用在生活中的運動、保健與人際溝通上。
2c-II-3表現主動參與、樂於嘗試的學習態度。	Ib-II-2土風舞遊戲。	
2c-III-2表現同理心、正向溝通的團隊精神。	Ib-III-1模仿性與主題式創作舞。	

4a-III-1運用多元的健康資訊、產品與服務。	Eb-III-1健康消費資訊來源與媒體影響。	健體-E-B2 具備應用體育與健康相關科技及資訊的基本素養，並理解各類媒體刊載、報導有關體育與健康內容的意義與影響。
4c-III-1選擇與應用與運動相關的科技、資訊、媒體、產品與服務。	Ab-III-2自我身心適能掌控與簡易運動處方執行。	
4a-II-2展現促進健康的行為。	Ca-II-1健康社區的意識、責任與維護行動。	健體-E-B3 具備運動與健康有關的創作和欣賞的基本素養，促進多元感官的發展，在生活環境中培養運動與健康有關的美感體驗。
2d-III-1分享運動欣賞與創作的美感體驗。	Ib-III-2各國土風舞。	
2b-II-1遵守健康的生活規範。	Ca-II-1健康社區的意識、責任與維護行動。	健體-E-C1 具備生活中有關運動與健康的道德知識與是非判斷能力，理解並遵守相關的道德規範，培養公民意識，關懷社會。
2b-III-1認同健康的生活規範、態度與價值觀。	Ca-III-3環保行動的參與及綠色消費概念。	
2c-III-1表現基本運動精神和道德規範。	Cb-III-1安全規則的推展、運動精神的展現、運動時所需營養素的補給知識。	
3b-III-2獨立演練大部分的「人際溝通互動」技能。	Fa-III-3人際關係良好的溝通技巧與方法。	健體-E-C2 具備同理他人感受，在體育活動和健康生活中樂於與人互動，並與團隊成員合作，促進身心健康。
2c-II-2表現增進團隊合作、友善的互動行為。	Hd-II-1守備／跑分性相關的拋接球、傳接球、擊球、踢球、跑動踩壘之時間、空間及人與人、人與球關係攻防概念。	
2a-III-1關注健康議題受到個人、家庭、學校與社區等因素的交互作用之影響。	Ea-III-3每日飲食指南與多元飲食文化。	健體-E-C3 具備理解與關心本土、國際體育與健康議題的素養，並認識與包容文化的多元性。
2d-I-2接受並體驗多元性身體活動。	Ic-I-1民俗性運動基本動作與遊戲。	
2d-III-3描述並解釋多元性身體活動的特色。	Ic-III-1民俗性運動組合動作與遊戲。	

✿表3.6　健康與體育領域「學習重點與領域／科目核心素養呼應表參考示例」（國中教育階段）

健康與體育領域學習重點		健康與體育領域核心素養
學習表現	學習內容	
1a-IV-1理解生理、心理與社會各層面健康的概念。	Bb-IV-3菸、酒、檳榔、藥物的成分與成癮性，以及對個人身心健康與家庭、社會的影響。	健體-J-A1 具備體育與健康的知能與態度，展現自我運動與保健潛能，探索人性、自我價值與生命意義，並積極實踐。
4d-IV-2執行個人運動計畫，發展運動參與方法。	Bc-IV-2終身運動計畫擬定的相關知識。	
1a-IV-2分析個人與群體健康的影響因素。	Bb-IV-3菸、酒、檳榔、藥物的成分與成癮性，以及對個人身心健康與家庭、社會的影響。	健體-J-A2 具備理解體育與健康情境的全貌，並做獨立思考與分析的知能，進而運用適當的策略，處理與解決體育與健康的問題。
3d-IV-3應用思考與分析能力，解決運動情境的問題。	Hb-IV-1攻守入侵性運動動作組合及團隊戰術。	
1b-IV-3因應生活情境的健康需求，尋求解決的健康技能和生活技能。	Bb-IV-1藥物種類的辨識、正確用藥的行動與資源諮詢之尋求。	健體-J-A3 具備善用體育與健康的資源，以擬定運動與保健計畫，有效執行並發揮主動學習與創新求變的能力。
4c-IV-3規劃提升體適能與運動技能的運動計畫。	Ab-IV-1體適能運動處方設計與執行。	
3b-IV-2熟悉各種「人際溝通互動」技能。	Bb-IV-5拒絕成癮物質的自主行動與支持性規範、戒治資源的運用。	健體-J-B1 具備情意表達的能力，能以同理心與人溝通互動，並理解體育與保健的基本概念，應用於日常生活中。
2c-IV-2表現利他合群的態度，與他人理性溝通與和諧互動。	Hb-IV-1攻守入侵性運動動作組合及團隊戰術。	
2a-IV-1關注健康議題本土、國際現況與趨勢。	Eb-IV-1媒體與廣告迷思的破除與消費資訊的批判。	健體-J-B2 具備善用體育與健康相關的科技、資訊及媒體，以增進學習的素養，並察覺、思辨人與科技、資訊、媒體的互動關係。
4c-IV-1分析與善用與運動相關的科技、資訊、媒體、產品與服務。	Ab-IV-1體適能運動處方設計與執行。	

4b-IV-1主動並公開表明個人對促進健康的觀點與立場。	Bb-IV-5拒絕成癮物質的自主行動與支持性規範、戒治資源的運用。	健體-J-B3 具備表現和欣賞的能力,了解運動與健康在美學上的特質與表現方式,以增進生活中的豐富性與美感體驗。
2d-IV-1了解運動在美學上的特質與表現方式。	Ib-IV-2各種社交舞蹈。	
4a-IV-3持續地執行促進健康及減少健康風險的行動。	Bb-IV-1藥物種類的辨識、正確用藥的行動與資源諮詢之尋求。	健體-J-C1 具備生活中有關運動與健康的道德思辨與實踐能力及環境意識,並主動參與公益團體活動,關懷社會。
2c-IV-1展現運動禮節,具備運動的道德思辨和實踐能力。	Cb-IV-1運動精神的實踐、運動營養攝取知識、自我所需營養素的簡易攝取規劃。	
4b-IV-3公開進行健康倡導,展現對他人促進健康的信念或行為的影響力。	Bb-IV-5拒絕成癮物質的自主行動與支持性規範、戒治資源的運用。	健體-J-C2 具備利他及合群的知能與態度,並在體育活動和健康生活中培育相互合作及與人和諧互動的素養。
2c-IV-2表現利他合群的態度,與他人理性溝通與和諧互動。	Hd-IV-1守備／跑分性運動動作組合及團隊戰術。	
2a-IV-1關注健康議題本土、國際現況與趨勢。	Eb-IV-1媒體與廣告迷思的破除與消費資訊的批判。	健體-J-C3 具備敏察和接納多元文化的涵養,關心本土與國際體育與健康議題,並尊重與欣賞其間的差異。
2d-IV-3欣賞運動的本土與世界文化價值。	Ic-IV-1民俗性運動進階與綜合動作。	

✿表3.7 健康與體育領域「學習重點與領域／科目核心素養呼應表參考示例」（高中教育階段）

	健康與體育領域學習重點		健康與體育領域核心素養
	學習表現	學習內容	
健康與護理	1a-V-1詮釋生理、心理、社會、情緒與心靈各層面健康的概念與意義。	Fa-V-3全人健康的身心探索與整合技巧。	健體-U-A1 提升各項運動與身心健全的發展素養,發展個人運動與保健潛能,探索自我觀,肯定自我價值,有效規劃生涯,並透過自我精進與超越,追求健康與幸福的人生。
體育	4d-V-1完善發展適合個人之專項運動技能。	Bd-V-2熟練與應用各類技擊技能參與展演活動。	

健康與護理	1b-V-3評估生活情境的健康需求，尋求有效因應的健康技能和生活技能。	Da-V-2傳統醫學的養生之道。	健體-U-A2 具備系統思考、分析與探索體育與健康的素養，深化後設思考，並積極面對挑戰，以解決人生中各種體育與健康的問題。
體育	3d-V-2應用系統思考與後設分析能力，解決各種運動情境的問題。	Hb-V-1攻守入侵性運動技術綜合應用及團隊綜合戰術。	
健康與護理	3a-V-2運用多元策略，將健康與自我照護技能彈性調整融入生活情境，展現出個人及群體的健康生活模式。	Ea-V-2飲食趨勢與健康體位管理。	健體-U-A3 具備規劃、實踐與檢討反省的素養，並以創新的態度與作為，因應新的體育與健康情境或問題。
體育	4c-V-3規劃與反省個人體適能與運動技能的終身運動計畫。	Ab-V-1體適能運動處方設計、執行與評估。	
健康與護理	3b-V-2精熟各種「人際溝通互動」技能。	Db-V-2健康親密關係經營能力的培養。	健體-U-B1 具備掌握健康訊息與肢體動作的能力，以進行與體育和健康有關的經驗、思想、價值與情意之表達，能以同理心與他人溝通並解決問題。
體育	2c-V-2展現包容異己，溝通協調的適切人際互動技巧。	Ib-V-1自由創作與社交舞蹈動作編排與展演。	
健康與護理	4a-V-1運用有效的健康資訊、產品與服務，擬定健康行動策略。	Eb-V-1健康消費權利與義務。	健體-U-B2 具備適當運用科技、資訊與媒體之素養，進行各類體育與健康之相關媒體識讀與批判，並能反思科技、資訊與媒體的倫理議題。
體育	4c-V-1批判與適當運用運動相關的科技、資訊和媒體、產品與服務。	Ab-V-1體適能運動處方設計、執行與評估。	
健康與護理	2b-V-1樂於終生遵守健康的生活規範與價值觀。	Fb-V-1健康生活型態的改善與執行。	健體-U-B3 具備運動與健康的感知、欣賞、表現與鑑賞能力，體會其與社會、歷史、文化之間的互動關係，進而對美善的人事地物，進行賞析、建構與分享。
體育	2d-V-2展現運動鑑賞和評析能力，體驗生活美學。	Ib-V-1自由創作與社交舞蹈動作編排與展演。	

健康與護理	4b-V-4公開進行健康倡議，有效地影響他人促進健康的信念或行動。	Ca-V-1健康環境的整體營造。	健體-U-C1 具備體育與健康的道德課題與公共議題之思考及對話素養，培養相關的公民意識與社會責任，主動參與有關的環保與社會公益活動。
體育	2c-V-1遵守運動規範，展現良好道德情操，並運用於生活當中。	Cb-V-2奧林匹克運動會精神的推展與分享。	
健康與護理	4b-V-3客觀地接納他人的觀點，適時回應以增進健康立場之共識。	Fa-V-2身心失調的預防與處理。	健體-U-C2 在體育活動和健康生活中發展適切的人際互動關係，並展現包容異己、溝通協調及團隊合作的精神與行動。
體育	2c-V-2展現包容異己，溝通協調的適切人際互動技巧。	Hd-V-1守備／跑分性運動技術綜合應用及團隊綜合戰術。	
健康與護理	2a-V-1主動關切與本土、國際等因素有關之健康議題。	Fb-V-2全球急、慢性病的辨識與防治。	健體-U-C3 在堅定自我文化價值的同時，又能尊重欣賞多元文化，拓展國際化視野，並主動關心全球體育與健康議題或國際情勢，具備國際移動的能力。
體育	2d-V-3體會運動與社會、歷史、文化之間的互動關係，並尊重其發展。	Ic-V-1民俗性運動創新動作。	

　　「學習重點與領域／科目核心素養呼應表參考示例」之「學習表現」與「學習內容」至少可以「一對一」對照的方式呈現，如此才能進一步連結領域／科目核心素養與學習重點之間的關係。上述示例的「學習表現」與「學習內容」至少可以是「一對一」呈現，如果只有「學習表現」而沒有「學習內容」、或沒有「學習表現」而只有「學習內容」、或「學習表現」與「學習內容」分屬不同學習階段等，皆是不恰當的。特別是參考示例的「學習表現」的「學習階段」不應高於「學習內容」的「學習階段」，例如國小高年級（第三學習階段）的「學習表現」不應出現於中年級（第二學習階段）的「學習內容」，也不宜在第三學習階段的「學習內容」出現第四學習階段的「學習表現」，此亦即《禮記・學記》所謂「學不躐等也」。

　　學生學習該「領域／科目核心素養」，主要是透過「學習表現」與「學習內容」雙向度所交織出來教材或教科書「第○單元」的目標與內涵而習得的。「學習重點與領域／科目核心素養呼應表參考示例」可用以檢核「學習表現」與「學習內容」和「領域／科目核心素養」彼此呼應關係。若「學習表現」與「學習內容」不能呼應該「領域／科目核心素養」或者呼應關係太過遷強時，便可修改或刪除該項「領域／科目核心素養」，或是調整「學習表現」與「學習內容」來呼應該項領域／科目核心素養，並透過學習表現、學習內容的編碼檢視領域內不同科目間的「水平關係」（如健康與體育的關係；歷、地、公的關係），與自己領域或科目內的「垂直關係」（例如：國小綜合領域與國中童、家、輔的關係），以達成課程組織的水平統整與垂直連貫之目的。更進一步地，各領域也可以在課程手冊，可以各領域課綱附錄一為基礎發展，如有必要以更易理解的方式列出「核心素養與學習重點的呼應說明」，提出更完整、清楚的補充說明，如表3.8自然科學領域「核心素養與學習重點呼應說明示例」，說明透過各學習階段之學習重點，以累積性培養學生該教育階段之核心素養。學習重點的舉例，以能充分的呼應該項該階段核心素養為原則，惟不必窮盡列舉。核心素養之「說明」，應以學生學習的角度出發，敘寫學習重點與核心素養的關係，並可在「說明」欄中，舉出學生達成核心素養的可能途徑，例如：學習素材、學習方法及教學引導等。特別是各領域／科目課程手冊項次「貳、核心素養與學習重點的呼應說明」應建構於該領域／科目課程綱要「附錄一、學習重點與核心素養呼應表參考示例」加以說明（加一欄說明欄位）。而且各領域／科目課程手冊項次「貳、核心素養與學習重點的呼應說明」表前宜有一段文字說明：本說明建構於領綱「附錄一、學習重點與核心素養呼應表參考示例」進一步加以闡釋，其目的在於說明領綱學習重點與核心素養的呼應關係，其所舉的學習內容及學習表現均為示例性質，其撰寫原則應考量「同一學習階段」內可促成培養該核心素養的學習表現或學習內容，引導學生習得所呼應的核心素養。

　　「學習重點」的「學習內容」與「學習表現」可呼應「領域／科目核心素養」是一種高階而精巧的三維（3D）螺旋課程統整設計，可循序漸進

✿表3.8　自然科學領域「核心素養與學習重點呼應說明示例」

二、核心素養解析之「說明」，應以學生學習的角度出發，敘寫學習重點與核心素養的關係。

自然科學領域學習重點		自然科學領域核心素養	說明
學習表現	學習內容		
po-II-1 能從日常經驗、學習活動、自然環境，進行觀察，進而能察覺問題。 an-II-2 察覺科學家們是利用不同的方式探索自然與物質世界的形式與規律。 tm-III-1 能經由簡單的探究與理解建立模型，且能從觀察及實驗過程中，理解到有不同模型的存在。	INg-II-1 自然環境中有許多資源。人類生存與生活需依賴自然環境中的各種資源，但自然資源都是有限的，需要珍惜使用。 INe-III-12 生物的分布和習性，會受環境因素的影響；環境改變也會影響生存於其中的生物種類。 INg-III-4 人類的活動會造成氣候變遷，加劇對生態與環境的影響。	自-E-C3 透過環境相關議題的學習，能了解全球自然環境的現況與特性。	在日常生活中，學生能透過觀察、探索等途徑認識周遭自然環境及人類活動與自然環境的關係。為建立全球的視野，可透過閱讀、討論、資料蒐集、案例探討等多元方式，了解全球自然環境危機現況與特性，進而探討人與環境互動所引發的各種環境議題都與生物的生存息息相關，例如：全球氣候變遷、生物的分布和習性等。

一、透過各學習階段之學習重點，以累積性培養學生該教育階段之核心素養。學習重點的舉例，以能充分的呼應該項該階段核心素養為原則，惟不必窮盡列舉。

三、核心素養解析之「說明」，可舉出學生達成核心素養的可能途徑，例如：學習素材、學習方法及教學引導等。

促進核心素養的學習，彰顯了十二年國教課程改革的核心素養導向課程發展（蔡清田，2016）。因此，宜特別注意下列五個要點：1.各領域／科目課程手冊項次「貳、核心素養與學習重點的呼應說明」其中之領域／科目核心素養的「項目」與「教育階段」必須與該領域／科目課程綱要附錄一領域／科目核心素養的「項目」與「教育階段」一致，不能缺漏。（如：綜合活動國小教育階段少了綜-E-A2、綜-E-B1、綜-E-B2等；國中教育階段缺少綜-J-A2、綜J-A3、綜-J-B1等。）2.各領域／科目課程手冊項次「貳、核心素養與學習重點的呼應說明」其中之學習重點的「學習階段」不得少於該領域／科目課程綱要附錄一學習重點的「學習階段數量」，可再增加其他可呼應的學習階段。（如：國-E-A1目前只呼應第三學習階段，建議可再增加第一學習階段所呼應的學習表現與學習內容，以及第二學習階段的學習表現與學習內容。）3.各領域／科目課程手冊項次「貳、核心素養與學習重點的呼應說明」其中之學習重點的「學習表現」不得少於該領域／科目課程綱要附錄一學習重點的「學習表現數量」，可再增加「同一學習階段」其他可呼應的學習表現。（如：國-E-A1目前只呼應第三學習階段一項表現，建議可再增加其他可呼應的「同一學習階段」之學習表現。）4.各領域／科目課程手冊項次「貳、核心素養與學習重點的呼應說明」其中之學習重點的「學習內容」不得少於該領域／科目課程綱要附錄一領域／科目學習重點的「學習內容數量」，可再增加「同一學習階段」其他可呼應的學習內容。（如：國-E-A1目前只呼應第三學習階段一項內容，建議可再增加其他可呼應的「同一學習階段」之學習內容。）5.國小教育階段，同一個領域／科目核心素養所呼應的學習重點，應按學習階段之先後順序呈現，可用虛線加以區分學習階段（國家教育研究院課程及教學研究中心核心素養工作圈，20160913第十三次諮詢會議紀錄）。例如：客家語「客E-A1」所呼應之學習內容與學習表現之格式應修正如下3-9：

✿表3.9 客家語「客E-A1」所呼應之學習內容與學習表現

語文領域—本土語文（客家語文）學習重點		語文領域—本土語文（客家語文）核心素養	說明
學習表現	學習內容		
1-I-1能認識日常生活的客家語詞	◎ Bb-I-1自我表達 Ad-I-1客家語淺易短文	客-E-A1 學習客家語文，認識客家民情風俗，藉此培養良好生活習慣以促進身心健康、發展個人生命潛能。	學生能在生活環境中，藉由經常接觸及練習客家語，培養客家語文聽、說、讀、寫的能力，透過語文的對話練習及討論，社會生活的體驗、操作及活動，讓學生能認識日常生活及文本中所展現的客家文化重要元素，建立族群文化自信，進而提升個人的生命價值。
1-II-2能養成聆聽客家語文的習慣 2-II-2能延續言說客家語的習慣 2-II-1能說明客家文化的組成元素 3-II-2能展現閱讀客家日用語句的習慣	◎ Ca-II-1客家生命禮俗 Ac-II-1客家語基礎生活用語 ◎ Ca-II-1客家生命禮俗 Ca-II-2客家歲時節慶		
2-III-1能介紹客家文化的族群特徵 3-III-2能領會客家語文作品的文化意涵 3-III-3能掌握客家文字的書寫系統	Ab-III-2客家語常用語詞 Aa-III-1客家語聲韻調的書寫 Ab-III-1客家語常用漢字 Ac-III-2客家語日常用句 ◎ Ca-III-3客家宗教信仰		

　　本書所建構之各教育階段領域／科目課程目標、核心素養及學習重點，係依據核心素養的理念，根據各關鍵教育階段所需具備的核心素養，統整過去國民中小學九年一貫課程綱要、普通高級中學課程綱要、高職階段課程總綱、與「幼兒園教保活動課程暫行大綱」之課程目標、學習指標、能力指標，以及教材大綱等學習內容，未來各領域／科目核心素養及學習重點，可參考圖3.6「領域／科目核心素養」與「學習重點」課程發展與設計流程（國家教育研究院課程及教學研究中心核心素養工作圈，2015），針對相關內涵進行持續的微調和修訂，展現Dweck與Leggett

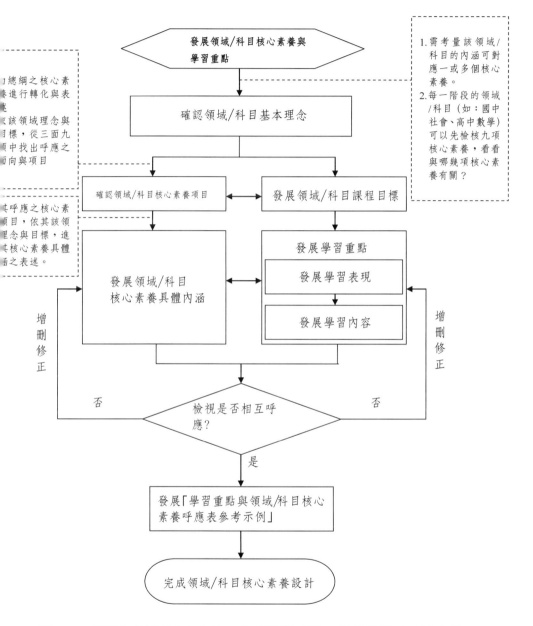

✿圖3.6　「領域／科目核心素養」與「學習重點」課程發展與設計流程

（1988）強調的「學習目標」，也展現了內容標準、表現標準（CCSSI, 2013a; 2013b），呼應了終身學習標準（Marzano, Pickering, & McTighe, 1993），以因應社會變遷和時代脈動，並使學習者能透過各學習重點之學習，提升核心素養。

第四章　領域／科目核心素養的課程發展

「核心素養」、「教育階段核心素養」、「領域／科目核心素養」三層次的理念體系如圖4.1所示,「領域／科目核心素養」,是指《十二年國民基本教育課程綱要總綱》的「核心素養」與「教育階段核心素養」在各《領域／科目課程綱要》展現其學科特色的核心素養具體內涵。「領域／科目核心素養」,類似於中國大陸內地所稱「學科核心素養」(崔允漷,2016;鐘啓泉,2017;石鷗,2017;柳夕浪,2017;楊向東,2017;褚宏啓,2017)呼應了本書第一章所指出的核心素養與「領域／科目」的關係是可進行課程統整的盟友,也是相輔相成的親友,甚至學科教學與核心素養就如同一個錢幣的兩面,核心素養是借助學校的學科教學得以現實化的。有關「領域／科目核心素養」一詞之說明,最早始於《十二年國民基本教育課程發展指引》(蔡清田、陳伯璋、陳延興、林永豐、盧美貴、李文富、方德隆、陳聖謨、楊俊鴻、高新建、李懿芳、范信賢,2013;國教院,2014),復於《十二年國民基本教育課程綱要總綱》中有所規範(教育部,2014),指出各領域／科目課程綱要研修需參照《十二年國民基本教育課程發展指引》與《十二年國民基本教育課程綱要總綱》的「教育階段核心素養」具體內涵,並考量領域／科目理念與目標,以發展「領域／科目核心素養」。

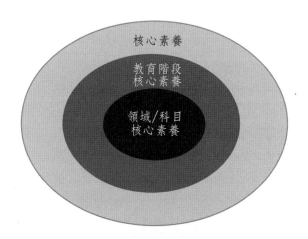

✿圖4.1 「核心素養」、「教育階段核心素養」、「領域／科目核心素養」三層次的理念體系

　　本章「領域／科目核心素養」課程發展，論述「領域／科目核心素養」的意涵、功能、課程發展原則、課程發展程序與編碼方式、句型結構、常用動詞、「領域／科目核心素養」的課程連貫與課程統整。特別是各領域／科目課程發展過程中，宜依據該領域／科目理念特色及「領域／科目課程目標」，並結合《十二年國民基本教育課程綱要總綱》的「教育階段核心素養」，發展「領域／科目核心素養」，並透過相呼應的「領域／科目學習重點」統整「領域／科目學習內容」與「領域／科目學習表現」（蔡清田，2016），以下進一步說明：

一、領域／科目核心素養的意涵

　　「領域／科目核心素養」的意涵，係指依據《十二年國民基本教育課程綱要總綱》與《十二年國民基本教育課程發展指引》的核心素養，特別是「教育階段核心素養」，結合各領域／科目之「基本理念」與「課程目標」後，在各《領域／科目課程綱要》展現的核心素養具體內涵。各《領域／科目課程綱要》之「肆、核心素養」之標題，便是指「領域／科目核心素養」（亦即「領域／科目之核心素養」或「領域／科目內的核心素養」），是該《領域／科目課程綱要》呼應《十二年國民基本教育課程綱要總綱》的核心素養具體內涵，各《領域／科目課程綱要》可考量其「領域／科目」的獨特性與「教育階段」個殊性，發展「領域／科目核心素養」具體內涵，不必勉強涵蓋全部九項核心素養或所有「教育階段核心素養」。

　　稱「領域／科目核心素養」的理由有三點：第一，是十二年國民基本教育各《領域／科目課程綱要》整體標題格式的一致。例如：《十二年國民基本教育○○領域／科目課程綱要》：「壹、基本理念；貳、課程目標；參、時間分配及科目組合；肆、核心素養；伍、學習重點……。」所有《領域／科目課程綱要》的整體格式標題不因領域的不同而有不同，各領綱使用「領域／科目核心素養」這個詞，不僅可指出「該領域」的核心素養，也呼應《十二年國民基本教育課程綱要總綱》的九項核心素養是

「跨學科」的概念，不同於過去「能力指標」只是某「學科內涵」。第二，在「肆、核心素養」標題之下，可說明核心素養與○○領域／科目的呼應關係，例如：《十二年國民基本教育健康與體育領域課程綱要》：「肆、核心素養」：本處的核心素養係指總綱中「教育階段核心素養」的具體內涵，結合健康與體育領域「基本理念」與「課程目標」後，在該領域課程綱要展現的核心素養具體內涵。第三，其優點有：1.各領域課程綱要的體例語用詞一致；2.依據教育部課程審議委員會審議通過的《十二年國民基本教育課程發展指引》與《十二年國民基本教育課程綱要總綱》之官方正式用詞一致，可避免爭議。

各「領域／科目核心素養」具體內涵需符合《十二年國民基本教育課程綱要總綱》之核心素養，特別是需呼應「教育階段核心素養」，而且「領域／科目核心素養」乃透過《領域／科目課程綱要》進行發展，是指各《領域／科目課程綱要》之「核心素養」，因此「領域／科目核心素養」又可稱為「領綱核心素養」。例如「自然科學領域核心素養」係依循《十二年國民基本教育課程綱要總綱》的「教育階段核心素養」具體內涵，結合自然科學領域之理念與目標後，在《十二年國民基本教育自然科學領域課程綱要》展現的「自然科學領域核心素養」具體內涵。《十二年國民基本教育自然科學領域課程綱要》可先闡述科學社群所指的「自然科學素養」，再提出呼應《十二年國民基本教育課程綱要總綱》「教育階段核心素養」具體內涵，以符合《十二年國民基本教育課程綱要》「跨領域」的「共同性」與「分領域」（領域內）的「差異性」，一方面重視該領域／科目的學科素養，另一方面也重視跨領域／科目的核心素養之培養，兩方面相輔相成同等重要。「領域／科目核心素養」可考量其領域／科目的獨特性或各教育階段的「差異性」而加以發展，不必勉強涵蓋總綱「教育階段核心素養」的所有面向。但「領域／科目核心素養」不宜被窄化為只是「該科目」的素養或「該領域」的素養，因為「領域／科目核心素養」，不是單一科目的素養，也不只是單一領域／科目的素養，「領域／科目核心素養」也是「跨領域／科目」的概念，是「跨領域」、「跨科目」、「跨學科」的概念，可以兼顧「跨領域」的「共同性」與「分領

域」的「差異性」；一方面呼應本書第二章指出核心素養是跨越個別「領域／科目」的核心素養，可跨越個別領域／科目的傳統界線，並非侷限於某單一「領域／科目」之內；同時個別領域／科目也可涵蓋多項而非單項的核心素養，且各領域／科目可強調不同項目的核心素養，具有彈性而非單一的對應特質。另一方面也呼應第三章指出不同領域／科目如同盟友可共同培養核心素養，如同星群的關係聯盟具有多種可能的組成關係圖像，此種「領域／科目核心素養」的「星群組合」，如同天空中閃爍的星星，可以在不同領域／科目組成不同「星群」，甚至成為具有學科特色意涵的「領域／科目核心素養」之「星座」（蔡清田，2016），稍後將進一步闡述。

　　「領域／科目核心素養」係依據《十二年國民基本教育課程綱要總綱》與《十二年國民基本教育課程發展指引》的九項核心素養與「教育階段核心素養」，結合各領域／科目之「基本理念」與「課程目標」後，在各《領域／科目課程綱要》展現的核心素養具體內涵，各《領域／科目課程綱要》亦可同時強調其獨特學科理念目標，是以「領域／科目核心素養」可清楚界定為呼應《十二年國民基本教育課程綱要總綱》的核心素養，而且各《領域／科目課程綱要》可就其領域學科特色的核心素養加以闡述，例如《十二年國民基本教育自然科學領域課程綱要》的目標，為培養學生在面對問題時擁有科學思辨的能力，能解答生活中的疑惑，進而解決問題。為達成此目標，擬定「自然科學領域核心素養」，且自然科學核心素養中注重觀察、邏輯思考、推理判斷，進而依據習得知識規劃實驗操作，以達解決問題能力之培養等內涵，符合總綱中「自主行動」之「系統思考與問題解決」、「規劃執行與創新應變」之項目；而強調運用圖表表達發現成果、適當使用媒體（網路、書刊等）和科技資訊，及欣賞科學之美等項內涵，符合總綱中「溝通互動」之「符號運用與溝通表達」、「科技資訊與媒體素養」、「藝術涵養與美感素養」之項目；至於培養能與他人合作學習探究科學，進而主動關心環境公共議題及發展愛護地球環境的情操，符合總綱中「社會參與」之「道德實踐與公民意識」、「人際關係與團隊合作」、「多元文化與國際理解」之項目，這說明《十二年國民基

本教育自然科學領域課程綱要》呼應《十二年國民基本教育課程綱要總綱》九項「核心素養」的「共同性」與「差異性」，《十二年國民基本教育自然科學領域課程綱要》展現了《十二年國民基本教育課程綱要總綱》「跨領域」的「共同性」核心素養，也符合自然科學領域所界定「領域內」的自然科學素養的「差異性」。

二、領域／科目核心素養的功能

「核心素養」是培育能自我實現與促進社會健全發展的國民所需終身學習的「素養」（教育部，2014），可作為各領域／科目連貫與統整的組織「核心」，可引導後續課程發展的教學活動設計、教材設計與學習評量，而且就核心素養與各領域／科目課程內容的呼應關係而言，各教育階段領域／科目的課程內涵應能呼應所欲培養的核心素養，但各領域／科目各有其獨特性（蔡清田，2014），是以「領域／科目核心素養」雖不完全等同於領域／科目內所有的學科素養（蔡清田，2015），但是具有該領域／科目的學科特色，且可進一步引導「領域／科目學習重點」之發展（蔡清田，2016），因此，「領域／科目核心素養」具有：(一)定位十二年國民基本教育「領域／科目」課程發展主軸；(二)引導十二年國民基本教育「領域／科目」課程連貫與課程統整；(三)彰顯各領域／科目的學科特性；(四)領域／科目核心素養可呼應「領域／科目學習重點」統整「學習內容」與「學習表現」等重要功能。說明如次：

(一)定位十二年國民基本教育「領域／科目」課程發展主軸

「領域／科目核心素養」的重要功能之一，在於定位十二年國民基本教育「領域／科目」課程發展主軸（蔡清田，2016），尤其是「領域／科目核心素養」作為十二年國民基本教育「領域／科目」課程發展的主軸，可連貫國小、國中及高級中等學校的一般領域／科目，使各級各類學校的學生透過一般「領域／科目」的學習，達到培養現代國民所需「核心素養」的共同要求（蔡清田、陳伯璋、陳延興、林永豐、盧美貴、李文富、方德隆、陳聖謨、楊俊鴻、高新建、李懿芳、范信賢，2013；國教院，

2014），培養學生生活所必須具備的核心素養，因應領域／科目的「共同性」與「差異性」，可作為各教育階段「領域／科目」垂直連貫的組織「核心」，不僅具有培育能自我實現與促進社會健全發展的國民所需終身學習「核心素養」的功能，透過結合生活情境，讓學生潛能得以適性開展，成為學會如何學習的終身學習者，進而能運用所學、善盡公民責任，使個人及整體社會的生活更為美好。

　　特別是「領域／科目核心素養」以學生為自主行動、溝通互動與社會參與的學習主體（教育部，2014），可依照「分教育階段」的原則，進行國小教育階段（E）、國中教育階段（J）、高中教育階段（U）之「領域／科目核心素養」發展，尊重學生的身心發展階段及與生活統整之重要性，學校教育不再只以學科知識與基本能力作為學習的唯一範疇，而是彰顯學習者的主體性，也同等重視學習者能夠運用所學於實際生活情境與各學習領域／科目的核心素養，可見「領域／科目核心素養」具備重視終身學習與能從生活情境進行統整學習等意涵，合乎《十二年國民基本教育課程綱要總綱》自發、互動、共好的「基本理念」與自主行動、溝通互動、社會參與的「核心素養」（教育部，2014）。因此「領域／科目核心素養」定位為十二年國民基本教育「領域／科目」課程發展主軸，可以翻轉十二年國民基本教育的教學現場，一方面，不僅學校教師可以依據「領域／科目核心素養」具體內涵，審酌教育專業，提供資源、機會及環境，引導學生妥善開展與自我、與他人、與社會、與自然的溝通互動，以應用及實踐所學、體驗生命意義，願意致力社會與自然的永續發展，謀求互惠與共好；另一方面，可透過「領域／科目核心素養」調整偏重學科知識背誦的教學型態，翻轉未來的教學方式，激發學生的學習動機熱情態度與引導價值建立，並培養學生能運用所學進行問題解決以及適應未來生活的統整能力，以強化學生主動學習探究的角色，成為具有學習如何學習的終身學習社會公民。

(二)引導十二年國民基本教育「領域／科目」課程連貫與課程統整

　　「領域／科目核心素養」的重要功能之二，在於導引十二年國民基本教育「領域／科目」課程發展，並引導各教育階段課程的連貫及統整（黃

光雄、蔡清田，2015），引導學生能夠透過自主行動、溝通互動、社會參與等面向核心素養連貫統整的課程，培養現代公民所需的知識、能力與態度，成爲一位因應生活情境之快速變遷而與時俱進的終身學習者。特別是「領域／科目核心素養」是兼顧分「教育階段」的進階性與分「領域／科目」的延伸性概念，兼顧「教育階段」循序漸進縱向連貫「垂直關係」的「進階性」，及不同「領域／科目」之統整「水平關係」的「延伸性」。

　　例如：國小教育階段健體領域核心素養「健體-E-A1」→國中教育階段健體領域核心素養「健體-J-A1」→高中教育階段健體領域核心素養「健體-U-A1」，更可進一步建構各《領域／科目課程綱要》的水平關聯，例如：國中教育階段自然領域核心素養「自-J-C3」、國中教育階段綜合領域核心素養「綜-J-C3」。而且爲了使各《領域／科目課程綱要》內容能達成與其他領域之間的橫向聯繫，並使各「領域／科目核心素養」具體內涵能符合《十二年國民基本教育課程綱要總綱》之核心素養，可引導十二年國民基本教育「領域／科目」課程連貫與統整，可見「領域／科目核心素養」除了重視各教育階段垂直連貫之外，也重視不同領域／科目之間的跨領域統整學習，合乎《十二年國民基本教育課程綱要總綱》的「核心素養」分教育階段、分領域／科目進行課程發展的原則，可有效因應各領域／科目的「共同性」與「差異性」，並進而展開各學習重點之課程發展。

(三)彰顯各領域／科目的學科特性

　　「領域／科目核心素養」的重要功能之三，在於可以彰顯各「領域／科目」的學科特性，特別是彰顯學科知識體系邏輯結構的脈絡性，毋需勉強將所有核心素養內容全部納入其課程內涵中。「領域／科目核心素養」課程發展內容著重引導學生學習如何學習的方法，改善課程發展爲統整而統整的困境，尊重學科的主體性，合乎《十二年國民基本教育課程綱要總綱》的「課程架構」，依據「部定課程」的領域學習課程、一般科目、專業科目、實習科目與「校訂課程」的彈性學習課程、校訂必修課程、選修課程、團體活動時間、彈性學習時間等不同教育階段「課程類型」進行課程發展的原則（教育部，2014），可以因應各領域／科目的「共同性」與「差異性」。

　　特別是「領域／科目核心素養」可以檢核各《領域／科目課程綱要》的「學習重點」的發展內容。各教育階段領域／科目的「學習重點」課程內涵應具體呼應「領域／科目核心素養」，藉以發展出合乎學生身心發展的「學習表現」與「學習內容」，兩者都是「學習重點」的一體之兩面（蔡清田，2016）。雖然「學習重點」不是全部都從核心素養直接轉化而來，而是必須考量「領域／科目」的基本理念與課程目標，為了彰顯各「領域／科目」的學科特性，各領域科目可將過去繁瑣的能力指標加以簡化為「學習表現」，並將過多的基本內容教材大綱簡化為「學習內容」，特別是考量實際教學時數，以「減法」為原則規劃能呼應「領域／科目核心素養」的「學習內容」與「學習表現」，彰顯各領域／科目的學科特性。

(四)領域／科目核心素養可呼應「領域／科目學習重點」統整「學習內容」與「學習表現」

　　「學習表現」與「學習內容」都是「領域／科目學習重點」內的課程發展概念。但是「領域／科目學習重點」是上位的概念，「學習表現」與「學習內容」是下位的概念，分屬不同層次。「領域／科目學習重點」的「學習表現」與「學習內容」包含「歷程」與「內容」兩個面向，符合對認知概念的分類，提供教師具體設計的課程元素，也可以兼顧課程發展的「目標模式」與「歷程模式」，前者比較適合對課程「學習內容」的強調，後者則重視學生在學習歷程的「學習表現」，「學習重點」雖不必完全對應「領域／科目核心素養」，但「學習表現」或「學習內容」應能與「領域／科目核心素養」相呼應，本書曾在第三章表3.5健康與體育領域「學習重點與領域／科目核心素養呼應表參考示例」（國小教育階段）、表3.6健康與體育領域「學習重點與領域／科目核心素養呼應表參考示例」（國中教育階段）、表3.7健康與體育領域「學習重點與領域／科目核心素養呼應表參考示例」（高中教育階段）舉例說明，作者將在稍後及第五章進一步說明「領域／科目學習重點」的「學習表現」與「學習內容」可呼應「領域／科目核心素養」的設計，是一種高階而精巧的「PCC三因子」三維（3D）螺旋課程統整設計。

三、領域／科目核心素養的課程發展原則

  「領域／科目核心素養」可說是屬於「領域／科目」之下的具體內容，可進一步發展出「領域／科目學習重點」。「領域／科目核心素養」係指依據《十二年國民基本教育課程綱要總綱》之「教育階段核心素養」具體內涵，結合各領域／科目理念與目標後，在各《領域／科目課程綱要》所展現核心素養具體內涵，可考量其領域／科目的獨特性或高中教育階段學校類型的差異性而加以發展，不必勉強涵蓋《十二年國民基本教育課程綱要總綱》核心素養或「教育階段核心素養」的所有面向（教育部，2014）。

  就核心素養與領域／科目的連結方式而言，各教育階段領域／科目的規劃應包括該「領域／科目核心素養」的課程發展，尤其是各領域／科目核心素養需能呼應《十二年國民基本教育課程綱要總綱》之「教育階段核心素養」，而且核心素養可以引導各領域／科目內容的發展，各教育階段領域／科目的課程內涵應具體呼應、統整並融入核心素養，但各領域／科目各有其特性，因此，毋需勉強將總綱所有核心素養內容全部納入其課程內涵中（蔡清田，2016）。例如以「高中數學領域核心素養」的課程發展為例，主要包括五條（而非九條）核心素養：數S-U-A2（具備數學模型的基本工具，以數學模型解決典型的現實問題。了解數學在觀察歸納之後還須演繹證明的思維特徵及其價值）；數S-U-B1（具備描述狀態、關係、運算的數學符號的素養，掌握這些符號與日常語言的輔成價值；並能根據此符號執行操作程序，用以陳述情境中的問題，並能用以呈現數學操作或推論的過程）；數S-U-B2（具備正確使用計算機和電腦軟體以增進學習的素養，包含知道其適用性與限制、認識其與數學知識的輔成價值，並能用以執行數學程序。能解讀、批判及反思媒體表達的資訊意涵與議題本質）；數S-U-B3（領會數學作為藝術創作原理或人類感知模型的素養，並願意嘗試運用數學原理協助藝術創作）；數S-U-C3具備欣賞數學觀念或工具跨文化傳承的歷史與地理背景的視野，並了解其促成技術發展或文化差異的範例。可見每一個領域／科目，未必要呼應所有九項核心素養，《十二

年國民基本教育課程發展指引》明確指出核心素養有其培養的原則，亦即核心素養的培養需秉持漸進、加廣加深、跨領域／科目等原則，可透過各教育階段的不同領域／科目的學習達成（蔡清田等，2013；國教院，2014），而且核心素養具有跨領域／科目的特質，某一項核心素養，可以透過不同領域／科目來促進與培養，例如「C3多元文化與國際理解」可透過社會、國文、藝術等來培養；相似地，同一領域／科目的學習也可促進不同的核心素養，例如：自然領域學習，應該有助於「A2系統思考與解決問題」、「A3規劃執行與創新應變」、「B2科技資訊與媒體素養」養成。

　　具體而言，「領域／科目核心素養」的課程發展原則如下：

　　(一)「領域／科目核心素養」的課程發展，是兼顧依「教育階段」循序漸進發展縱向連貫「垂直關係」的「進階性」，呼應分「教育階段」垂直連貫關係的課程發展原則，與依不同「領域／科目」之橫向統整「水平關係」的「延伸性」，呼應分「領域／科目」水平統整關係的課程發展原則。是以各領域／科目依據《十二年國民基本教育課程綱要總綱》九項核心素養及各「教育階段核心素養」具體內涵，進而發展該項「領域／科目核心素養」具體內涵，而且各項「領域／科目核心素養」具體內涵，是分國民小學（E）、國民中學（J）、高級中等學校（U）三教育階段敘寫。

　　(二)就「領域／科目核心素養」的撰寫而言，核心素養在各教育階段下，不再細分科目，採領域整體方式敘寫。原則上在各教育階段下之領域／科目核心素養具體內涵，以領域整體方向敘寫不再細分科目，可以參考《十二年國民基本教育課程綱要總綱》的領域科目系譜圖，以領域為單位發展核心素養，然總綱已經將英語文、國語文、新住民語、本土語言的課程架構表分開，因此尊重語文領域各科目的性質，可視需求先發展科目的核心素養，之後再合併若干科目核心素養為語文領域的共同核心素養。是以語文領域（國語文、英語文、閩南語文、客家語文、原住民語文、新住民語文）先發展該科目核心素養，可再將部分之科目核心素養，整合為語文領域共同核心素養。尤以本土語文各語種之間、新住民語文各語種之間，以及本土語文、新住民語文和第二外國語之間，在架構上宜力求一致。

　　(三)「領域／科目核心素養」具體內涵，是指在各教育階段中的不同領域／科目以其學科語言來呈現呼應該領域／科目的核心素養具體內涵。例如：高級中等教育階段的「B1符號運用與溝通表達」，其具體內涵「U-B1：具備精確掌握各類符號表達的能力，以進行經驗、思想、價值與情意之表達，能以同理心與他人溝通並解決問題。」則普通高中數學領域核心素養具體內涵的呈現可能爲「數S-U-B1：具備演算、抽象化、推理、連結、解題、溝通等數學能力，並能運用數學符號進行邏輯思考、分析並解決問題」。

　　(四)「領域／科目核心素養」應能引導「學習重點」的「學習內容」與「學習表現」之發展；而學習重點雖不必完全對應「領域／科目核心素養」，但部分的「學習內容」與「學習表現」應能與「領域／科目核心素養」相互呼應。「領域／科目核心素養」係爲各類學校的學生所應培養的「共同要求」。因此，高級中等教育階段之核心素養具體內涵，以各領域／科目「必修」爲主要範疇，進行規劃發展。

四、領域／科目核心素養的課程發展程序與編碼方式

　　「領域／科目核心素養」是指《十二年國民基本教育課程綱要總綱》九項核心素養與「教育階段核心素養」，在《領域／科目課程綱要》展現的核心素養具體內涵，可引導領域／科目「學習重點」之發展。就「領域／科目核心素養」的課程發展程序而言：(一)首先宜選擇該領域／科目所想要培養的核心素養「項目」，亦即選擇「領域／科目核心素養」的「項目」；(二)其次是依序進行該核心素養「項目」的「教育階段」編碼設計，並撰寫該「領域／科目核心素養」的具體內涵；(三)再次是組織排列彙整該領域／科目所有項目的「領域／科目核心素養」具體內涵。因此，各領綱研修小組可在研定各領綱「領域／科目核心素養」之前，先透過討論分析該領域科目的「基本理念」及「課程目標」等學科特色，以數學領域爲例，可先選擇可能有關的《十二年國民基本教育課程綱要總綱》核心素養「項目」是哪幾項（如A2，B1，B2，B3，C3）？再分析領域的

「基本理念」及「課程目標」較有助於哪幾個「教育階段核心素養」（如國小教育階段E-A2，E-B1，E-B2，E-B3，E-C3）的養成？可加以統整融入並撰寫各該「項目」各該「教育階段」之「領域／科目核心素養」具體內涵，再次是組織排列彙整該領域／科目的所有「項目」所有「教育階段」的「領域／科目核心素養」（如國小教育階段E-A2，E-B1，E-B2，E-B3，E-C3；國中教育階段J-A2，J-B1，J-B2，J-B3，J-C3；高中教育階段U-A2，U-B1，U-B2，U-B3，U-C3）的具體內涵，如此「領域／科目核心素養」將可呼應《十二年國民基本教育課程綱要總綱》核心素養的特定面向項目，也呼應「教育階段核心素養」的具體內涵，而且各「領域／科目核心素養」仍可保有其學科特色，不必勉強呼應所有九項核心素養與所有「教育階段核心素養」。

(一)首先宜選擇該領域／科目所要培養的核心素養「項目」，亦即選擇「領域／科目核心素養」的「項目」

　　就「領域／科目核心素養」的課程發展程序而言，首先宜選擇該領域／科目所想要培養的核心素養「項目」，亦即選出「領域／科目核心素養」的「項目」；語文、數學、社會、自然科學、科技、綜合活動、藝術、健康與體育等八大領域／科目課程綱要，都列出該領域所欲培養的核心素養，強調每個領域的知識、能力、情意態度都是教育的重要目標，各領域／科目應依照其「基本理念」及「課程目標」，考量該領域／科目與《十二年國民基本教育課程綱要總綱》三面向九項目核心素養之可能關係，進而選擇該「領域／科目核心素養」之項目。某項目核心素養，可以透過不同領域／科目加以培養，例如「C3多元文化與國際理解」可透過英語文、國語文、藝術、社會、數學等領域／科目加以培養；領域／科目的學習也可以促進不同核心素養的培養，以數學領域為例，可選擇要培養《十二年國民基本教育課程綱要總綱》哪幾個核心素養「項目」（如A2，B1，B2，B3，C3）？因此數學領域可參考其基本理念與教育目標如「培養學生欣賞數學……以簡馭繁的精神與結構嚴謹完美的特質」，數學領綱將核心素養定位在知（數學內容）、行（技能、解決問題）、識（態度，如見識、賞識）等，以決定數學領域的學習是否有助於「A2系統思考與

問題解決」、「B1符號運用與溝通表達」、「B2資訊科技與媒體素養」「B3藝術涵養與美學素養」、「C3多元文化與國際理解」等項目的核心素養養成，如此「領域／科目核心素養」，便可呼應《十二年國民基本教育課程綱要總綱》，但各有其學科特色不必勉強呼應總綱的所有九項核心素養。因此「領域／科目核心素養」的課程發展程序，宜先選擇「領域／科目核心素養」的「項目」，以便能呼應《十二年國民基本教育課程綱要總綱》核心素養的特定「項目」。

以普通型高中數學領域為例，可從18歲的終點素養回溯學習主題，並一一按照學生的生活經驗或認知能力，發展出完整而連貫的脈絡（單維彰，2016）。數學素養是個體、數學和社會生活三者相結合的綜合體，也是現代公民應具備的核心特質。數學素養的內涵已從早期有關特定數學內容的精熟，逐步過渡到個體現實生活關聯的思考與批判（游自達，2016）。領綱研修小組可透過討論，先選擇確認有關的《十二年國民基本教育課程綱要總綱》核心素養面向項目是哪幾項，詳如表4.1選擇確認「領域／科目核心素養」面向項目示例（國家教育研究院課程及教學研究中心核心素養工作圈，2015）？再確認數學領域的「基本理念」及「課程目標」較有助於總綱哪幾項「教育階段核心素養」的養成？可注意總綱與各領域科目綱要的「共同性」和「差異性」，可在研定各領綱「領域／科目核心素養」之前，先分析該領域科目的「基本理念」及「課程目標」等學科特色，與所呼應的總綱核心素養「項目」與「教育階段核心素養」，再融入適當項目「領域／科目核心素養」的具體內涵。

各領域／科目得依領域特性撰寫「領域／科目核心素養」，雖可留空，但應納入的仍不可少，例如「數學領域」便在國教院課程研究發展會建議之下，增加納入「A1身心素質與自我精進」、「A3規劃執行與創新應變」、「C1道德實踐與公民責任」、「C2人際關係與團隊合作」。但「領域／科目核心素養」的敘寫會影響後續「學習重點」的「學習表現」與「學習內容」以及教材選文之設計問題，因此各領域／科目需斟酌所撰寫的「領域／科目核心素養」具體內涵，需兼顧後續學習重點的發展，以利未來教科書編審及教師教學的參考，本章稍後將進一步說明。

✿表4.1　選擇領域／科目核心素養面向「項目」示例

核心素養 面向項目	高級中等教育階段 核心素養具體內涵	普通型高中 數學領域 核心素養
☐ A1 身心素質與 自我精進	☐ U-A1 提升各項身心健全發展素質，發展個人潛能，探索自我觀，肯定自我價值，有效規劃生涯，並透過自我精進與超越，追求至善與幸福人生。	
☐ A2 系統思考與 解決問題	☐ U-A2 具備系統思考、分析與探索的素養，深化後設思考，並積極面對挑戰以解決人生的各種問題。	數S-U-A2
☐ A3 規劃執行與 創新應變	☐ U-A3 具備規劃、實踐與檢討反省的素養，並以創新的態度與作為因應新的情境或問題。	
☐ B1 溝通表達與 符號運用	☐ U-B1 具備精確掌握各類符號表達的能力，以進行經驗、思想、價值與情意之表達，能以同理心與他人溝通並解決問題。	數S-U-B1
☐ B2 科技素養與 媒體資訊	☐ U-B2 具備適當運用科技、資訊與媒體之素養，進行各類媒體識讀與批判，並能反思科技、資訊與媒體倫理的議題。	數S-U-B2
☐ B3 藝術生活與 美學涵養	☐ U-B3 具備藝術感知、欣賞、創作與鑑賞的能力，體會藝術創作與社會、歷史、文化之間的互動關係，透過生活美學的涵養，對美善的人事物，進行賞析、建構與分享。	數S-U-B3
☐ C1 道德實踐與 公民責任	☐ U-C1 具備對道德課題與公共議題的思考與對話素養，培養良好品德、公民意識與社會責任，主動參與環境保育與社會公益活動。	
☐ C2 人際關係與 團隊合作	☐ U-C2 發展適切的人際互動關係，並展現包容異己、溝通協調及團隊合作的精神與行動。	
☐ C3 多元文化與 國際理解	☐ U-C3 在堅定自我文化價值的同時，又能尊重欣賞多元文化，拓展國際化視野，並主動關心全球議題或國際情勢，具備國際移動力。	數S-U-C3

註：以上僅就數學領域提供示例，有關數學領域核心素養之編碼及內涵，以教育部正式公告為準。

(二)其次是依序進行該核心素養「項目」的「教育階段」編碼設計，並撰寫各該「項目」的各該「教育階段」之「領域／科目核心素養」具體內涵

選出「領域／科目核心素養」的「項目」之後，其次是依序進行該核心素養「項目」的「教育階段」編碼設計（如E為國小、J為國中、U為高級中等教育），並撰寫各該「項目」的各該「教育階段」之「領域／科目核心素養」具體內涵；「領域／科目核心素養」係該領域／科目之定位要素，十二年國民基本教育各《領域／科目課程綱要》因涉及各領域／科目學科素養的不同，而有其個別《領域／科目課程綱要》的「共同性」與「差異性」，有必要依序進行該核心素養「項目」的「教育階段」編碼設計，並撰寫各該「項目」的各該「教育階段」之「領域／科目核心素養」具體內涵，而且「領域／科目核心素養」宜同時強調「領域／科目基本理念」、「領域／科目課程目標」與《十二年國民基本教育課程綱要總綱》某「核心素養」的某關鍵「教育階段核心素養」，統整轉化成為各該「項目」的各該「教育階段」之「領域／科目核心素養」具體內涵，說明如次：

1.設計「領域／科目核心素養」的編碼

就「領域／科目核心素養」編碼原則而言，核心素養分為三面九項，且需依「分教育階段」、「分領域」的原則進行課程發展的縱向連貫「垂直關係」與橫向統整「水平關係」之設計，核心素養進入各教育階段（K-幼兒園、E-國小、J-國中、S-高中、V-高職）後，與現行各領域／科目課程目標內涵結合，考量縱向連貫「垂直關係」與橫向統整「水平關係」之原則，發展「領域／科目核心素養」。「領域／科目核心素養」的編碼原則，主要是依照九項核心素養的「分教育階段」、「分領域」的發展原則，「分教育階段」是開展「垂直關係」之原則，「分領域」則是開展「水平關係」之原則。依照上述課程發展原則，「領域／科目核心素養」編碼的三碼，依序就是「分領域」、「分教育階段」、「九項核心素養」三個編號。第一個原則是各領域／科目應能掌握《十二年國民基本教育課程綱要總綱》九項核心素養與「教育階段核心素養」，可依其「領域／科

目理念與目標」的學科特性，轉化爲「領域／科目核心素養」具體內涵，並加以編碼。第二個原則是各領域／科目應注意各教育階段縱向連貫之「垂直關係」，並彰顯「領域／科目」之間與之內的「水平關係」，重視課程發展的水平統整與垂直連貫。

　　各《領域／科目課程綱要》在不影響《十二年國民基本教育課程綱要總綱》及跨領域／科目合作前提下，以能促成跨領域／科目之統整爲原則，在「領域／科目核心素養」格式及編碼上力求其一致的「共同性」，可參考表4.2領域／科目核心素養編碼格式示例。

✿表4.2　領域／科目核心素養編碼格式示例

第一碼 領域／科目簡稱	第二碼 教育階段	第三碼 總綱核心素養 面向項目	舉例
如：數學爲「數」，自然科學爲「自」 1.若普通型高中、技術型高中、綜合型高中的領域／科目核心素養之具體內涵相同，則不用加上學校類型的代號。 2.若普通型高中、技術型高中、綜合型高中的領域／科目核心素養之具體內涵不同，於領域／科目的簡稱後：(1)普通型高中加註S；(2)技術型高中加註V；(3)綜合型高中加註C。	國小：E 國中：J 高中：U	A1 ⋮ C3	1.領域／科目核心素養之具體內涵相同： 健體-U-A1 2.領域／科目核心素養之具體內涵不同： 普通型高中： 數S-U-A1 技術型高中： 數V-U-A1 綜合型高中： 數C-U-A1

　　各「領域／科目核心素養」的編碼，需依據教育部發布之《十二年國民基本教育課程綱要總綱》的核心素養編碼方式（教育部，2014），分爲三項編碼：

　　(1)第1碼：「領域／科目別」

　　例如：數學爲「數」，自然科學爲「自」。如有需要，再標示高級

中等學校類型如：普通型高中（S）、技術型高中（V）、綜合型高中（C）等進行編碼。第1碼代表「領域／科目別」的「水平關係」，可以彰顯「領域／科目」之間與之內的「水平關係」，例如「國」、「英」、「數」、「自」、「社」……可代表各「領域／科目」之間的水平關係；第1碼代表「領域／科目別」尊重學科特性，如此編碼可以說明各領域之間的科目學科特質，也可結合學校類型如普通型高中（S）、技術型高中（V）等進行編碼，重視高級中等教育階段的各領域／科目之學科類型「水平關係」。詳細而言：

幼兒園階段（4-6歲）：認（認知）、語（語文）、社（社會）……領域／科目別；

國小階段（6-12歲）：數（數學）、國（國語）、英（英語）……領域／科目別；

國中階段（12-15歲）：數（數學）、國（國文）、英（英文）等領域／科目別；

高級中等教育階段（15-18歲）：數S（高中數學）、國S（高中國文）、英S（高中英文）、數工V（高工數學）、數商V（高商數學）、數農V（高農數學）、國V（高職國文）、英工V（高工英文）、英商V（高商英文）、英農V（高農英文）、自／物S（高中物理）、自／物V（高職物理）等領域／科目別。

例如：

社S-U-A1探索自我，發展潛能，肯定自我，規劃生涯，健全身心素質，透過自我精進，追求幸福人生。

社V-U-A1透過人類生活相關議題，自我探索、追求自我肯定、開展個人潛能，提升身心健全發展素質。

社C-U-A1藉由人類生活相關議題之探究，以試探性向、開展潛能、肯定自我，且能規劃生涯、精進自我。

(2)第2碼：「教育階段別」

第2碼代表「教育階段別」的「垂直關係」，包括K.幼兒園階段（4-6歲）、E.國小（6-12歲）、J.國中（12-15歲）、U.高級中等教育（15-18

歲），彰顯「領域／科目核心素養」的縱向連貫之「垂直關係」。

(3)第3碼：總綱的「核心素養面向與項目」

第3碼代表「核心素養項目」，包括A1身心素質與自我精進、A2系統思考與解決問題、A3規劃執行與創新應變、B1符號運用與溝通表達、B2科技資訊與媒體素養、B3藝術涵養與美感素養、C1道德實踐與公民意識、C2人際關係與團隊合作、C3多元文化與國際理解。

❀表4.3　國民中學數學領域核心素養編碼簡要示例

領域／科目	教育階段	核心素養項目	國民中學教育階段核心素養
數學	J國民中學	B1符號運用與溝通表達	J-B1具備運用各類符號表情達意的素養，能以同理心與人溝通互動，並理解數理、美學等基本概念，應用於日常生活中。
數-J-B1領域核心素養具體內涵 具備處理代數與幾何中數學關係的能力，並用以描述情境中的現象。能在經驗範圍內，以數學語言表述平面與空間的基本關係和性質。能以基本的統計量與機率，描述生活中不確定性的程度。			

以下舉例說明：①國小領域／科目核心素養編碼方式例如：數-E-B1，自-E-A2；②國中領域／科目核心素養編碼方式例如：數-J-B1，社-J-B2；③普通型高中領域／科目核心素養編碼方式例如：社S-U-C1，藝S-U-C1；④技術型高中領域／科目核心素養編碼方式例如：自V-U-A2，數V-U-C1；⑤綜合型高中領域／科目核心素養編碼方式例如：自C-U-A2，數C-U-C1。值得注意的是，若技術型、綜合型、單科型高中的領域／科目核心素養，與普通型高中完全一致，則可不必在第一碼加上V、S、C，可以普通型高中編碼為主（國家教育研究院課程及教學研究中心核心素養工作圈，2015）。以國中教育階段數學領域核心素養「數-J-B1」為例，第1碼「數」代表「領域／科目別」：是指此領域／科目核心素養是屬於數學領域／科目。第2碼「J」代表「教育階段別」：是指此領域／科目核心素養是屬於國民中學教育階段。第3碼「B1」代表

「核心素養九大項目別」：是指此「領域／科目核心素養」是屬於《十二年國民基本教育課程綱要總綱》「B1符號運用與溝通表達」的「核心素養」項目（蔡清田、洪若烈、陳延興、盧美貴、陳聖謨、方德隆、林永豐、李懿芳，2012，50）。

值得注意的是，第1碼是「領域／科目別」，這個領域／科目類別似乎不適合結合學校類別，因為「學校類別」只出現在高級中等教育階段，因此出現學校類別就等於揭露了第2碼才該揭露的「教育階段別」訊息，可能導致編碼資訊不必要的重複，似乎學校類別宜放在第2碼「教育階段別」。但是，如此可能就過度強調且硬性強迫區分高中／職的差異性，而忽略了高中／職也有其的共同性，甚至是一致性（如高中／職的國文、體育等），經過慎思熟慮之後，學校類別的概念，還是納入在第一碼「領域／科目別」比較適當，一方面，既可彰顯高中與高職的「領域／科目」課程差異，可以彰顯「領域／科目」之間與之內的「水平關係」，可說明高中「領域／科目」與高職「領域／科目」的課程有其「共同性」也有其「差異性」，更可彰顯核心素養乃依「分教育階段、分領域」而發展的編碼原則；另一方面，倘若「第二碼」中加入了「學校類別」的概念，則原本設計中第二碼所欲呈現的「垂直」關係，反而會被模糊了。倘若高中／職階段的第二碼加入了學校類別的概念，亦即呈現了「垂直」與「水平」兩種關係，而國小與國中階段的第二碼卻只有「垂直」的關係，會使整個編碼系統變得比較複雜而混淆不清。因此，學校類別，納入在第一碼「領域／科目別」比較適當，可彰顯高中與高職的「領域／科目」之間與之內的「水平關係」，可說明高中／職課程的「共同性」與「差異性」。

有學者建議為突顯「普通型高中（S）與技術型高中（V）的區別，第2碼就直接用「S」或「V」表示」，但如此一來就只有彰顯高中與高職的「領域／科目」課程的「差異性」而忽略其「共同性」，而且與《十二年國民基本教育課程發展指引》的「表1各教育階段核心素養內涵」相互衝突了，在這個表內，九項核心素養已經依照「教育階段」的特性，發展出了18歲學生應該具備的九項核心素養（U-A1、U-A2、U-A3……）。若依此建議將U-A1再細分為S-A1與V-A1，就難以彰顯U-A1所要強調這個「高

中／職教育階段」的核心素養，且應該和E-A1（國小階段）與J-A1（國中階段）形成一個漸進開展的關係。若將U-A1分為S-A1與V-A1，雖然強調了高中與高職的「差異性」，但卻模糊了18歲這個高中／職階段核心素養的「共同性」。上述的解說並不是說高中與高職的課程沒有「差異性」，而是說《十二年國民基本教育課程發展指引》核心素養的發展理念，是核心素養應有教育階段性的開展，而每一教育階段中的領域／科目核心素養，都只是從不同學校類別、領域、科目的語言，來詮釋這個階段的核心素養（U-A1）。因此，學校類別的概念，還是建議納入在第一碼，既可彰顯高中與高職的課程「差異性」，也可把握核心素養乃依「分教育階段、分領域」而設計的編碼原則。

2.發展各該「項目」各該「教育階段」的「領域／科目核心素養」
　具體內涵

　　發展各該「項目」各該「教育階段」的「領域／科目核心素養」具體內涵，宜考量領域／科目的「基本理念」、「課程目標」與《十二年國民基本教育課程綱要總綱》某「核心素養」的某關鍵「教育階段核心素養」（蔡清田、陳延興、吳明烈、盧美貴、陳聖謨、方德隆、林永豐，2011；蔡清田、洪若烈、陳延興、盧美貴、陳聖謨、方德隆、林永豐、李懿芳，2012）。「領域／科目核心素養」的課程統整要素，如圖4.2「領域／科目核心素養」的課程統整設計模式所示，包括三要素：一是該領域／科目「基本理念」，二是該領域／科目「課程目標」，三是《十二年國民基本教育課程綱要總綱》某核心素養某關鍵「教育階段核心素養」，特別是各項「領域／科目核心素養」具體內涵需能符合《十二年國民基本教育課程綱要總綱》之「教育階段核心素養」具體內涵。換言之，就「領域／科目核心素養」的課程統整設計模式而言，乃是「領域／科目」的「基本理念」、「課程目標」與「核心素養」等三要素之課程統整設計關係模式，說明了「領域／科目核心素養」課程統整三要素之間緊密連結關係，這是一種精巧的核心素養轉化之三維（3D）螺旋課程統整設計模式（蔡清田，2016）：

✿圖4.2 「領域／科目核心素養」的課程統整設計模式

　　就「領域／科目核心素養」的課程統整設計模式而言，宜依據某領域／科目「基本理念」、「課程目標」、《十二年國民基本教育課程綱要總綱》某核心素養的某關鍵「教育階段核心素養」，並進一步將其轉化成為「領域／科目核心素養」具體內涵，以呼應《十二年國民基本教育課程綱要總綱》之某關鍵「教育階段核心素養」具體內涵。如以「數-J-B1具備處理代數與幾何中數學關係的能力，並用以描述情境中的現象。能在經驗範圍內，以數學語言表述平面與空間的基本關係和性質。能以基本的統計量與機率，描述生活中不確定性的程度。」這條國中教育階段數學B1「領域／科目核心素養」，是同時強調「B1符號運用與溝通表達」的「核心素養」、15歲國中「教育階段核心素養」（J-B1具備運用各類符號表情達意的素養，能以同理心與人溝通互動，並理解數理、美學等基本概念，應用於日常生活中）、數學「領域／科目課程目標」（培養學生的好奇心，及觀察規律、演算、抽象、推論、溝通和數學表述等各項能力）、「基本理念」（數學是一種語言、是一種科學、也是一種文化）等三要素加以進行課程統整，成為此一國中教育階段數學「領域／科目核心素養」；此外，並且考慮數學領域各教育階段核心素養之間的垂直連貫，如可向下銜接國小教育階段數學「領域／科目核心素養」（數-E-B1具備日常語言與數字

及算術符號之間的轉換能力，並能熟練操作日常使用之度量衡及時間，認識日常經驗中的幾何形體，並能以符號表示公式）與往上銜接高中教育階段數學「領域／科目核心素養」（數U-S-B1具備描述狀態、關係、運算的數學符號的素養，掌握這些符號與日常語言的輔成價值；並能根據此符號執行操作程序，用以陳述情境中的問題，並能用以呈現數學操作或推論的過程）。

值得注意的是，一開始進行「領域／科目核心素養」課程統整，雖將某「核心素養」的某「教育階段核心素養」，統整領域／科目基本理念與課程目標，可能該「領域／科目核心素養」的領域／科目特色尚不明顯，此時可再將該「領域／科目核心素養」用詞再次與該「教育階段核心素養」進行檢核，特別強調加入「領域／科目」名稱如數學、自然科學、語文、藝術等名稱以彰顯該「領域／科目」特色，特別重視該「領域／科目課程目標」所強調要培養的認知、技能及情意，其後就較能彰顯該「領域／科目核心素養」之領域特色。特別是「領域／科目核心素養」的關鍵「動詞」可取自所對應的某項「核心素養」與該關鍵「教育階段核心素養」的規劃、執行、溝通、表達、創新、合作或記憶、理解、應用、分析、評鑑、創造等「動詞」，「關鍵內容」則可從「領域／科目課程目標」的知識、能力及情意態度之「內容」而來，如此可依據該領域／科目理念與目標，將《十二年國民基本教育課程綱要總綱》的「教育階段核心素養」與領綱的「領域／科目課程目標」統整成為該領綱的「領域／科目核心素養」（蔡清田，2016）。如延續表4.1以普通型高中數學領域為例，在九項核心素養中可指出與其中的五項較為密切關係，因此，進一步依據普通型高中數學領域之「基本理念」與「課程目標」，發展該階段各項「領域／科目核心素養」具體內涵（如：數S-U-A2、數S-U-B1、數S-U-B2、數S-U-B3、數S-U-C3）如表4.4「領域／科目核心素養」具體內涵（以數學領域為例），係依循《十二年國民基本教育課程綱要總綱》「教育階段核心素養」之具體內涵，結合數學領域之「基本理念」與「課程目標」後，在數學領域課綱內展現的核心素養具體內涵。

✿表4.4 「領域／科目核心素養」具體內涵（以數學領域為例）

關鍵要素	核心素養面向	核心素養項目	項目說明	核心素養具體內涵		
				E 國民小學學校教育(12)階段（數學）領域核心素養項目	J 國民中學學校教育(15)階段（數學）領域核心素養項目	U 高級中等學校教育(18)階段（數學）領域核心素養項目
終身學習者	A 自主行動	A1 身心素質與自我精進	具備身心健全發展的素質，擁有合宜的人性觀與自我觀，同時透過選擇、分析與運用新知，有效規劃生涯發展，探尋生命意義，並不斷自我精進，追求至善。	E-A1 具備良好的生活習慣，促進身心健全發展，並認識個人特質，發展生命潛能。	J-A1 具備良好的身心發展知能與態度，並展現自我潛能、探索人性、自我價值與生命意義、積極實踐。	U-A1 提升各項身心健全發展素質，發展個人潛能，探索自我觀，肯定自我價值，有效規劃生涯，並透過自我精進與超越，追求至善與幸福人生。
				各領域填入	各領域填入	各領域填入
		A2 系統思考與解決問題	具備問題理解、思辨分析、推理批判的系統思考與後設思考素養，並能行動與反思，以有效處理及解決生活、生命問題。	E-A2 具備探索問題的思考能力，並透過體驗與實踐處理日常生活問題。	J-A2 具備理解情境全貌，並做獨立思考與分析的知能，運用適當的策略處理解決生活及生命議題。	U-A2 具備系統思考、分析與探索的素養，深化後設思考，並積極面對挑戰以解決人生的各種問題。
				數-E-A2 具備基本的算術操作能力、並能指認基本的形體與相對關係，在日常生活情境中，用數學表述與解決問題。	數-J-A2 具備有理數、根式、座標系之運作能力，並能以符號代表數或幾何物件，執行運算與推論，在生活情境或可理解的想像情境中，分析本質以解決問題。	數-S-A2 具備數學模型的基本工具，以數學模型解決典型的現實問題。了解數學在觀察歸納之後還須演繹證明的思維特徵及其價值。

			E-A3 具備擬定計畫與實作的能力，並以創新思考方式，因應日常生活情境。	J-A3 具備善用資源以擬定計畫，有效執行，並發揮主動學習與創新求變的素養。	U-A3 具備規劃、實踐與檢討反省的素養，並以創新的態度與作為因應新的情境或問題。
	A3 規劃執行 與 創新應變	具備規劃及執行計畫的能力，並試探與發展多元專業知能、充實生活經驗，發揮創新精神，以因應社會變遷、增進個人的彈性適應力。	各領域填入	各領域填入	各領域填入
B 溝通互動	B1 符號運用 與 溝通表達	具備理解及使用語言、文字、數理、肢體及藝術等各種符號進行表達、溝通及互動，並能了解與同理他人，應用在日常生活及工作上。	E-B1 具備「聽、說、讀、寫、作」的基本語文素養，並具有生活所需的基礎數理、肢體及藝術等符號知能，能以同理心應用在生活與人際溝通。	J-B1 具備運用各類符號表情達意的素養，能以同理心與人溝通互動，並理解數理、美學等基本概念，應用於日常生活中。	U-B1 具備掌握各類符號表達的能力，以進行經驗、思想、價值與情意之表達，能以同理心與他人溝通並解決問題。
			數-E-B1 具備日常語言與數字及算術符號之間的轉換能力，並能熟練操作日常使用之度量衡及時間，認識日常經驗中的幾何形體，並能以符號表示公式。	數-J-B1 具備處理代數與幾何中數學關係的能力，並用以描述情境中的現象。能在經驗範圍內，以數學語言表述平面與空間的基本關係和性質。能以基本的統計量與機率，描述生活中不確定性的程度。	數-S-B1 具備描述狀態、關係、運算的數學符號的素養，掌握這些符號與日常語言的輔成價值；並能根據此符號執行操作程序，用以陳述情境中的問題，並能用以呈現數學操作或推論的過程。

			具備善用科技、資訊與各類媒體之能力，培養相關倫理及媒體識讀的素養，俾能分析、思辨、批判人與科技、資訊及媒體之關係。	E-B2 具備科技與資訊應用的基本素養，並理解各類媒體內容的意義與影響。	J-B2 具備善用科技、資訊與媒體以增進學習的素養，並察覺、思辨人與科技、資訊、媒體的互動關係。	U-B2 具備適當運用科技、資訊與媒體之素養，進行各類媒體識讀與批判，並能反思科技、資訊與媒體倫理的議題。
		B2 科技資訊 與 媒體素養		數-E-B2 具備報讀、製作基本統計圖表之能力。	數-J-B2 具備正確使用計算機以增進學習的素養，包含知道其適用性與限制、認識其與數學知識的輔成價值、並能用以執行數學程序。能認識統計資料的基本特徵。	數-S-B2 具備正確使用計算機和電腦軟體以增進學習的素養，包含知道其適用性與限制、認識其與數學知識的輔成價值，並能用以執行數學程序。能解讀、批判及反思媒體表達的資訊意涵與議題本質。
		B3 藝術涵養 與 美感素養	具備藝術感知、創作與鑑賞能力，體會藝術文化之美，透過生活美學的省思，豐富美感體驗，培養對美善的人事物，進行賞析、建構與分享的態度與能力。	E-B3 具備藝術創作與欣賞的基本素養，促進多元感官的發展，培養生活環境中的美感體驗。	J-B3 具備藝術展演的一般知能及表現能力，欣賞各種藝術的風格和價值，並了解美感的特質、認知與表現方式，增進生活的豐富性與美感體驗。	U-B3 具備藝術感知、欣賞、創作與鑑賞的能力，體會藝術創作與社會、歷史、文化之間的互動關係，透過生活美學的涵養，對美善的人事物，進行賞析、建構與分享。
				數-E-B3 具備感受藝術作品中的數學形體或式樣的素養。	數-J-B3 具備辨認藝術作品中的幾何形體或數量關係的素養。並能在數學的推導中，享受數學之美。	數-S-B3 領會數學作為藝術創作原理或人類感知模型的素養，並願意嘗試運用數學原理協助藝術創作。

C 社會參與	C1 道德實踐與公民意識	具備道德實踐的素養，從個人小我到社會公民，循序漸進，養成社會責任感及公民意識，主動關注公共議題並積極參與社會活動，關懷自然生態與人類永續發展，而展現知善、樂善與行善的品德。	E-C1 具備個人生活道德的知識與是非判斷的能力，理解並遵守社會道德規範，培養公民意識，關懷生態環境。	J-C1 培養道德思辨與實踐能力，具備民主素養、法治觀念與環境意識，並主動參與公益團體活動，關懷生命倫理議題與生態環境。	U-C1 具備對道德課題與公共議題的思考與對話素養，培養良好品德、公民意識與社會責任，主動參與環境保育與社會公共事務。
			各領域填入	各領域填入	各領域填入
	C2 人際關係與團隊合作	具備友善的人際情懷及與他人建立良好的互動關係，並發展與人溝通協調、包容異己、社會參與及服務等團隊合作的素養。	E-C2 具備理解他人感受，樂於與人互動，並與團隊成員合作之素養。	J-C2 具備利他與合群的知能與態度，並培育相互合作及與人和諧互動的素養。	U-C2 發展適切的人際互動關係，並展現包容異己、溝通協調及團隊合作的精神與行動。
			各領域填入	各領域填入	各領域填入
	C3 多元文化與國際理解	具備自我文化認同的信念，並尊重與欣賞多元文化，積極關心全球議題及國際情勢，且能順應時代脈動與社會需要，發展國際理解、多元文化價值觀與世界和平的胸懷。	E-C3 具備理解與關心本土與國際事務的素養，並認識與包容文化的多元性。	J-C3 具備敏察和接納多元文化的涵養，關心本土與國際事務，並尊重與欣賞差異。	U-C3 在堅定自我文化價值的同時，又能尊重欣賞多元文化，具備國際化視野，並主動關心全球議題或國際情勢，具備國際移動力。
			數-E-C3 具備理解與關心多元文化或語言的數學表徵的素養，並與自己的語言文化比較。	數-J-C3 具備敏察和接納數學發展的全球性歷史與地理背景的素養。	數-S-C3 具備欣賞數學觀念或工具跨文化傳承的歷史與地理背景的視野，並了解其促成技術發展或文化差異的範例。

註：以上僅就數學領域提供示例，有關數學領域核心素養之編碼及內涵，以教育部正式公告為準。

　　上表「領域／科目核心素養」具體內涵之撰寫原則：(1)分國民小學、國民中學、高級中等教育三階段敘寫。如圖4.3國民小學教育階段數學核心素養的滾動圓輪意象、圖4.4國民中學教育階段數學核心素養的滾動圓輪意象、圖4.5高級中等教育階段數學核心素養的滾動圓輪意象。(2)在各教育階段下，不再細分科目，採領域方式敘寫。(3)核心素養為各類學校所應培養的「最低共同要求」。因此，高級中等教育階段之核心素養以「必修」範疇為主進行規劃。其他注意事項包括：(1)因應未來學校發展校本課程參

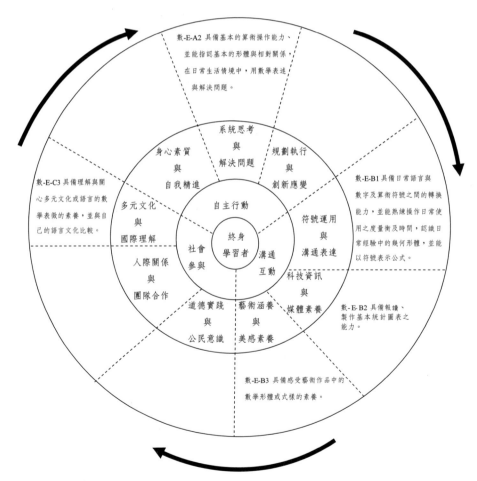

✿圖4.3　國民小學教育階段數學核心素養的滾動圓輪意象

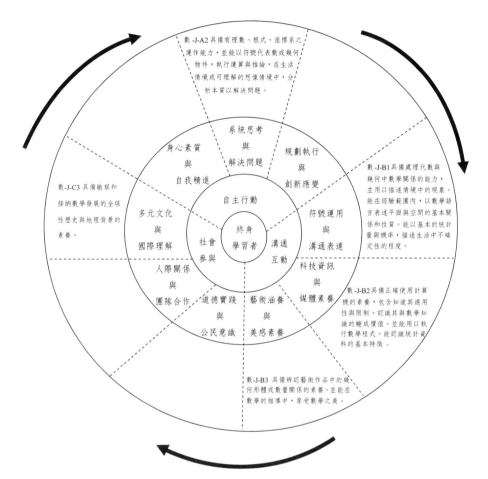

✿圖4.4　國民中學教育階段數學核心素養的滾動圓輪意象

考，若無法對應之項目，可填上「無對應」，但不刪除表格。(2)若無分配
時數之教育階段，可刪除該教育階段的領域／科目核心素養表格。(3)領
域／科目核心素養表，請依循領綱研修工作手冊之規範，最左側三欄應為
「總綱核心素養面向」、「總綱核心素養項目」與「總綱核心素養項目說
明」，倘若無法修正時，可於表前說明主題軸、主題項目與總綱核心素養
的關係為何。(4)若技術型、綜合型、單科型高中的領域／科目核心素養，
與普通型高中完全一致，則可不必在第一碼加上V、C、S，請以普通型高

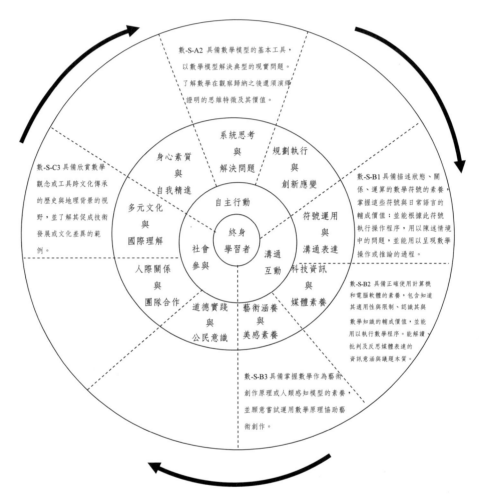

數-S-A2 具備數學模型的基本工具，以數學模型解決典型的現實問題。了解數學在觀察歸納之後還須經過演繹證明的思維特徵及其價值。

數-S-C3 具備欣賞數學觀念或工具跨文化傳承的歷史與地理背景的視野，並了解其促成技術發展或文化差異的範例。

系統思考與解決問題

規劃執行與創新應變

身心素質與自我精進

多元文化與國際理解

自主行動

符號運用與溝通表達

社會參與

終身學習者

溝通互動

數-S-B1 具備描述狀態、關係、運算的數學符號的素養，掌握這些符號與日常語言的輔成價值；並能根據此符號執行操作程序，用以陳述情境中的問題，並能用以呈現數學操作或推論的過程。

人際關係與團隊合作

道德實踐與公民意識

藝術涵養與美感素養

科技資訊與媒體素養

數-S-B2 具備正確使用計算機和電腦軟體的素養，包含知道其適用性與限制、認識其與數學知識的輔成價值，並能用以執行數學程序。能解讀、批判及反思媒體表達的資訊意涵與議題本質。

數-S-B3 具備掌握數學作為藝術創作原理或人類感知模型的素養，並願意嘗試運用數學原理協助藝術創作。

✿圖4.5　高級中等教育階段數學核心素養的滾動圓輪意象

中編碼爲主。

(三)再次是組織排列彙整該領域／科目所有項目的「領域／科目核心素養」的具體內涵

　　依序進行該核心素養「項目」的「教育階段」編碼，並撰寫各該「項目」的各該「教育階段」之「領域／科目核心素養」具體內涵後，便可組織排列彙整該領域／科目所有「項目」所有「教育階段」的「領域／科目

核心素養」具體內涵，如此「領域／科目核心素養」將可呼應《十二年國民基本教育課程綱要總綱》核心素養的特定面向項目，而且各「領域／科目核心素養」仍可保有其學科特色，不必勉強呼應所有九項核心素養與所有「教育階段核心素養」。例如表4.5數學領域核心素養一覽表。

✿表4.5　數學領域核心素養一覽表

總綱核心素養面向	總綱核心素養項目	總綱核心素養項目說明	數學領域核心素養具體內涵		
			國民小學教育（E）	國民中學教育（J）	普通型高級中等學校教育（U）
A 自主行動	A1 身心素質與自我精進	具備身心健全發展的素質，擁有合宜的人性觀與自我觀，同時透過選擇、分析與運用新知，有效規劃生涯發展，探尋生命意義，並不斷自我精進，追求至善。	數-A1 具備學好數學的信心與態度，理解數學的意義性與有用性，並能自主學習，努力不懈地探究、分析與解決數學問題。		
	A2 系統思考與解決問題	具備問題理解、思辨分析、推理批判的系統思考與後設思考素養，並能行動與反思，以有效處理及解決生活、生命問題。	數-E-A2 具備基本的算術操作能力、並能指認基本的形體與相對關係，在日常生活情境中，用數學表述與解決問題。	數-J-A2 具備有理數、根式、座標系之運作能力，並能以符號代表數或幾何物件，執行運算與推論，在生活情境或可理解的想像情境中，分析本質以解決問題。	數-S-A2 具備數學模型的基本工具，以數學模型解決典型的現實問題。了解數學在觀察歸納之後還須演繹證明的思維特徵及其價值。
	A3 規劃執行與創新應變	具備規劃及執行計畫的能力，並試探與發展多元專業知能、充實生活經驗，發揮創新精神，以因應社會變遷、增進個人的彈性適應力。	數-A3 具備轉化現實問題為數學問題的能力，並探索、擬定與執行解題計畫，以及從多元、彈性與創新的角度解決數學問題。		

			數-E-B1 具備日常語言與數字及算術符號之間的轉換能力，並能熟練操作日常使用之度量衡及時間，認識日常經驗中的幾何形體，並能以符號表示公式。	數-J-B1 具備處理代數與幾何中數學關係的能力，並用以描述情境中的現象。能在經驗範圍內，以數學語言表述平面與空間的基本關係和性質。能以基本的統計量與機率，描述生活中不確定性的程度。	數-S-B1 具備描述狀態、關係、運算的數學符號的素養，掌握這些符號與日常語言的輔成價值；並能根據此符號執行操作程序，用以陳述情境中的問題，並能用以呈現數學操作或推論的過程。
B 溝通 互動	B1 符號運用 與 溝通表達	具備理解及使用語言、文字、數理、肢體及藝術等各種符號進行表達、溝通及互動，並能了解與同理他人，應用在日常生活及工作上。			
	B2 科技資訊 與 媒體素養	具備善用科技、資訊與各類媒體之能力，培養相關倫理及媒體識讀的素養，俾能分析、思辨、批判人與科技、資訊及媒體之關係。	數-E-B2 具備報讀、製作基本統計圖表之能力。	數-J-B2 具備正確使用計算機以增進學習的素養，包含知道其適用性與限制、認識其與數學知識的輔成價值、並能用以執行數學程序。能認識統計資料的基本特徵。	數-S-B2 具備正確使用計算機和電腦軟體以增進學習的素養，包含知道其適用性與限制、認識其與數學知識的輔成價值，並能用以執行數學程序。能解讀、批判及反思媒體表達的資訊意涵與議題本質。
	B3 藝術涵養 與 美感素養	具備藝術感知、創作與鑑賞能力，體會藝術文化之美，透過生活美學的省思，豐富美感體驗，培養對美善的人事物，進行賞析、建構與分享的態度與能力。	數-E-B3 具備感受藝術作品中的數學形體或式樣的素養。	數-J-B3 具備辨認藝術作品中的幾何形體或數量關係的素養。並能在數學的推導中，享受數學之美。	數-S-B3 領會數學作為藝術創作原理或人類感知模型的素養，並願意嘗試運用數學原理協助藝術創作。

C 社會 參與	C1 道德實踐 與 公民意識	具備道德實踐的素養，從個人小我到社會公民，循序漸進，養成社會責任感及公民意識，主動關注公共議題並積極參與社會活動，關懷自然生態與人類永續發展，而展現知善、樂善與行善的品德。	數-C1 具備立基於證據的態度，建構可行的論述，並發展和他人理性溝通的素養，成為理性反思與道德實踐的公民。		
	C2 人際關係 與 團隊合作	具備友善的人際情懷及與他人建立良好的互動關係，並發展與人溝通協調、包容異己、社會參與及服務等團隊合作的素養。	數-C2 具備和他人合作解決問題的素養，並能尊重多元的問題解法，建立良好的互動關係。		
	C3 多元文化 與 國際理解	具備自我文化認同的信念，並尊重與欣賞多元文化，積極關心全球議題及國際情勢，且能順應時代脈動與社會需要，發展國際理解、多元文化價值觀與世界和平的胸懷。	數-E-C3 具備理解與關心多元文化或語言的數學表徵的素養，並與自己的語言文化比較。	數-J-C3 具備敏察和接納數學發展的全球性歷史與地理背景的素養。	數-S-C3 具備欣賞數學觀念或工具跨文化傳承的歷史與地理背景的視野，並了解其促成技術發展或文化差異的範例。

註：以上僅就數學領域提供示例，有關數學領域核心素養之編碼及內涵，以教育部正式公告為準。

　　各領域／科目得依領域特性撰寫「領域／科目核心素養」，雖可留空，但應納入的仍不可少，例如「數學領域」便在國教院「課程研究發展會」建議之下，增加納入「A1身心素質與自我精進」、「A3規劃執行與創新應變」、「C1道德實踐與公民責任」、「C2人際關係與團隊合作」，此四項核心素養在數學領域，主要是透過教學實施的過程來完成。但「領域／科目核心素養」的敘寫會影響後續「學習重點」的「學習表現」與「學習內容」以及教材選文之設計問題，因此各領域／科目需斟酌所撰寫

的「領域／科目核心素養」具體內涵，需兼顧後續學習重點的發展，以利未來教科書編審及教師教學的參考。雖然2016年（105年）1月26日第16次國家教育研究院「課程研究發展會」決議同意數學領綱草案之領域核心素養項目A1、A3、C1和C2以跨教育階段的方式敘寫。領域／科目核心素養分教育階段的呈現方式，主要為有鑑於過去十大基本能力未分階段之缺失，造成現場教師不易對應、面臨難以落實的困難，故基於課程轉化的因素而建議分教育階段呈現以利教師教學現場的落實。目前數學領綱透過實施要點落實核心素養的說法似有含糊籠統模糊不清的疑慮，因此「核心素養工作圈」，鼓勵並建議數學領域課綱以三個教育階段呈現其循序漸進的核心素養具體內涵，或以更具體的文字說明如何透過數學領域課綱實施要點落實所列各項核心素養之培養，以合乎《十二年國民基本教育課程綱要總綱》有關各「教育階段核心素養」之規範。

值得注意的是，數-A1、數-A3、數-C1、數-C2雖為跨階段之核心素養，但這些新增的核心素養，在進行跨領域的連貫與統整時，可能會產生困難，未來在發展素養導向評量時，各教育階段的評量標準設定，也可能會產生困難，不利於課程教學實施與學生學習。因此，2016年（105年）3月7日國家教育研究院課程及教學研究中心「十二年國民基本教育跨領域核心素養工作圈」第12次諮詢會議決議提出建議如下：

1.領域／科目核心素養宜分為三個教育階段敘寫，以求十二年國民基本教育各領域課程綱要的共同性，三面九項核心素養的課程轉化，乃依分教育階段、分領域之發展原則。其中，分階段已經明確公告於《十二年國民基本教育課程發展指引》（國家教育研究院，2014，5）」與《十二年國民基本教育課程綱要總綱》（教育部，2014，4）。數學領域的四項核心素養若是不分階段，似乎違反了此兩份指導文件之規範原則。

2.依據核心素養分「教育階段」、分「領域／科目」的課程發展原則，各領域所發展的核心素養，乃應是將目前已經分教育階段的核心素養（成熟程度的進階差別），需顧及數學領綱內部核心素養撰寫格式的一致性，在同一個數學領域當中，有的核心素養可分三個階段，有的卻只能做整體階段的單一表述，這是互相矛盾的。既然有的核心素養項目可以分為

三個階段，那為何這四項核心素養卻不行？如E-C2，繼續延伸其在該領域中的表述（學科領域中的教育階段差別），如數-E-C2。倘若數學領域的四項核心素養不分階段，似乎違反的核心素養的課程轉化邏輯。

3.特別是領域／科目核心素養有引導同一教育階段的不同學習重點，應有相對應的數學領域之學習重點以為支持，可參考「學習重點（學習內容與學習表現）與核心素養呼應表參考示例」，指出相對應的學習內容與學習表現，以利落實核心素養的實踐，並能有助於進行跨領域水平統整的功能。每個領域均有其學科特性與重點，毋須呼應所有九項核心素養。數學領域將原有的五項核心素養擴充為九項，以呼應所有的核心素養項目，似乎模糊了數學的學科特性？數學領域原本的發展方向，可說是最能體現核心素養的精神（核心素養並非由單一學科來養成的，有的學科有助於促成某些核心素養項目；有些學科則可以強調其他的項目），如涉及許多並非數學的主要學習，可能陷於牽強附會之泥淖？數學領域要納入幾項核心素養，經過「核心素養工作圈」建議過後，理當尊重數學領域的決定，然令人不解的是：為何要三個教育階段合起來寫呢？倘若在實施要點中能夠展現，又為何無法在「領域／科目核心素養」中就予以展現呢？目前數學的上述四項領域科目核心素養，進行跨領域的檢視時，便會發現其在課程教學實施的困難，不利於課程連貫與統整，更不利於學生的學習與落實。因此，數-A1、數-A3、數-C1、數-C2核心素養，宜比照其他領域／科目核心素養依不同教育階段撰寫核心素養具體內涵，若只列在一個教育階段中，則應有該教育階段的學習重點以為支持，且應具體展現在實施要點的「教學實施」項下，以彰顯數學素養培養的理念；或者在數學課程綱要四項核心素養格子內寫個「註」字，然後在整個表格下方加註說明文字，內容可為：「此四項核心素養在數學領域，主要是透過教學實施過程來完成，相關內容請見本領綱實施要點的教學實施部分。」如此既不會讓人誤以為數學教學與這四項核心素養完全無關，又可遵照指引與《十二年國民基本教育課程綱要總綱》的相關規範。上述有關「核心素養工作圈」提案針對數學領綱核心素養跨教育階段敘寫之內容，因本案已於2016年（105年）1月26日第16次國教院「課程研究發展會」中有所討論且定案後交教

育部「高級中等以下學校課程審議會」，故本提案在2016年（105年）4月
8日國家教育研究院課程及教學研究中心「十二年國民基本教育領綱研修
工作計畫」總計畫第13次聯席會議討論決議不再討論及調整。另有關數學
及綜合活動不同類型高中的核心素養一致性問題，特別是數學領綱綜合高
中可達成6項核心素養、技術型高中與普通型高中可達成9項，但技高與普
高之核心素養敘寫方式不一致，因此「核心素養工作圈」建議此部分再調
整，然國家教育研究院課程及教學研究中心「十二年國民基本教育領綱研
修工作計畫」總計畫第13次聯席會議決議，因原規劃即為不同團隊敘寫，
要彼此統整一致確有困難，後續可併同教育部「高級中等以下學校課程審
議會」意見後，同步研議後再提交國教院「課程研究發展會」進行討論。

　　《十二年國民基本教育自然科學領域課程綱要》展現的核心素養包
含有三內涵：一是提供學生探究學習、問題解決的機會並養成相關知能的
「探究能力」；二是養成應用科學思考與探究的習慣及了解科學知識產生
方式的「科學的態度與本質」；三是學生學習科學知識的「核心概念」等
基本理念特色。藉由此三大內涵的實踐，完成十二年國民教育全人發展目
標中的自然科學素養培育。十二年國民教育自然科學核心素養的重要課程
目標，為培養學生在面對問題時擁有科學思辨的能力，能解答生活中的疑
惑、進而解決問題。這些呼應十二年國民教育課程綱要總綱中強調培養以
人為本的「終身學習者」，擬定「自主行動」、「溝通互動」、「社會參
與」等三大面向核心素養，尤其是自然科學核心素養中注重觀察、邏輯思
考、推理判斷，進而依據習得知識規劃實驗操作，以達解決問題能力之培
養等內涵，符合總綱中「自主行動」之「系統思考與問題解決」、「規劃
執行與創新應變」之項目；而強調運用圖表表達發現成果、適當使用媒體
（網路、書刊等）和科技資訊，及欣賞科學之美等項內涵，符合總綱中
「溝通互動」之「符號運用與溝通表達」、「科技資訊與媒體素養」、
「藝術涵養與美感素養」之項目；至於培養能與他人合作學習探究科學，
進而主動關心環境公共議題及發展愛護地球環境的情操，符合總綱中「社
會參與」之「道德實踐與公民意識」、「人際關係與團隊合作」、「多元
文化與國際理解」之項目，可達成《十二年國民基本教育自然科學領域課

程綱要》的自然科學核心素養培育。考量自然科學核心素養內涵具有多元性及獨特性，各項具體內涵在運用上與其他項之核心素養仍具有彈性調整及整合應用的方式。下表4.6「自然科學領域核心素養具體內涵」係依循《十二年國民基本教育課程綱要總綱》各「教育階段核心素養」之具體內涵，結合自然科學領域之「基本理念」與「課程目標」後，在《十二年國民基本教育自然科學領域課程綱要》展現的核心素養具體內涵。

✿表4.6　「自然科學領域核心素養具體內涵」

總綱核心素養面向	總綱核心素養項目	項目說明	自然科學領域核心素養具體內涵		
			國民小學教育（E）	國民中學教育（J）	高級中等學校教育（U）
A 自主行動	A1 身心素質與自我精進	具備身心健全發展的素質，擁有合宜的人性觀與自我觀，同時透過選擇、分析與運用新知，有效規劃生涯發展，探尋生命意義，並不斷自我精進，追求至善。	自-E-A1 能運用五官，敏銳的觀察周遭環境，保持好奇心、想像力持續探索自然。	自-J-A1 能應用科學知識、方法與態度於日常生活當中。	自-U-A1 理解科學的進展與對人類社會的貢獻及限制，將科學事業納為未來生涯發展選擇之一。
	A2 系統思考與解決問題	具備問題理解、思辨分析、推理批判的系統思考與後設思考素養，並能行動與反思，以有效處理及解決生活、生命問題。	自-E-A2 能運用好奇心及想像力能力，從觀察、閱讀、思考所得的資訊或數據中，提出適合科學探究的問題或解釋資料，並能依據已知的科學知識、科學概念及探索科學的方法去想像可能發生的事情，以及理解科學事實會有不同的論點、證據或解釋方式。	自-J-A2 能將所習得的科學知識，連結到自己觀察到的自然現象及實驗數據，學習自我或團體探索證據、回應多元觀點，並能對問題、方法、資訊或數據的可信性抱持合理的懷疑態度或進行檢核，進而解釋因果關係或提出問題可能的解決方案。	自-U-A2 能從一系列的觀察、實驗中取得自然科學數據，並依據科學理論、數理演算公式等方法進行比較與判斷科學資料於方法及程序上的合理性，進而以批判的論點來檢核資料的真實性與可信性，提出創新與前瞻的思維來解決問題。

	A3 規劃執行 與 創新應變	具備規劃及執行計畫的能力，並試探與發展多元專業知能、充實生活經驗，發揮創新精神，以因應社會變遷、增進個人的彈性適應力。	**自-E-A3** 具備透過實地操作探究活動探索科學問題的能力，並能初步根據問題特性、資源的有無等因素，操作適合學習階段的器材儀器、科技設備與資源，進行自然科學實驗。	**自-J-A3** 具備從日常生活經驗中找出問題，並能根據問題特性、資源等因素，善用生活周遭的物品、器材儀器、科技設備與資源，規劃自然科學探究活動。	**自-U-A3** 具備從科學報導或研究中找出問題，根據問題特性、學習資源、期望之成果、對社會環境的影響等因素，運用適合學習階段的儀器、科技設備等，獨立規劃完整的實作探究活動，進而根據實驗結果修正實驗模型，或創新突破限制。
B 溝通 互動	**B1** 符號運用 與 溝通表達	具備理解及使用語言、文字、數理、肢體及藝術等各種符號進行表達、溝通及互動，並能了解與同理他人，應用在日常生活及工作上。	**自-E-B1** 能分析比較、製作圖表、運用簡單數學等方法，整理已有的自然科學資訊或數據，並利用較簡單形式的口語、文字、影像、繪圖或實物、科學名詞、數學公式、模型等，表達探究之過程、發現或成果。	**自-J-B1** 能分析歸納、製作圖表、使用資訊與數學運算等方法，整理自然科學資訊或數據，並利用稍複雜之口語、影像、文字與圖案、繪圖或實物、科學名詞、數學公式、模型或其他新媒體形式，表達探究之過程、發現與成果、價值和限制等。	**自-U-B1** 能合理運用思考智能、製作圖表、使用資訊與數學運算等方法，有效整理自然科學資訊或數據，並能利用口語、影像、文字與圖案、繪圖或實物、科學名詞、數學公式、模型等、或嘗試以新媒體形式，較廣面性的呈現相對嚴謹之探究過程、發現或成果。
	B2 科技資訊 與 媒體素養	具備善用科技、資訊與各類媒體之能力，培養相關倫理及媒體識讀的素養，俾能分析、思辨、批判人與科技、資訊及媒體之關係。	**自-E-B2** 能了解科技及媒體的運用方式，並從學習活動、日常經驗及科技運用、自然環境、書刊及網路媒體等，察覺問題或獲得有助於探究的資訊。	**自-J-B2** 能操作適合學習階段的科技設備與資源，並從學習活動、日常經驗及科技運用、自然環境、書刊及網路媒體中，分辨資訊之可信程度及進行各種有計畫的觀察，以獲得有助於探究和問題解決的資訊。	**自-U-B2** 能從日常經驗、科技運用、社會中的科學相關議題、學習活動、自然環境、書刊及網路媒體中，適度運用有助於探究、問題解決及預測的資訊，進而能察覺問題或反思媒體報導中與科學相關的內容，以培養求真求實的精神。

	B3 藝術涵養 與 美感素養	具備藝術感知、創作與鑑賞能力，體會藝術文化之美，透過生活美學的省思，豐富美感體驗，培養對美善的人事物，進行賞析、建構與分享的態度與能力。	自-E-B3 透過五官原始的感覺，觀察周遭環境的動植物與自然現象，知道如何欣賞美的事物。	自-J-B3 透過欣賞山川大地、風雲雨露、河海大洋、日月星辰，體驗自然之美。	自-U-B3 透過了解科學理論的簡約、科學思考的嚴謹與複雜自然現象背後的規律，學會欣賞科學的美。
C 社會參與	C1 道德實踐 與 公民意識	具備道德實踐的素養，從個人小我到社會公民，循序漸進，養成社會責任感及公民意識，主動關注公共議題並積極參與社會活動，關懷自然生態與人類永續發展，而展現知善、樂善與行善的品德。	自-E-C1 培養愛護自然、珍愛生命、惜取資源的關懷心與行動力。	自-J-C1 從日常學習中，主動關心自然環境相關公共議題，尊重生命的重要性。	自-U-C1 培養主動關心自然相關議題的社會責任感與公民意識，並建立關懷自然生態與人類永續發展的自我意識。
	C2 人際關係 與 團隊合作	具備友善的人際情懷及與他人建立良好的互動關係，並發展與人溝通協調、包容異己、社會參與及服務等團隊合作的素養。	自-E-C2 透過探索科學的合作學習，培養與同儕溝通表達、團隊合作及和諧相處的能力。	自-J-C2 透過合作學習，發展與同儕溝通、共同參與、共同執行及共同發掘科學相關知識的能力。	自-U-C2 能從團體探究討論中，主動建立與同儕思辨、溝通協調與包容不同意見的能力，進而樂於分享探究結果或協助他人解決科學問題。
	C3 多元文化 與 國際理解	具備自我文化認同的信念，並尊重與欣賞多元文化，積極關心全球議題及國際情勢，且能順應時代脈動與社會需要，發展國際理解、多元文化價值觀與世界和平的胸懷。	自-E-C3 透過環境相關議題的學習，能了解全球自然環境的現況與特性。	自-J-C3 透過環境相關議題的學習，能了解全球自然環境具有差異性與互動性，並能發展出身為地球公民的價值觀。	自-U-C3 能主動關心全球環境議題，同時體認維護地球環境是地球公民的責任，透過個人實踐，建立多元價值的世界觀。

註：以上提供自然科學領域初稿，有關自然科學領域核心素養之編碼及內涵，以教育部公告為準。

　　「領域／科目核心素養」首先乃根據「領域／科目基本理念」進行課程發展，參考並選擇該領域／科目特性如設立的合理性、學科性質等，或該領域／科目的立論基礎如該領域／科目對學習者、學習方式、學習效應的圖像觀點，或該領域／科目的重要價值如該領域／科目的學習對全人發展、社會生活的影響或作用等。其次，是透過某「領域／科目課程目標」進行發展，如健康與體育領域的九項「課程目標」包括：培養學生具備健康生活與體育運動的知識、態度與技能，增進健康與體育的素養；養成學生規律運動與健康生活的習慣；培養學生健康與體育問題解決及規劃執行的能力；培養學生獨立生活的自我照護能力；培養學生思辨與善用健康生活與體育運動的相關資訊、產品和服務的素養；建構學生運動與健康的美學欣賞能力及職涯準備所需之素養，豐富休閒生活品質與全人健康；培養學生關懷生活、社會與環境的道德意識和公民責任感，營造健康與運動社區；培養學生良好人際關係與團隊合作精神；發展學生健康與體育相關之文化素養與國際觀。其三，再根據《十二年國民教育課程發展指引》與《十二年國民基本教育課程綱要總綱》核心素養的某「教育階段核心素養」，並進一步將其轉化成為國小、國中、高中等三教育階段的「領域／科目核心素養」，下表4.7健康與體育領域核心素養具體內涵，係依循《十二年國民基本教育課程綱要總綱》各「教育階段核心素養」之具體內涵，結合健康與體育領域之「基本理念」與「課程目標」後，在《十二年國民基本教育健康與體育領域課程綱要》展現的核心素養具體內涵。

五、領域／科目核心素養課程發展歷程示例

　　就「領域／科目核心素養」的課程發展歷程，乃是「領域／科目」的「基本理念」、「課程目標」與「核心素養」之三要素之統整設計，特別重要而值得注意的是，根據《十二年國民基本教育課程綱要總綱》某項核心素養（如「C1道德實踐與公民意識」）的某關鍵「教育階段核心素養」（如「E-C1具備個人生活道德的知識與是非判斷的能力，理解並遵守社會道德規範，培養公民意識，關懷生態環境。」）進行發展；二是透過某

✿表4.7　健康與體育領域核心素養具體內涵

總綱核心素養面向	總綱核心素養項目	項目說明	健康與體育領域核心素養具體內涵		
			國民小學教育（E）	國民中學教育（J）	高級中等學校教育（U）
A 自主行動	A1 身心素質與自我精進	具備身心健全發展的素質，擁有合宜的人性觀與自我觀，同時透過選擇、分析與運用新知，有效規劃生涯發展，探尋生命意義，並不斷自我精進，追求至善。	健體-E-A1 具備良好身體活動與健康生活的習慣，以促進身心健全發展，並認識個人特質，發展運動與保健的潛能。	健體-J-A1 具備體育與健康的知能與態度，展現自我運動與保健潛能，探索人性、自我價值與生命意義，並積極實踐。	健體-U-A1 具備各項運動與身心健全的發展素養，實現個人運動與保健潛能，探索自我觀，肯定自我價值，有效規劃生涯，並透過自我精進與超越，追求健康與幸福的人生。
	A2 系統思考與解決問題	具備問題理解、思辨分析、推理批判的系統思考與後設思考素養，並能行動與反思，以有效處理及解決生活、生命問題。	健體-E-A2 具備探索身體活動與健康生活問題的思考能力，並透過體驗與實踐，處理日常生活中運動與健康的問題。	健體-J-A2 具備理解體育與健康情境的全貌，並做獨立思考與分析的知能，進而運用適當的策略，處理與解決體育與健康的問題。	健體-U-A2 具備系統思考、分析與探索體育與健康的素養，深化後設思考，並積極面對挑戰，以解決人生中各種體育與健康的問題。
	A3 規劃執行與創新應變	具備規劃及執行計畫的能力，並試探與發展多元專業知能、充實生活經驗，發揮創新精神，以因應社會變遷、增進個人的彈性適應力。	健體-E-A3 具備擬定基本的運動與保健計畫及實作能力，並以創新思考方式，因應日常生活情境。	健體-J-A3 具備善用體育與健康的資源，以擬定運動與保健計畫，有效執行並發揮主動學習與創新求變的能力。	健體-U-A3 具備規劃、實踐與檢討反省的素養，並以創新的態度與作為，因應新的體育與健康情境或問題。

B 溝通互動	**B1** 符號運用 與 溝通表達	具備理解及使用語言、文字、數理、肢體及藝術等各種符號進行表達、溝通及互動，並能了解與同理他人，應用在日常生活及工作上。	健體-E-B1 具備運用體育與健康之相關符號知能，能以同理心應用在生活中的運動、保健與人際溝通上。	健體-J-B1 具備情意表達的能力，能以同理心與人溝通互動，並理解體育與保健的基本概念，應用於日常生活中。	健體-U-B1 具備掌握健康訊息與肢體動作的能力，以進行與體育和健康有關的經驗、思想、價值與情意之表達，能以同理心與他人溝通並解決問題。
	B2 科技資訊 與 媒體素養	具備善用科技、資訊與各類媒體之能力，培養相關倫理及媒體識讀的素養，俾能分析、思辨、批判人與科技、資訊及媒體之關係。	健體-E-B2 具備應用體育與健康相關科技及資訊的基本素養，並理解各類媒體刊載、報導有關體育與健康內容的意義與影響。	健體-J-B2 具備善用體育與健康相關的科技、資訊及媒體，以增進學習的素養，並察覺、思辨人與科技、資訊、媒體的互動關係。	健體-U-B2 具備適當運用科技、資訊與媒體之素養，進行各類體育與健康之相關媒體識讀與批判，並能反思科技、資訊與媒體的倫理議題。
	B3 藝術涵養 與 美感素養	具備藝術感知、創作與鑑賞能力，體會藝術文化之美，透過生活美學的省思，豐富美感體驗，培養對美善的人事物，進行賞析、建構與分享的態度與能力。	健體-E-B3 具備運動與健康有關的感知和欣賞的基本素養，促進多元感官的發展，在生活環境中培養運動與健康有關的美感體驗。	健體-J-B3 具備審美與表現的能力，了解運動與健康在美學上的特質與表現方式，以增進生活中的豐富性與美感體驗。	健體-U-B3 具備運動與健康的創作與鑑賞能力，體會其與社會、歷史、文化之間的互動關係，進而對美善的人事地物，進行賞析、建構與分享。

			健體-E-C1	健體-J-C1	健體-U-C1
C 社會 參與	C1 道德實踐 與 公民意識	具備道德實踐的素養，從個人小我到社會公民，循序漸進，養成社會責任感及公民意識，主動關注公共議題並積極參與社會活動，關懷自然生態與人類永續發展，而展現知善、樂善與行善的品德。	具備生活中有關運動與健康的道德知識與是非判斷能力，理解並遵守相關的道德規範，培養公民意識，關懷社會。	具備生活中有關運動與健康的道德思辨與實踐能力及環境意識，並主動參與公益團體活動，關懷社會。	具備體育與健康的道德課題與公共議題之思考及對話素養，培養相關的公民意識與社會責任，主動參與有關的環保與社會公益活動。
	C2 人際關係 與 團隊合作	具備友善的人際情懷及與他人建立良好的互動關係，並發展與人溝通協調、包容異己、社會參與及服務等團隊合作的素養。	健體-E-C2 具備同理他人感受，在體育活動和健康生活中樂於與人互動，並與團隊成員合作，促進身心健康。	健體-J-C2 具備利他及合群的知能與態度，並在體育活動和健康生活中培養相互合作及與人和諧互動的素養。	健體-U-C2 具備於體育活動和健康生活中，發展適切人際互動關係的素養，並展現包容異己、溝通協調及團隊合作的精神與行動。
	C3 多元文化 與 國際理解	具備自我文化認同的信念，並尊重與欣賞多元文化，積極關心全球議題及國際情勢，且能順應時代脈動與社會需要，發展國際理解、多元文化價值觀與世界和平的胸懷。	健體-E-C3 具備理解與關心本土、國際體育與健康議題的素養，並認識及包容文化的多元性。	健體-J-C3 具備敏察和接納多元文化的涵養，關心本土與國際體育與健康議題，並尊重與欣賞其間的差異。	健體-U-C3 具備國際移動的能力，在堅定自我文化價值的同時，能尊重欣賞多元文化，拓展國際化視野，並主動關心全球體育與健康議題或國際情勢。

註：以上僅就健康與體育領域提供示例初稿，有關健康與體育領域核心素養之編碼及內涵，以教育部正式公告為準。

❀表4.8 健體領域／科目核心素養課程發展歷程示例

核心素養項目	教育階段 核心素養	領域／科目	國小教育	國中教育	高級中等教育
《十二年國民基本教育課程綱要》總綱C1道德實踐與公民意識：具備道德實踐的素養，從個人小我到社會公民，循序漸進，並具備道德思考及公民責任感，主動關懷公共議題並積極參與社會活動，並關懷自然生態與人類永續發展，而展現知善、樂善與行善的品德。	核心素養	領域／科目			
	E-C1具備個人生活道德的知識與是非判斷的能力，理解並遵守社會道德規範，培養公民意識，關懷生態環境。	健體_健康教育科		J-C1培養道德思辨與實踐能力，具備民主素養、法治觀念與環境意識，並主動參與公益團體活動，關懷生命倫理議題與生態環境。	U-C1具備對道德課題與公共議題的思考與對話素養，培養良好品德、公民意識與社會責任，主動參與環境保育與社會公益活動。
					健體健康與護理科
健康與體育領域課程目標			六、培養學生關懷生活、社會與環境的道德意識和公民責任感，營造健康與運動社區。 ・面對社會與環境中的問題，能以公平競爭、服從規範原則等社會道德進行解決，關懷自然生態與社會責任，並能將增進社區與環境視為己之社會責任。 ・學生藉由國際與多元文化的學習，理解到現今國內外社會與環境中的問題，找尋資料並願意盡一份自身力量努力去改變現況。不只有停留在自身實踐，能進一步影響到社區與生活周遭環境的人，也成為關懷議題的倡導者。此過程中運用所學之社會人際技能，使學生不只為身為地球村之公民的意識，向心力與道德責任。有效的加深凝聚學生身為地球村之公民的意識，向心力與道德責任。	尊重、關懷與團隊合作 具有民主素養、包容不同意見、平等對待他人與各族群；尊重生命、關懷社會與自然，並遵守法治與團體規範，發揮團隊合作的精神。	
《國民中小學九年一貫課程綱要》的基本能力		健康與體育領域的基本理念與能力指標	1-1-5討論對於身體的感覺與態度，學習尊重身體的自主權與隱私權。 6-1-5了解並認同團體規範，從中體會並學習快樂的生活態度。 7-1-5體認人類是自然環境中的一部分，並主動關心環境，以維護、促進人類的健康。	6-3-5理解道德、社會、文化、政策等因素如何影響價值或規範，並能加以認同、遵守或尊重。 7-3-4分析人類行為如何改變全球環境，並探討環境改變對人類健康的影響。	

健體領域／科目核心素養		
2-1-4辨識食物的安全性，並擇健康的營養餐點。 5-1-1分辨日常生活情境的安全性。 7-1-2描述人們獲得健康資訊、選擇健康服務及產品之過程，並能辨認其正確性與有效性。 1-2-5檢視兩性固有的印象及其對兩性發展的影響。 6-2-5了解並培養健全的生活態度與運動精神。 2-2-4運用食品及營養標示的訊息，選擇符合營養、安全、經濟的食物。 5-2-2判斷影響個人及他人安全的因素並能進行改善。 7-2-2討論社會文化因素對健康與運動的服務及產品選擇之影響。 7-2-3確認消費者在健康相關事物上的權利與義務。 7-2-6參與社區中環保活動或規劃，並分享其環致的成果。	7-3-5提出個人、社區及組織機構為建達健康的社區與環境所擬定的行動方案對性與受之規範。 1-3-4解釋社會對性與愛之規範及其影響。 2-3-4以營養、安全及經濟的觀點，評估家庭、學校、餐廳、商店所準備和販售餐點的合適性，並提出改善的方法。 5-3-1評估日常生活的安全性，並討論社會對健康資訊、服務及產品的影響。 7-3-2選擇適切的健康資訊、服務及產品，以促成健康計畫的執行。	
健體-E-C1 具備生活中有關運動與健康的道德知識與是非判斷能力，理解並遵守相關的道德規範，培養公民意識，關懷社會。	健體-J-C1 具備體育生活中有關運動與健康的道德意識辨思及實踐能力，並主動參與公益團體活動，關懷社會。	健體-U-C1 具備體育與健康的道德課題與公共議題之思考及對話素養，培養相關的公民意識與責任，主動參與相關的社會環保與社會公益活動。

「領域／科目課程目標」（如健康教育課程目標「培養學生關懷生活、社會與環境的道德意識和公民責任感，營造健康與運動社區」）進行發展，並強調該「領域／科目課程目標」所要培養的認知、技能及情意；三是參考某「領域／科目基本理念」（如可參考並修正過去《國民中小學九年一貫課程綱要》健康與體育領域的基本理念與能力指標），並進一步將其轉化成為「領域／科目核心素養」，以呼應《十二年國民基本教育課程綱要總綱》之某關鍵「教育階段核心素養」具體內涵，換言之，「健體-E-C1具備生活中有關運動與健康的道德知識與是非判斷能力，理解並遵守相關的道德規範，培養公民意識，關懷社會。」應能呼應「E-C1具備個人生活道德的知識與是非判斷的能力，理解並遵守社會道德規範，培養公民意識，關懷生態環境。」之教育階段核心素養，「健體-J-C1具備生活中有關運動與健康的道德思辨與實踐能力及環境意識，並主動參與公益團體活動，關懷社會。」應能呼應「J-C1培養道德思辨與實踐能力，具備民主素養、法治觀念與環境意識，並主動參與公益團體活動，關懷生命倫理議題與生態環境。」之教育階段核心素養，「健體-U-C1具備體育與健康的道德課題與公共議題之思考及對話素養，培養相關的公民意識與社會責任，主動參與有關的環保與社會公益活動。」應能呼應「U-C1具備對道德課題與公共議題的思考與對話素養，培養良好品德、公民意識與社會責任，主動參與環境保育與社會公益活動」之教育階段核心素養，詳如表4.8健體「領域／科目核心素養」課程發展示例。

這是根據《十二年國民基本教育課程綱要總綱》「C1道德實踐與公民意識」的國小、國中、高中等「教育階段核心素養」，統整「健體領域」基本理念與課程目標，並強調該「領域／科目課程目標」所要培養的認知（知識）、技能（能力）及情意（態度）以發展成為國小、國中、高中三階段的「健體領域／科目核心素養」。

六、「領域／科目核心素養」之句型結構與常用動詞

「核心素養」進入各關鍵教育階段的國小、國中、高級中等教育之

後，係以「核心素養」九項內涵作為架構，與現行各「領域／科目課程目標」內涵結合，並考量縱向連貫與橫向統整之原則，以發展「領域／科目核心素養」。《K-12各教育階段核心素養與各領域課程統整研究》研究團隊在撰寫「領域／科目核心素養」過程中，除了進行三次專家學者德懷術問卷外，並經過多次檢討、辯論與修正（蔡清田、洪若烈、陳延興、盧美貴、陳聖謨、方德隆、林永豐、李懿芳，2012），例如：國民中學B1「溝通互動：具備應用語言文字表達心意與人溝通互動……」，這個跟C2「社會參與：具備良好溝通表達，並能相互合作以及與人和諧互動」，似乎雷同，因為B1跟C2都有「溝通」，經由慎思熟慮界定「溝通」有兩種不同的內涵，B1是屬於「符號溝通」，而C2是屬於「人際溝通」。修正結果包含句型結構之敘寫方式、常用動詞之參考依據、以及代碼編列方式。

(一)句型結構之敘寫方式

各「領域／科目核心素養」之敘寫方式，必須統整同時包含該「核心素養」的「教育階段核心素養」、領域科目基本理念特色、「領域／科目課程目標」等三要素；儘量以〈動詞〉為開頭帶入〈內容〉的敘述句進行撰寫，而行為動詞可來自各「核心素養」的「教育階段核心素養」，內容的部分則可從「領域／科目課程目標」之重要內容而來；不同教育階段可參酌使用不同層次動詞，以為區別。茲提供認知、技能、情意領域行為動詞參考表，其中之「素養」層次較廣泛，可提供撰寫領域／科目「核心素養」之動詞使用參考；「行為動詞」則較具體，可提供敘寫「學習表現」常用動詞使用之參考。

(二)常用動詞之參考依據

核心素養之編寫，建議可以「具備」為開頭，但很多核心素養是逐漸培養的，尤其是「生活課程」而言，對象為小學一、二年級學生，是以體驗課程為主，各項核心素養都仍處發展階段，無法要求學生在該學習階段就具備某項核心素養。是以核心素養之編寫可視領域之屬性不同來使用相關動詞，以「生活課程」為例，也可使用「體驗」一詞來取代「具備」。界定「領域／科目核心素養」所使用之動詞，乃依照認知、技能、情意教學目標分類為參考原則，可參考Anderson, Krathwohl, Airasian, Cruikshank,

Mayer, Pintrich, Rath, & Wittrock（2001）以及Gronlund（1995）有關教學目標撰寫原則所列常用行為動詞表之內容，作為撰寫「領域／科目核心素養」內涵時的參考依據，Gronlund所列之行為動詞表分為認知、技能、情意三類，詳如表4.9、4.10、4.11之行為動詞參考表，而不同教育階段所使用的不同層次動詞，可符合此表所呈現出循序漸進的階段差異，如認知領域的記憶、理解、應用、分析、評鑑、創造等六層次。然而，在考量中文句型語句通順與否的情況下，有某些動詞無法精確表達所欲呈現之概念，所以並未能全然地套用此行為動詞表，是故此表僅為撰寫時之參考依據。不同教育階段參酌使用不同層次的行為動詞，國語文領域／科目B1的領域／科目核心素養被標示出了一階段差異性的例子，幼教「嘗試」、國民小學「熟悉」、國民中學「合宜」、高級中等教育「精確」。另外，在各自不同的教育階段上，剛好碰巧都選用了相同動詞，就要在內容的深淺上進

❀表4.9　認知領域行為動詞參考表

認知領域目標層次	具體行為動詞
記憶	認識、回憶、定義、描述、識別、標明、列舉、配合、指定、概述、複製、陳述
理解	說明、舉例、分類、概述、推斷、比較、解釋、轉換、辯護、辨別、評價、引申、歸納、釋義、預測、改寫
應用	執行、實施、改變（轉換）、計算、證明（說明或展示）、發現（探索）、操作、修改、預估（測）、準備、連結、示範、解決、使用（運用）
分析	差別、組織、歸因、拆解、圖示、區別、辨別、識別、（舉例）說明、推論、概述、指出、連結、選擇、區分、細分
評鑑	檢核、評述、評價、比較、評斷（總結）、對照、描述、鑑別（區別）、解釋、證明、詮釋、連結（關聯）、總結、支持（證實）
創造	創造、計畫、製作

資料來源：Anderson, L. W., Krathwohl, D. R., Airasian, P. W., Cruikshank, K. A., Mayer, R. E., Pintrich, P. R. Rahts, J., & Wittrock, M. C. (2001). *A taxonomy for learning, teaching, and assessing: A revision of Bloom's taxonomy of educational objectives (Complete edition)*. New York: Longman.
Gronlund, N. E. (1995). How to write and use instructional objectives (5[th]ed.). Englewood Cliffs, New Jersey: Prentice Hall Inc. (p.103)

行加深加廣。詳細敘述如下，但由於幼兒在學習上不宜使用過於高階的動詞，故建議幼兒使用的認知領域行為動詞如探索、覺知，情意領域行為動詞如體驗、嘗試，技能領域行為動詞如運用、操作。其餘三種不同教育階段，依照下表認知、情意、技能領域的區別，也可區分為循序漸進的三種層次動詞分類，作為撰寫「領域／科目核心素養」、「學習表現」時，挑選常用動詞的參考。

✿表4.10　情意領域行為動詞參考表

情意領域目標層次	具體行為動詞
Receiving接受	asks詢問，chooses選擇，describes描述，follows採用，gives給予，holds維持，identifies識別，locates定位，names指定，points to指明，replies回應，selects選擇，sits erect, uses使用
Responding反應（回應）	answers回應，assists幫助，complies順從，conforms遵守，discusses討論，greets接受，helps幫助，labels標明，performs表現，practices實行，presents呈現，reads覺察，recites背誦，reports報告，selects選擇，tells識別，writes編寫
Valuing評價	completes完成，describes描述，differentiates區分，explains解釋，follows採用，forms形成，initiates著手，invites引致，joins參與，justifies證明，proposess提議，reads解讀，reports報告，selects選擇，shares分享，studies研究，works操作或運作
Organization重組或組織	adheres遵守，alters改變，arranges安排，combines結合，compares對比，completes完成，defends辯護，explains解釋，generalizes歸納，identifies識別，integrates結合，modifies修改，orders安排，organizes組織，prepares準備，relates連結，Synthesizes綜合
Characterization by a value or value complex價值觀的形塑品格的養成	acts扮演，discriminates區別，displays展現，influences影響，listens傾聽，modifies修改，performs執行或表現，practices實行，proposes提議，qualifies具備，questions詢問，revises修訂，serves服務或供應，solves解決，uses使用，verifies證實

資料來源：Gronlund, N. E. (1995). How to write and use instructional objectives (5th ed.). Englewood Cliffs, New Jersey: Prentice Hall Inc. (p. 105)

✿表4.11　技能領域行為動詞參考表

技能領域 目標層次	具體行為動詞
Perception 感知	chooses挑選，describes描述，detects發現，differentiates區分，distinguishes辨別，identifies識別，isolates隔離，relates連結，selects選擇，separates區分
Set 準備狀態	begins著手，displays表現，explains解釋，moves促使，proceeds進行，reacts反應，responds回應，shows示範，starts開始，volunteers自願
Guided Response 應用	Assembles集合，builds建立，calibrates校準，constructs建造，dismantles拆卸，displays表現，dissects解剖，fastens固定，fixes修理，grinds磨成，heats加熱，manipulates操作，measures測量，mends改正，mixes混和，organizes組織，sketches素描，works運作
Mechanism機械化	Assembles集合，builds建立，calibrates校準，constructs建造，dismantles拆卸，displays表現，dissects解剖，fastens固定，fixes修理，grinds磨成，heats加熱，manipulates操作，measures測量，mends改正，mixes混和，organizes組織，sketches素描，works運作
Complex Overt Response 複雜性的外在反應	Assembles集合，builds建立，calibrates校準，constructs建造，dismantles拆卸，displays表現，dissects解剖，fastens固定，fixes修理，grinds磨成，heats加熱，manipulates操作，measures測量，mends改正，mixes混和，organizes組織，sketches素描，works運作
Adaptation 適應	adapts適應，alters修改，changes改變，rearranges重整，reorganizes重組，revises修訂，varies變更
Origination 獨創	arranges安排，combines結合，composes組成，constructs建造或建構，designs設計，originates創作或發明

資料來源：Gronlund, N. E. (1995). How to write and use instructional objectives (5th ed.). Englewood Cliffs, New Jersey: Prentice Hall Inc.（p.107）

　　一開始進行「領域/科目核心素養」課程統整，雖將某「核心素養」的某「教育階段核心素養」，統整領域/科目「基本理念」與「課程目

標」，可能該「領域／科目核心素養」的領域／科目特色尚不明顯，此時可再將該「領域／科目核心素養」用詞再次與該「領域／科目課程目標」進行檢核，特別強調加入「領域／科目」名稱如數學、自然科學、語文、藝術等名稱以彰顯該「領域／科目」特色，特別重視該「領域／科目課程目標」所強調要培養的認知、技能及情意，其後就較能彰顯該「領域／科目核心素養」之領域特色。「領域／科目核心素養」的關鍵「動詞」可取自所呼應的某項「核心素養」與該關鍵「教育階段核心素養」的規劃、執行、溝通、表達、創新、合作或記憶、理解、應用、分析、評鑑、創造等「動詞」，「關鍵內容」則可從「領域／科目課程目標」的知識、能力及情意態度之「內容」而來，如此可依據該領域／科目理念與目標，將《十二年國民基本教育課程綱要總綱》的「核心素養」與領綱的「領域／科目課程目標」統整成為該領綱的「領域／科目核心素養」。而且可以透過《十二年國民基本教育課程綱要總綱》核心素養與領域課程綱要核心素養呼應表加以檢核如下表4.12。

✿表4.12　總綱核心素養與領綱核心素養檢核表

核心素養	面向項目	A自主行動			B溝通互動			C社會參與			數量
領域科目	教育階段	A1	A2	A3	B1	B2	B3	C1	C2	C3	
國	國小	1	1	1	1	1	1	1	1	1	9
	國中	1	1	1	1	1	1	1	1	1	9
	普高	1	1	1	1	1	1	1	1	1	9
	技高	1	1	1	1	1	1	1	1	1	9
	綜高	1	1	1	1	1	1	1	1	1	9
英	國小	1	1	*	1	1	*	*	1	1	6
	國中	1	1	1	1	1	1	*	*	1	7
	普高	1	1	1	1	1	1	1	1	1	9
	技高	1	1	1	1	1	1	1	1	1	9
	綜高	1	1	1	1	1	1	1	1	1	9
第二外國語文	國小										0
	國中	1	*	*	1	*	*	*	1	1	4
	普高	1	1	*	1	1	1	1	1	1	8
	技高										0
	綜高										0

閩	國小	1	1	1	1	1	1	1	1	1	9
	國中	1	1	1	1	1	1	1	1	1	9
	普高	1	1	1	1	1	1	1	1	1	9
	技高										0
	綜高										0
客	國小	1	1	1	1	1	1	1	1	1	9
	國中	1	1	1	1	1	1	1	1	1	9
	普高	1	1	1	1	1	1	1	1	1	9
	技高										0
	綜高										0
原	國小	1	1	1	1	1	1	1	1	1	9
	國中	1	1	1	1	1	1	1	1	1	9
	普高	1	1	1	1	1	1	1	1	1	9
	技高										0
	綜高										0
新	國小	1	1	*	1	1	1	1	1	1	8
	國中	1	1	*	1	1	1	1	1	1	8
	普高										0
	技高										0
	綜高										0
數學	國小	*	1	*	1	1	1	*	*	1	5
	國中	*	1	*	1	1	1	*	*	1	5
	普高	*	1	*	1	1	1	*	*	1	5
	技高	1	1	1	1	1	1	1	1	1	9
	綜高	*	1	*	1	1	1	*	1	1	6
社會	國小	1	1	1	1	1	1	1	1	1	9
	國中	1	1	1	1	1	1	1	1	1	9
	普高	1	1	1	1	1	1	1	1	1	9
	技高	1	1	1	1	1	1	1	1	1	9
	綜高	1	1	1	1	1	1	1	1	1	9
生活	國小	1	1	1	1	1	1	1	1	1	9
	國中										0
	普高										0
	技高										0
	綜高										0

自然	國小	1	1	1	1	1	1	1	1	1	9
	國中	1	1	1	1	1	1	1	1	1	9
	普高	1	1	1	1	1	1	1	1	1	9
	技高A	1	1	1	1	1	1	1	1	1	9
	技高B	1	1	1	1	1	1	1	1	1	9
	綜高	1	1	1	1	1	1	1	1	1	9
藝術	國小	1	1	1	1	1	1	1	1	1	9
	國中	1	1	1	1	1	1	1	1	1	9
	普高	1	1	1	1	1	1	1	1	1	9
	技高	1	1	1	1	1	1	1	1	1	9
	綜高										0
綜合	國小	1	1	1	1	1	1	1	1	1	9
	國中	1	1	1	1	1	1	1	1	1	9
	普高	1	1	1	1	1	1	1	1	1	9
	技高	1	1	1	1	*	1	1	1	1	8
	綜高										0
科技	國小	1	1	1	1	1	1	1	1	1	9
	國中	1	1	1	1	1	1	1	1	1	9
	普高	1	1	1	1	1	1	1	1	1	9
	技高	1	1	1	1	1	1	1	1	1	9
	綜高										0
健體	國小	1	1	1	1	1	1	1	1	1	9
	國中	1	1	1	1	1	1	1	1	1	9
	普高	1	1	1	1	1	1	1	1	1	9
	技高	1	1	1	1	1	1	1	1	1	9
	綜高										0
國防	國小										0
	國中										0
	普高	1	1	1	1	1	*	1	1	1	8
	技高										0
	綜高										0
總計（含技綜高）		48	51	43	52	50	48	45	49	52	438
備註				全領域皆有					全領域皆有		

　　由上表可見一個好現象，亦即各領綱小組用心規劃「領域／科目核心素養」，此一好現象的好消息是各領域課程綱要都能依據其學科特色理念與目標，一方面規劃出不同領綱的「領域科目核心素養」，而且另一方面各領域／科目可以共同合作落實《十二年國民基本教育課程綱要總綱》的九項核心素養與「教育階段核心素養」，更可透過「領域／科目核心素養」進行課程的水平統整。然由上表亦可見一個有趣而值得深思的現象，亦即語文領域的不同科目對應不同的核心素養，而且每週只有一節課的閩南、客家、原住民等語文科目，都呼應了與每週節數較多的國語文一樣的全部九項核心素養，但每週節數較多的英語文國小教育階段只呼應了七條核心素養，似乎語文領域各科目課程綱要，可考慮語文領域內部的共同性與可統整性，針對共同核心素養進行溝通討論以建立共識，尤以本土語文各語種之間、新住民語文各語種之間，以及本土語文、新住民語文和第二外國語之間，宜力求一致，努力建立語文領域的共同「領域／科目核心素養」，另外數學領域在普通高中與技術型高中及綜合型高中之核心素養項目不同，可互相參考並儘量建立共同性，綜合活動領域在普通高中與技術型高中及綜合型高中之核心素養項目不同，可互相參考並儘量建立共同性。

七、領域／科目核心素養的課程連貫與課程統整

　　「核心素養」進入各關鍵教育階段的國小、國中、高級中等教育之後，係以「核心素養」九項內涵作為架構，與現行各「領域／科目課程目標」內涵結合，並考量縱向連貫與橫向統整之課程發展原則，以建構「領域／科目核心素養」，並可進行領域／科目核心素養的課程連貫與課程統整。

(一)以領域／科目核心素養進行課程的垂直連貫

　　領域／科目核心素養可以跨越不同的教育階段而運作，透過不同教育階段領域／科目核心素養的使用，可以落實課程垂直連貫的理念，表4.13以領域／科目核心素養進行課程的垂直連貫做法之示例。

✿表4.13 以領域／科目核心素養進行課程的垂直連貫做法之示例

階段	領域／科目核心素養
國小階段	例：數-E-B1 具備日常語言與數字及算術符號之間的轉換能力，並能熟練操作日常使用之度量衡及時間，認識日常經驗中的幾何形體，並能以符號表示公式。
國中階段	例：數-J-B1 具備處理代數與幾何中數學關係的能力，並用以描述情境中的現象。能在經驗範圍內，以數學語言表述平面與空間的基本關係和性質。能以基本的統計量與機率，描述生活中不確定性的程度。
高級中等教育階段	例：數S-U-B1 具備描述狀態、關係、運算的數學符號的素養，掌握這些符號與日常語言的輔成價值；並能根據此符號執行操作程序，用以陳述情境中的問題，並能用以呈現數學操作或推論的過程。

修改自十二年國民基本教育課程發展指引草案擬議研究（國家教育研究院委託研究期中報告）（頁8），蔡清田、陳伯璋、陳延興、林永豐、盧美貴、李文富、方德隆、陳聖謨、楊俊鴻、高新建、李懿芳、范信賢，2012，嘉義縣：國立中正大學課程研究所。

(二)以領域／科目核心素養進行課程的水平統整

「領域／科目核心素養」可以跨不同的領域／科目運作，透過各領域／科目核心素養的水平統整，而達成跨領域／科目的統整，以落實課程統整的理念，如表4.14以「領域／科目核心素養」進行課程統整之示例。

特別是「領域／科目核心素養」可以引導「學習重點」之課程發展，而且「學習重點」透過「學習表現」及「學習內容」呼應「領域／科目核心素養」，彼此具有呼應關係，亦即「學習重點」需能展現該領域／科目的「學習表現」及「學習內容」，並能呼應「領域／科目核心素養」。尤其是各「學習重點」乃依各教育階段、各領域／科目之內涵進行發展，由各領域／科目的「學習表現」與「學習內容」兩個向度所組成，用以引導課程設計、教材發展、教科書審查及學習評量。部分領域依其知識內涵與屬性包含若干科目，惟仍需重視領域學習重點，各領綱小組可運用「學習

✿表4.14 以「領域／科目核心素養」進行課程統整之示例

	自然科學	數學	社會
領域／科目核心素養	自-J-A2 根據資料的意義及其間的相互關係來關聯和組織資料，並對不確定的事項持開放的態度。 ⟺	數-J-A2 針對情境運用合宜的數理概念或方式，解決日常生活中數學問題。 ⟺	社-J-A2 適切表達對生活空間及周邊環境的感受，並了解相關改善建言或方案。

修改自十二年國民基本教育課程發展指引草案擬議研究（國家教育研究院委託研究期中報告）（頁7），蔡清田、陳伯璋、陳延興、林永豐、盧美貴、李文富、方德隆、陳聖謨、楊俊鴻、高新建、李懿芳、范信賢，2012，嘉義縣：國立中正大學課程研究所。

重點雙向細目表」以檢核「學習表現」與「學習內容」的可能多種呼應關係，能作為教材及教科書編寫者，教材發展之參考依據。學習重點的架構提供各領域／科目教材設計的彈性，在不同版本教材中，「學習表現」與「學習內容」可以有不同的呼應關係，得視不同教育階段或領域／科目的特性，呈現「學習表現」與「學習內容」，特別是「學習內容」與「學習表現」的雙向細目表功能，可用以設計「學習內容」與「學習表現」的呼應關係，進一步設計可呼應「領域／科目核心素養」的「學習重點」，本書第五章將就此進一步闡述。

第五章 領域／科目學習重點的課程發展

「領域／科目學習重點」（area/subject learning keypoints），簡稱「學習重點」（learning keypoints），首見於《十二年國民基本教育課程發展指引》，指出「領域／科目核心素養」與「領域／科目學習重點」兩者彼此呼應，彰顯了十二年國教課程改革是一種「以核心素養為導向的課程改革」（蔡清田，2016），復於《十二年國民基本教育課程綱要總綱》指出各領域／科目課程綱要研修需參照「教育階段核心素養」重要內涵，考量領域／科目理念與目標，發展「領域／科目學習重點」（教育部，2014，6）。本章「領域／科目學習重點的課程發展」，闡述「學習重點」的意涵，論述「學習重點」具有普遍共同性（universal commonality）、學習階段性（learningstage）、垂直連貫性（vertical coherence）、水平統整性（horizonalintegration）、目標導向性（goaloriented）、策略多元性（strategicmultiplicity）、評量分析性（strategic analysis）、最低規範性（minimum norm）、教學擴充性（teaching enrichment）等九個特性，指出「學習重點」的課程發展與編碼原則，並檢視「學習重點」與「領域／科目核心素養」的呼應；進而論述「學習重點」的功能，可統整領域／科目的「學習表現」（learning performance）與「學習內容」（learning content），建立適合學生身心發展階段的學習表現之學習歷程階梯與學科知識邏輯結構之學習內容，不僅可統整該「領域／科目」之學習指標、能力指標、教材大綱，可減少繁瑣的能力指標與教材內容，更可以指引學生學習、教師教學、教科書與教材的編輯審查、學習評量等（國家教育研究院，2014）。

一、「領域／科目學習重點」的意涵

根據《十二年國民基本教育課程發展指引》與《十二年國民基本教育課程綱要總綱》，「領域／科目學習重點」係指由該領域／科目理念與目標及「領域／科目核心素養」轉化而來，「學習重點」的「學習表現」與「學習內容」，可以設計成為相輔相成「互為表裡」的一體之兩面，建立適合學生身心發展階段的學習表現之學習歷程階梯與學科知識邏輯結構

之學習內容，統整該「領域／科目」所欲培養的知識、能力及態度情意之「學科知識」與「學科能力」，這種兼顧能力表現（performance）與知識內容（content）的導向學習，是一種初階的「PC雙因子」二維（2D）螺旋課程統整設計，可強化各領域／科目內部的連貫性與統整性，可避免過去學科知識與能力指標之對立二元論。就「學習重點」與「領域／科目核心素養」的「呼應」而言，各「學習重點」由該領域／科目理念、課程目標與特性發展而來，但各學習重點應與「領域／科目核心素養」進行雙向檢核，兩者是相互呼應、增刪修正的關係，尤其是「領域／科目學習重點」的學習「表現」（performance）與學習「內容」（content）可呼應領域／科目「核心素養」（core competencies）的設計，則是一種高階而精巧的「PCC三因子」三維（3D）螺旋課程統整設計（蔡清田，2016），不僅可統整該「領域／科目」之學習指標、能力指標、教材大綱，可減少繁瑣的能力指標與教材內容，更具指引學生學習、指引教師教學、指引教科書與教材的編輯審查、指引學習評量等功能。

　　「學習重點」是指該領域／科目內的重要「學習內容」與預期學生學習之後的重要「學習表現」，這些是教師的教學重點，也是學生的學習重點，可提供各領域／科目進行課程發展，引導領域／科目課程設計、教材發展、教科書審查及學習評量等。「學習重點」是根據各領域／科目課程綱要的「領域／科目課程目標」與「領域／科目核心素養」而來，可統整「學習內容」之知識、能力、態度與「學習表現」之認知、技能、情意，並配合教學加以實踐，展現Dweck與Leggett（1988）強調的「學習目標」（learning goal），也展現Ravitch（1995）所稱的「內容標準」（content standards）與「表現標準」（performance standards），可引導學生透過學習展現認知、技能、情意之表現目標（CCSSI, 2013a; 2013b）。「學習重點」的課程設計可配合學生認知結構發展，因應學生由小學到初中、高中的認知技能情意之階段發展過程，建立適合學生身心發展階段的學習表現之學習歷程階梯與學科知識邏輯結構之學習內容，能較完整呈現出學習的歷程、方法及內容。如表5.1學習重點「PC雙因子」二維（2D）螺旋的「學習內容」與「學習表現」雙向細目架構—以初中社會領域、高中歷史

科爲例，「學習內容」包括戰後的臺灣、早期中華文化的發展、歐亞地區的文明等，而「學習表現」可以是能利用二手資料、能利用一手資料進行推論、能利用一手資料推論並提出假設。教師進行教學或課程設計時，可利用「戰後的臺灣」（1.二二八事件；2.戒嚴體制的建立；3.民主化的歷程；4.工業化社會的形成）這個「學習內容」的主題，納入有關「利用一手資料進行歷史推論」以及「利用一手資料推論並提出假設」等「學習表現」；而在「歐亞地區古典文明的發展」（1.希臘文明特色；2.羅馬帝國與基督教興起；3.恆河流域印度文明……）這一「學習內容」主題，則會納入有關「利用二手資料進行推論」這個「學習表現」（林永豐，2017）。值得注意的是，學習表現與學習內容爲示例性質，彰顯其重要性與意涵，而非窮盡列舉。

　　《十二年國民基本教育自然科學領域課程綱要》的「學習重點」根據學生身心發展特性，做十二年垂直連貫的規劃，「學習重點」涵蓋「科學核心概念」、「探究能力」及「科學的態度與本質」等三大範疇，各學習階段課程應根據學習者身心發展特質、社會與生活需要等，以合適方式將三者整合。「探究能力」及「科學的態度與本質」兩個向度爲各階段學習者的「學習表現」，而「科學核心概念」則呈現各學習階段具體的科學「學習內容」；「學習表現」爲預期各學習階段學習者面對科學相關議題時，展現的科學探究能力與科學態度之表現，「學習內容」則展現該階段學習者，認識當前人類對自然世界探索所累積的系統科學知識，也是作爲探究解決問題過程的必要起點，引導學習者經由探究、閱讀與實作等多元方式，習得科學探究能力、養成科學態度，以獲得對科學知識內容的理解與應用能力。又如《十二年國民基本教育科技領域課程綱要》「學習重點」是依據科技領域的理念目標及核心素養發展而來，其目的在引導課程設計、教材發展、教科書審查及學習評量的規劃，並配合教學加以實踐。表5.2科技領域學習重點的「學習內容」與「學習表現」雙向細目表（two-way specification table）（修改自科技領綱草案，2015），說明了學習重點的架構可提供教材設計的彈性，在不同版本教材中，學習表現與學習內容可以有不同的呼應關係，提供作爲教科書編撰者參考，可由教科書商或

表5.1　學習重點「PC雙因子」二維（2D）螺旋的「學習內容」與「學習表現」雙向細目架構——以初中社會領域、高中歷史科為例

學習內容向度＼學習表現向度	5-IV-1 能利用二手資料進行歷史推論	5-IV-2 能利用一手資料，進行歷史推論	5-IV-3 能利用一手資料，並提出假設	……	3-V-1 歷史解釋／分辨不同的歷史解釋	3-V-2 歷史解釋／理解歷史學科的因果關係，對歷史事件的原因與歷史影響，提出解釋	4-V-1 史料證據／運用思辨，判斷史料得以作為證據的適當性
一 由各學科專家與課程學者共同討論，並加以發展……							
二 由各學科專家與課程學者共同討論，並加以發展……							
三 由各學科專家與課程學者共同討論，並加以發展……							
第四學習階段　七年級 2-7-6 戰後的臺灣（1.二二八事件：2.戒嚴體制的建立：3.民主化的歷程：4.工業化社會的形成）		第一單元	第一單元				
八 3-8-6 早期中國文化的發展（中國文化的起源）……	第六單元	第六單元					
九 4-9-6 歐亞地區古典文明的發展（1.希臘文明特色：2.羅馬帝國與基督教教起：3.恆河流域印度文明……）	第九單元						
第五學習階段　十 3-10-2 晚清東洋移民以自強、圖變法以保國。					第五單元	第五單元	
十一 4-11-1 非洲與亞大地區：從被「發現」到被「殖民」。					第二單元	第二單元	
十二、十三 5-12-3 移民從「異鄉客」到「文化接受」和「認同感」的心態轉折。					第三單元	第三單元	第三單元

註：修改自十二年國民基本教育課程發展指引草案研究（國家教育研究院委託研究報告）（頁15），蔡清田、陳伯璋、陳延興、林永豐、盧美貴、李奉儒、方德隆、陳聖謨、楊俊鴻、高新建、李懿芳、范信賢，2013，嘉義縣：國立中正大學課程研究所。

教材編撰者來進行發展，特別是各教科書出版商、或學校本位設計的課程、或是教師自編的教材，都可以彈性地選擇與組合將學習內容或學習表現納入不同單元。

✿表5.2　科技領域學習重點的「學習內容」與「學習表現」雙向細目表（初中階段）

學習內容＼學習表現	t-IV-1	t-IV-2	t-IV-3	t-IV-4	c-IV-1	c-IV-2	c-IV-3	p-IV-1	p-IV-2	p-IV-3	a-IV-1	a-IV-2	a-IV-3	a-IV-4
S-IV-1	◎	◎												
S-IV-2	◎													◎
S-IV-3	◎													◎
S-IV-4	◎											◎		◎
S-IV-5	◎											◎		◎
D-IV-1	◎									◎		◎		◎
D-IV-2	◎									◎				◎
D-IV-3	◎									◎				◎
A-IV-1			◎	◎				◎						◎
A-IV-2			◎	◎				◎						◎
A-IV-3			◎	◎				◎						◎
A-IV-4			◎	◎				◎						◎
A-IV-5			◎	◎				◎						◎
P-IV-1			◎	◎				◎						◎
P-IV-2			◎	◎				◎						◎
P-IV-3			◎	◎	◎	◎	◎	◎						◎
P-IV-4			◎	◎				◎						◎

	1	2	3	4	5	6	7	8	9	10	11	12	13
P-IV-5			◎	◎	◎	◎	◎	◎					◎
P-IV-6			◎	◎			◎						◎
P-IV-7			◎	◎	◎	◎	◎	◎					◎
T-IV-1					◎	◎	◎				◎		◎
T-IV-2							◎				◎		◎
T-IV-3			◎		◎	◎	◎	◎	◎	◎			◎
T-IV-4			◎		◎	◎	◎	◎	◎	◎			◎
T-IV-5			◎		◎	◎	◎	◎	◎	◎			◎
H-IV-1										◎	◎		
H-IV-2							◎			◎	◎		
H-IV-3										◎	◎		
H-IV-4										◎	◎		
H-IV-5							◎			◎	◎		
H-IV-6										◎	◎	◎	◎
H-IV-7												◎	◎

二、「領域／科目學習重點」的特性

　　「學習重點」是屬於各領域／科目的重要課程內涵，可就普遍共同性、學習階段性、垂直連貫性、水平統整性、目標導向性、策略多元性、評量分析性、最低規範性、教學擴充性等九個特性加以申論，代表其人員認知、學習情境、領域／科目與學校師生的互動發展與對話關係，以及各種不同學校類型課程之領域／科目所處「情境脈絡」及「人員認知」的「領域／科目之內的差異性」、「領域／科目之間的差異性」、「階段之間的差異性」、「系統之間的差異性」等「課程差異性」而彰顯十二年國

教各領域／科目課程的「普遍共同性」及「策略多元性」等「課程差異性」，茲說明如下：

(一)普遍共同性

十二年國民基本教育的「教育階段核心素養」、「領域／科目核心素養」、「領域／科目學習重點」是全國各地一體適用，沒有城鄉差距，尤其是具有該領域／科目的共同性質，具有該領域／科目的「普遍共同性」。更進一步地，「學習重點」可建構各「領域／科目」的共同「學術造型」，具有該「領域／科目」的「普遍共同性」，更可循序漸進具體轉化為幼兒園、小學、初中、高級中等教育等各階段「學習重點」的「學習內容」與「學習表現」，可因應十二年國民基本教育各領域／科目課程的「普遍共同性」（蔡清田，2014）。「學習重點」具有「普遍共同性」，係指「學習重點」乃由該領域／科目理念與目標進一步發展而來，且「學習重點」比「領域／科目核心素養」更為具體，能展現該領域／科目的重要課程內涵之「學習表現」及「學習內容」。各「領域／科目」可將「領域／科目核心素養」轉化為「學習重點」，並透過「學習表現」及「學習內容」，以實踐該領域／科目理念與目標。例如原住民族語文「學習重點」之課程發展，以原住民族語文核心素養為基礎，發展出相呼應的「學習表現」及「學習內容」，以原住民族的文化主體性為核心，並以學生的族語文字化能力發展為學習重點，以族語能力的發展區分各學習階段，依年段分項敘寫，但學校及教師得依學生的學習程度及需求提供適性教學；「學習表現」包含聆聽、說話、閱讀、書寫及綜合應用等五項能力；「學習內容」涵蓋語文及文化等要素，透過原住民族語文的學習，以運用於日常生活溝通，亦同時學習原住民族文化的豐富內涵。

(二)學習階段性

「學習重點」具有「學習階段性」，依學生在該「領域／科目」的小學、國中、高級中等教育等各教育階段，劃分為小學一二年級為第一學習階段、小學三四年級為第二學習階段、小學五六年級為第三學習階段、國中為第四學習階段、高中為第五學習階段，可區分「學習重點」的難易程度，依照學生的身心發展區分成不同的學習階段之「差異性」，有效依照

學生不同的「差異性」加以因應（蔡清田，2016），以便進行各學習階段垂直縱向銜接，避免出現脫節斷層或不必要的重複情形。換言之，「學習重點」之呈現，依照學習階段進行設計，在不同學習階段間能適度區隔與順利銜接的無縫課程，有益教師教學與學生概念發展，可透過五個學習階段循序漸進垂直連貫，各學習階段「學習重點」可細分小學、國中、普通型高中必修課程、普通型高中選修課程等類敘寫，並可細分領域或科目敘寫。部分領域可考量該學科的知識架構、學習順序，訂定學習重點的分年細目，讓同一學習階段不同年級的學生在學習相同概念時有深淺的區隔，協助學生漸進習得主要的知識內涵。部分未訂定分年細目的領域，則可讓教師與教科書編輯有更大的取材空間，依學生需要和在地情境特質，彈性調整運用，特別是各領域間學習重點還可進行橫向的檢視，並留意同一學習階段各領域／科目學習的統整性，避免出現各領域／科目間在年級或學習階段造成落差脫節或斷層（Drake, 2007）。

　　「學習重點」具有「學習階段性」，也代表其「嚴謹性」，可界定該「領域／科目」在特定「學習階段」的學生應該學習的「學習重點」，「學習重點」的「嚴謹性」，可進一步細分為該「領域／科目」的學習階段、學年學期、單元章節之「學習重點」，因此，「學習重點」可作為各領域／科目課程銜接及質量適切的檢核設計，可與各學習階段的重要「學習內容」與「學習表現」，都需依據學習階段循序漸進設計進行緊密連結。特別是「學習表現」的學習階段表現水準之課程設計，不宜超越該學習階段「學習內容」的難度水平，例如小學高年級（第三學習階段）的「學習表現」不宜出現於中年級（第二學習階段）的「學習內容」，也不宜在第三學習階段的「學習內容」出現第四學習階段的「學習表現」，此亦即《禮記・學記》所謂「學不躐等也」，這牽涉到「學習重點」之「課程設計」的嚴謹性。

　　「學習重點」的「學習階段性」具有引導教材發展、教科書審查、教學設計及學習評量，可妥善處理長久以來存在於中小學課程內容中的重複、難易度及知識量等問題，可依據學習心理學的階段發展原則及知識專精分化程度，研定各領域／科目的「學習內容」與「學習表現」之學習階

段發展，有助於規劃各領域課程的連貫，以建構課程連貫體系（蔡清田，2016）。而且此一學習階段特性的「學習重點」，其「學習內容」與「學習表現」也創造出學習階段的對話空間與效應，而與下述垂直連貫性與水平統整性有著密切關聯。一方面「學習重點」的「學習內容」可以進行一至十二年級「學習階段」的連貫，可在不同學習階段循序漸進加深加廣，以避免中斷脫節或不必要的重複現象，另一方面「學習重點」的「學習表現」，可在幼兒園、小學、國中、高級中等教育等不同學習階段循序漸進提升不同階段的認知、技能、情意之發展任務水準。「學習重點」的「學習階段性」，可打破傳統學校課程窠臼，過去學校課程往往只依據「學科內容」作為唯一主要「學習內容」，但是「學習重點」具有豐富意涵，除了包括「學習內容」同時強調「學習表現」，特別是「學習重點」具有「時間長廊」的意涵，可以「學習內容」的年級進階垂直連貫為經，並以學生「學習表現」的階段發展為緯，交織出「學習重點」的學習階段性。學校師生可以從不同學習階段選擇「學習重點」的「學習內容」與「學習表現」，彰顯課程情境、領域／科目與學校師生的互動發展，教育人員不僅可以了解不同領域／科目在同一學習階段的「學習內容」與「學習表現」，甚至可以了解同一領域／科目在不同學習階段的「學習內容」與「學習表現」。

就「學習重點」之「課程選擇」而言，「學習內容」與「學習表現」的選擇應重視動態性的均衡，根據學生的身心發展階段，適切調整學習內容的廣度、深度及難度，揭示重要及多元觀點，提供實踐與體驗的機會，並保留彈性，以適應學生、學校及地區的差異性。「學習重點」須兼顧可具體操作的特性，能提供學生觀察、探索、討論與創作等實做及表現的學習機會，使學生具有創造思考、獨立判斷、適應變遷及自我發展之能力。因此，「學習重點」具有引導教科書與教材的編輯審查的指引功能，作為出版社或學校編輯教材的指引依據。但考量到教材多元化，以協助教師活化教學與學生能適性學習，不必硬性規定太多內容。就「學習重點」之「課程組織」而言，應注意各學習階段之間的順序性，並予以適切分化；「學習重點」之教材發展應扣緊「學習表現」與「學習內容」，除了知識

內容的學習之外，更強調學習表現的重要，以使學生喜歡學習及學會如何學習。此外，並強調基本概念與統整原理，教材內容由簡而繁、由易而難、由具體而抽象，需衡量不同學習階段間的縱向銜接，並提供高層次認知思考能力之學習素材，讓學生習得運用知識解決問題之能力，避免零碎的知識材料（蔡清田、陳伯璋、陳延興、林永豐、盧美貴、李文富、方德隆、陳聖謨、楊俊鴻、高新建、李懿芳、范信賢，2013）。「學習重點」的「學習階段性」，可依學生的學習心理加以適切區分，有助於不同學習階段的各領域／科目／群科課程之間的連貫及統整，稍後進一步說明。

(三)垂直連貫性

「學習重點」的「垂直連貫性」，有助於各領域／科目課程內容順序的縱向連貫（蔡清田，20016），可達成學習重點的前後連貫而沒有斷層或脫節的現象（賴光眞，2015），換言之，「學習重點」具有「連貫性」，可進行該領域／科目課程連貫的設計，強化學習重點難易度適切性，進行各學習階段垂直縱向銜接，以避免出現脫節斷層、不必要的重複情形。透過「學習重點」的連貫性設計，一方面不僅可達到領域／科目內各學習階段之間與各學習階段之內的「學習表現」垂直銜接，更可促進一到十二年級的「學習內容」循序漸進，此種「連貫性」使其具有引導課程設計、教材發展、教科書審查及學習評量等，並配合教學加以實踐的功能。可以有效處理長久以來存在於中小學課程內容中的重複、難易度及知識量等問題（Jacobs, 2010; Drake, 2007）；另一方面更可依據學習心理的連續發展原則及知識的專精分化程度，研定「學習重點」之「學習內容」與「學習表現」之學習階段或年級發展，有助於規劃各領域課程的連貫。特別是「學習重點」的課程設計牽涉到「學習內容」及「學習表現」等雙股螺旋結構雙向交叉統整設計的二維（2D）螺旋，可統整「學科知識」與「學科能力」，透過「學習重點」指引「學習表現」與「學習內容」的雙向細目，協助學生在認知歷程面向能由記憶、理解、應用、分析、評鑑、創造等層次循序發展，技能面向由感知、準備狀態、機械化、複雜的外在反應、適應、獨創等層次循序發展，情意面向由接受、反應、評價、重組、價值或品格的養成等層次循序發展，特別是初中小各領域／科目課

程的「學習重點」可以該領域／科目的知識結構與邏輯次序進行設計，高中／職階段各領域／科目「學習重點」可在初中小基礎上，適度地區隔初中與高中／職課程的深度與廣度並循序漸進垂直連貫加深加廣，進而建構十二年國民基本教育連貫與統整的課程體系。如表5.3數學依學習階段排序之學習表現示例，表5.4數學依年級排序之學習內容示例，可依照學習階段／年級設計垂直連貫的學習重點（有關數學領域核心素養之編碼及內涵，以教育部正式公告為準）。

❀表5.3　數學依學習階段排序之學習表現示例

編碼	數學學習表現
第一學習階段	
n-I-1	理解一千以內數的位值結構，據以作為四則運算之基礎。
n-I-2	理解加法和減法的意義，熟練基本加減法並能流暢計算。
n-I-3	應用加法和減法的計算或估算於日常應用解題。
n-I-4	理解乘法的意義，熟練十十乘法，並初步進行除法活動。
n-I-5	在具體情境中，初步解決兩步驟應用問題。
n-I-6	認識分數。
n-I-7	理解長度及其常用單位，並做實測、估測與計算。
n-I-8	認識容量、重量、面積。
n-I-9	認識時刻與時間常用單位。
s-I-1	從操作活動，初步認識物體與常見幾何形體的分類特徵。
r-I-1	學習數學語言中的運算符號、關係符號、算式約定。
r-I-2	認識加法和乘法的運算規律。
r-I-3	認識加減互逆，並能應用與解題。
d-I-1	認識分類的模式，能主動蒐集資料、分類、呈現並做說明。
第二學習階段	
n-II-1	理解一億以內數的位值結構，並據以作為各種運算與估算之基礎。
n-II-2	能做較大位數之加、減、乘計算或估算，並能應用於日常解題。
n-II-3	理解除法的意義，能做計算與估算，並能應用於日常解題。
n-II-4	能解決四則估算之日常應用問題。

n-II-5	在具體情境中，解決兩步驟應用問題。
n-II-6	理解同分母分數的加、減、整數倍的計算與應用。認識等值分數。
n-II-7	理解小數的位值結構，並能做加、減、整數倍的直式計算與應用。
n-II-8	在數線標示整數、分數、小數並做比較與加減，理解整數、分數、小數都是數。
n-II-9	理解長度、角度、面積、容量、重量的常用單位與換算，培養量感與估測能力，並能做計算和應用解題。初步認識體積。
n-II-10	理解時間的加減運算，並應用於日常的時間加減問題。
s-II-1	理解正方形和長方形的面積與周長公式與應用。
s-II-2	認識平面圖形全等的意義。
s-II-3	透過平面圖形的構成要素，認識常見三角形、常見四邊形與圓。
s-II-4	在活動中，認識幾何概念的應用，如旋轉角、展開圖與空間形體。
r-II-1	認識乘除互逆，並能應用與解題。
r-II-2	觀察與說明一維及二維之數量模式，並能做簡單推理。
r-II-3	理解如何將兩步驟問題併式計算，並認識四則混合計算之約定。
r-II-4	認識兩步驟計算中加減與部分乘除計算規則並能應用。
r-II-5	理解以文字表示之數學公式。
d-II-1	報讀與製作一維表格、二維表格、長條圖，並據以做簡單推論。

✿表5.4　數學依年級排序之學習內容示例

編號	數學學習內容	參考教具	呼應學習表現
	1年級		
N-1-1	一百以內的數：含操作活動。用數表示多少與順序。結合數數、位值表徵、位值表。位值單位「個」和「十」。位值單位換算。認識0的位值意義。	位值表、位值積木、花片	n-I-1
N-1-2	加法和減法：加法和減法的意義與應用。含「添加拿走型」、「併加分解型」、「比較型」等應用問題。加法和減法算式。	花片	n-I-2

N-1-3	基本加減法：以操作活動為主。以熟練為目標。指1到10之數與1到10之數的加法，及反向的減法計算。	合十卡（撲克牌）	n-I-2
N-1-4	解題：1元、5元、10元、50元。以操作活動為主。數錢、換錢、找錢。	錢幣	n-I-3
N-1-5	長度（同s-1-1）：以具體操作為主。初步認識、直接比較、間接比較（含個別單位）。	繩子	n-I-7
N-1-6	日常時間用語：以操作活動為主。簡單日期報讀「幾月幾日」；「明天」、「今天」、「昨天」；「上午」、「中午」、「下午」、「晚上」。簡單時刻報讀「整點」與「半點」。	鐘面（指針）	n-I-9
N-1-1	長度（同N-1-5）：以具體操作為主。初步認識、直接比較、間接比較（含個別單位）。		n-I-7
S-1-2	形體的操作：以操作活動為主。描繪、複製、拼貼、堆疊。	各式平面圖形、立體形體、拼圖	s-I-1
R-1-1	算式與符號：含加減算式中的加號、減號、等號。		r-I-1
R-1-2	兩數相加的順序不影響其和：加法交換律。可併入其他教學活動。		r-I-2
D-1-1	簡單分類：以操作活動為主。報讀與說明已處理好之分類。觀察分類的模式。		d-I-1
2年級			
N-2-1	一千以內的數：含位值積木操作活動。結合點數、位值表徵、位值表。位值單位「百」。位值單位換算。	位值表、位值積木	n-I-1
N-2-2	加減算式與直式計算：用位值理解多位數加減計算的原理與方法。初期可操作、橫式、直式等方法並陳，二年級最後歸結於直式計算，作為後續更大位數計算之基礎。直式計算的基礎為位值概念與基本加減法，教師須能說明直式計算的合理性。		n-I-2

N-2-3	解題：加減應用問題。加數、被加數、減數、被減數未知之應用解題。連結加與減的關係。（r-2-4）		n-I-3
N-2-4	解題：簡單加減估算。具體生活情境。以百位數估算。		n-I-3
N-2-5	解題：100元、500元。以操作活動為主兼及計算。容許多元策略，協助建立數感。	錢幣	n-I-3
N-2-6	乘法：乘法的意義與應用。在學習乘法過程，逐步發展「倍」的概念，作為統整乘法應用情境的語言。	花片、陣列教具（格狀圖）	n-I-4
N-2-7	十十乘法：乘除直式計算的基礎，以熟練為目標。建立「幾個一數」的點數能力。		n-I-4
N-2-8	解題：兩步驟應用問題（加、減、乘）。加減混合、加與乘、減與乘之應用解題。不含併式。不含連乘。		n-I-5
N-2-9	解題：分裝與平分。以操作活動為主。除法前置經驗。理解分裝與平分之意義與方法。引導學生在解題過程，發現問題和乘法模式的關聯。	花片	n-I-4
N-2-10	分數：以操作活動為主。在已分割之圖示中，學習1以內的分數。比較大小。知道日常語言「的一半」、「的二分之一」、「的三分之一」的溝通意義。能以摺紙做簡單分數。	已分割之分數圓形圖與長方形。摺紙所需之圓與長方形	n-I-6
N-2-11	長度：「公分」、「公尺」。實測、量感、估測與計算。單位換算。	直尺、三角板、捲尺（彎曲物體）	n-I-7
N-2-12	容量、重量、面積：以具體操作為主。初步認識、直接比較、間接比較（含個別單位）。	容器（含等容量不同形狀）、天平與砝碼、同大小不等重物體、百格圖	n-I-8

N-2-13	鐘面的時刻：以鐘面時針與分針之位置認識「幾時幾分」。含兩整時時刻之間的整時點數（時間加減的前置經驗）。	鐘面教具	n-I-9
N-2-14	時間：「年」、「月」、「星期」、「日」。認識表列時間單位之關係與約定。	月曆、日曆	n-I-9
S-2-1	物體之幾何特徵：以操作活動為主。進行辨認與描述之活動。藉由實際物體認識簡單幾何形體，並連結幾何概念。		s-I-1
S-2-2	簡單幾何形體：以操作活動為主。辨認與描述學生在意的幾何特徵並做分類活動。	各種簡單幾何形體	s-I-1
S-2-3	直尺操作：測量長度。報讀公分數。指定長度之線段作圖。	直尺	n-I-7
S-2-4	平面圖形的邊長：以操作活動與直尺實測為主。發現特殊幾何圖形的邊長關係。含周長的計算活動。		n-I-7
S-2-5	面積：以具體操作為主。初步認識、直接比較、間接比較（含個別單位）。		n-I-8
R-2-1	不等號與遞移律：不等號在算式中的意義，認識大小的遞移關係。		r-I-1
R-2-2	三數相加，順序改變不影響其和：加法交換律和結合律的綜合。可併入其他教學活動。		r-I-2
R-2-3	兩數相乘的順序不影響其積：乘法交換律。可併入其他教學活動。		r-I-2
R-2-4	加法與減法的關係：加減互逆。應用於驗算與解題。		n-I-3 r-I-3
D-2-1	分類與呈現：以操作活動為主。能分類、記錄、呈現並說明。應討論：(1)分類的分類；(2)因特徵不同，同一資料可有不同的分類方式。	簡單平面圖形與立體形體（同顏色）	d-I-1

　　學習重點的「垂直連貫性」特質，有助於循序漸進進行一到十二年級的「學習內容」垂直連貫，同時有助第一到第五學習階段「學習表現」的垂直連貫，這兩者所交織而成的「學習重點」，有助於各領域／科目課程

內容的適度區隔與順利銜接，促成學習內容適當的前後連貫而沒有斷層或脫節，有助學校課程計畫的領域／科目學習目標設計、教材發展、教師教學活動的安排、學生學習評量的實施。

(四)水平統整性

「學習重點」具有「水平統整性」的特性，可以統整「學習內容」與「學習表現」，有助於規劃各領域課程的統整設計。「學習重點」具有「水平統整性」的特性，也代表「學習重點」具有「結構性」，聚焦（focus）於該「領域／科目」所強調的「學習內容」與「學習表現」，「學習內容」能涵蓋該領域／科目之重要事實、概念、原理原則、技能、態度與後設認知等知識，是該領域／科目重要的內容，學校、地方政府或出版社得依其專業需求與特性，將學習內容做適當轉化，以發展適當教材，但學習內容是重要的核心內容，毋須列出所有教材，藉此保留教師補充教材的彈性空間，若以教育指標觀點來看，「學習內容」類似於美國各州各領域／科目「內容標準」（content standard）（CCSSI, 2013a; 2013b），內容標準是指教師應該教而且學生應該學習的內容，「學習內容」接近過去國民中小學九年一貫課程各領域的「基本內容」、「分年細目」、「教材內容」，或是過去普通高中的「教材綱要」、高職的「教材大綱」概念。「學習表現」類似於美國各州各領域／科目「表現標準」（performance standard）（NGA Center & CCSSO, 2010a; 2010b），是學生習得內容標準後的學習表現精熟程度水準，「學習表現」是強調以學習者為中心的概念，學習表現重視認知、情意與技能之學習展現。如健康與體育領域「學習重點」的學習表現向度，分為四項類別，分別為：1.認知：含「健康知識」、「技能概念」、「運動知識」、「技能原理」四個次項目；2.情意：含「健康覺察」、「正向態度」、「學習態度」、「運動欣賞」四個次項目；3.技能：含「健康技能」、「生活技能」、「技能表現」、「策略運用」四個次項目；4.行為：含「自我管理」、「倡議宣導」、「運動計畫」、「運動實踐」四個次項目。其學習內容向度分為九項主題，：1.生長、發展與體適能：含「生長、發育、老化與死亡」與「體適能」二個次項目；2.安全生活與運動防護：含「安全教育與

急救」、「藥物教育」、「運動傷害與防護」與「防衛性運動」四個次項目；3.群體健康與運動參與：含「健康環境」、「運動知識」、「水域休閒運動」、「戶外休閒運動」與「其他休閒運動」五個次項目；4.個人衛生與性教育：含「個人衛生與保健」與「性教育」二個次項目；5.人、食物與健康消費：含「人與食物」與「消費者健康」二個次項目；6.身心健康與疾病預防：含「健康心理」與「健康促進與疾病預防」二個次項目；7.挑戰性運動：含「田徑」與「游泳」二個次項目；8.競爭性運動：含「網／牆性球類運動」、「攻守入侵性球類運動」、「標的性球類運動」與「守備跑分性球類運動」四個次項目；9.表現性運動：含「體操」、「舞蹈」與「民俗性運動」三個次項目。普通型高級中等學校加深加廣選修課程的主題為「健康與運動休閒」。

　　「學習內容」與「學習表現」兩者所架構出來的「學習重點」雙向細目表，將可以構成一個矩陣，而矩陣當中各單元教材的設計是有彈性的，在不同版本教材中，「學習內容」與「學習表現」可有一對一或一對多或多對一等不同的呼應關係，得視不同學習階段或領域／科目的特性，呈現「學習內容」與「學習表現」，可引導教科書編輯者透過「學習內容」與「學習表現」雙向分析表進行教材發展與教科書設計，可兼顧課程設計的「目標模式」與「歷程模式」（林永豐，2017），展現Dweck與Leggett（1988）強調的學習目標、內容標準、表現標準，提供教師課程設計的具體元素，是以各教科書出版商教科書內容之設計、學校本位課程設計、教師自編的教材，都可彈性地選擇組合將學習內容或學習表現納入不同單元，可引導教科書編輯者進行教科書設計，甚至可作為審查教科書是否合乎「學習重點」的依據（蔡清田，2016）。特別是統整「學習內容」之知識、能力與態度與「學習表現」之認知、技能與情意，而且充分展現「領域／科目」的課程特色，具有「領域／科目」的獨特學術造型。特別是「學習內容」與「學習表現」的「PC雙因子」二維（2D）螺旋設計具有下列三種不同的呼應關係：

1.一對一：一條表現呼應一條內容（引自國家教育研究院課程及教學研究中心，2016，24）

高中體育科教材單元設計的示例

學習表現／學習內容	1c-V-2應用動作發展、運動和營養知識，設計適合自己的運動處方，促進身體發展，並運用於生活當中	3d-V-2應用系統思考與後設分析能力，解決各種運動情境的問題	1d-V-2評估運動比賽的各項策略
Ab-V-1體適能運動處方設計、執行與評估	高一下學期 體適能運動與飲食方案的執行與評估		
Cc-V-1水域休閒運動自我挑戰		高二下學期 溯溪活動的挑戰與問題解決	
Hb-V-1攻守入侵性運動技術綜合應用及團隊綜合戰術			高三下學期 足球比賽長傳急攻時機的評估與團隊戰術

2.一對多：一條表現／內容呼應二條以上內容／表現（引自國家教育研究院課程及教學研究中心，2016，25）

健康教育教材單元設計的實例

學習表現／學習內容	2a-IV-1關注健康議題本土、國際現況與趨勢
FB-IV-4新興傳染病與慢性病的探究與其防治策略	國三下學期 各種病毒的傳播途徑與預防措施
Ca-IV-2全球環境問題造成的健康衝擊與影響	

3.多對多：二條以上表現／內容呼應二條以上內容／表現（引自國家教育研究院課程及教學研究中心，2016，25）

跨領域教材單元設計的示例

學習表現／學習內容	po-III-1能從學習活動、日常經驗及科技運用、自然環境、書刊及網路媒體等，察覺問題	4b-III-2使用適切的事證來支持自己健康促進的立場
INg-III-1自然景觀和環境一旦改變或破壞，極難恢復	國小五年級上學期我是環保小尖兵	
Ca-III-3環保行動的參與及綠色消費概念		

　　「學習重點」的課程設計不僅可進行單一領域／科目之內的課程統整，而且可以進行不同「領域／科目」的課程統整設計，例如國語文在不同的學習階段，都有「記述文本」的相關「學習內容」；藝術在不同的學習階段，都有「音樂欣賞」的相關「學習內容」。甚至，各個不同的領域／科目課程綱要也可於規劃同一學習階段的相關「學習內容」，以進行適當的課程統整。如「綜合活動」的「3b-II-1參與學校或社區服務學習，並分享心得」此一「學習表現」較為重視行動實踐與省思，與「社會領域」的「2b-II-2表達對地方事物的關懷」的「學習表現」較為重視的重要價值態度，兩者彼此有關聯可進一步加以統整。又如「科技領域」的「日常科技產品的使用」此一「學習內容」可與「自然科學領域」的小學高年級「科技在生活中的應用如，發電、電子用品、石化工業、清潔劑、胃藥等與對環境與人體的影響」的「學習內容」進一步加以統整成為「自然科學領域」的「學習內容」議題三跨科概念的「科學與生活」。又如初中「科技領域」的「設計圖的繪製如平面圖、立體圖、尺度標註、基本的電腦輔助設計等」此一「學習內容」可與「數學領域」的「s-9-12簡單立體圖形：直角柱和正角錐的頂點、邊、面的個數」的「學習內容」兩者內涵不同，但數學為基礎學科，科技領域在應用可因應需要相互搭配進行課程統整。

(五)目標導向性

　　「學習重點」具有「目標導向性」，「學習重點」是「領域／科目核心素養」的具體轉化成果，較「領域／科目核心素養」更為具體，可引導學生展現出各學習階段的「預期學習結果」（Posner & Rudnitsky, 2001）。特別是「學習重點」具有目標導向性的「目標導向階梯」（goal oriented staircase）。換言之，領域／科目之「學習重點」，是一系列串聯群組（clusters）的學習要素，具有緊密連結（alignment）的縱向「垂直連貫」關係，可在該領域／科目範疇內依「學習階段」、「學年學期」、「教學單元主題」加以進階發展為「階梯目標」，如「學習階段」、「學年學期」、「教學單元主題」的「學習目標」，可以具體明確描述或反映學習獲得核心素養的知識、能力、態度的數量或品質，展現Dweck與Leggett（1988）的成就目標理論（achievement goal theory）的預期學習成果特質，呼應Dweck與Leggett（1988）強調的「學習目標」導向功能，可引導學生透過學習展現認知、技能、情意之表現目標，可供教育人員據此進行課程規劃、設計、實施與評量，作為課程綱要垂直連貫與水平統整之核心要素，有助於規劃各領域課程的連貫與統整，促進循序漸進的學習（蔡清田，2016）。

　　各「領域／科目」可將「領域／科目核心素養」轉化為「學習重點」，並透過「學習表現」及「學習內容」，以實踐該領域／科目理念與目標。例如原住民族語文「學習重點」之課程發展，以原住民族語文核心素養為基礎，發展出相呼應的「學習表現」及「學習內容」，以原住民族的文化主體性為核心，並以學生的族語文字化能力發展為學習重點，以族語能力的發展區分各學習階段，依年段分項敘寫，但學校及教師得依學生的學習程度及需求提供適性教學；「學習表現」包含聆聽、說話、閱讀、書寫及綜合應用等五項能力；「學習內容」涵蓋語文及文化等要素，透過原住民族語文的學習，以運用於日常生活溝通，亦同時學習原住民族文化的豐富內涵。而且「學習重點」係該領域／科目之一系列串聯群組的學習要素，具有緊密連結的關係，可在該領域／科目範疇內依照「學習階段」、「學年學期」加以縱向「垂直連貫」、「進階發展」、「目標導向

階梯」的「階梯目標」，又稱爲特定「學習階段」、「學年學期」的「學習目標」。

(六)評量分析性

　　「學習重點」具有「評量分析性」，可作爲學習評量之重要參考項目，是可透過「學習內容」與「學習表現」具體展現學習成果，呼應「學習目標」，可引導學生達成學習目標並展現認知、技能、情意之表現目標，更可根據學生的學習需要、社區特性、家長期望等，依據「學習階段階梯」（learning stage-by-stage staircase），透過「學習表現」的數量逐漸增加（如數量由10%-30%-50%-70%-90%）與「學習表現之複雜度」（learning performance complexity）或「表現水準之複雜度」（performance level complexity）品質陸續提升（如認知由記憶、理解、應用、分析、評鑑、創造，技能由感知、準備狀態、機械化、複雜的外在反應、適應、獨創，情意由接受、反應、評價、重組、價值觀或品格陶冶），並可進一步設計學習結果的評量等級（如進階、精熟、基礎、低於基礎）之得分以判斷其表現水準，加以評量分析，作成評量成果報告，較易監控其學習進步情形（Ravitch, 1995; Marzano, Pickering, & McTighe, 1993）。特別是「以學習重點爲依據的學習評量」，可考量學生生活背景與日常經驗，妥善運用在地資源，發展眞實有效的學習評量工具，以「學習重點」爲主軸的學習評量，須兼顧整體性和連續性，以了解學生在「學習重點」之學習進展，並有效進行追蹤，長期評估學生之成長與進步。

(七)最低規範性

　　「領域／科目學習重點」具有「最低規範性」，各「學習重點」，對全國的中小學校課程具有最低規範性，特別是可依各學習階段「學習重點」，引導不同的「學習表現」與「學習內容」而設計不同難度版本，如「高標」資優A版或「均標」普及B版的教科書與教材，以適用於不同對象的學生，如「低標」的「學習重點」乃最低規範，亦即城市、鄉村、山上、海邊、離島區域的一般學生皆可達成的，而且「高標」可適用於科學班或數理資優班或語文資優班。換言之，「領域／科目學習重點」應是屬於關鍵、必要、重要、基礎與低標的學習重點。就課程發展的性質而言，

核心素養應是屬於進階、高標的目標；而「學習重點」應是屬於關鍵、基礎與低標的。核心素養是屬於高階目標導向的素養，並非現在就能立即學會，因爲核心素養研擬係採較爲「高標」水準，將過去所學的學科知能加以擴展爲知識、能力與態度，但更重要的是，應要思考目前所訂出來這些不同的核心素養，應該不是現在就能立即全部學會，而是期望學生能在各學習階段持續培養，且能加以檢測並繼續加以提升，而不只是停留在原來水準，如果期望能在不同學習階段繼續學習，如此一來，則「核心素養」與「教育階段核心素養」應是屬於高標，而且可以進一步具體轉化成爲各個「學習重點」以利進行循序漸進學習。

　　當核心素養進入到領域／科目之後，就應該轉化成爲較易達成的低標之「學習重點」，而不是培養頂尖學科專家所需的「高標」。「學習重點」是以一般共同科目的修畢爲原則，當學生修畢共同科目時，則代表學生已經完成了「關鍵」、「必要」、「重要」的「學習重點」，意即，以18歲學生來說，不論是高中或高職，其課程設計是定位在「當學生修畢共同科目時，則代表學生已經完成了必備的「學習重點」。若是學生還要再精進更高階的就業導向或學術導向專業素養，將會是由學生自行選修個人所感興趣的大學先修課或四技二專餐飲科或機械科先修課，進行更高階的專業素養培訓。

(八)策略多元性

　　「學習重點」具有「策略多元性」，可配合靈活運用多元學習策略與評量方法，如資料閱讀、探究實作、批判論證、角色扮演等，對於不同主題教材進行多元之設計。依據《十二年國民基本教育課程發展建議書》，一方面有關課程的「學習內容」之事實知識（factual knowledge）、概念知識（conceptual knowledge）、程序知識（procedual knowledge）、後設認知知識（metacognitive knowledge）等知識的質量多寡與認知處理策略（蔡清田、陳伯璋、陳延興、林永豐、盧美貴、李文富、方德隆、陳聖謨、楊俊鴻、高新建、李懿芳、范信賢，2013），可研定各學習階段進階的「學習內容」，可建構垂直連貫的「學習內容」，並可採「PC雙因子」二維（2D）螺旋的課程統整設計，呼應內容標準、表現標準，由簡單到

複雜、由具體到抽象，逐漸加深加廣。按領域／科目的知識結構與邏輯次序，進行課程內容的銜接，縮減不同學習階段課程內容難易度上的落差，減低不同學習階段學生知識學習量上的落差，以利不同學習階段「學習內容」的銜接，並參考認知科學、腦神經科學等相關研究證據，按照各學習階段學生認知發展的程度，研定出該學習階段學生的適當認知負荷量。另一方面，有關課程內容難易度的「學習表現」處理策略，可按各領域／科目的屬性循序建立認知向度的記憶、理解、應用、分析、評鑑、創造等層次；情意向度的接受、反應、評價、價值組織、價值性格化或品格陶冶等層次；技能向度的感知、準備狀態、引導反應（或模仿）、機械化、複雜的外在反應、調整、獨創等層次（蔡清田、陳伯璋、陳延興、林永豐、盧美貴、李文富、方德隆、陳聖謨、楊俊鴻、高新建、李懿芳、范信賢，2013），建構垂直連貫的「學習表現」。學校可依學校情境、家長要求、社區特質與學生需要，來研擬多元適性的教學方法、教材內容與學習策略，各校可以因應學校屬性不同與學生對象不同而採取多元方法的實施策略，以不同的「學習表現」與「學習內容」達成共同的「學習重點」，因應多元智能適性學習。

(九)教學擴充性

「學習重點」具有「教學擴充性」，各「領域／科目」課程綱要的使用者、教科書設計者與學校教師，除可針對「學習重點」進行詮釋與分析之外，若發現有所不足、不周延之處，或是為了配合學生學習的需要、及科技發展與社會變遷的需求，可加以適切的加以擴充，配合該領域／科目的主題軸、主題項目、學習階段、學習表現、學習表現細項、學習內容等進行補充說明，如表5.5綜合活動領域（小學第二學習階段）之學習重點說明示例（國家教育研究院課程及教學研究中心，2016，18）。

「學習重點」的特質是具有教學可擴充性，教育人員可依據「領域／科目」、學校願景與教學特色來加以充實，甚至各校教師可以因應學校屬性不同與學生對象不同，而加以充實，以豐富核心素養的學習重點之內涵。

✿表5.5　綜合活動領域（小學第二學習階段）之學習重點說明示例

主題軸	主題項目	學習階段	學習表現	學習表現細項	學習內容	補充說明
1.自我與生涯發展	a.自我探索與成長	第二學習階段	1a-II-1 展現自己能力、興趣與長處，並表達自己的想法和感受。	1. 欣賞並展現自己能做的事。 2. 適度發揮自己的長處。 3. 覺察自己的興趣、專長。 4. 探索自己感興趣的人、事、物。 5. 分享自我探索過程中的經驗與感受。	Aa-II-1 自己能做的事。 Aa-II-2 自己感興趣的人、事、物。 Aa-II-3 自我探索的想法與感受。	1. 自己能做的事 (1)藉由參與家庭、學校內外各項活動及會做與做的事。 (2)在家庭、學校內外各項活動及生活情境中，展現自己的長處，並完成自己的角色任務。 (3)家庭、學校內外各項活動，包括各領域學習活動、學生自治活動、服務學習活動、班級活動布置、學藝競賽與其他班級活動、家庭生活、陸地或水域活動以及社區活動等。 2. 自己感興趣的人、事、物 (1)認識自己周遭的人，包括家人、朋友、同學等；自己感興趣的事如：家庭事務、學校活動、休閒活動等；自己感興趣的物如：寵物、玩具、器材等。 (2)藉由參與家庭、學校內外各項活動及生活情境，發現自己的興趣與探索自己的專長。 3. 自我採索的想法與感受 (1)透過採索家庭、學校內外各項活動或情境中與自己相關的人、事、物，並分享對實際過程及結果的感受。 (2)採索方式包括實際體驗、角色扮演、人物、閱讀、影片欣賞、觀察記錄、人物。

三、「領域／科目學習重點」的課程發展與編碼原則

　　「領域／科目學習重點」屬於各領綱的重要內涵，它比「領域／科目核心素養」更為具體，特別是「學習重點」的「學習表現」與「學習內容」雙向細目表的PC雙因子二維（2D）架構方式，可提供各領域／科目進行教材設計的彈性，在不同版本教材中的「學習表現」與「學習內容」可以有不同呼應關係。各領域／科目教科用書編輯人員或學校教師可依不同學生的需求或學習階段的差異，彈性地編織組合「學習表現」與「學習內容」，有利於將學習重點轉化為實際教材與教學活動，且提供學生更為適性的學習機會。「學習重點」的「學習內容」與「學習表現」可呼應「領域／科目核心素養」，則是一種更高階而精巧的「PCC三因子」三維（3D）螺旋課程統整設計（蔡清田，2016），彰顯了十二年國教課程改革是一種「以核心素養為導向的課程改革」。詳言之，「學習重點」課程發展的重要步驟有二：一是先考量「學習表現」與「學習內容」，這是一種二D課程設計雙向分析表；二是再斟酌「學習表現」與「學習內容」與「領域／科目核心素養」等三要素的呼應關係，這是一種精巧的三維（3D）螺旋課程統整設計，更是核心素養導向的學習重點之課程設計，是以「學習重點」的課程統整三要素；一是領域／科目核心素養；二是該領域／科目「學習內容」；三是該領域／科目「學習表現」。就「學習重點」的課程統整設計模式而言，乃是「領域／科目」的「核心素養」、「學習內容」與「學習表現」等三要素之課程統整設計關係模式，說明了「學習重點」課程統整三要素之間緊密連結關係模式，如圖5.1學習重點的「PCC三因子」三維（3D）課程統整設計模式（蔡清田，2017），每一階段中的領域／科目可以先依據領域／科目的理念目標檢核九項核心素養，看看領域／科目的「學習表現」與「學習內容」與哪幾項核心素養有關？再依照領域／科目的學科特性加以修改，以呼應所選擇的核心素養。

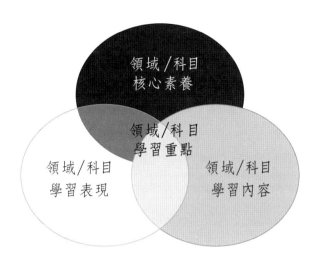

✿圖5.1　學習重點的「PCC三因子」三維（3D）課程統整設計模式

　　「學習重點」是同時強調「領域／科目核心素養」與該領域／科目的「學習表現」與「學習內容」的課程統整設計。例如小學數學第一學習階段的學習表現「N-I-3應用加法和減法的計算或估算於日常應用解題」，與小學數學二年級的學習內容「n-2-5解題：100元、500元。以操作活動爲主兼及計算。容許多元策略，協助建立數感」兩者交織而成「學習重點」，可呼應小學階段的數學核心素養「數-E-A2具備基本的算術操作能力，並能指認基本的形體與相對關係，在日常生活情境中，用數學表述與解決問題」。可見，「學習重點」可根據某「領域／科目核心素養」，重視該學科所欲培養的認知（知識）、技能（能力）及情意（態度）之「學習內容」與「學習表現」，統整成爲「學習重點」，精確地說，「學習重點」是「領域／科目核心素養」、「學習表現」與「學習內容」的「PCC三因子」三維（3D）螺旋統整設計。

　　「學習重點」的編碼可分爲「學習表現」與「學習內容」兩類分開編碼，在「學習表現」第一碼採數字或小寫英文字母編碼（可採字母意義編碼）、「學習內容」第一碼採大寫英文字母編碼（可採字母意義編碼），學習表現與學習內容第二碼皆爲學習階段年級別，第三碼爲流水號。第一碼處理水平關係，第二碼處理垂直關係，且第一碼做學習表現、學習內容

的區分，第一碼：「學習表現」的表現類別用數字或小寫英文字母編碼；學習內容的主題大寫英文字母編碼，以英文字母大小寫區分內容主題（大寫）或表現類別（小寫），例如自然科學領域依據學科概念性質的英文代碼進行的「學習表現」編碼（如t代表thinking，i代表intelligence）；而「學習內容」第一碼的主題可採取大寫英文字母編號，但是並不統一依序編號為A.B.C.D……的編碼而可保留各領綱的彈性編碼方式，如數學領域依據學科概念性質的英文代碼進行的「學習內容」編碼如N（數與量）、S（空間與形狀）、A（代數）、D（資料與不確定性）、R（關係與變化），然為了顧及到學科特性之不同，並可就領域／科目之特殊學科需要加以中文字頭補充說明。各領域／科目核心素養、學習表現、學習內容的編碼方式，第1碼皆與領域／科目內涵（水平關係）有關，第2碼皆與教育階段、學習階段或年級的垂直連貫有關。綜述歸納出表5.5「領域／科目學習重點」（學習表現與學習內容）編碼方式（國家教育研究院課程及教學研究中心核心素養工作圈，2015）：

✿表5.5　「領域／科目學習重點」（學習表現與學習內容）編碼方式一覽表

	第一碼	第二碼	第三碼
學習表現	依性質或內涵分為數個表現類別，依序以數字1,2,3……表示；或英文小寫a,b,c……表示之；也可以英文小寫進行意義編碼，例如：知識（k）、情意（a）……。	羅馬數字	流水號
學習內容	內容主題（英文大寫）依各階段領域／科目的性質，將內容進行主題的歸類區分，以大寫英文字母進行編碼，例：A、B、C……；也可以以英文大寫進行意義編碼，例如：數與量（N）、關係（R）……。	年級（阿拉伯數字）學習階段（羅馬數字）	
說明	領域分科／內容的主題水平關係	教育階段／學習階段垂直關係	

　　「學習重點」是指示某一領域／科目內應有的「學習內容」與「學習表現」的陳述，乃是由「學習內容」與「學習表現」雙向組合編織設計而成，可進行以核心素養導向的「學習重點」之課程設計，以落實核心素養。可參考下表5.6領域／科目核心素養導向的學習重點引導表（國家教育研究院課程及教學研究中心核心素養工作圈，2015，40）。

　　上表「示例」說明學習表現及學習內容如何呼應及達成核心素養的「部分」內涵並非窮盡，核心素養仍需透過「教學」來達成，因此，教師需理解核心素養可透過學習表現與學習內容來達成，仍需透過「教學」加以實踐。核心素養是可跨越個別領域／科目的範圍，核心素養是適用於許多領域／科目的學習，但，教師往往依據學科進行教學。因此，可行的課程設計方法，是引導教師先選擇熟悉領域／科目之「學習內容」，再去思考如何與「學習表現」及「核心素養」進行統整，此種課程設計的途徑，允許教師在其熟悉的領域／科目脈絡情境內，進行核心素養的課程設計，甚至可以透過學習內容網與課程活動網，將領域／科目的「學習內容」與「學習表現」，統整連結到某項核心素養，進而呈現所欲達成「領域／科目核心素養」。

(一)發展學習重點之「學習表現」

　　「學習重點」的「學習表現」，強調以學習者為中心的概念，是指該領域／科目重要關鍵的認知、技能、情意之必要「表現」，認知向度包括記憶、理解、應用、分析、評鑑、創造等層次；情意向度包括接受、反應、評價、價值組織、價值性格化等層次；技能向度包括感知、準備狀態、引導反應（或模仿）、機械化、複雜的外在反應、調整、獨創等層次，特別是指學習者面對生活情境時所展現的能力態度與行動，能展現該領域／科目有關「非內容」面向的表現，可引導學生學習達成認知、技能、情意之學習目標，能呼應領域／科目核心素養的重要、關鍵、必要之特質（蔡清田，2012b），但毋須像傳統課程綱要列出所有能力指標（國家教育研究院，2014a），以避免指標過多流於繁瑣而難以掌握或不當重複之缺失。「學習重點」之「學習表現」可統整過多的「能力指標」並減少其數量，以減輕教師教學負擔與學生學習負擔。

●表5.6 領域／科目核心素養導向的學習重點（學習表現／學習內容）的引導表—健體領域（A1,A2,A3）示例

教育階段領域科目核心素養	小學（E）		初中（J）	高級中等教育（U）
健體-E-A1 具備良好身體活動與健康生活的習慣，以促進身心健全發展，並認識個人特質，發展運動與保健的潛能。	4a-I-2養成健康的生活習慣。 Da-I-1日常生活中衛生習慣的培養。	4a-II-2展現促進健康的行為。 Da-II-1良好衛生習慣的建立。	4a-III-3主動地表現促進健康的行動。 Ab-III-2自我身心適能掌控與簡易運動處方執行。	
健體-J-A1 具備體育與健康的知能與態度，展現自我運動與保健潛能，探索人性、自我價值與生命意義，並積極實踐。			4a-IV-3持續地執行促進健康及減少健康風險的行動。 Cb-IV-1運動精神的實踐、運動營養攝取知識、自我所需營養素的簡易攝取規劃。	
健體-U-A1 提升各項運動與身心健全的發展素養，發展個人運動與保健潛能，探索自我觀，肯定自我價值，有效規劃生涯，並透過自我精進與超越，追求健康與幸福的人生。				2b-V-3展現個人及群體健康生活行動的高度信心與效能感。 Fa-V-3全人健康的身心探索與整合技巧……。

	I	II	III	IV	V
	1年級 2年級 或I	3年級 4年級 或II	5年級 6年級 或III	7年級 8年級 9年級 或IV	10年級 11年級 12年級 或V
健體E-A2	1b-I-1列舉健康生活情境中適用的健康技能和生活技能。	1b-II-2辨別生活情境中適用的健康技能和生活技能。……	b-III-4能於不同的生活情境中、運用生活技能。……		
健體J-A2					
健體U-A2					
健體E-A3 具備擬定運動與保健計畫及實作能力，並以創新思考方式，因應日常生活情境。	Cb-I-3運動活動空間、場域的體驗。	Ba-II-1居家、交通及戶外環境潛在危機的警覺與安全須知。……	Ba-III-3藥物中毒、一氧化碳中毒、異物梗塞急救處理。		

			3a-V-2運用多元策略，將健康照護技能與自我調整能力融入生活情境，展現出個人及群體的健康生活模式。 Ca-V-1健康環境的整體營造。	
	3a-IV-2因應不同的生活情境進行調適並修正，持續表現健康技能。…… Fb-IV-1全人健康概念的發展與健康正向生活型態的建立。			
		……	……	……
健體-J-A3 具備善用體育與健康的資源，以擬定運動與保健計畫，有效執行並發揮主動學習與創新求變的能力。 健體-U-A3 具備規劃、實踐與檢討反省的素養，並以創新的態度與作為，因應新的體育與健康情境或問題。				……

☀表5.7　綜合領域初中階段97課綱能力指標與十二年國教領綱學習表現的對照表

97課綱	十二年國教領綱			新舊差異
能力指標	主題軸	主題項目	新課綱領綱學習表現	
1-4-1探索自我發展的過程，並分享個人的經驗與感受。	1.自我與生涯發展	a.自我探索與成長	1a-IV-1探索自我與家庭發展的過程，覺察並分析影響個人成長因素及調適方法。	增修內涵（家庭發展）
1-4-2展現自己的興趣與專長，並探索自己可能的發展方向。			1a-IV-2展現自己的興趣與多元能力，接納自我，以促進個人成長。	微調
1-4-3掌握資訊，自己界定學習目標，制定學習計畫並執行。		b.自主學習與管理	1b-IV-1培養主動積極的學習態度，掌握學習方法、養成自主學習與自我管理的能力。	增修內涵（培養主動積極態度）
2-4-4面臨逆境能樂觀積極面對問題，進而克服逆境解決問題。			1b-IV-2運用問題解決策略，處理生活議題，進而克服生活逆境。	增修內涵（問題解決策略、生活議題）
		c.生涯規劃與發展	1c-IV-1澄清個人價值觀，並統整個人能力、特質、家人期許及相關生涯發展資訊。	新增
			1c-IV-2探索工作世界與未來發展，提升個人價值與生命意義。	新增
			1c-IV-3運用生涯規劃方法與資源，培養生涯抉擇能力，以發展個人生涯進路。	新增
1-4-4適當運用調適策略來面對壓力及處理情緒。		d.尊重與珍惜生命	1d-IV-1覺察個人的心理困擾與影響因素，運用適當策略或資源，促進心理健康。	增修內涵（覺察個人心理困擾與促進心理健康）
1-4-5體會生命的價值，珍惜自己與他人生命，並協助他人。			1d-IV-2探索生命的意義與價值，尊重及珍惜自己與他人生命，並協助他人。	微調

「學習表現」應包含有具體明確的動詞，「學習表現」是指學習的過程與結果之「表現」的「類別」（category）或「類型」（type）或「種類」（category），特別是指認知歷程、情意與技能向度之學習展現，代表該「領域／科目」的「非內容」向度，強調學生「如何表現」該領域／科目所學內容後的表現，可參考該領域／科目「學習內容」並進一步加上「具體動詞」以明確指出學生學習表現的「階梯水準」。簡言之，各「領域／科目」或修正部分原有「能力指標」或「學習指標」，並調整成為「學習表現」，如表5.7綜合領域國中階段97課綱能力指標與十二年國教領綱學習表現的對照表。

課程設計者可以進行以領域／科目核心素養導向的學習表現進行課程設計，如表5.8：領域／科目核心素養導向的學習表現引導表（國家教育研究院課程及教學研究中心核心素養工作圈，2015，30）：

✿表5.8　領域／科目核心素養導向的學習表現引導表－健體領域（A1.A2.A3）示例

教育階段領域 科目核心素養	小學（E）			國中（J）	高級中等教育（U）
健體-E-A1 具備良好身體活動與健康生活的習慣，以促進身心健全發展，並認識個人特質，發展運動與保健的潛能。	1a-I-2認識健康的生活習慣。……	1a-II-2了解促進健康生活的方法。……	1a-III-3理解促進健康生活的方法與資源規範。……		
健體-J-A1 具備體育與健康的知能與態度，展現自我運動與保健潛能，探索人性、自我價值與生命意義，並積極實踐。				1a-IV-4理解促進健康生活的策略與資源規範。	

健體-U-A1 提升各項運動與身心健全的發展素養，發展個人運動與保健潛能，探索自我觀，肯定自我價值，有效規劃生涯，並透過自我精進與超越，追求健康與幸福的人生。					1b-V-4建構健康自主管理的策略或行動。
健體-E-A2	I	II	III		
健體-J-A2				IV	
健體-U-A2					V
健體-E-A3 具備擬定運動與保健計畫及實作能力，並以創新思考方式，因應日常生活情境。	3a-I-1嘗試練習簡易的健康相關技能。	3b-II-3運用基本的生活技能，因應不同的生活情境。	1b-III-3對照生活情境的健康需求，尋求適用的健康技能和生活技能。		
健體-J-A3 具備善用體育與健康的資源，以擬定運動與保健計畫，有效執行並發揮主動學習與創新求變的能力。				4c-IV-2分析與評估個人的體適能與運動技能，修正個人的運動計畫。	
健體-U-A3 具備規劃、實踐與檢討反省的素養，並以創新的態度與作為，因應新的體育與健康情境或問題。					4a-V-2對自我健康行為進行評價，並適時修正與改善。
……	……	……	……		

1.學習表現的特色

　　「學習表現」是強調以學習者為中心的概念，「學習表現」重視認知歷程、情意與技能之學習展現，代表該領域／科目的「非內容」向度，可以加上「具體動詞」，以明確指出學習表現的「階梯水準」。簡言之「學習表現」以認知歷程、情意、技能三面向之動詞描述學習的具體表現，例如：能運用一手資料，進行歷史推論。但為了避免「學習表現」的撰寫過於抽象，可以學生學習的角度來撰寫。「學習表現」類似過去能力指標的概念或高中／職課綱的核心能力之非內容部分，可由能力指標或核心能力修改調整而來。若以教育指標觀點來看，「學習表現」類似於美國各州各領域／科目「表現標準」（performance standard）（NGA Center & CCSSO, 2010a），是學生獲得內容的精熟程度。有關「學習表現」之動詞使用，應能展現核心素養導向的精神，例如：探索、實作、歷程、情境應用等高層次的學習表現（國家教育研究院課程及教學研究中心核心素養工作圈，2015），「具備」一詞在高中階段教育應可採用，如在中小學的學習過程中可完成時亦可採用，但對發展過程之學習表現，則宜斟酌採用其他動詞，尤其是生活課程而言，對象為小學一、二年級學生，是以體驗課程為主，各項素養都仍處發展階段，無法要求學生在該階段就完全具備某項素養。是以「學習表現」之編寫可視領域／科目之屬性不同來使用相關動詞，以生活課程為例，也可使用「體驗」一詞來取代具備。

　　其次，研擬「學習表現」時，必須在每一個學習階段皆能緊扣到該「教育階段核心素養」。學習表現的設計宜注意下列原則：(1)「學習表現」撰寫的用字儘量單純化，一條「學習表現」以一個概念的表現為佳，並刪除贅字，亦即學習表現儘量單純化，一條表現以一個概念的表現為佳，不必要的字就不必要出現，避免同時強調太多概念的表現。(2)減少「學習表現」的條目總數，如果學習表現的條目總數太多，將流於繁瑣。(3)「學習表現」不宜涵蓋面太廣，易導致現場教學者無法設計教學重點與進行評核，如果學習表現涵蓋面太廣，導致教學者難以檢核學生表現。(4)各領域使用各學習階段的「學習表現」表現動詞，層次宜能加深加廣循序漸進發展，使學習階段的動詞層次能循序漸進加深加廣，尤其是高中階

段，能更強調高層次的「學習表現」。

　　國家教育研究院課程及教學研究中心「十二年國民基本教育」跨領域核心素養工作圈（簡稱核心素養工作圈），曾建議國教院課發會有關綜合活動「2a-III-1覺察不同性別及互動方式，應用同理心來增進人際關係」，建議可寫成覺察不同性別的互動方式，因為學習表現是以動詞與名詞為主。藝術領域「視1-II-2能探索媒材特性與技法，進行創作」，出現不只一個動詞，會有是要強調哪一個動詞的困擾，因此建議把動詞往前帶或者是往後帶，或可改為「視1-II-2能探索媒材特性與技法創作」。自然領域2c-IV-2、2b-III-1，寫得太長，廣度大，動詞多，但會產生困擾，也就是教學者到底要強調哪一個學習表現的動詞，可能會產生困難，因此可參考表達方式如「2b-III-1能了解自變項、應變項並預測改變時可能的影響和進行適當次數測試的意義」加以簡化。全民國防「1-V-8能評價我國全民國防安全需求及武器配置狀況」，動詞的「評價」規格太高，也就是要求高中的學生來評價，似乎太難，可參考右欄的表達方式如，能「了解」我國全民國防安全需求及武器配置狀況（國教院課發會20151107會議紀錄）。茲依據《領域／科目課程綱要》公聽會版本示例提供表5.9學習表現相關修訂範例（國家教育研究院課程及教學研究中心核心素養工作圈，2015）。

✿表5.9　學習表現相關修訂範例

領域／科目	原學習表現	可能參酌的表達方式／提醒
綜合活動	2a-III-1覺察不同性別的互動方式，並運用同理心增進人際關係。	2a-III-1覺察並同理不同性別的互動方式。
藝術	視1-II-2能探索媒材特性與技法，進行創作。	視1-II-2能探索媒材特性與技法創作。
自然	2c-IV-2能運用科學原理、思考智能、數學等方法，從（所得的）資訊或數據，形成解釋、發現新知、獲知因果關係、解決問題或是發現新的問題。並能將自己的探究結果和同學的結果或其他相關的資訊比較對照，相互檢核，確認結果。	提醒：此項目已涵蓋所有的科學素養，學習表現不宜涵蓋面太廣，缺少明確性，易導致現場教學者無法設計教學重點與進行評核。

自然	2b-III-1能了解自變項、應變項並預測改變時可能的影響和進行適當次數測試的意義。在教師或教科書的指導或說明下，能了解探究的計畫，並進而能根據問題的特性、資源（設備等）的有無等因素，規劃簡單的探究活動。	可能參酌的表達方式： 2b-III-1能了解自變項、應變項並預測改變時可能的影響和進行適當次數測試的意義。 原因：請斟酌「在教師或教科書的指導或說明下，能了解探究的計畫，並進而能根據問題的特性、資源（設備等）的有無等因素，規劃簡單的探究活動。」為「能了解自變項、應變項並預測改變時可能的影響和進行適當次數測試的意義。」的實施說明。
全民國防	1-V-8能評價我國全民國防安全需求及武器配置狀況。	可能參酌的表達方式：1-V-8能「了解」我國全民國防安全需求及武器配置狀況。 原因：能「評價」我國全民國防安全需求及武器配置狀況。對高中生而言太困難。

2.學習表現的編碼方式

「學習表現」是該領域／科目內某一「學習階段」應達到下限的「最低標準」，學生必須達到該「學習階段」（如第三學習階段）下限的「最低標準」，方能有效進行之後的下一個「學習階段」（如第四學習階段）的進階學習，因此學習表現，依學習階段進行設計，此亦即《禮記·學記》所謂「學不躐等也」，因此需進行編碼設計。就「學習表現」的編碼方式而言，「學習表現」是指學習的過程與結果之「表現」的「類別」或「類型」或「種類」，特別是指學習的認知歷程、情意與技能向度之展現，強調學生「如何表現」該領域／科目學習後的表現，可以加上「具體動詞」以明確指出學生學習表現的「階梯水準」。

就編碼原則而言，學習表現只有一種編碼方式，依序是「表現類別─學習階段別─流水號」等三碼：第1碼「表現類別」代表該領域內各「表現類別」特性或特徵之「水平關係」，其編碼為數字或英文字小寫，字元

數不限，可依領域需求做調整，但字元的中間不能有「-」，第2碼爲「學習階段」的「垂直關係」，第3碼爲流水號。如健康與體育領域學習重點表現的編碼，第1碼爲表現的類別，分爲認知、情意、技能與行爲四大範疇，從1-4共分爲4項類別，1-4類別增列次項目（a、b、c、d）的編碼；第2碼爲學習階段別，依序爲I.第一學習階段（小學1-2低年級）、II.第二學習階段（小學3-4中年級）、III.第三學習階段（小學5-6高年級）、IV.第四學習階段（初中7-9年級階段）、V.第五學習階段（高級中等學校10-12年級階段）；第3碼爲流水號（國家教育研究院課程及教學研究中心核心素養工作圈，2015）。

🌸表5.10　十二年國民基本教育健康與體育領域學習重點表現的類別

類別名稱	次項目	類別／次項目編碼
1.認知	a.健康知識	1a
	b.技能概念	1b
	c.運動知識	1c
	d.技能原理	1d
2.情意	a.健康覺察	2a
	b.正向態度	2b
	c.學習態度	2c
	d.運動欣賞	2d
3.技能	a.健康技能	3a
	b.生活技能	3b
	c.技能表現	3c
	d.策略運用	3d
4.行爲	a.自我管理	4a
	b.倡議宣導	4b
	c.運動計畫	4c
	d.運動實踐	4d

(1)第1碼：學習表現的「表現類別」水平關係

第1碼「表現類別」代表該領域內各「表現類別」特性或科目特徵之「水平關係」，學習表現可依性質或內涵分為數個「表現類別」範疇，依序以數字編號或以小寫英文字母意義編碼。學習表現「表現類別」如強調其先後順序關係，則其第一碼可採1.2.3.4……數字編碼，若不強調其表現類別的先後順序，則可採小寫英文字母意義代碼，例如數學領域之學習表現的「表現類別」可分為n（數與量）、s（空間與形狀）、a（代數）、d（資料與不確定性）、r（關係與變化），語文領域—國語文之學習表現的「表現類別」可分為聆聽、說話、閱讀、寫作等（國家教育研究院課程及教學研究中心核心素養工作圈，2015）。領域內含多科目或該領域分類之表現類別較多時，可增加「次項目」之編碼，例如4a-IV-2。

✿表5.11　學習表現的編碼方式說明表

第一碼之編碼原則與類型	第一碼之編碼說明	舉例
表現類別	依性質或內涵分為數個表現類別，依序以數字1,2,3……表示；或英文小寫a,b,c……表示之；也可以英文小寫進行意義編碼，例如：知識（k）、情意（a）……。	1-IV-3 k-V-2
表現類別→次項目	若有次項目，加上a,b,c……	1a-II-1
科目→表現類別→次項目	由大類目至小類目作字元排序	生ua-V-1
學校類型→科目→表現類別→次項目	由大類目至小類目作字元排序	技涯1a-V-1

註：學習表現只有一種編碼（三碼：表現類別—學習階段—流水號），只是第一碼有上述四種不同的可能。技術型高中的學習表現，可從上述四種不同的可能，擇一使用。技術型高中可參考普通型高中各領域的寫法，若二者編碼不一致，應於第一碼第一個字元加上「技」或「綜」，以兼顧高中／職課程的「共同性」與「差異性」。

(2)第2碼：「學習階段別」的「垂直關係」

第2碼為「學習階段」的「垂直關係」，I代表小學低年級；II代表小學中年級；III代表小學高年級；IV代表初中階段；V代表高級中等教育階

段。第二碼可視需要增加一個字元。舉例：1a-Vc-1（c表共同）、1a-Va-1（a表進階）。

(3) 第3碼

「流水號」例如：第四階段（初中）社會領域：「4-IV-2能利用一手資料，進行歷史推論」。

(二)發展學習重點之「學習內容」

「學習重點」的「學習內容」是該領域／科目的重要內容，也是該領域／科目「核心」的知識、能力、態度等有價值的「內容」，「學習內容」不應被窄化為僅指記憶性的知識，需能涵蓋該領域／科目之重要事實、概念、原理原則、技能、態度與後設認知等知識，更能呼應領域／科目核心素養的重要、關鍵、必要之特質（蔡清田，2012b），引導學生認識人類探索生活情境累積的系統知識，作為解決問題過程的重要內容，但毋須像傳統教材大綱一樣列出所有內容，以避免內容太多或不當重複。換言之，「學習內容」是指該領域／科目「核心的」（「重要的」、「關鍵的」、「必要的」）學科內容，學習內容不是教材，而是設計教材的重要依據來源，也是編寫教科書內容的重要來源參考，學校、地方政府或出版社得依其專業需求與特性，將學習內容做適當的轉化，以發展適當的教材。

「學習內容」的敘寫上不放「動詞」，以便區隔不同於強調動詞的「學習表現」。若以教育指標觀點來看，「學習內容」類似於美國各州各領域／科目「內容標準」（content standard），是指教師應該教而且學生應該學的內容，性質上可參考過去國民中小學九年一貫課程綱要領域／科目課程中的「基本內容」、「分年細目」、「教材內容」，或是高中的「教材綱要」、高職的「教材大綱」概念等加以精選簡化，毋須像傳統的教材大綱一樣列出所有的教材。例如：十二年國民基本教育數學領域課程綱要學習內容與國民中小學九年一貫課程差異對照表（國家教育研究院課程及教學研究中心核心素養工作圈，2016）。

✿表5.12　十二年國民基本教育數學領域課程綱要學習內容與國民中小學九年一貫數學課程差異對照表（摘錄部分初中學習階段）

主題	學習內容	年段				
		新增	強化	調移	減少	刪除
數與量 (N)	N-8-6等比數列	八				
	計算機的使用（N-8-2、D-9-1）		八、九			
	N-9-1連比			七→九		
	N-8-5等差數列求和				八	
	A-8-3多項式的四則運算				八	
	（九年一貫）7-n-05能認識絕對值，並能利用絕對值比較負數的大小					七

　　課程設計者可以進行領域／科目核心素養導向的「學習內容」之課程設計，如下表5.13領域／科目核心素養導向的學習內容引導表（國家教育研究院課程及教學研究中心核心素養工作圈，2015，40）：

✿表5.13　領域／科目核心素養導向的學習內容引導表－健體領域（A1.A2.A3）示例

教育階段領域 科目核心素養	小學（E）			初中（J）	高級中等教育（U）
健體-E-A1 具備良好身體活動與健康生活的習慣，以促進身心健全發展，並認識個人特質，發展運動與保健的潛能。	Fb-I-1個人的健康自覺與健康行為展現……	Da-II-1良好衛生習慣的建立……	Ea-III-3每日飲食指南與多元飲食文化……		
健體-J-A1 具備體育與健康的知能與態度，展現自我運動與保健潛能，探索人性、自我價值與生命意義，並積極實踐。				Cb-IV-1運動精神的實踐、運動營養攝取知識、自我所需營養素的簡易攝取規劃	

健體-U-A1 提升各項運動與身心健全的發展素養，發展個人運動與保健潛能，探索自我觀，肯定自我價值，有效規劃生涯，並透過自我精進與超越，追求健康與幸福的人生。				Fa-V-3全人健康的身心探索與整合技巧……
健體-E-A2	I	II	III	
健體-J-A2			IV	
健體-U-A2				V
健體-E-A3 具備擬定運動與保健計畫及實作能力，並以創新思考方式，因應日常生活情境。	Ib-I-1唱、跳與模仿性律動遊戲……	Ic-II-1民俗性運動基本動作與串接	Ib-III-2各國土風舞……	
健體-J-A3 具備善用體育與健康的資源，以擬定運動與保健計畫，有效執行並發揮主動學習與創新求變的能力。				Cb-IV-1運動精神的實踐、運動營養攝取知識、自我所需營養素的簡易攝取規劃
健體-U-A3 具備規劃、實踐與檢討反省的素養，並以創新的態度與作為，因應新的體育與健康情境或問題。				Db-V-5生殖系統疾病預防、保健及關懷行動的實踐與倡議
……	……	……	……	

1.學習內容的特色

「學習重點」的「學習內容」是該領域／科目內某一「學年」或「學習階段」才可能學會的上限「難度內容」，學生在該「學年」（如七年級）或「學習階段」（如第四學習階段）才可能學會的「難度內容」，難以提前一個「學年」（如六年級）／「學習階段」（如第三學習階段）有效學習，因此，學習內容宜依「學年」或「學習階段」進行設計，考量學生循序漸進的學習難度，若學生程度已達可學習該難度內容，但因節數有限之時宜將此項「難度內容」規劃往後於下一個「學年」或「學習階段」進行教學，而非提前一個「學年」或「學習階段」，學習內容的難度應循序漸進設計，此亦即《禮記·學記》所謂「學不躐等也」。

「學習內容」是指領域／科目「核心的」（「重要的」、「關鍵的」、「必要的」）的「學習內容」，避免過多不必要的內容而形成沉重教學負擔，因此，各領域科目宜教導學生理解「核心的」學習內容，讓學生不用學習全部的內容，僅精熟學習最重要的「學習內容」即可，因此在設計上，教材應有彈性分成「核心的」與「進階的」不同版本的可能性。是以一方面應將學生的「學習內容」加以垂直連貫，拋棄不合時宜之舊內容，放入新內容，另一方面且特別注意生活化，若能從生活上運用的角度來學習較好。第二，然若課程綱要要求學習內容量多、難度深，且與生活不能結合，則將有實踐之困難。是以宜掌握減法原則以便讓學習落後的學生有機會跟上進度。第三，各學習階段的學習內容分量該如何適當的分配？「學習內容」除了事實、概念、知識外，還有哪些？這些都是設計學習內容的重要問題。各「領域／科目」顧及特定學科知識及教材大綱的特色，可彈性保留部分重要教材大綱或基本內容，並調整為「學習內容」，減少內容以減輕教師教學負擔與學生學習負擔。第四是「學習內容」條目的敘寫，可能與「章節標題」有關，可能是複合式的名詞，也可能是單一事實概念，也可能是「概念通則」涉及了事實概念間的關係，也可能涉及「教科書如何依照學習內容進行編輯」，但應該鼓勵教科書編輯時能採用並組合不同的學習內容條目，設計教學單元（例如：可以規範蛋白質、脂肪、維生素等不同營養的攝取標準與來源，然而不同廚師可以將足量的青

菜與牛肉，分別研發出「青菜沙拉」、「燉牛肉」、「青菜炒牛肉」等食譜）（國家教育研究院課程及教學研究中心核心素養工作圈，2016）。

2.有關學習內容的編碼方式

就編碼原則而言，學習內容只有一種編碼方式，依序是「內容主題－學習階段別或年級別－流水號」等三碼。「學習內容」第一碼代表該領域內各「內容主題」特性或科目特徵之「水平關係」，將內容進行「主題」的歸類區分，依序編為數個「內容主題」，以彰顯「學習內容」的「內容主題（軸）」之間與之內的「水平關係」，採大寫英文字母編碼，特別是可採字母意義編碼，第一碼字元數不限，可依領域需求做調整，但字元的中間不能有「-」。如健康與體育領域學習內容的編碼，第1碼為內容的主題，將健康與體育領域的學習內容整合為九項主題，分別為：(1)生長、發展與體適能；(2)安全生活與運動防護；(3)群體健康與運動參與；(4)個人衛生與性教育；(5)人、食物與健康消費；(6)身心健康與疾病預防；(7)挑戰型運動；(8)競爭型運動；(9)表現型運動。必修課程從A-I共分為9項主題、普通型高級中等學校加深加廣選修課程的主題為第10項J，A-J主題增列次項目（a、b、c⋯⋯）的編碼；第二碼為「學習階段」或年級別的「垂直關係」，依年級區分，依序為1至12個年級，以阿拉伯數字1-12表示之；或依學習階段區分，依序為I.小學低年級、II.小學中年級、III.小學高年級、IV.初中階段、V.高級中等教育等學習階段，彰顯學習內容的縱向連貫「垂直關係」，亦即第二碼可視各領域／科目性質之不同，可採學習階段或年級敘寫，學習內容最細可分到學年，因此以學年為原則，若不可行才採學習階段；可視需要增加一個字元。舉例：Aa-Vc-1（c表共同）、Aa-Va-1（a表進階）、或N-11A-1、N-11B-1（A/B表課程類別）。第三碼為流水號。以小學階段數學領域「N-2-5解題：100元、500元。以操作活動為主兼及計算。容許多元策略，協助建立數感。」為例，第1碼「N」表示是屬於「數與量」內容主題；第2碼「2」表示是小學二年級；第3碼「5」為流水號（國家教育研究院課程及教學研究中心核心素養工作圈，2015，51）。

(1)第1碼：「內容主題」的水平關係

「學習內容」第一碼代表該領域內各「內容主題」特性或科目特徵之「水平關係」，將內容進行主題的歸類區分，第一碼「內容主題」編碼依序以大寫英文字母代碼編號，特別是可採字母意義編碼例如：數學領域第1碼「內容主題」，分別以英文大寫N（數與量）、S（空間與形狀）、A（代數）、D（資料與不確定性）、R（關係與變化）表示。又如語文領域—國語文之學習內容的「內容主題」可分為「抒情（詩、散文、小說、戲劇）、議論、說明、應用……」的表述方式分碼。如領域內含多科目或該領域分類之內容主題較多時，可增加「次項目」之編碼如4a-1-2，如下表說明：

✿表5.14　學習內容的編碼方式說明表（國家教育研究院課程及教學研究中心核心素養工作圈，2015）

第一碼之編碼原則與類型	第一碼之編碼說明	舉例
內容主題	內容主題（英文大寫） 依各階段領域／科目的性質，將內容進行主題的歸類區分，以大寫英文字母進行編碼，例：A、B、C……；也可以以英文大寫進行意義編碼，例如：數與量（N）、關係（R）……。	A-IV-3
內容主題→次項目	若有次項目，加上a,b,c……	Aa-II-1
科目→內容主題→次項目	由大類目至小類目作字元排序	涯Aa-V-1
學校類型→科目→內容主題→次項目	由大類目至小類目作字元排序	技涯Aa-V-1

(2)第2碼：「年級或學習階段別」的「垂直關係」

‧依年級區分：

依序為1-12個年級。以阿拉伯數字1-12表示之。

‧依學習階段分：

依序為1-5個學習階段。I代表小學低年級；II代表小學中年級；III代

表小學高年級；IV代表初中階段；V代表高級中等教育階段。

　　(3)第3碼：流水碼，詳如下表說明：

✿表5.15　學習內容編碼方式，以數學領域為例（國家教育研究院課程及教學研究中心核心素養工作圈，2015）

內容主題 （以英文字母編號）	學習階段別（以羅馬數字編號） 或，年級別（以數字編號）	流水號
N.數與量 S.空間與形狀 R.關係 A.代數 F.函數 D.資料與不確定性 ……	I（小學低年級） II（小學中年級） III（小學高年級） IV（初中） V（高級中等教育） 或 1, 2, 3, 4, 5……12（年級）	1 2 3 4 5 ……

四、檢視領域／科目核心素養與學習重點的呼應

　　「學習重點和領域／科目核心素養的呼應表」可用來檢核「學習重點」的學習內容及學習表現和「領域／科目核心素養」的適配性，以表5.16「語文領域—國語文課程綱要核心素養與學習重點呼應簡例」如下：

✿表5.16　語文領域—國語文課程綱要核心素養與學習重點呼應簡例

語文領域—國語文學習重點		語文領域—國語文 核心素養	說明
學習表現	學習內容		
5-III-9能結合自己的特長和興趣，主動尋找閱讀材料。	Ad-III-3故事、童詩、現代散文、少年小說及兒童劇。	國-E-A1 認識國語文的重要性，培養國語文的興趣，能運用國語文認識自我、表現自我，奠定終身學習的基礎。	在閱讀教學時，應要求學生依照自己的特長與興趣，主動接觸各種文類的讀物，培養閱讀的興趣，並理解作者如何透過寫作來表達自我的想法。

　　進一步可以透過表5.17「總綱核心素養」、領綱「領域／科目核心素養」及學習重點檢核表，檢核是否有透過學習重點落實領域／科目核心素養與總綱核心素養，「領素」是指檢核結果確認領綱是否具有該項「領域／科目核心素養」，「表現」是指檢核結果確認是否有「學習表現」以呼應領綱「領域／科目核心素養」，「內容」是指檢核結果確認是否有「學習內容」呼應領綱「領域／科目核心素養」。

✿表5.17　總綱核心素養、領綱「領域／科目核心素養」及學習重點檢核表

領域	素養	A1 E	A1 J	A1 U	A2 E	A2 J	A2 U	A3 E	A3 J	A3 U	B1 E	B1 J	B1 U	B2 E	B2 J	B2 U	B3 E	B3 J	B3 U	C1 E	C1 J	C1 U	C2 E	C2 J	C2 U	C3 E	C3 J	C3 U
		A自主行動									B溝通互動									C社會參與								
國	領素	✓	✓	✓	✓	✓	✓	✓	✓	✓	✓	✓	✓	✓	✓	✓	✓	✓	✓	✓	✓	✓	✓	✓	✓	✓	✓	✓
	表現	✓	✓	✓	✓	✓	✓	✓	✓	✓	✓	✓	✓	✓	✓	✓	✓	✓	✓	✓	✓	✓	✓	✓	✓	✓	✓	✓
	內容	✓	✓	✓	✓	✓	✓	✓	✓	✓	✓	✓	✓	✓	✓	✓	✓	✓	✓	✓	✓	✓	✓	✓	✓	✓	✓	✓
英	領素	✓	✓	✓	✓	✓		✓	✓	✓	✓	✓	✓					✓			✓		✓	✓	✓	✓	✓	✓
	表現	✓	✓	✓	✓	✓		✓	✓	✓	✓	✓	✓					✓			✓		✓	✓	✓	✓	✓	✓
	內容	✓	✓	✓	✓	✓		✓	✓	✓	✓	✓	✓					✓			✓		✓	✓	✓	✓	✓	✓
二外	領素	-	✓	✓	-	✓	-	-	✓	✓	-	✓	✓	-		✓	-		✓	-		✓	-	✓	✓	-	✓	✓
	表現	-	✓	✓	-	✓	-	-	✓	-	-	✓	-	-		-	-		✓	-		✓	-	✓	✓	-	✓	✓
	內容	-	✓	✓	-	✓	-	-	✓	-	-	✓	-	-		-	-		✓	-		✓	-	✓	✓	-	✓	✓
閩	領素	✓	✓	✓	✓	✓	✓	✓	✓	✓	✓	✓	✓	✓	✓	✓	✓	✓	✓	✓	✓	✓	✓	✓	✓	✓	✓	✓
	表現	✓			✓			✓			✓			✓			✓			✓			✓			✓		
	內容	✓			✓			✓			✓			✓			✓			✓			✓			✓		
客	領素	✓	✓	✓	✓	✓	✓	✓	✓	✓	✓	✓	✓	✓	✓	✓	✓	✓	✓	✓	✓	✓	✓	✓	✓	✓	✓	✓
	表現	✓	✓	✓	✓	✓	✓	✓	✓	✓	✓	✓	✓	✓	✓	✓	✓	✓	✓	✓	✓	✓	✓	✓	✓	✓	✓	✓
	內容	✓	✓	✓	✓	✓	✓	✓	✓	✓	✓	✓	✓	✓	✓	✓	✓	✓	✓	✓	✓	✓	✓	✓	✓	✓	✓	✓
原	領素	✓	✓	✓	✓	✓	✓	✓	✓	✓	✓	✓	✓	✓	✓	✓	✓	✓	✓	✓	✓	✓	✓	✓	✓	✓	✓	✓
	表現	✓	✓	✓	✓	✓	✓	✓	✓	✓	✓	✓	✓	✓	✓	✓	✓	✓	✓	✓	✓	✓	✓	✓	✓	✓	✓	✓
	內容	✓	✓	✓		✓	✓	✓	✓	✓	✓	✓	✓		✓	✓	✓	✓	✓	✓	✓	✓	✓	✓	✓	✓	✓	✓

新	領素	✓	✓	-	✓	✓	-			-	✓	✓	-	✓	✓	-	✓	✓	-	✓	✓	-	✓	✓	-
	表現	✓	✓	-	✓	✓	-			-	✓	✓	-	✓	✓	-	✓	✓	-	✓	✓	-	✓	✓	-
	內容			-			-			-	✓	✓	-	✓		-	✓	✓	-			-			-
數學	領素				✓	✓	✓		✓	✓	✓	✓	✓	✓	✓	✓	✓			✓	✓	✓	✓	✓	✓
	表現				✓	✓	✓		✓	✓	✓	✓	✓	✓	✓	✓	✓			✓	✓	✓	✓	✓	✓
	內容				✓	✓	✓		✓	✓	✓	✓	✓	✓	✓	✓	✓			✓	✓	✓	✓	✓	✓
社會	領素	✓	✓	✓	✓	✓	✓	✓	✓	✓	✓	✓	✓	✓	✓	✓	✓	✓	✓	✓	✓	✓	✓	✓	✓
	表現	✓	✓	✓	✓	✓	✓	✓	✓	✓	✓	✓	✓	✓	✓	✓	✓	✓	✓	✓	✓	✓	✓	✓	✓
	內容	✓	✓	✓	✓	✓	✓	✓	✓	✓	✓	✓	✓	✓	✓	✓	✓	✓	✓	✓	✓	✓	✓	✓	✓
生活	領素	✓	-	-	✓	-	-	✓	-	-	✓	-	-	✓	-	-	✓	-	-	✓	-	-	✓	-	-
	表現	✓	-	-	✓	-	-	✓	-	-	✓	-	-	✓	-	-	✓	-	-	✓	-	-	✓	-	-
	內容	✓	-	-	✓	-	-	✓	-	-	✓	-	-	✓	-	-	✓	-	-	✓	-	-	✓	-	-
自然	領素	✓	✓	✓	✓	✓	✓	✓	✓	✓	✓	✓	✓	✓	✓	✓	✓	✓	✓	✓	✓	✓	✓	✓	✓
	表現	✓	✓	✓	✓	✓	✓	✓	✓	✓	✓	✓	✓	✓	✓	✓	✓	✓	✓	✓	✓	✓	✓	✓	✓
	內容	✓	✓	✓	✓	✓	✓	✓	✓	✓	✓	✓	✓	✓	✓	✓	✓	✓	✓	✓	✓	✓	✓	✓	✓
藝術	領素	✓	✓	✓	✓	✓	✓	✓	✓	✓	✓	✓	✓	✓	✓	✓	✓	✓	✓	✓	✓	✓	✓	✓	✓
	表現	✓	✓	✓	✓	✓	✓	✓	✓	✓	✓	✓	✓	✓	✓	✓	✓	✓	✓	✓	✓	✓	✓	✓	✓
	內容	✓	✓	✓	✓	✓	✓	✓	✓	✓	✓	✓	✓	✓	✓	✓	✓	✓	✓	✓	✓	✓	✓	✓	✓
綜合	領素	✓	✓	✓	✓	✓	✓	✓	✓	✓	✓	✓	✓	✓	✓	✓	✓	✓	✓	✓	✓	✓	✓	✓	✓
	表現	✓	✓	✓	✓	✓	✓	✓	✓	✓	✓	✓	✓	✓	✓	✓	✓	✓	✓	✓	✓	✓	✓	✓	✓
	內容	✓	✓	✓	✓	✓	✓	✓	✓	✓	✓	✓	✓	✓	✓	✓	✓	✓	✓	✓	✓	✓	✓	✓	✓
科技	領素	✓	✓	✓	✓	✓	✓	✓	✓	✓	✓	✓	✓	✓	✓	✓	✓	✓	✓	✓	✓	✓	✓	✓	✓
	表現	✓	✓	✓	✓	✓	✓	✓	✓	✓		✓	✓				✓	✓	✓	✓	✓	✓	✓	✓	✓
	內容	✓	✓	✓	✓	✓	✓	✓	✓	✓		✓	✓				✓	✓	✓	✓	✓	✓	✓	✓	✓
健體	領素	✓	✓	✓	✓	✓	✓	✓	✓	✓	✓	✓	✓	✓	✓	✓	✓	✓	✓	✓	✓	✓	✓	✓	✓
	表現	✓	✓	✓	✓	✓	✓	✓	✓	✓	✓	✓	✓	✓	✓	✓	✓	✓	✓	✓	✓	✓	✓	✓	✓
	內容	✓	✓	✓	✓	✓	✓	✓	✓	✓	✓	✓	✓	✓	✓	✓	✓	✓	✓	✓	✓	✓	✓	✓	✓
國防	領素	-	-		-	-	✓	-	-		-	-		-	✓	-	-		-	-	✓	-	✓	-	✓
	表現	-	-		-	-	✓	-	-		-	-		-	✓	-	-		-	-	✓	-	✓	-	✓
	內容	-	-		-	-	✓	-	-		-	-		-	✓	-	-		-	-	✓	-	✓	-	✓

　　由上表可見，各領域都能依據學科理念與特色，一方面規劃出具學科特色的「學習重點與領域／科目核心素養呼應表參考示例」，另一方面各領域科目可共同合作透過「領域／科目核心素養」及呼應的「學習重點」之學習表現與學習內容，落實《十二年國民基本教育課程綱要總綱》的九項核心素養。但是，深入分析總綱的各「教育階段核心素養」與各領綱「領域／科目核心素養」及學習重點後，發現原先被忽略的高層次素養，如A2系統思考與解決問題的「後設思考」、B2科技資訊與媒體素養的「倫理議題」、C1道德實踐與公民意識的「道德倫理，社會倫理、生命倫理、環境與永續倫理」等都及時進行調整，例如：自然領域與社會領域的高中教育階段之領域核心素養與學習重點，可強化A2系統思考與解決問題的「後設思考」高層次的素養。科技領域與綜合領域的高中教育階段之領域核心素養與學習重點，可增加B2科技資訊與媒體素養的「倫理議題」等高層次的核心素養。自然領域、社會領域與綜合活動領域的高中教育階段之領域核心素養與學習重點，增加C1道德實踐與公民意識的「道德倫理，社會倫理、生命倫理、環境與永續倫理」等核心素養。特別是自然領域與科技領域也規劃有關「研究倫理」、「生命與科技倫理」等領域核心素養與學習重點。值得注意的是，「學習表現」與「學習內容」編碼方式若以科目為中心如初中小藝術領域、初中社會領域、初中綜合活動領域等，可能不易引導學生進行「跨領域」或「跨科目」的學習，或許單領域多科的領綱宜以「領域」為單位，建立領域內課程架構的共同性，檢視「學習表現」與「學習內容」是否有多種組合存在空間的可能性，以促成領域課程的彈性組合，各領域可提出在不同學習階段規劃修習不同科目的建議方向，並避免領域分科後缺乏領域共同架構只能分科設計教學而缺乏領域設計教學。而且各學習重點應與「各領域／科目核心素養」進行雙向檢核，以了解二者的呼應情形。這並不是列出所有的學習重點，而是希望將有呼應各「領域／科目核心素養」的「學習重點」列出來，以展現「領域／科目核心素養」是可以透過這些學習重點來加以落實。

(一)檢視「領域／科目核心素養」與「學習重點」的呼應關係

　　「學習重點」不完全都是從「領域／科目核心素養」直接推衍而來

的，但必須同時考量領域科目的基本理念與課程目標，並和「領域／科目核心素養」相互呼應。以表5.18十二年國民基本教育數學「學習重點與領域／科目核心素養呼應表參考示例」（國家教育研究院課程及教學研究中心核心素養工作圈，2015），說明了領域／科目核心素養，是透過相關的學習表現或學習內容來培養：

✿表5.18 十二年國民基本教育數學「學習重點與領域／科目核心素養呼應表參考示例」

學習重點		領域／科目核心素養
學習表現	學習內容	
n-I-3應用加法和減法的計算或估算於日常應用解題。	N-2-5解題：100元、500元。以操作活動為主兼及計算。容許多元策略，協助建立數感。	數-E-A2具備基本的算術操作能力、並能指認基本的形體與相對關係，在日常生活情境中，用數學表述與解決問題。
a-IV-1理解並應用符號及文字敘述表達概念、運算、推理及證明。	A-7-1代數符號：認識代數符號與運算，以代數符號表徵交換律、分配律、結合律，以符號記錄生活中的情境問題。	數-J-A2具備有理數、根式、座標系之運作能力，並能以符號代表數或幾何物件，執行運算與推論，在生活情境或可理解的想像情境中，分析本質以解決問題。
f-V-4認識指數與對數函數的圖形特徵，理解其特徵的意義，認識以指數函數為數學模型的成長或衰退現象，並能用以溝通和解決問題。	F-10-5多項式函數模型：以多項式函數為數學模型的範例，最佳化問題。	數-S-A2具備數學模型的基本工具，以數學模型解決典型的現實問題。了解數學在觀察歸納之後還須演繹證明的思維特徵及其價值。
n-II-9理解長度、角度、面積、容量、重量的常用單位與換算，培養量感與估測能力，並能做計算和應用解題。初步認識體積。	N-3-15容量：「公升」、「毫升」。實測、量感、估測與計算。單位換算。	數-E-B1具備日常語言與數字及算術符號之間的轉換能力，並能熟練操作日常使用之度量衡及時間，認識日常經驗中的幾何形體，並能以符號表示公式。
s-IV-4理解線對稱的意義和線對稱圖形的幾何性質，並應用於解題和推理（如辨識三角形的全等和全等性質）。	S-8-8線對稱：線對稱圖形的意義，對稱軸、對稱點、對稱線（段）、對稱角的意義，對稱線段等長，對稱角相等，對稱點的連線段會被對稱軸垂直平分。	數-J-B1具備處理代數與幾何中數學關係的能力，並用以描述情境中的現象。能在經驗範圍內，以數學語言表述平面與空間的基本關係和性質。能以基本的統計量與機率，描述生活中不確定性的程度。

f-V-3認識三角函數的圖形特徵，理解其特徵的意義，認識以正弦函數為數學模型的週期性現象，並能用以溝通和解決問題。	F-11A-3正弦波的疊合：消除正弦波相位角的分解，同頻波疊合後的頻率、震幅與相位角。	數-S-B1具備描述狀態、關係、運算的數學符號的素養，掌握這些符號與日常語言的輔成價值；並能根據此符號執行操作程序，用以陳述情境中的問題，並能用以呈現數學操作或推論的過程。
d-II-1報讀與製作一維表格、二維表格、長條圖，並據以做簡單推論。	D-3-1一維表格與二維表格：以操作活動為主。報讀、說明與製作生活中的表格。	數-E-B2具備報讀、製作基本統計圖表之能力。
n-IV-5認識二次方根的符號，並理解二次方根的意義和熟練根式的四則運算，以及使用二次方根的數學符號描述情境，與人溝通。	N-8-1二次方根：二次方根的意義，根式的化簡及四則運算，二次方根的近似值。	數-J-B2具備正確使用計算機的素養，包含知道其適用性與限制、認識其與數學知識的輔成價值、並能用以執行數學程序。能認識統計資料的基本特徵。
d-V-2能判斷分析數據的時機，能選用適當的統計量作為描述數據的參數，理解數據分析可能產生的例外，並能處理例外。	D-10-2數據分析：一維與二維數據，平均數，標準差，散布圖，辨識二維數據可能的關係，最適直線與相關係數，數據的標準化。	數-S-B2具備正確使用計算機和電腦軟體的素養，包含知道其適用性與限制、認識其與數學知識的輔成價值，並能用以執行數學程序。能解讀、批判及反思媒體表達的資訊意涵與議題本質。
s-II-4在活動中，認識幾何概念的應用，如旋轉角、展開圖與空間形體。	S-3-4立體形體與展開圖：以操作活動為主。初步體驗展開圖如何黏合成立體形體。知道不同之展開圖可能黏合成同一形狀之立體形體。	數-E-B3具備感受藝術作品中的數學形體或式樣的素養。
s-IV-4理解線對稱的意義和線對稱圖形的幾何性質，並應用於解題和推理（如辨識三角形的全等和全等性質）。	S-8-8線對稱：線對稱圖形的意義，對稱軸、對稱點、對稱線（段）、對稱角的意義，對稱線段等長，對稱角相等，對稱點的連線段會被對稱軸垂直平分。	數-J-B3具備辨認藝術作品中的幾何形體或數量關係的素養。並能在數學的推導中，享受數學之美。

s-V-2理解並欣賞座標平面上的圖形對稱性，並能用以溝通及推論。	F-11A-1函數：對應關係，圖形的對稱關係（奇偶性），凹凸性的意義，反函數之數式演算與圖形對稱關係，合成函數。	數-S-B3具備掌握數學作為藝術創作原理或人類感知模型的素養，並願意嘗試運用數學原理協助藝術創作。
d-I-1認識分類的模式，能主動蒐集資料、分類、呈現並做說明。	D-2-1分類與呈現：以操作活動為主。能分類、記錄、呈現並說明。應討論：(1)分類的分類；(2)因特徵不同，同一資料可有不同的分類方式。	數-E-C2具備樂於與他人分享解題過程的素養。
d-IV-1理解各類統計資料的意義，並能運用統計的數學語言及科技軟體的資訊表徵，描述日常生活情境的不確定程度，與人溝通。	D-9-1統計：（相對）次數、（相對）累積次數折線圖，平均數，中位數，眾數，全距，四分位距。	數-J-C2具備樂於協助他人及與人合作解決數學問題的素養。
a-V-2理解並欣賞方程式與代數操作，透過座標而有對應的幾何意義，能熟練地轉換表徵，並能用於溝通、推論及解決問題。	A-10-2直線方程式：斜率，其絕對值的意義，點斜式，點與直線之平移，平行線、垂直線的方程式。點到直線的距離，平行線的距離。	數-S-C2具備培養團隊合作以解決數學問題的素養。
r-I-1學習數學語言中的運算符號、關係符號、算式約定。	R-1-1算式與符號：含加減算式中的加號、減號、等號。	數-E-C3具備理解與關心多元文化或語言的數學表徵的素養，並與自己的語言文化比較。
s-IV-5理解畢氏定理和其逆敘述，並應用於解題和推理，欣賞數學定理表徵生活中的數量關係之數學之美。	S-8-10畢氏定理：畢氏定理（勾股弦定理、商高定理）的意義及其數學史，畢氏定理在生活上的應用、三邊長滿足畢氏定理的三角形必定是直角三角形。	數-J-C3具備敏察和接納數學發展的全球性歷史與地理背景的素養。
n-V-5能察覺並規律並以一般項或遞迴方式表現，進而熟悉級數的操作。理解數學歸納法的意義，並能用於數學論證。認識無窮的概念，理解並欣賞數學掌握無窮的方法。	N-11A-3數列的極限：數列的極限，極限的運算性質，夾擠定理。	數-S-C3具備欣賞數學觀念或工具跨文化傳承的歷史與地理背景的視野，並了解其促成技術發展或文化差異的範例。

　　就「領域／科目核心素養」與「學習重點」的呼應關係而言，學習重點與核心素養的呼應關係，可能包含了一對一、一對多、多對多等關係，且學習表現與學習內容之挑選僅爲示例性質而非窮盡，在於強調彰顯其重要性。由此可見「核心素養」是可以透過各領域／科目課程綱要的「學習重點」加以落實；換言之，在不同領域／科目的學習，可以透過重要的「學習內容」或「學習表現」，有助於促進某些「領域／科目核心素養」的養成。上表「學習重點與領域／科目核心素養呼應表參考示例」可幫助教師或教材編撰者了解核心素養與學習重點之關係，可引導教科書設計與學校本位課程發展，可作爲高中會考、大學學測與指考之命題參考。雖有建議將「領域／科目核心素養」項目移至表格前面呈現，但可能導致「領域／科目核心素養僅能透過其後的學習表現及內容達成」之意，而與原先設計「透過前述的學習表現及學習內容，可以呼應並落實其後的領域／科目核心素養」之意涵不盡相同。且由於領域／科目核心素養之解析中包含與學習重點的呼應，爲使閱讀者容易理解，因此或可修正爲「領域／科目核心素養與學習重點的呼應說明」。

(二)調整修正「領域／科目核心素養」或「學習重點」

　　參考上表5.18數學「學習重點與領域／科目核心素養呼應表參考示例」的檢視情形，可以增刪領域科目核心素養的項目，抑或是增刪學習重點中的學習表現或學習內容的項目，以達成「領域／科目核心素養」與「學習重點」的呼應關係。是以「領域／科目核心素養」可引導「學習重點」之發展，透過「學習重點」展現該領域／科目的重要內涵，透過「學習表現」及「學習內容」呼應領域／科目核心素養，彼此具有呼應關係。「學習重點」是透過「領域／科目核心素養」對勝任某一工作任務所需知識、能力及態度的「學習內容」進一步描述，也可透過「領域／科目核心素養」用以描述勝任某一工作所須認知、技能及情意的「學習表現」。值得注意的是，「學習重點與領域／科目核心素養呼應表參考示例」，是以高度相關「完全呼應者呈現」爲原則，上述表5.18，只需將高度相關（而非所有）的學習重點納入。一方面並不是所有的學習表現項目，都需要去呼應到所謂的「領域／科目核心素養」，而是反過來說：是希望將「有呼

應的學習表現項目」列出來，以表示核心素養是可以透過這些學習表現來加以落實的：另一方面，並不是所有的學習內容項目，都需要去呼應到所謂的「領域／科目核心素養」，而是反過來說：是希望將「有呼應的學習內容項目」列出來，以表示核心素養是可以透過這些學習內容來加以落實的。換言之，「學習重點」可用來描述學生經過某一學習階段學習某「學習內容」後，在某學習階段之「學習表現」呼應表現程度水準的重要學習成果，並可據此發展出可教、可學、可評量之指標系統，下一段落將對「學習重點」的功能進一步闡述說明。

五、「領域／科目學習重點」的功能

　　「學習重點」的功能，可統整「學習表現」與「學習內容」並呼應「領域／科目核心素養」，更可統整學習指標、能力指標、教材大綱，可簡化繁瑣的能力指標與教材內容，更可以指引學生學習、指引教師教學、指引教科書與教材編輯審查、指引學習評量等。

(一)「學習重點」可統整「學習表現」與「學習內容」並呼應「領域／科目核心素養」

　　十二年國民基本教育課程改革，強調透過「領域／科目學習重點」統整「學習內容」與「學習表現」並呼應「領域／科目核心素養」，此種精巧的「PCC三因子」三維（3D）螺旋課程統整設計（蔡清田，2016），兼顧能力與內容的設計，可統整各教育階段課程的學習指標、能力指標、核心能力與教材大綱，落實核心素養的培育（蔡清田、洪若烈、陳延興、盧美貴、陳聖謨、方德隆、林永豐、李懿芳，2012），本章透過「學習重點」統整「學習內容」的學科知識及「學習表現」的學科能力，協助設計者可在「學習表現」與「學習內容」雙向細目表中具有不同的選擇組織與排列組合的彈性，有效因應十二年國民基本教育課程的「共同性」與「差異性」，改進過去課程綱要的基本能力與各「領域／科目」之間轉化不合邏輯之缺失，進而強化「學習重點」之課程統整設計，「學習重點」需能適切呼應「領域／科目核心素養」（蔡清田，2016），領域／科目各有其

特性，不需就所有核心素養進行課程發展，可從九項核心素養當中挑選出可與該學科特色結合的核心素養進行課程統整設計，並具體轉化成為「學習重點」，並儘量減少「學習重點」的數量以避免過於龐雜而難以落實。

　　如圖5.2「領域／科目學習重點」可統整現行學習指標、能力指標或教材大綱之課程統整圖，可避免學習指標、能力指標、核心能力或教材大綱內容過於瑣碎繁雜的缺點。過去《課程標準》以「教材大綱」硬性規定課程內容，《國民中小學九年一貫課程綱要》則改以「能力指標」取代「教材大綱」，然而，卻引起不少爭議，呼籲改革之聲不斷（林永豐，2015）。黃嘉雄、周玉秀、徐超聖、林佩璇、林曜聖等（2006, 86）指出幾乎所有教師都希望各學習領域課程綱要能增訂「內容大綱或細目」，研定協助學生習得各領域分段能力指標之更具體課程內容要素或大綱。「能力指標」太多且數量龐大又抽象，教師仍須進一步詮釋，又無法有效呼應學習目標、教學活動、教材內容，不易透過教學實踐，失去指引教學活動功能，宜加調整設計為可呼應「領域／科目核心素養」的「學習重點」，

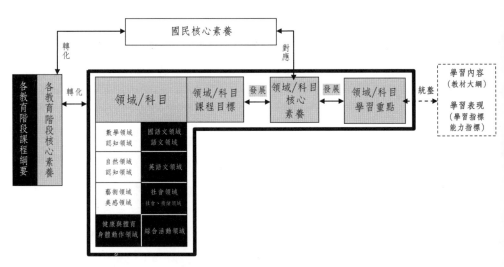

✿圖5.2　「領域／科目學習重點」可統整現行學習指標、能力指標或教材大綱之課程統整圖

修改自K-12各教育階段核心素養與各領域課程統整研究（國家教育研究院委託研究期中報告）（頁39），蔡清田、洪若烈、陳延興、盧美貴、陳聖謨、方德隆、林永豐、李懿芳，2012，嘉義縣：國立中正大學課程研究所。

可發揮指引學生學習、教師教學、教科書與教材發展的編輯審查、學習評量等功能。歐用生、李建興、郭添財、黃嘉雄（2010，2）亦建議：「各學習領域課程綱要宜在能力指標之基礎上，另訂年級基本內容或教材綱要。」

(二)「學習重點」可指引學生學習

《十二年國民基本教育課程發展建議書》指出當前教育改革從關注「教師的教」轉而強調「學生的學」（國家教育研究院，2014a）。「學習重點」的首要功能是可以指引學生學習，特別是指引「學習目標」的設計，可以指引學生有系統地探究性向並循序漸進的開展學習潛能（Jacobs, 2010），透過各學習階段「學習重點」，指引學生學習的內容與表現，呼應了新版教育目標，同時重視知識與認知歷程（蔡清田、陳伯璋、陳延興、林永豐、盧美貴、李文富、方德隆、陳聖謨、楊俊鴻、高新建、李懿芳、范信賢，2013），可以指引該領域／科目各學習階段的學習內容及學習表現。以核心素養導向的「學習重點」，可引導學生關注知識能力、情意及態度的培養、多元創新、沉澱反思，並關注在如何將所學內容轉化為實踐性的智慧，鼓勵主動積極學習，並落實於生活中，透過自律自主行動以開放的心胸來適應並參與社會生活。過去國民中小學九年一貫課程實施時，能力指標太過抽象，難以發揮引導作用，造成各版本之教科書內容拼湊式呼應能力指標。因為每一人對於「能力指標」的認知不同，教師教學活動設計也是拼湊式呼應能力指標，而不是根據能力指標設計教學教材內容與教學活動，反而使教學失去重點，難以達成學習目標，導致師生教學及學習出現許多落差。「學習重點」的設計可以簡化繁瑣的「能力指標」，可減輕學生學習範疇廣泛的沉重壓力，並可指引學生專心學習核心素養。

換言之，「學習重點」可指引學生學習，特別是「學習重點」比「領域／科目核心素養」更為具體，可將「領域／科目核心素養」具體轉化為各學習階段的「學習重點」並轉化為學年學期的「學習目標」，以便能在某一學習階段範圍內加以落實。各領域／科目應將「學習重點」具體轉化為學年學期「學習目標」，特別是可參考各學習階段的「學習表現」，具

體轉化成爲各學年學期「學習目標」，可再具體轉化成爲該「領域／科目」的十二學期（或六學期）的學期「學習目標」，特別是「學習重點」具有指引學生學習核心素養的功能，透過「學習重點」可以指引學生專心於呼應核心素養的「學習內容」與「學習表現」，展現Dweck與Leggett（1988）強調的「學習目標」之內容標準、表現標準（CCSSI, 2013a; 2013b）。

(三)「學習重點」可指引教師教學

「學習重點」可以作爲領域／科目教學活動設計與課程實施之依據，指引教師進行教學，透過「教學活動設計」進行「學習重點」教學，調整偏重學科知識的灌輸式教學型態，扮演「助學者」的角色與教學策略，引導學生學習能呼應核心素養的「學習內容」與「學習表現」，教師可透過安排欣賞、展演、操作、體驗、引導學生創造與反思等多樣學習型態之有效的教學活動，整合認知技能情意的情境教學，提供學生更多參與互動及實踐的機會，強化學生主動學習的角色，培養學生適應未來社會生活的素養。特別是透過「學習重點」引導「學習內容」與「學習表現」的統整設計，可作爲學校教師編選教材、教法、組織學習活動，參採全方位學習設計（Universal Design forLearning）之理念（Jacobs, 2010），因應不同教育需求的學生，可以因應學生的差異與不同需要而彈性調整，有助於落實適性教育的理念，呼應「成就每一個孩子」的概念，除了領域／科目知識的「學習內容」之外，更強調學習表現之學習歷程重要性，以使學生喜歡學習及學會如何學習，並協助其都有機會達成其學習目標，落實「核心素養導向」的課程設計精神。因此，「學習重點」具有指引教師進行教學的功能，尤其是教師可參考各領域／科目課程手冊會提供「教學單元案例」透過「教學」引導學生經由「學習內容」與「學習表現」以學習核心素養（蔡清田、陳伯璋、陳延興、林永豐、盧美貴、李文富、方德隆、陳聖謨、楊俊鴻、高新建、李懿芳、范信賢，2013）。

(四)「學習重點」可指引教材發展與教科書設計進行連貫統整

「學習重點」可指引教材發展與教科書設計進行連貫統整，落實核心素養的培養。以「學習重點」爲核心的教材發展與教科書設計，需衡量

學習階段之間的縱向銜接與垂直連貫，教材與教科書之選擇須具啟發性與創造性，並能循序漸進提供由低層次到高層次的認知、技能、情意之學習素材，提供學生觀察、探索、討論與創作等實作及表現的學習機會，有助於規劃各領域課程的連貫與統整（蔡清田、陳伯璋、陳延興、林永豐、盧美貴、李文富、方德隆、陳聖謨、楊俊鴻、高新建、李懿芳、范信賢，2013）。換言之，「學習重點」可指引教材研發，包括教科用書、各類圖書、數位教材、補救教材與診斷工具及各種學習資源等，需衡量不同學習階段間的縱向銜接及領域／群科／學程／科目及課程類型之間的橫向統整（蔡清田、陳延興、李奉儒、洪志成、鄭勝耀、曾玉村、林永豐，2009），強化「領域／科目」的學習階段的連貫，不僅重視「學習內容」的主題與主題之間的連貫，更重視「學習內容」與「學習表現」在學習階段之間與之內連貫，並根據「學習內容」與「學習表現」設計教材協助教師及學生隨「年級階梯」或「學習階段階梯」而循序漸進提升其「學習內容之複雜度」與「學習表現之複雜度」，進行「課程連貫」與「課程統整」（蔡清田，2016）。這呼應了《十二年國民基本教育課程發展建議書》指出強化各學習階段「學習重點」的縱向銜接與橫向連貫。如表5.19十二年國民基本教育初中體育科教材單元設計參考示例，甚至可以進行跨領域教材設計有不同領域／科目的統整，如表5.20跨領域教材單元設計參考示例。

✿表5.19 十二年國民基本教育初中體育科教材單元設計參考示例（引自國家教育研究院課程及教學研究中心，2016，23）

學習表現＼學習內容	3d-IV-2運用運動比賽中的各種策略	1d-IV-2反思自己的動作技能	2d-IV-2展現運動欣賞的技巧，增進生活的美感體驗
Hd-IV-1守備／跑分性運動動作組合及團隊戰術	國一下學期棒球比賽盜壘戰術的活用		
Bd-IV-1武術套路動作與攻防演練應用		國二下學期危急情境的武術攻防應用技巧	

Ib-IV-2各種社交舞蹈			國三下學期國際標準舞的力與美

✿表5.20　跨領域教材單元設計參考示例（引自國家教育研究院課程及教學研究中心，2016，24）

學習表現　　學習内容	自CMa-Vc-1化學製造流程對日常生活、社會經濟環境與生態的影響	英2-V-7能參與簡易的英語短劇表演	健體7-V-1運用有效的健康資訊、產品與服務，擬定健康行動策略
健體D-V-2飲食趨勢與健康	高一下學期加工食品對身體健康的影響		
藝E-V-4音樂與跨領域展演創作		高一下學期英語歌劇展演	
資D-V-1巨量資料的概念			高一下學期健康消費之趨勢分析與行動

　　國民中小學九年一貫課程綱要及高中／職課程綱要分別強調「基本能力」及「核心能力」，兩者並未連貫，且高中／職課程與國中課程部分重複部分脫節。在國民中小學九年一貫課程綱要中，由出版社根據「能力指標」來編教科書，然「能力指標」過於抽象須再加解讀，不僅「範圍太廣」而且「數量太多」，導致教科書內容教材太多，以致教師教不完，而且學生也學不完，造成考試評量問題層出不窮。在高中／職課程各領域／科目／群科綱要主要以「教材綱要」來規範教材各冊次的單元、主題與重點，使用較多篇幅來描述教材內容，教科書缺乏多元內容的呈現。針對上述缺失，一方面，透過「學習重點」可以統整能力指標、核心能力與教材大綱，具有化繁為簡，減輕教材超載負荷的功能；另一方面，更可以透過「學習重點」的「學習內容」與「學習表現」，再轉化成為學年學期與單元主題「學習目標」。

　　「學習重點」可供課程研究發展機構進行教材原型之研究開發指引，更可作為民間出版社設計教科書各冊單元教材之指引，教師可依據「學習

重點」自選或自編教材，可從每個學習階段進行「學習內容」設計，清楚界定各學習階段學科知識概念，可掌握教科書設計的內容分量，避免「學習內容」教材分量過多超載。是以各「學習階段」的「學習重點」最好要明確區分學年，不要太過寬廣而模糊不清範圍。原因是希望「學習重點」一方面有「課程綱要」的彈性，另一方面也有「課程標準」的功能，例如數學領域／科目的學習先後邏輯順序架構是完整的，數學的某些「學習內容」概念缺漏，容易造成後續的新學習銜接不上。故「學習重點」也要能進一步具體明確轉化爲各領域／科目的學年「學習目標」，特別是「學習內容」宜分學年訂定，以便教科書內容設計與安排學習評量，可以避免重蹈過去「能力指標」繁雜且各自解讀分歧不一而造成教材不當重複或內容脫節之覆轍。另一方面，學校自編教科用書應送交各校「課程發展委員會」審查是否依據各「領域／科目核心素養」與「學習重點」進行設計，以落實「核心素養導向」的課程設計精神（蔡清田，2016）。

(五)「學習重點」可指引學習評量

　　「學習重點」可指引學習評量，作爲教師平時進行學習評量與協助學生準備升學考試的依據。「學習重點」可以建立各領域／科目的「學習表現」檢核基準，而且「以學習重點爲依據的學習評量」，考量學生生活背景與日常經驗，妥善運用在地資源，發展眞實有效的學習評量工具，以「學習重點」爲主軸的學習評量，須兼顧整體性和連續性，以了解學生在「學習重點」之學習進展，並有效進行追蹤，長期評估學生之成長與進步，可與「經濟合作與發展組織」所推動「國際學生評量計畫」或其他國際組織的學生「學習表現」資料庫等進行評比。

　　「學習重點」的功能可提供教育人員進行評量，以檢核不同階段學生在不同領域／科目的學習成果，而且應依據「學習重點」所呼應之「領域／科目核心素養」進行學習評量，考量學生生活背景與日常經驗或問題，妥善運用在地資源，發展眞實有效之學習評量工具，在評量的工具類型上，可彈性運用測驗、觀察、問答及面談、檔案等多元工具，集中評量之焦點，尤應重視核心素養的知識、能力與態度在實際生活應用之檢核，以反映學生學習情形或應用之成效，並進行有效回饋。「學習重點」除可以

作為評量學生學習結果的參考，並可依據評量結果作為對於課程綱要各學習階段學習重點進行檢核與修正之依據。若能透過有關學習評量方式的訂定，作為教師實施學習評量的準則，並決定適當的評量方法，以進行檢核回饋，將可縮減從課程、教學、學習到評量的落差，將有利於學生核心素養的學習。

「以學習重點為依據的學習評量」可參考「學習內容」之「內容標準」與「學習表現」的「表現標準」，「內容標準」是預期學生能知道與做什麼，涉及課程內容的難度和廣度，「表現標準」是敘述做到何種水準是「進階」、「精熟」、「基礎」，學生學習課程後可以達到何種程度，並給予適當描述，藉由以「內容標準」和「表現標準」為基礎發展的評量作業中，取得學生具有代表性的學習表現之等級水準。特別是核心素養之評量可依據學生的「學習表現」，考量學生生活背景與日常經驗或問題，妥善運用在地資源，發展真實有效之學習評量工具。「以學習重點為依據的學習評量」，應能兼顧學生在認知、技能、情意等不同層面的學習表現，教師應就紙筆測驗和學習單、實作評量、及檔案評量，包含習作作業、隨堂測驗、定期評量、書面報告、口頭報告、展演、科學實驗等多元評量方式，選用適合評量工具，以反映核心素養的達成情形。依據「小學及初中學生成績評量準則」及「高級中學學生成績考查辦法」相關法規，在評量的工具類型上，可彈性運用測驗、觀察、問答及面談、檔案等多元工具，兼顧整體性和連續性，尤應重視核心素養的知識、能力與態度在實際生活應用之檢核，以反映學生學習情形或應用之成效，並進行有效評估與回饋。評量的原則方面，應把握信度、效度、頻率外，尤應重視學生學習經驗之具體檢視與有效回饋（蔡清田、陳伯璋、陳延興、林永豐、盧美貴、李文富、方德隆、陳聖謨、楊俊鴻、高新建、李懿芳、范信賢，2013），以便日後進行課程發展、教學實施、學習指導、學習評量、補救教學，具有作為評估教育績效的參照規準等功能（黃嘉雄，2002）。

「學習重點」具有引導學習評量的功能，作為學校實施平時測驗、定期評量、學期學年評量等學習評量的依據，甚至是作為高中會考、大學入學學測、指定考試的基準。高中會考、大學學測與大學指考的考試內容，

也應建立起與各「學習重點」的檢核基準，確保課程綱要所規定的內涵能轉化到評量之中。特別是以核心素養為導向的學習評量，應包含知識、能力、態度等面向，需兼顧整體性和連續性，以了解學生學習的進展，並有效進行追蹤，長期評估學生之表現（蔡清田、陳伯璋、陳延興、林永豐、盧美貴、李文富、方德隆、陳聖謨、楊俊鴻、高新建、李懿芳、范信賢，2013）。此外，應研議因應調整升學考試的評量架構，雖然核心素養評量指標不易施測量化界定，而且核心素養的標準會因應社會觀點與時代變遷而有所不同，或可參考當前國際學生測驗評比重視學生高層次知識統整與應用能力的趨勢，以更宏觀的視野來看待學生的學習成果，培養學生的核心素養。

「學習重點」具有引導學習評量的功能，這項功能可調整為6歲、12歲、15歲、18歲學生素養檢測之參考指標（蔡清田、陳伯璋、陳延興、林永豐、盧美貴、李文富、方德隆、陳聖謨、楊俊鴻、高新建、李懿芳、范信賢，2013），學生核心素養的評量與初中九年級的會考、高中十二年級的學測與指考不同，主要在了解與掌握學生的學習情形，實施方式不以普測而是以抽樣進行，實施年級可為四、六、八、十一年級，評量範圍，除數學、語文、科學的基本學力外，學生有關「身心素質與自我精進」、「系統思考與解決問題」、「規劃執行與創新應變」、「符號運用與溝通表達」、「科技資訊與媒體素養」、「藝術涵養與美感素養」、「道德實踐與公民意識」、「人際關係與團隊合作」、「多元文化與國際理解」等核心素養的學習評量，可一併設計於評量中。評量方式除紙筆測驗外，輔以實作評量、如科學實驗、高職不同群科的具體實作等，實施結果應用不作評比、不公布，作為蒐集學生各階段學習結果之理解，供教育部、各縣市、相關學校作為課程政策規劃與整體教學環境改善之依據（教育部，2014）。此外，對於特別需要加強的縣市或學校在了解其背景與原因後予以資源之挹注，一定時間後再行施測，了解資源挹注後之改進情形（蔡清田、陳伯璋、陳延興、林永豐、盧美貴、李文富、方德隆、陳聖謨、楊俊鴻、高新建、李懿芳、范信賢，2013）。

─── 參 考 文 獻 ───

一、中文部分

三民書局新辭典編彙委員會（1987）。**新辭典**。臺北市：三民書局。

王文靜（譯）（2004）。Lave, J. & Wenger, E.（2001）著。**情境學習：合法的邊緣性參與**（*Situated Learning: Legitimate Peripheral Participation*）。上海市：華東師範大學出版社。

王世英、張鈿富、吳慧子、吳舒靜（2009）。**歐美澳「公民關鍵能力」發展之研究**。臺北：國立教育資料館。

王如哲（2008）。評鑑大學績效的新指標──就業力。**評鑑，15**，20-23。

王俊斌（2009，11月）。**世界主義與共同責任意識──全球化狀況下的公民教育議題**。發表於國家教育研究院籌備處主辦「民主深化過程中的國家教育發展國際學術研討會」。國家教育研究院籌備處豐原院區。2009年11月7-8日。

王曉輝（2006）。法國新世紀教育改革目標：為了全體學生成功。**比較教育研究，27**（5），22-27。

王燦槐（1994）。全方位訓練的通識教育。2010年9月1日，取自http://enews.cc.ncu.edu.tw/enews/archives/news_global/001/news_global001.htm#no10

方德隆（2009）。九年一貫課程綱要總綱實施現況相關研究之後設分析。國家教育研究院籌備處委託研究報告。高雄市：國立高雄師範大學教育系。

方德隆（2011）。**前期中等教育階段課程總綱理念、核心素養、課程設計原則內涵與實施要點之研究**（國家教育研究院委託研究報告）。嘉義縣：國立中正大學課程研究所。

方德隆（2012）。**國中教育階段核心素養與各領域課程統整研究**（國家教育研究院委託研究報告）。嘉義縣：國立中正大學課程研究所。

方德隆、張宏育（2011）。前期中等教育階段核心素養之建構。**研習資訊，**

28（4），24-36。

方德隆、張宏育（2013）。國中教育階段核心素養課程之建構。**課程研究，8**（1），65-99。

四一○教育改革聯盟（1996）**民間教育改革藍圖：朝向社會正義的結構性變革**。臺北市：時報文化。

丘愛鈴（2012），香港新高中課程與升學考試改革—邁向全人發展與學校本位評量，見黃政傑主編，十二年國教—改革、問題與期許：臺灣教育評論學會年度專書，臺北：五南，179-197。

尹後慶（2017）。核心素養要落地，學習方式必須改變。載於楊九詮主編。**學生發展核心素養三十人談**（pp.50-55）。上海：華東師範大學出版社。

石鷗（2017）。核心素養的課程與教學價值。載於楊九詮主編。**學生發展核心素養三十人談**（pp.32-36）。上海：華東師範大學出版社。

辛濤（2017）。**學生發展核心素養研究應注意幾個問題**。載於楊九詮主編。**學生發展核心素養三十人談**（pp.20-23）。上海：華東師範大學出版社。

余文森（2017）。從三維目標走向核心素養。載於楊九詮主編。**學生發展核心素養三十人談**（pp.14-19）。上海：華東師範大學出版社。

余書麟（1987）。國民教育原理。臺北市：教育文物出版社。

安彥忠彥（2009，11月）。**課程改革理念、課程綱要與教科書轉化議題—日本觀點**。論文發表於「東亞地區課程改革脈絡下課程轉化議題國際學術研討會」。臺北市立教育大學，2009年11月14日。

成露茜、羊憶蓉（1996）。**邁向21世紀新教育—從澳洲「關鍵能力」教育計畫試探臺灣的教改前景**。臺北市：行政院教育改革審議委員會。

成露茜（1999）。落實基本能力教育的一個實驗方案。邁向課程新紀元—九年一貫課程研討會論文集。臺北市：教材研究發展學會。

江宜樺（2006）。公民素養與理性審議能力。95/06/02演講，收錄於高涌泉、王道還、陳竹亭、翁秉仁、黃榮棋（2008）。**國民自然科學素養研究**（行政院國家科學委員會專題研究計畫成果報告NSC 95-2511-S-

005-001）。臺北市：國立臺灣大學。

羊憶蓉（1996）。1990年的澳洲教育改革：「核心能力」取向的教育計劃。**教改通訊，20**，2-3。

羊憶蓉、成露茜（1997）。從澳洲「關鍵能力」檢討臺灣的「能力本位教育」。**社教，78**，17-21。

行政院青年輔導委員會（2006）。**大專畢業生就業力調查**。臺北市：行政院青年輔導委員會。

行政院教育改革審議委員會（1996）。**教育改革總諮議報告書**。臺北市：行政院教育改革審議委員會。

行政院（2009）。六大新興產業。2010年8月10日，取自http://www.ey.gov.tw/policy/3/index.html

任勇（2017）。全課程讓核心素養悄然落地。載於楊九詮主編。**學生發展核心素養三十人談**（pp.94-101）。上海：華東師範大學出版社。

柳夕浪（2017）。素養爲綱：學校課程從粗放到精緻的轉型。載於楊九詮主編。**學生發展核心素養三十人談**（pp.85-93）。上海：華東師範大學出版社。

李奉儒（2009）。**中小學課程之哲學基礎與理論趨向之研究與分析**（國家教育研究院籌備處委託研究報告）。嘉義縣：國立中正大學課程研究所。

李宜玫、王逸慧、林世華（2004）。社會學習領域分段能力指標之解讀—由Bloom教育目標分類系統（增訂版）析之。**國立臺北師範學院學報，17**（2），1-34。

李明芬、陳雪雲、王遠義、張福建（2007）。**培養臺灣大學生成爲世界公民之核心素養與評鑑—華人的文化視域**。臺灣師大教育評鑑暨發展中心、教育部研究計畫。

李琪明（2003）。德行取向之品德教育理論與實踐，**哲學與文化，30**（8），153-174。

李家同（2010）。**李家同談教育：希望有人聽我的話**。臺北市：聯經。

李學圖（2010）。**臺灣的品格**。臺北市：前衛出版。

李雪莉、謝明玲（2008）。大學生該學什麼？張忠謀：有目標、有紀律、有系統的終身學習。天下雜誌，410。2010年8月10日，取自http://www.cw.com.tw/article/index.jsp?id=36153

李開復（2006）。**做21世紀的人才**。臺北市：聯經。

李坤崇（2004）。能力指標轉化教學、評量的理念與實例。**教育研究月刊，126**，122-135。

李坤崇（2005）。中小學一貫課程體系建置之省思。**教育研究月刊，140**期，5-21。

李坤崇（2006）。中小學一貫課程體系參考指引之建構。**教育研究月刊，150**，119-135。

李坤崇（2011）。**大學課程發展與學習成效評量**。臺北市：高教。

李坤崇（2012）。大學基本素養與核心能力的檢核機制。**教育研究月刊，218**，5-24。

李彥儀（2010，11月）。**高等教育人才培育革新策略之研究－從核心能力觀點論之**。論文發表於「全球化時代之關鍵能力與教育革新」國際學術研討會。國立臺灣師範大學教育系，2010年11月12-13日。

李崗（2012）。「五育均衡發展」的國教理想，終將難以實現！黃政傑主編，十二年國教：改革、問題與期許（頁145-149）。臺北市：五南。

李堅萍（2001）。Simpson、Harrow與Goldberger技能領域教育目標分類之比較研究。**屏東師院學報第14期**，675-710。

李隆盛、吳正己、游光昭、周麗端、葉家棟（2013）。**十二年國民基本教育科技領域課程綱要內容之前導研究**（國立教育研究院委託研究報告）。臺北市：國立臺灣師範大學。

李懿芳（2012）。**高職教育階段核心素養與各領域課程統整研究**（國家教育研究院委託研究報告）。嘉義縣：國立中正大學課程研究所。

吳武典（2005）。臺灣教育改革的經驗與分析：以九年一貫課程和多元入學方案為例。**當代教育研究，13**（1），35-68。

吳京玲（2009，11月）。大學生核心能力指標建構之初探。載於國立暨南國際大學主辦之「**2009海峽兩岸高等教育永續發展學術研討會**」會議手

冊（頁87-98），南投縣。

吳明烈（2005）。**終身學習：理念與實踐**。臺北市：五南。

吳明烈（2009，5月）。UNESCO、OECD與歐盟終身學習關鍵能力之比較研究。發表於「**教育行政的力與美**」國際學術研討會手冊（pp.279-305）。國立臺灣師範大學，臺北市。

吳明烈（2010）。UNESCO、OECD與歐盟終身學習關鍵能力之比較研究。**教育政策論壇，13**（1），45-75。

吳明烈（2011）。**從國際接軌規劃我國國民核心素養及各教育階段的核心素養設計原則內涵與實施要點之研究**。國家教育研究院委託研究報告。嘉義：國立中正大學課程研究所。

吳俊憲（2012），推動十二年國民基本教育——省思師資素質發展的課題與因應，見黃政傑主編，十二年國教—改革、問題與期許：臺灣教育評論學會年度專書，臺北：五南，217-225。

吳敏而、黃茂在、趙鏡中、周筱亭（2010，11月）教師對「主動探索與研究」基本能力的詮釋。「全球化時代之關鍵能力與教育革新」國際學術研討會。國立臺灣師範大學教育系，2010年11月12-13日。

吳清山（2011）。發展學生核心素養，提升學生未來適應力。**研習資訊，28**（4），1-3。

吳清山、林天佑（1998）。基本能力、基本學力。**教育資料與研究，25**，75-77。

吳清山、高家斌（2005）。十二年國民教育政策發展的回顧與展望。**教育資料與研究，63**，53-66。

吳清基（2009，11月）。**教育施政理念與政策**。教育部第643次部務會報，98年11月5日，未出版。

吳祥輝（2006）。**芬蘭驚豔**。臺北市：遠流。

吳錦勳（2010）。**你可以不一樣：嚴長壽和亞都的故事**。臺北市：天下文化。

吳舒靜、吳慧子（2010）。經濟合作與發展組織（OECD）與歐洲聯盟（EU）推動「公民關鍵能力」發展之國際經驗分析。**教育研究月刊，**

189，40-52。

吳雅玲（2007）。**國立屏東科技大學學生基本能力**。國立屏東科技大學教學
　　卓越計畫。

吳裕益（1998）。21世紀國民中小學生所需具備之關鍵能力。**國教天地，
　　129**，24-27。

吳毓瑩（2008）。華人教養之道的探尋—全球視野在地理解。載於呂金燮等
　　著：**華人教養之道—若水**（頁3-24）。臺北市：心理。

宋佩芬、陳麗華（2008）。全球教育之脈絡分析兼評臺灣的全球教育研究。
　　課程與教學季刊，11（2），1-26。

沈姍姍（2005）。國民中小學九年一貫課程改革之探討。**教育資料與研究，
　　65**，17-34。

唐彩斌（2017）。培養終身學習者，培養負責任表達者。載於楊九詮主編。
　　學生發展核心素養三十人談（pp.201-209）。上海：華東師範大學出版
　　社。

馬雲鵬（2017）。小學數學教學如何培養學生核心素養。載於楊九詮主編。
　　學生發展核心素養三十人談（pp.132-139）。上海：華東師範大學出版
　　社。

馬斌（2017）。課程基地讓核心素養落地生根。載於楊九詮主編。**學生發展
　　核心素養三十人談**（pp.56-66）。上海：華東師範大學出版社。

周愚文（2011）。我國實施十二年國民基本教育政策形成之分析。**教育研究
　　月刊，205**，32-46。

周愚文（2012）。穩健推動我國十二年國民基本教育的歷史工程。黃政傑主
　　編，**十二年國教：改革、問題與期許**（pp.25-34）。臺北市：五南。

周珮儀（2009）。**中小學社會領域、藝術與人文課程綱要實施相關研究之
　　後設分析**。國家教育研究院籌備處。高雄市：國立中山大學教育研究
　　所。

周珮儀、黃政傑（2011，6月）。**從全球化論我國百年來教科書政策的演
　　進**。論文發表於「教科書百年演進」國際學術研討會。國家教育研究
　　院，2011年6月10-11日。

林永豐（2009）。中小學課程之社會變遷基礎與理論趨向之研究與分析（國家教育研究院籌備處委託研究報告）。嘉義縣：國立中正大學課程研究所。

林永豐（2011）。後期中等教育階段課程總綱理念、核心素養、課程設計原則內涵與實施要點之研究（國家教育研究院委託研究報告）。嘉義縣：國立中正大學課程研究所。

林永豐（2012a）。高中教育階段核心素養與各領域課程統整研究（國家教育研究院委託研究報告）。嘉義縣：國立中正大學課程研究所。

林永豐（2012b），論十二年國教與後期中等教育的結構性問題，見黃政傑主編，十二年國教－改革、問題與期許：臺灣教育評論學會年度專書，臺北：五南，73-83。

林永豐（2015）。新課綱，新觀點－能力指標的困境與調整，臺灣教育評論月刊，**4**（1），203-207。

林永豐（2017）。論十二年國民基本教育課程總綱學習重點的規劃思維與意涵，課程與教學季刊，**20**（1），105-126。

林永豐、郭俊呈（2013）。國民核心素養與高中課程發展，課程研究，**8**（1），101-127。

林生傳（1999）。九年一貫課程的社會學評析。載於：中華民國課程與教學學會主編，九年一貫課程之展望（pp.1-28）。臺北市：揚智。

林清江（1999）。教育改革的理想與實踐。臺北市：五南。

林吟霞（2009，11月）。自主學習取向之課程與教學－臺灣小學與德國小學「方案教學」個案比較。「教育研究與教育政策之對話」國際學術研討會。國立臺灣師範大學，2009年11月21日。

林吟霞（2010，11月）。國語文教科書閱讀指導內容對應九年一貫課程綱要閱讀能力指標之研究，吳清山（主持人），課程改革理念、教科書與教學實踐轉化議題－臺灣觀點。論文發表於臺北市立教育大學主辦「東亞地區課程改革脈絡下課程轉化議題國際學術研討會」，臺北市，2009年11月14日。

林佳慧（2003）。**21世紀初紐西蘭第三級教育報告書與法案之研究**。暨南國

際大學比較教育所碩士論文,未出版,南投。

林明煌(2009,11月)。日本中小學課程改革的現況和特色。本文發表於國立嘉義大學主辦之「2009年海峽兩岸中小學教師進階制度與教師專業發展評鑑學術研討會」。國立嘉義大學,2009年11月16-17日。

林美和、黃明月、陳仲彥、胡寶玉、盧宸緯、黃怡樺(2007)。**後中等教育學生終身學習核心素養與評鑑**。(臺灣師大教育評鑑與發展研究中心委託案)

林進材(2012),實施十二年國教的理想教學圖像,見黃政傑主編,十二**年國教─改革、問題與期許:臺灣教育評論學會年度專書**,臺北:五南,199-205。

林清江(1994)社會變遷與教育改革的關係。**教改通訊,3**(58)。臺北市:行政院教育改革審議委員會。

林清江(1996)我國教育發展動向之評析。載於中華民國比較教育學會主編**教育改革:從傳統到後現代**(pp.15-23)。臺北市:師大書苑。

林清江(1998)。藉教育改革締造另一次臺灣經驗。**教師天地,97**,4-9。

林清江、蔡清田(1997)。**國民中小學課程發展共同原則**(教育部委託專案)。嘉義縣:國立中正大學師資培育中心。

林靜(2017)。核心素養指向的STEAM教育校本實施建議。載於楊九詮主編**學生發展核心素養三十人談**(pp.179-185)。上海:華東師範大學出版社。

林煥祥、劉盛忠、林素微、李暉(2008)。**臺灣參加PISA2006成果報告**(行政院國家科學委員會專題研究計畫成果報告NSC 95-2522-S-026-002)。花蓮:國立花蓮教育大學;高雄市:國立高雄師範大學。

林騰蛟等(2010)。**國民中小學附設補習學校教育實施現況之研究**。教育部社教司委託專案。臺北市:教育部。

林宏達(2007)。學校沒教的大能力。商業週刊,1028。2010年8月10日,取自http://www.businessweekly.com.tw/webarticle.php?id=27770林暉智(2016)。**國中三年級學生數學核心素養指標建構之研究**。未出版之碩士論文,臺灣首府大學教育研究所,臺南市。

林崇德（2016）主編。《面向21世紀的學生核心素養研究》。北京：北京師範大學出版社。

崔允漷（2016）。素養：一個讓人歡喜讓人憂的概念。**華東師範大學學報，35**（1），3-5。

柯華葳（2011，7月）。素養是什麼？**親子天下，25**，30。

柯華葳、劉子鍵、劉旨峰（2005）。**18歲學生應具備基本能力研究**（教育部中教司委託研究）。桃園縣：國立中央大學學習與教學研究所。

柯華葳、戴浩一、曾玉村、曾淑賢、劉子鍵、辜玉旻、周育如（2010）。**公民語文素養指標架構研究**。行政院國家科學委員會專題研究計畫成果報告（NSC 98-2511-S-008-010）。桃園縣：國立中央大學學習與教學研究所。

單維彰（2016）。素養、課程與教材—以數學為例。**教育脈動電子期刊**，第5期，取自http://pulse.naer.edu.tw/content.aspx?type=A&sid=215

洪志成（2009）。中小學課程之教學學理基礎與理論趨向之研究與分析。國家教育研究院籌備處委託研究報告。嘉義縣：國立中正大學課程研究所。

洪若烈（2009）。各國近期中小學課程取向與內涵的比較研析。國家教育研究院研究報告。新北市：國家教育研究院籌備處。

洪若烈（2010）。中小學課程內涵與取向的研析。國家教育研究院研究報告。新北市：國家教育研究院籌備處。

洪振方（2009）。中小學自然科學領域課程綱要實施相關研究之後設分析。國家教育研究院研究報告。新北市：國家教育研究院籌備處。

洪裕宏（2005）。**界定與選擇國民核心素養：概念參考架構與理論基礎研究**（行政院國家科學委員會專題研究計畫）。臺北市：國立陽明大學。

洪裕宏、胡志偉、顧忠華、陳伯璋、高涌泉、彭小妍（2008）。**界定與選擇國民核心素養：概念參考架構與理論基礎研究**。（行政院國家科學委員會專題研究計畫成果報告：NSC 95-2511-S-010-001）。臺北市：國立陽明大學。

洪裕宏（2011）。定義與選擇國民核心素養的理論架構。**研習資訊，28**

（4），15-24。

洪福財（1999）。瞻前豈能不顧後？一位幼教人對九年一貫課程改革的省思。載於國立臺北師範學院實習輔導處主編：自主與卓越—九年一貫課程變革與展望（57-73）。臺北市：國立臺北師範學院。

洪碧霞、林素微、吳裕益（2011）。臺灣九年級學生閱讀樂趣與策略對PISA閱讀素養解釋力之探討。課程與教學季刊，**14**（4），1-24。

洪蘭（2012）。「文字會寫也要會用」，載於2012年3月13日的《國語日報》「教養科學觀」專欄。

洪詠善、范信賢（主編）（2015）。**同行～走進十二年國民基本教育課程綱要總綱**。新北市：國家教育研究院。

鄒慧英、黃秀霜、陳昌明（2011）。從PISA2009建構反應題剖析臺灣學生的閱讀問題。**課程與教學季刊，14**（4），25-48。

胡幼慧（1996）。**質性研究**。臺北市：巨流。

胡志偉、郭建志、程景琳、陳修元（2008）。**能教學之適文化國民核心素養研究**。（行政院國家科學委員會專題研究計畫成果報告：NSC95-2511-S-002-003）。臺北市：國立臺灣大學。

孫效智（2009）。臺灣生命教育的挑戰與願景。**課程與教學季刊，12**（3），1-26。

孫綿濤（2017）。學生發展核心素養探究。**教育管理研究，2017**（1），3-9。

孫雙金（2017）。我們是如何落實小學語文核心素養的。載於楊九詮主編。**學生發展核心素養三十人談**（pp.210-216）。上海：華東師範大學出版社。

郭生玉（1987）。**心理與教育測驗**，第六章教學目標。臺北：精華。

秦葆琦、王浩博（2010）。**中小學社會類課程內涵與取向的研析**（國家教育研究院研究報告）。新北市：國家教育研究院籌備處。

高新建（2002）。學校課程領導者的任務與角色探析。臺北市立師範學院學報，**33**，113-128。

高新建、吳武典（2003）。九年一貫課程的檢討與建言——發展以學習者

為中心的高品質中小學課程。載於國立臺灣師範大學教育政策研究小組（主編），**教育發展的新方向——為教改開處方**（頁81-115）。臺北市：心理。

高旭平譯（1994）。Jacques Maritain（馬里坦）原著。**面臨抉擇的教育**。臺北：桂冠。

高涌泉、王道還、陳竹亭、翁秉仁、黃榮棋（2008）。**國民自然科學素養研究**。（行政院國家科學委員會專題研究計畫成果報告：NSC 95-2511-S-005-001）。臺北市：國立臺灣大學。

賴光真（2015）。課程組織銜接性原則之再探討。**臺灣教育評論月刊，2013，2**（5），42-48。

張一蕃（1997）。第四章資訊時代之國民素養與教育，載於謝清俊、尹建中、李英明、張一蕃、瞿海源、羅曉南、謝瀛春等（1997）《資訊科技對人文、社會的衝擊與影響期末研究報告》（頁92-100），行政院經濟建設委員會委託研究計畫，中央研究院資訊科學研究所執行。民國100年9月9日，取自http://www.sinica.edu.tw/~cdp/project/01/4_4.htm

張民選（2010）。**國際組織與教育發展**。上海市：上海教育出版社。

張華（2017）。核心素養與我國基礎教育課程改革的再出發。載於楊九詮主編。**學生發展核心素養三十人談**（pp.37-41）。上海：華東師範大學出版社。

張佳琳（2013）。美國國家課程時代的來臨：各州共同核心標準之探究。**教育研究與發展期刊，9**（2），1-32。

張秀雄、李琪明（2001）。**我國理想公民資質之研究**。（行政院國家科學委員會專題研究計畫成果報告：NSC 89-2413-003-035）。臺北市：國立臺灣師範大學。

張芬芬、陳麗華、楊國揚（2009，11月）。**課程改革理念、課程綱要與教科書轉化議題－臺灣觀點**。論文發表於臺北市立教育大學主辦「東亞地區課程改革脈絡下課程轉化議題國際學術研討會」。臺北市立教育大學，2009年11月14日。

張春興（1991）。**現代心理學**。臺北市：東華書局。

張春興、林清山（1998）。**教育心理學**。臺北市：東華書局。

張銘秋、謝秀月、徐秋月（2009）PISA科學素養之試題認知成分分析。**課程與教學季刊，13**（1），1-20。

張茂桂、董秀蘭、王業立、黃美筠、陳婉琪、杜文苓（2011）。**臺灣政治、經濟、社會、文化與科技變遷趨勢對K-12課程的影響及啓示**（國家教育研究院研究報告）。臺北市：中央研究院。

張德銳（2012）。從適性觀點評析十二年國民基本教育課程與教學之實踐。黃政傑主編，**十二年國教：改革、問題與期許**（pp.151-158）。臺北市：五南。

張霄亭（2004）。**教學原理**。新北市：空中大學。

張豐（2017）。學會學習的意與義。載於楊九詮主編。**學生發展核心素養三十人談**（pp.102-108）。上海：華東師範大學出版社。

鍾聖校（2000）。**情意溝通教學理論**。臺北市：五南。

教育部（1995）。**高級中學課程標準**。臺北市：作者。

教育部（1998）**國民教育階段九年一貫課程綱要總綱**。臺北市：作者。

教育部（1999）。**國民中小學九年一貫課程基本能力實踐策略**。臺北市：國立臺灣師範大學教育研究中心專題研究成果報告。

教育部（2000a）**國民中小學九年一貫課程暫行綱要**。臺北市：作者。

教育部（2000b）。〈**基本能力實踐策略**〉**國民教育九年一貫課程**。臺北市：作者。

教育部（2003a）。**國民中小學九年一貫課程各學習領域課程綱要**。2004年11月10日檢索自http://140.122.120.230/ejedata/kying/20031241215/index.htm?open

教育部（2003b）。**全國教育發展會議實錄**。臺北市：作者。

教育部（2004）。品德教育促進方案，2016年4月30日，取自教育部資訊網：http://www.edu.tw/EDU_WEB/Web/publicFun/dynamic_default.php?UNITID=97&CATEGORYID=#.

教育部（2006a）。**中小學一貫課程體系參考指引**。臺北市：作者。（教育部95年10月26日臺中（一）字第0950158737號函2009年5月26日，取自

http://140.116.223.225/ concourse/CurriculumGuide（FinalText）.pdf

教育部（2006b）。**推動十二年國民基本教育說帖**。臺北市：作者。

教育部（2007）。**強化中小學課程連貫與統整實施方案**。臺北市：作者。（96年7月5日臺中字第0960079476號函）2009年5月26日，取自http://140.111.34.179/news_detail. php?code=01&sn=289

教育部（2008a）。**普通高級中學課程綱要**（97年1月24日臺中（一）字第0970011604B號）。臺北市：作者。

教育部（2008b）。**職業學校群科課程綱要**（97年3月31日臺技（三）字第970027618C號）。臺北市：作者。

教育部（2008c）。**國民中小學九年一貫課程綱要**。臺北市：教育部國教司。2010年11月15日，取自http://teach.eje.edu.tw/9CC2/9cc_97.php

教育部（2009a）。**綜合高級中學課程綱要**（98年3月31日臺技（一）字第980048261B號）。臺北市：作者。

教育部（2009b）。**教育部品德教育促進方案**。2011年6月20日，取自http://ce.naer.edu.tw/index3-1.html

教育部（2010）。**教育部十二年國民基本教育實施計畫——配套措施2-中小學課程連貫與統整－方案2-1建置十二年一貫課程體系方案**。臺北市：作者。

教育部（2011a）。**中華民國教育報告書：黃金十年百年樹人**。臺北市：作者。

教育部（2011b）。**十二年國民基本教育實施計畫**。臺北市：作者。

教育部（2012a）。**十二年國民基本教育：開啓孩子的無限可能**。臺北市：作者。

教育部（2012b）。**幼兒園教保活動課程暫行大綱**。臺北市：作者。

教育部提升國民素養專案辦公室（2013）。**十二年國民基本教育實施計畫—提升國民素養實施方案102年期中成果報告**。臺北市：作者。

教育部（2014）。**十二年國民基本教育課程綱要總綱**（103年11月28日，臺教授國部字第1030135678A號）。臺北市：作者。

教育部電子報（2016.5.21）。潘文忠部長舉行上任後的第一次記者會：以

國民學習權取代國家教育權。取自http://epaper.edu.tw/mobile/topnews. aspx?topnews_sn=35&page=0

國家教育研究院（2014a）。十二年國民基本教育課程發展指引。臺北市：作者。

國家教育研究院（2014b）。十二年國民基本教育課程發展建議書。臺北市：作者。

國家教育研究院（2015a）。十二年國民基本教育課程綱要總綱Q&A。臺北市：作者。取自http://www.naer.edu.tw/ezfiles/0/1000/img/67/192297519. pdf

國家教育研究院（2015b）。十二年國民基本教育領域課程綱要（國民中小學、普通型高中）研修工作手冊。臺北市：作者。取自http://12cur.naer. edu.tw/upload/files/1040818領綱研修工作手冊.pdf

國家教育研究院課程及教學研究中心核心素養工作圈（2015）。核心素養發展手冊。臺北市：作者。取自www.naer.edu.tw/files/11-1000-1180.php

國家教育研究院課程及教學研究中心（2016）。十二年國民基本教育領域/科目課程綱要（國民中小學暨普通型高中）課程手冊研發工作計畫。臺北市：作者。

褚宏啓（2017）。核心素養的概念與本質。載於楊九詮主編。學生發展核心素養三十人談（pp.1-6）。上海：華東師範大學出版社。

梁福鎮（2009）。全球化脈絡下臺灣公民教育的挑戰與回應。教育科學期刊，8（1），63-86。

莊富源（2009，11月）。析論民主深化中的公民品德教育。「培育高素質現代國民與世界公民之教育規劃國際學術研討會」。國家教育研究院籌備處豐原院區，2009年11月7-8日。

許育典（2009，11月）。從教育基本權檢討公民教育下的媒體素養教育。「培育高素質現代國民與世界公民之教育規劃國際學術研討會」。國家教育研究院籌備處豐原院區，2009年11月7-8日。

許殷宏（2010，11月）。學生能力觀之探究—以一所勞動階級學區的國民中學為例。「全球化時代之關鍵能力與教育革新」國際學術研討會。國

立臺灣師範大學教育系，2010年11月12-13日。

許朝信（2005）。從美好生活所需能力的觀點論述九年一貫課程中的基本能力。**國民教育研究學報，15**，99-122。

許菊芳（主編）（2007）。**關鍵能力：你的孩子到底該學什麼**。臺北市：天下雜誌。

許慶雄（1992）。**社會權論**，臺北市：眾文。

范信賢（2016）。核心素養與十二年國民基本教育課程綱要：導讀《國民核心素養：十二年國教課程改革的DNA》。**教育脈動電子期刊**，第5期，取自http://pulse.naer.edu.tw/content.aspx?type=H&sid=198

范綺君（2010）。**City Player統整課程方案的發展：Drake標準本位統整課程模式之應用**。未出版之碩士論文，國立中山大學教育研究所，高雄市。

陳文典（2006）。科學素養的內涵。載於教育部暨國立臺灣師範大學（編印）。**科學素養的內涵與解析**（三版，1-10）。臺北市：國立臺灣師範大學。

陳正芬（譯）（2007）。**決勝未來的五種能力**。Gardner, H.著，Five minds for the future。臺北市：聯經。

陳麗華、彭增龍、張益仁（2004）。**課程發展與設計──社會行動取向**。臺北市：五南。

陳伯璋（2001）。**新世紀課程改革的省思與挑戰**。臺北市：師大書苑。

陳伯璋（2010a，6月）。**臺灣國民核心素養與中小學課程發展之關係**。論文發表於澳門大學主辦之「培育澳門21世紀公民──核心素養」國際研討會。2010年6月3-5日。澳門。

陳伯璋（2010b，11月）。**K-12課程發展願景與行動─兼論臺灣國民核心素養與中小學課程發展之關係**。論文發表於第十二屆「兩岸三地課程理論研討會」。國立臺北教育大學主辦。2010年11月13日。

陳伯璋（2010c）。臺灣國民核心素養與中小學課程發展之關係。**課程研究，5**（2），1-26。

陳伯璋（2012）。十二年國民教育課程發展芻議。黃政傑主編，十二年國

教：改革、問題與期許（pp.145-149）。臺北市：五南。

陳伯璋（2015，6月）。十二年國民基本教育之課程綱要研修理念之評析。論文發表於「兩岸課程與教科書發展的回顧與前瞻學術研討會」。兩岸關係和平發展協同創新中心與廈門大學臺灣研究院主辦（福建泉州訊息工程學院承辦）。2015年6月18-20日。

陳伯璋、張新仁、蔡清田、潘慧玲（2007）。全方位的國民核心素養之教育研究。（行政院國家科學委員會專題研究計畫成果報告：NSC 95-2511-S-003-001）。臺南市：致理管理學院教育研究所。

陳柏霖、孟恬薪（2010，11月）。全球化時代大學生關鍵能力與高等教育制度革新之研究。論文發表於國立臺灣師範大學教育系主辦之「全球化時代之關鍵能力與教育革新」國際學術研討會。臺北市，2010年11月12-13日。

陳明印（2011）。澳洲中小學課程發展趨勢分析—從2010年國家中小學統一課程綱要來看。教育研究與發展期刊，7（2），153-88。

陳皇玲（譯）（2006）。Monika, M. & Petra, S.著。8個孩子一定要有的未來能力（*Was kinder für die zukunft brauchen*）。臺北市：奧林。

陳新轉（2002）。能力指標轉化模式（二）：能力指標之「能力表徵」課程轉化模式。黃炳煌（主編），社會學習領域課程設計與教學策略，95-122。臺北：師大書苑。

陳新轉（2003）。課程統整—理論與設計解說。臺北：商鼎文化。

陳新轉（2004）。九年一貫社會學習領域課程發展：從課程綱要與能力指標出發。臺北市：心理。

陳聖謨（2011）。初等教育階段課程總綱理念、核心素養、課程設計原則內涵與實施要點之研究（國家教育研究院委託研究報告）。嘉義縣：國立中正大學課程研究所。

陳聖謨（2012）。國小教育階段核心素養與各領域課程統整研究（國家教育研究院委託研究報告）。嘉義縣：國立中正大學課程研究所。

陳聖謨（2013）。國民核心素養與小學課程發展，課程研究，8（1），41-63。

游自達（2016）。數學素養之意涵與其變遷。**教育脈動電子期刊**，第5期，取自http://pulse.naer.edu.tw/content.aspx?type=A&sid=217

彭小妍、王瓊玲、戴景賢（2008）。**人文素養研究**。（行政院國家科學委員會專題研究計畫成果報告：NSC 95-2511-S-001-001）。臺北市：中央研究院。

新辭典編輯委員會（1989）。**新辭典**。臺北市：三民書局。

曾玉村（2009）。**中小學課程之認知發展學理基礎與理論趨向之研究與分析**。國家教育研究院籌備處委託研究報告。嘉義縣：國立中正大學課程研究所。

曾志朗（2012）。智力：從人獸之別到國與國之差異。科學人，**125**，4-5。

黃中平，（2012-08-03）。P世代挑戰科技教育。中國時報。

黃光國（2003）：〈推薦序（一）〉，收於周祝瑛：**誰捉弄了臺灣教改？**（pp.3-5）。臺北市：心理。

黃光雄、蔡清田（2015）。**課程發展與設計新論**。臺北市：五南。

黃光雄、蔡清田（2017）。**核心素養：課程發展與設計新論**。上海市：華東師大出版社。

黃武雄（2003）。**學校在窗外**。臺北市：左岸文化。

黃宗顯（2012）。政策圖騰？或教育品質提升？十二年國民基本教育政策的思辨。黃政傑主編，十二年國教：改革、問題與期許（頁17-24）。臺北市：五南。

黃政傑（1992）。**課程設計**。臺北市：東華。

黃政傑（1996）。**中小學基本能力指標之綜合規劃研究**。臺北市：臺灣師範大學教育研究中心。

黃政傑（2012）。宏觀十二年國教的推動。黃政傑主編，**十二年國教：改革、問題與期許**（pp.3-16）。臺北市：五南。

黃炳煌（1987）。**教育問題透視**。臺北市：文景。

黃炳煌（1999）。談「課程統整」：以國民教育九年一貫課程為例。發表於國立中正大學教育學院主辦新世紀的教育展望國際學術研討會。1999年11月1-3日。嘉義民雄。

黃嘉雄（2002）。九年一貫課程改革的省思與實踐。臺北市：心理。

黃嘉雄、周玉秀、徐超聖、林佩璇、林曜聖等（2006）。**國民中小學教科書未來政策專案評估工作計畫成果報告**。臺北：臺北教育大學國民教育學系。

黃譯瑩（1998）。課程統整之意義探究與模式建構，**國家科學委員會研究匯刊：人文及社會科學，8**（4），616-633。

黃郁倫（2011）。激發學習的快樂與潛能—「學習共同體」在日本教育改革中的導入及實行。**教師天地，171**，39-42。

黃郁倫、鍾啓泉（譯）（2012）。佐藤學著。**學習的革命：從教室出發的改革**。臺北市：天下文化。

黃崑巖（2004）。**黃崑巖談教養**。臺北市：聯經。

黃崑巖（2005）。**黃崑巖談人生這堂課**。臺北市：健行文化。

黃崑巖（2009）。**黃崑巖談有品社會**。臺北市：聯經。

葉興華（2012）。十二年國教實施後國中及後中的課程調整方向，見黃政傑主編，**十二年國教—改革、問題與期許**（pp.159-167）。臺北市：五南。

馮朝霖（2016）。**乘風尋度——教育美學論輯**。新竹：道禾書院。

馮朝霖、范信賢、白亦方（2011）。**國民中小學課程綱要系統圖像之研究**（國家教育研究院委託研究報告）。臺北市：國立政治大學教育研究所。

傅佩榮（2014）。**孔子：追求人的完美典範**。臺北市：天下文化。

楊九詮（2017）主編。**學生發展核心素養三十人談**。上海：華東師範大學出版社。

楊向東（2017）。核心素養與我國基礎教育課程改革的關聯。載於楊九詮主編。**學生發展核心素養三十人談**（pp.24-31）。上海：華東師範大學出版社。

楊思偉（1999）。**國民中小學九年一貫課程基本能力實踐策略**。教育部國教司委託研究。臺北市：國立臺灣師範大學教育研究中心。

楊思偉（2002）。基本能力指標之建構與落實。**教育研究月刊，96**，17-

22。

楊思偉等（2005）。十二年國民教育研究成果與高中職社區化中程計畫之比
　　對分析。臺北市：教育部。

楊思偉（2012）。十二年國民基本教育入學方式之我見。黃政傑主編，十二
　　年國教：改革、問題與期許（頁99-106）。臺北市：五南。

楊洲松（2005）。〈自由與自由人的發展〉。載於林逢祺、洪仁進主編，**教
　　育與人類發展—教育哲學述評（二）**，頁1-12。臺北市：師大書苑。

楊國賜（2006a）。我國高等教育改革的因應政策。高教簡訊，179。取自
　　http://www.news.high.edu.tw/monthly179/content04.htm

楊國賜（2006b）。高等教育的藍海策略：明確定位、有效治理。**高等教
　　育，1**（1），1-23。

楊國賜（2009）。新競爭時代：培育活躍21世紀的人才。**高教技職簡訊，**
　　28。取自http://www.news.high.edu.tw/news028/2009040916.asp?c=0600

楊龍立（2010）。**中小學課程綱要核心架構之研究**。國家教育研究院研究報
　　告。新北市：國家教育研究院籌備處。

楊俊鴻（2016）。導讀：《課程發展與設計的關鍵DNA：核心素養》。
　　教育脈動電子期刊，第5期，取自http://pulse.naer.edu.tw/content.
　　aspx?type=H&sid=196。

詹志禹、林士郁、林碧芳、吳秉叡、莊俊儒、謝佩妤（2008）。臺灣高等
　　教育招生選才改進芻議—以發掘創意人才爲核心考量。彭森明（主
　　編），**高等教育質的提升：反思與前瞻**（第五章），頁147-194。臺北
　　市：國立臺灣師範大學。

賈馥茗（1985）。**教育哲學**。臺北市：三民。

實用英漢辭典編輯委員會（1982）。**實用英漢辭典**。臺北市：文化圖書公
　　司。

賓靜蓀（2010，12月）。動機，閱讀教學的關鍵：專訪PISA閱讀專家團隊
　　主持人約翰德容博士John Delong。**親子天下，19**，136-139。

賓靜蓀（2011，1-2月合刊）。PISA閱讀評比效應，領先的國家做了什麼。
　　親子天下，20，36-37。

劉子鍵、柯華葳（2005）。初探18歲青少年需要之重要能力。**教育研究月刊，140**，22-29。

劉美慧（2010）。**臺灣國中學生公民素養表現（ICCS）之分析、教學實務與運用**。國家教育研究院研究報告。新北市：國家教育研究院籌備處。

劉蔚之（2007）。**歐盟「關鍵能力」建置之最新現況**。教育評鑑與發展研究中心電子報，2008年6月27日，取自http://epaper.creed.ntnu.edu.tw/index.php?id=16

劉蔚之、彭森明（2008）歐盟「關鍵能力」教育方案及其社會文化意涵分析。**課程與教學季刊，11**（2），51-78。

劉啟迪（2017）。課程設計如何落實中國學生發展核心素養。載於楊九詮主編。**學生發展核心素養三十人談**（pp.109-115）。上海：華東師範大學出版社。

鄭雅丰、陳新轉（2011）。能力概念及其教育意義之探討。**教育研究與發展，7**（2），27-45。

鄭勝耀（2009）。**中小學課程之文化研究學理基礎與理論趨向**（國家教育研究院籌備處委託研究報告）。嘉義縣：國立中正大學課程研究所。

嚴文廷（2011）。〈十二年國教，北市試辦先行〉，《聯合晚報》，100年8月15日。

歐用生（2000）。**課程改革**。臺北市：師大書苑。

歐用生（2010）。建構「三峽」課程發展機制。**課程研究，5**（2），27-46。

歐用生、李建興、郭添財、黃嘉雄（2010）。九年一貫課程實施現況之評估。臺北市：行政院研究發展考核委員會（RDERDEC-DEC-098-026）。

歐陽教（1995）。**德育原理**。臺北市：文景。

歐陽教（2012）。**談合情理的德育**。主題演講發表於國立中正大學教育學院College of Education Building II, National Chung Cheng University（CCU）主辦之The Seventh Annual Conference of Asia-Pacific Network for Moral Education。2012年6月15-17日。嘉義。

薛人華（2011年3月29日），國際公民教育與素養調查研究（ICCS2009）
　　介紹。《教育研究與評鑑中心電子報》，2011年3月30日取自：http://
　　epaper.cere.ntnu.edu.tw/index.php?id=520

謝清俊、尹建中、李英明、張一蕃、瞿海源、羅曉南、謝瀛春等（1997）
　　《資訊科技對人文、社會的衝擊與影響期末研究報告》（行政院經濟
　　建設委員會委託研究計畫），中央研究院資訊科學研究所執行。

蔡清田（2002）。學校整體課程經營。臺北市：五南。

蔡清田（2003）。課程政策決定。臺北市：五南。

蔡清田（2004）。課程統整與行動研究。臺北市：五南。

蔡清田（2005）。課程領導與學校本位課程發展。臺北市：五南。

蔡清田（2006）。課程創新。臺北市：五南。

蔡清田（2007）。學校本位課程發展的新猷與教務課程領導。臺北市：五
　　南。

蔡清田（2008a）。課程學。臺北市：五南。

蔡清田（2008b）。DeSeCo能力三維論對我國十二年一貫課程改革的啓示。
　　課程與教學季刊，11（3），1-16。

蔡清田（2009）。國民教育素養與課程改革，教育研究月刊，188（12），
　　123-133。

蔡清田（2010）。課程改革中的素養（competence）與「能力」
　　（ability）。教育研究月刊，2010（12），93-104。

蔡清田（2011a）。素養：課程改革的DNA。臺北市：高等教育。

蔡清田（2011b）。課程改革中的「核心素養」之理論基礎。中正教育研
　　究，10（1），1-27。

蔡清田（2011c）。課程改革中的「素養」之功能。教育科學期刊，10
　　（1），203-217。

蔡清田（2011d）。課程改革中的「素養」。幼兒教保研究期刊，第7期，
　　1-13。

蔡清田（2011e）。課程綱要的核心素養。研習資訊，28（4），5-14。

蔡清田（2012a）。課程發展與設計的關鍵DNA：核心素養。臺北市：五

南。

蔡清田（2012b）。前瞻十二年國民基本教育課程改革。載於中國教育學會主編，**2020教育願景**（pp.263-288）。臺北市：學富。

蔡清田（2014）。**國民核心素養：十二年國教課程改革的DNA**。臺北市：高等教育。

蔡清田（2015）。十二年國民基本教育課程改革的核心素養，上海教育科研，**335**，5-9。

蔡清田（2016）。**50則非知不可的課程學概念**。臺北市：五南。

蔡清田（2017）。課程實驗：課綱爭議的可能出路。臺北市：五南。

蔡清田（2018）。**核心素養與課程設計**。北京市：北京師大出版社。

蔡清田、陳延興（2009）。**中小學課程相關之課程、教學、認知發展等學理基礎與理論趨向**（國家教育研究院籌備處委託研究報告）。嘉義縣：國立中正大學課程研究所。

蔡清田、陳延興（2013a）。國民核心素養之課程轉化。**課程與教學季刊，16**（3），59-78。

蔡清田、陳延興（2013b）。國民核心素養的課程發展意涵，**課程研究，8**（1），1-14。

蔡清田、陳延興、李奉儒、洪志成、曾玉村、鄭勝耀、林永豐（2009）。**中小學課程相關之課程、教學、認知發展等學理基礎與理論趨向**（國家教育研究院籌備處委託研究報告）。嘉義縣：國立中正大學課程研究所。

蔡清田、陳延興、吳明烈、盧美貴、陳聖謨、方德隆、林永豐（2011）。**K-12中小學一貫課程綱要核心素養與各領域連貫體系研究**（國家教育研究院委託研究報告）。嘉義縣：國立中正大學課程研究所。

蔡清田、洪若烈、陳延興、盧美貴、陳聖謨、方德隆、林永豐、李懿芳（2012）。**K-12各教育階段核心素養與各領域課程統整研究**（國家教育研究院委託研究報告）。嘉義縣：國立中正大學課程研究所。

蔡清田、陳伯璋、陳延興、林永豐、盧美貴、李文富、方德隆、陳聖謨、楊俊鴻、高新建、李懿芳、范信賢（2012）。十二年國民基本教育課程

發展指引草案擬議研究（國家教育研究院委託研究報告期中報告）。
嘉義縣：國立中正大學課程研究所。

蔡清田、陳伯璋、陳延興、林永豐、盧美貴、李文富、方德隆、陳聖謨、楊俊鴻、高新建、李懿芳、范信賢（2013）。十二年國民基本教育課程發展指引草案擬議研究（國家教育研究院委託研究報告）。嘉義縣：國立中正大學課程研究所。

鄭蕙如、林世華（2004）。Bloom認知領域教育目標分類修訂版理論與實務探討—以九年一貫課程數學領域分段能力指標為例。臺東大學教育學報，15（2），247-274。

鄭勝耀（2009）。中小學課程之文化研究學理基礎與理論趨向（國家教育研究院籌備處委託研究報告）。嘉義縣：國立中正大學課程研究所。

鄧宗怡（2009，11月）。課程改革理念、課程綱要與教科書轉化議題—新加坡觀點。發表於臺北市立教育大學主辦「東亞地區課程改革脈絡下課程轉化議題國際學術研討會」。2009年11月14日。臺北市。

盧美貴、陳伯璋與江麗莉（2003）。我國5歲幼兒基本能力與能力指標建構研究。教育部國民教育司委託專案研究報告。

盧美貴、薛曉華、王麗惠、蔡佳燕、張佩韻、黃娟娟等譯（2008）。課程地圖—展現實踐成果與省思。臺北：心理。

盧美貴（2010，6月）。臺灣幼兒核心素養及其幼教課程形構之關係。論文發表於澳門大學主辦之「培育澳門21世紀公民——核心素養」國際研討會。2010年6月3-5日。澳門。

盧美貴（2011）。幼兒教育階段課程總綱理念、核心素養、課程設計原則內涵與實施要點之研究。國家教育研究院委託研究報告。嘉義縣：國立中正大學課程研究所。

盧美貴（2012）。幼兒教育階段核心素養與各領域課程統整研究（國家教育研究院委託研究報告）。嘉義縣：國立中正大學課程研究所。

盧美貴、王月美、陳玉芳（2013）。幼兒教育階段核心素養之研究，課程研究，8（1），15-40。

盧雪梅（2002）。新世紀的必要技能—美國勞工部「獲致必要技能委員會」

研究報告。教育研究月刊，**96**，64-74。

賴春金、李隆盛（2011）。職能分析。**國家文官學院T&D飛訊季刊，114，**
1-22。

戴淑芬（2012），配合十二年國教建置高中/職課程與教學輔導體系的可行
模式，見黃政傑主編，十二年國教─改革、問題與期許：臺灣教育評
論學會年度專書，臺北市：五南，245-254。

戴嘉南（2008，10月）。**大學生核心能力與素養：菁英教育的出路。**論文發
表於國立政治大學主辦之「高等教育論壇」，臺北市。

簡良平（2010，11月）。**敘事課程界定與論述基礎之探究──提升學童語文**
識能取徑。「全球化時代之關鍵能力與教育革新」國際學術研討會。
國立臺灣師範大學教育系，2010年11月12-13日。

譚光鼎、劉美慧、游美惠（2008）。**多元文化教育。**臺北市：高等教育。

魏梅金（譯）（2002）。Spencer, L. M. & Spencer, S. M.著。**才能評鑑**
法─建立卓越績效的模式（*Competence at Work: Models for Superior*
Performance）。臺北市：商周。（原著出版年1993）。

蘇永明（2000）。九年一貫課程的哲學分析─以「實用能力」的概念為核
心。載於財團法人國立臺南師院校務發展文教基金會主編。**九年一貫**
課程：從理論、政策到執行（頁**1-20**）。高雄市：復文。

嚴長壽（2008）。**我所看見的未來。**臺北市：天下文化。

嚴長壽（2011）。**教育應該不一樣。**臺北市：天下文化。

顧忠華、吳密察、黃東益（2008）。**我國國民歷史、文化及社會核心素養之**
研究。（行政院國家科學委員會專題研究計畫成果報告：NSC 95-2511-
S-004-001）。臺北市：國立政治大學。

鍾啟泉（譯）（2010）。佐藤學（2006）著。**學校的挑戰：創建學習共同**
體。上海市：華東師範大學出版社。

鍾啟泉（2016）。核心素養賦予基礎教育以新時代的內涵，**上海教育科研，**
345，1。

鍾啟泉（2017）。學科教學的發展及其課題：把握學科素養的一個視角。**全**
球教育展望，46（1），11-23。

課程發展議會（2002）。**基礎教育課程指引**。香港：作者。

課程發展議會（2006）。**學前教育課程指引**。香港：作者。

課程發展議會（2009）。**高中教育課程指引**。香港：作者。

二、英文部分

Adler, M. J. (1982). *The Paideia Proposal*. New York: MacMillan.

Adler, M. J. (1984). *The Paideia Program: An educational syllabus*. New York: Macmillan.

Anderson, L. W., Krathwohl, D. R., Airasian, P. W., Cruikshank, K. A., Mayer, R. E., Pintrich, P. R. Rahts, J., & Wittrock, M. C. (2001). *A taxonomy for learning, teaching, and assessing: A revision of Bloom's taxonomy of educational objectives (Complete edition)*. New York: Longman.

Armstrong, M (1995). Demystifying Competence. In *Human Resources, November/December 1995*, pp. 49-50.

Aspin, D. N., & Chapman, J. D. (2000). Lifelong learning: Concepts and conceptions. *International Journal of Lifelong Education, 19*(1), 2-19.

Au, W. (2012). *Critical Curriculum Studies: Education, Consciousness, and the Politics of Knowing.* London: Routledge.

Audigier, F. (2000). *Basic concepts and core competencies for education for democratic citizenship*. Strasbourg, France: Council of Europe.

Australian National Training Authority (ANTA). (2001). *Training package development handbook: Part 5-section 2: key competencies.* Retrieved September 27, 2009, from http://www.dest.gov.au/sectors/training_skills/ publications_resources/profiles/anta/profile/atp_handbook_part5_section2_ key competencies.htm#authors

Banks, J. (2008). Diversity, group identity, and citizenship education in a global age. *Educational Researcher, 37*(3), 129-139.

Bateman, D., Taylor, S., Janik, E., & Logan A. (2009).Curriculum coherence and student success. *PÉDAGOGIE COLLÉGIALE, 22*(5),8-18.

Beane, J. A. (Ed.)(1995). *Toward a Coherent Curriculum—1995 Yearbook of the Association for Supervision and Curriculum Development*. Alexandria, VA.: ASCD.

Beane, J. A. (Ed.)(1995). *Toward a Coherent Curriculum—1995 Yearbook of the Association for Supervision and Curriculum Development*. Alexandria, VA.: ASCD.

Beane, J. A. (1997). *Curriculum integration—Designing the core of democratic education*. New York, NY" Teachers College Press.

Berger, P. T., & Luckmann, T. (1967). *The social construction of reality: a treatise in the sociology of knowledge*. New York, NY: Anchor Books.

Bernotavicz, F. & Locke, A. (Spring 2000). Hiring child welfare caseworkers: Using a competency-based approach. *Public Personnel Management, 29*, 33-42.

Beyer, L. E.(1988). Art and society: Toward new directions in aesthetic education. In W. F. Pinar, (Ed.) (1988). *Contemporary curriculum discourses*. USA:Gorsuch Scarisbrick.

Bhargava, A. (2008). Functional literacy in India: A progress report. *Education Canada, 48*(2), 50-53.

Bloom, B. S., Englehart, M. B., Furst, E. J., Hill, W. H., and Krathwohl, D. R. (1956). *Taxonomy of Educational Objectives: The Classification of Educational Goals. Handbook I: The Cognitive Domain*. New York: Longman.

Bobbitt, F. (1918). *The curriculum*. Boston: Houghton Mifflin Company.

Bobbitt, F. (1924). *How to make a curriculum*. Boston: Houghton Mifflin Company.

Boreham, N. (2004). A theory of collective competence: Challenging the Neo-Liberal individualization of performance at work. *British Journal of Educational Studies, 52*(1), 5-17.

Bourdieu, P. (1983). Forms of capital. In J. G. Richardson (Ed.). *Handbook of theory and research for the sociology of education*(pp.241-258). New York:

Greenwood.

Boyatzis, R (1992) . Building on competence: The effective use of managerial talent. In G. Salamon (ed.), *Human Resource Strategies* (pp. 260-272). London: Sage.

Boyer, L. E. (1995).The Educated Person. In Beane, J. A. (Ed.). *Toward a Coherent Curriculum*(16-25). Alexandria, VA.: ASCD.

Boyez, E. L. R (1995) . The educted person. In Beane, J. A. (Ed.)(1995). *Toward a Coherent Curriculum—1995 Yearbook of the Association for Supervision and Curriculum Development.*(pp. 16-25) Alexandria, VA.: ASCD.

Brady, M. (1995).A Supradisciplinary Curriculum. In Beane, J. A. (Ed.). *Toward a Coherent Curriculum*(26-33). Alexandria, VA.: ASCD.

Bransford, J., Brown, A., & Cocking, R. (1999). *How people learn: Brain, mind, experience, and school.* Washington, DC: National Academy Press.

Bridges, D. (Ed.) (1997). *Education, autonomy and democratic citizenship: Philosophy in a changing world.* London: Routledge.

Brown, J. S., Collins, A., & Duguid, P. (1989). Situated cognition and the culture of learning. *Educational Researcher, 18*(1), 32-42.

Bunda, M. A., & Sanders, J. R. (Eds.) (1979). *Practices and problems in competency-based education.* UMI: A Bell and Howell Company.

Bulter, F. (1978). The concept of competency: An operational definition. *Educational Technology, 18*, 7-18.

Callieri, C. (2001). The knowledge economy: A business perspective. In Rychen, D. S. & Salganik, L. H. (Eds.) *Defining and selecting key competencies.*(pp.228-231). Göttingen, Germany: Hogrefe & Huber Publishers.

Canto-Sperber, M. & Dupuy, J. P. (2001). Competencies for the good life and the good society. In Rychen, D. S. & Salganik, L. H. (Eds.) *Defining and selecting key competencies.*(pp.67-92). Göttingen, Germany: Hogrefe & Huber Publishers.

Carson, J. (2001). Definiting and selecting competencies: Historical reflections on the case of IQ. In Rychen, D. S. & Salganik, L. H. (Eds.) *Defining and selecting key competencies*. (pp. 33-44) Göttingen, Germany: Hogrefe & Huber Publishers.

Cogan J. & Derricott, R. (1998). *Citizenship for the 21st century: An international perspective on education*. London: Kogan.

Commission of the European Communities.(2005a). Communication from the Commission, COM (2005) final/2, *Modernising education and training: A vital contribution to prosperity and social cohesion in Europe*. Brussels: Author.

Commission of the European Communities.(2005b). *Recommendation of the European Parliament and of the Council on key competences for lifelong learning*. Brussels: Author.

Commission of the European Communities.(2006a). Commission Staff Working Document SEC (2006) 1096, *Efficiency and equity in European education and training systems*. Brussels: Author.

Commission of the European Communities. (2006b). Communication from the Commission to the Council and to the European Parliament, COM (2006) 481 final, *Efficiency and equity in European education and training systems*. Brussels: Author.

Commission of the European Communities. (2007). *A coherent framework of indicators and benchmarks for monitoring progress towards the Lisbon objectives in education and training*. Brussels: Author.

Common Core State Standards Initiative (CCSSI) (2013a). Frequently Asked Questions. CCSSI Website: Retrieved from http://www.corestandards.org/resources/frequently-asked-questions

Common Core State Standards Initiative (CCSSI) (2013b). English language arts standards: Key design consideration-CCR and grade-specific standards. CCSSI Website. Retrieved from http://www.corestandards.org/ELA-Literacy/introduction/key-design-consideration

CCSSO (2008). *Putting the World into World-Class Education: State Innovations and Opportunities*. The council of chief state school officer(CCSSO).

Delamare-Le Deist, F. & Winterton, J.(2005). What is competence ?. *Human Resource Development International, 8*(1), 27-46.

Deleuze, G. (1990/1995). *Negotiation: 1972-1990* (Translated by Martin Joughin). New York: Columbia University Press. (Original work published 1990)

Delors, J. & Draxler, A. (2001). From unity of purpose to diversity of expression and needs: A perspective from UNESCO. In Rychen, D. S. & Salganik, L. H. (Eds.) *Defining and selecting key competencies* (pp. 214-221). Göttingen, Germany: Hogrefe & Huber Publishers.

Delors, J., Mufti, I. A., Amagi, I., Carneiro, R., Chung, F., Geremek, B. et al.(1996). *Learning: the Treasure Within*. Paris: UNESCO.

Department for Education and Skills (2002). Education and Skills: delivering results. A strategy to 2006. London: DfES.

Department for Education and Skills (2003). 14-19 Opportunity and excellence (White Paper). London: HMSO.

Department for Education and Skills (2004). 14-19 Curriculum and Qualifications Reform: final report of the Working Group on 14-19 Reform (Tomlinson Report). London: HMSO.

Department for Education and Skills (2005). 14-19 Education and Skills (White paper) London: HMSO.

Department of Education, Science and Training (2005). *School education*. Retrieved April 12, 2006, from http://www.dest.gov.au/sectors/school_education/

Department for Education and Skills (2006) Further Education: Raising Skills: improving life chance (White Paper). London: TSO.

DeSeCo (1998). DeSeCo Annual Report 1998. From http://www.portal-stat.admin.ch/deseco/1998-annual-report.pdf

DeSeCo. (1999). *Comments on the DeSeCo Expert Opinions*. http://www.portal-stat.admin.ch/deseco/comments_deseco_expert_opinions.pdf

DeSeCo. (1999). DeSeCo Annual Report 1999. From http://www.portal-stat. admin.ch/deseco/1999-annual-report.pdf

DeSeCo. (2000). DeSeCo Annual Report 2000. From http://www.portal-stat. admin.ch/deseco/deseco-annual-report2000.pdf

DeSeCo. (2001). *DeSeCo Background Paper*. From http://www.portal-stat.admin. ch/deseco/deseco_backgrpaper_dec01.pdf

DeSeCo. (2001/spring 2002). DeSeCo Annual Report 2001/spring 2002. From http://www.portal-stat.admin.ch/deseco/deseco_annual_report_2001.pdf

DeSeCo.(Oct. 07, 2002). *Directorate for education, employment, labour and social affairs education committee governing board of the CERI.*

From http://www.portal-stat.admin.ch/deseco/deseco_strategy_paper_final.pdf

Dewey, J. (1902). The Child and the Curriculum. Chicago: University of Chicago Press.

Dewey, J. 1938 (1963). *Experience and Education.* New York: Collier Books.

Diethelm, I. & Dorge, C.(2010). From Context to Competencies. In Reynolds, N. & Turcsányi-Szabó, M. (Eds.)(2010). *Key Competencies in the Knowledge Society* (pp. 67-77). Berlin,Germany: Springer.

Doll, W.E. (1993). *A post-modern perspective on curriculum.* New York: Teacher College Press.

Dorge, C.(2010). Competencies and Skills: Filling old skins with new wine. In Reynolds, N. & Turcsányi-Szabó, M. (Eds.)(2010). *Key Competencies in the Knowledge Society* (pp. 78-89). Berlin,Germany: Springer.

Drake, S. M. (1993). *Planning Integrated Curriculum: The call to adventure.* Alexandria, VA; Association for supervision and Curriculum Development. (ERIC Document Reproduction Service No. ED 355660).

Drake, S. (1995). Connecting learning outcomes to integrated curriculum. Oribit, 26(1), 28-32.

Drake, S. M.(1998).*Creating Integrated Curriculum: Proven Ways to Increase*

Student Learning. Thousand Oaks, California: Corwin Press.

Drake, S. M. (2007).*Creating Standards-Based Integrated Curriculum: Aligning Curriculum, Content, Assessment, and Instruction.* Thousand Oaks, CA.: Corwin Press.

Drake, S. M. & Burns, R. (2004). *Meeting standards through integrated curriculum.* Alexandria, VA:Association for Supervision and Curriculum Development.

Drucker, P. (1986). *Innovation and entrepreneurship-practice and principles.* London: Heinemann.

Dune, E. (Ed.) (1999). *The learning society.* London: Kogan Page.

Durham, M. G. & Kellner, D. M. (Eds.). (2001). *Media and Cultural Studies: Key Works.* Malden, Mass.: Blackwell Publishers.

Dweck, C. & Leggett, E. (1988). A social-cognitive approach to motivation and personality. *Psychological Review, 95,* 265-273.

Egan, K.(2005). The curriculum as a mind-altering device. In P. B. Uhrmacher & J. Matthews(Eds.). *Intricate palette working the ideas of Elliot Eisner.* Ohio: Pearson Merrill Prentice Hall.

Eisner, E. W. (1990).*The enlightened eye qualitative inquiry and the enhancement of educational practice.* Ohio: Prentice Hall.

Eisner, E. W. (2002). *The arts and the creation of mind.* New Haven & London: Yale University Press.

Elbaz, F. (1990). *Knowledge and discourse: The evolution of research on teacher* thinking. London: Falmer Press.

Elkin, S. L. & Scoltan, K. E. (Eds.) (1999). *Citizen competence and democratic institutions.* Pennsylvania: The Pennsylvania State University Press.

Elliott, J. (1998). *The curriculum experiment: Meeting the challenge of social change.* Buckingham: Open University Press.

Elshout, J. (1987). Problem-solving and education. In E. D. Corte et al. (Eds.) *Learning and instruction*(pp. 259-274). New York: Longman.

Erikson, E. H. (1950). *Childhood and Society*. New York: Norton.

European Commission (2004a). *Key competences for lifelong learning: A European reference framework*. European commission, implementation of "education and training 2010" work program, 6-19. Brussels: Author.

European Commission (2004b). Working Group B "key competence", implementation of "education and training 2010" work programme, *key competencies for lifelong learning: a European reference framework*. Brussels: European Commission. Brussels: Author.

European Commission (2004c). Working Group B "key competence", implementation of "education and training 2010" work programme, *progress report*. Brussels: European Commission. Brussels: Author.

European Commission (2004d). Working Group B "key competence", implementation of "education and training 2010" work programme, *analysis of the mapping of key competency frameworks*. Brussels: Author.

European Commission (2005a). *On key competences for lifelong learning*. Proposal for a recommendation of the European parliament and of the council. Brussels: Author.

European Commission (2005b). *Lifelong Learning and Key Competences for All: Vital Contribution to Prosperity and Social Cohesion*. Retrieved January 16, 2013 from http://europa.eu.int/comm/education/policies/2010et_2010_fr.html

European Communities (2007). The *Key Competences for Lifelong Learning-A European Framework*. Luxembourg: Office for Official Publications of the European Communities

European Union. (n. d.). Panorama of the European Union: united in diversity. Retrieved December 20, 2006 from http://europa.eu/abc/ panorama/index_en.htm

European Union (2007). Key competences for lifelong learning: European reference framework. *Official Journal of the European Union, L394*. http://

ec.europa.eu/education/index_en.htlm

Eurydice (2002). *Key Competencies, a developing concept in general compulsory Education.* Survey 5. Belgium, Brussel: Eurydice.

Eurydice (2005). *Recommendation of the European Parliament and of the Council on key competences for lifelong learning.* Brussel: European Commission.

Eurydice European Unit (2007). *Non-Vocational Adult Education in Europe.* Brussels: Author.

Fejes, A. (2008). Historicizing the lifelong learner. In A. Fejes & K. Nicoll (Eds.), *Foucault and Lifelong Learning* (pp. 88-99). London: Routledge.

Field, J. (2001). Lifelong education. *International Journal of Lifelong Education, 20*(1/2), 3-15.

Finn, B. (1991). *Young people's participation in post-compulsory education and training.* Canberra: Australian Government Publishing Service.

Fitzpatrick, K. A. (1995). An Outcomes-Based Systems Perspective on Establishing Curricular Coherence. In Beane, J. A. (Ed.). *Toward a Coherent Curriculum*(120-129). Alexandria, VA.: ASCD.

Flavell, J. H. (1967). *The Developmental Psychology of Jean Piaget.* New York: Van Gostrand Company.

Fortus, D. & Krajcik, J. (2012). Curriculum Coherence and Learning Progressions. In Barry J. Fraser, Kenneth G. Tobin & Campbell J. McRobbie (Ed.) *Second International Handbook of Science Education*(pp. 783-798). London: Springer.

Fox, R. & Radloff, A. (1999). Unstuffing the Curriculum to Make Room for Lifelong Learning Skills. In E. Dune (Ed.). *The Learning Society* (pp. 130-139). London: Kogan Page.

Gagne, R. M. (1977). *The conditions of learning* (3rd ed.). New York: Holt, Rinehart, & Winston.

Gardner, H. (1983). *Frames of mind: The theory of multiple intelligences.* New York: Basic Books.

Gatto, J. T. (2005). *Dumbing Us Down: The Hidden Curriculum of Compulsory Schooling.* London: New Society Publishers.

Giddens, A. (1984) *The constitution of society.* Cambridge: Polity Press.

Giddens, A. (1990). *The consequences of modernity.* Cambridge: Polity Press.

Gilomen, H. (2003a) Desired outcomes: A successful life and a well-function society. In Rychen, D. S. & Salganik, L. H. (Eds.) *Key competencies for a successful life and a well-functioning society.* (pp. 109-134). Göttingen, Germany: Hogrefe & Huber Publishers.

Gilomen, H. (2003b). Concluding remarks. In Rychen, D. S. & Salganik, L. H. (Eds.) *Key competencies for a successful life and a well-functioning society.* (pp. 181-186). Göttingen, Germany: Hogrefe & Huber Publishers.

Glatthorn, A. A. (2000). *The principal as curriculum leader: Shaping what is taught and tested.* Thousand Oaks, California: Corwin.

Gordon, J., Halasz, G., Krawczyk, M., Leney, T., Michel, A., Pepper, D., Putkiewicz, E. & Wi niewski, J. (2009). *Key competences in Europe: Opening doors for lifelong learners.* Warsaw: CASE-Center for Social and Economic Research.

Gonczi, A. (2000). Competency-based learning: A dubious past—an assured future? In D. Boud & J. Garrick (Eds.), *Understanding learning at work.* London: Routledge.

Good, C. V.(1959). *Dictionary of Education: Prepared Under the Auspices of Phi Delta Kappa.* New York: McGraw-Hill.

Goody, J. (2001). Education and competence: Contextual diversity. In Rychen, D. S. & Salganik, L. H. (Eds.) *Defining and selecting key competencies.* (pp. 175-189) Göttingen, Germany: Hogrefe & Huber Publishers.

Gouvernement du Québec Ministère de l'Éducation (2002).*Competence levels by cycle.* Legal deposit-Bibliothèque nationale du Québec.

Gray, B. (1985). Conditions facilitating interorganizational collaboration. *Human Relations, 38,* 911-936.

Green, A. (2000). Lifelong Learning and the Learning Society: different European models of organization. In A. Hodgson (Ed.), *Policies, Politics and the Future of Lifelong Learning* (pp. 35-48). London: Kogan Page.

Green, F. (2004). Programme for the international assessment of adult competencies: Piloting the job requirements approach in three countries. OECD. http://www.oecd.org/document/28/0,3343, en_2649_201185_44429596_1_1_1_1,00.html

Greene, M. (1995). *Releasing the imagination .Essays on education, the arts and social change*. New York Jossey-Bass.

Griffin, C. (1999). Lifelong learning and social democracy. *International Journalof Lifelong Education, 18*(5), 329-342.

Gronlund, N. E. (1995). How to write and use instructional objectives (5th ed.). Englewood Cliffs, New Jersey: Prentice Hall Inc.

Halász, G. & Michel, A (2011). Key Competences in Europe: interpretation, policy formulation and implementation. European Journal of Education, 46(3), 290-306.

Hale, J. A. (2008). *A Guide to curriculum mapping: planning, implementing, and sustaining the process*. California, United States: Corwin Press.

Hale, J. A. (2010). *An Educational leader's Guide to Curriculum mapping: creating and sustaining collaborative cultures*. California, United States: Corwin Press.

Hargreaves, A. (1994). *Changing teachers, changing times: Teachers' work and culture in the postmodern age*. London: Cassell.

Harrow, A. J. (1972). *A taxonomy of the psychomotor domain*. New York: David McKay Co.

Haste, H. (1999). *Competence: Psychologcal realities*. DeSeCo Expert Report. Swiss Federal Statistical Office. Neuchâtel. (downloadable at www.deseco. admin.ch)

Haste, H. (2001). Ambiguity, autonomy, and agency: Psychological challenges to new competence. In Rychen, D. S. & Salganik, L. H. (Eds.) *Defining and selecting key competencies*(pp.93-120). Göttingen, Germany: Hogrefe & Huber Publishers.

Herling, R. W. (2000). Operational definitions of expertise and competence. *Advances in Developing Human Resources*, *5*, 8-21.

Hipkins, R. (2010, November). Introducing key competencies into a national curriculum framework: What have we learned in New Zealand? Paper presented at The International Conference on The Key Competence and Educational Innovation in a Global Era（「全球化時代之關鍵能力與教育革新」國際學術研討會）。國立臺灣師範大學教育系，2010年11月12-13日。

Hirst, P. H. (1995). Teacher education and practical reason。論文發表於臺北市立師範學院主辦之「師範教育回顧與展望」國際學術研討會（頁25-39），臺北。

Ho, L-C. (2009). Global multicultural citizenship education: A Singapore Experience. *The Social Studies*, *November/December*, 285-293.

Hoffmann, T. (1999). The meanings of competency. *Journal of European Industrial Training, 23*(6), 275-285.

Hogg, C (2001) Competency and competency frameworks. London, CIPD [online]. Available: http//www.cipd.co.uk/subjects/perfmangmt/competnces/comptfrmwk.htm

Horton, P. B. & Hunt, C. L. (1976). *Sociology*. New York: McGraw-Hill.

Hunter, W. A. (1974). *Multicultural education through competency-based teacher education*. Washington, D. C.: AACTE.

Hutmacher, W. (1997). Key competencies in Europe. *European Journal of Education, 32* (1), 45-58.

Hynes, W.(1996) *Kudos to our classrooms: Globe and Mail,* Toronto, Ontario, Canada.

Inglis, F. & Aers, L.(2008). Key Concepts in Education. London:Baker & Taylor

Books.

Intrator, S. M. (2005). Preserving the beauty of learning: the qualities of an aesthetic curriculum. In P. B. Uhrmacher & J. Matthews(Eds.). *Intricate palette working the ideas of Elliot Eisner*. Ohio:Pearson Merrill Prentice Hall.

Irving, J. A. (2009). Intercultural competence in leadership education: Keys to Educating global leaders. *Proceedings of ASBBS*, *16*(1), 1-13.

Jacobs, H. (1991). Planning for Curriculum Integration. *Educational Leadership, 49*(2), 50-60.

Jacobs, H. H. (1997). *Mapping the big picture: integrating curriculum and assessment K-12*.Alexandria, VA: Association for Supervision and Curriculum Development.

Jacobs, H. H. (2004). *Getting results with curriculum mapping*. Alexandria, VA: Association for Supervision and Curriculum Development.

Jacobs, H. H. (Ed.) (2009).*Curriculum Mapping Planner: The Templates, Tools, and Resources for Effective Professional Development*. Alexandria, VA.: Association for Supervision and Curriculum Development.

Jacobs, H. H. (Ed.) (2010). *Curriculum 21: Essential Education for a Changing World*. Alexandria, VA.: ASCD.

Jacobs, H. H. & Johnson, A. (2009). *The Curriculum mapping planner.* Virginia:ASCD.

Jaeger, R. M., & Tittle, C. K. (Eds.) (1980). *Minimum competency achievement testing: Motives, models, measures, and consequences*. Berkeley, CA: McCutchan.

Jarvis, P. (1983). *Professional education*. London: Croom Helm.

Javidan, M. (1998). Core competence: What does it mean in practice?. *Long Range Planning, 31*(1), 60-71.

Joke, V. & Natalie, P. R. (2012). A comparative analysis of international frameworks for 21st century competences: Implications for national curriculum policies. *Journal of Curriculum Studies, 44*(3), 299-321.

Kallick, B. & Colosimo, J. (2009). *Using Curriculum Mapping & Assessment Data to Improve Learning.* Thousand Oaks, CA.: Corwin Press.

Karseth, B. & Sivesind, K. (2011). Conceptualising curriculum knowledge within and beyond the national context. In Yates, L. & Grumet, M.(Eds.). *World Yearbook of Education 2011: Curriculum in today's world: Configuring knowledge, identities, work and politics* (pp.58-76). London: Routledge.

Keen, K. (1992). Competence: What is it and how can it be developed? In J. Lowyck, P. de Potter & J. Elen (Eds.), *Instructional design: Implementation issues* (pp. 111-122). Brussels, Belgium: IBM Education Center.

Kegan, R. (2001). Competencies as working epistemologies: Ways we want adults to know. In Rychen, D. S. & Salganik, L. H. (Eds.) *Defining and selecting key competencies.*(pp.192-204). Göttingen, Germany: Hogrefe & Huber Publishers.

Kennedy, K. J. (2010, November) Issues on Transformation among Ideas of Curriculum Reform, Textbooks and Classroom Practice－From the Perspective of Hong Kong. Paper presented at The 2010 International Conference regarding Issues on Transformation in the Ideas of Curriculum Reform, Textbooks and Teaching Practice in East Asia. （「2010東亞地區課程改革脈絡下課程轉化議題國際學術研討會」）。臺北市立教育大學，2010年11月6日。

Kim, D. (1993). The link between individual and organizational learning. *Sloan Management Review, 35*(1), 37-50.

Kim, M., Youn, S., Shin, J., Park, M., Kyoung, O. S., Shin, T., Chi, J., Seo, D., & Hong, S. et al. (2007). A review of human competence in educational research: Levels of K-12, college, adult, and business education. *Asia Pacific Education Review, 8*(3), 500-520.

Kincheloe, I. & Steinberg, S. (1993). A tentative description of post-formal thinking: The critical confrontation with cognitive theory. *Harvard*

Educational Review, 63 (3), 296-320.

Kirkwood-Tucker, T. (Ed.) (2009) Visions in global education: The globalization of curriculum and pedagogy in teacher education and schools. New York: Peter Lang.

Knapper, C, K. & Cropley, A. J. (2000). *Lifelong Learning in Higher Education* (3rd ed). London: Kogan Page.

Knight, K. (2007). *Aristotelian philosophy: Ethics and politics from Aristotle to MacIntyre.* London: Polity Press.

Koper, R. & Tattersall, C. (2004). New directions for lifelong learning using network technologies. *British Journal of Educational Technology, 35*(6), 689-700.

Krathwohl, D. R., Bloom, B. S., & Masia, B. B. (1964). *Taxonomy of educational objectives. Handbook II: Affective domain.* New York: McKay.

Krulik, S. & Rudnick, J.(1980). *Problem-solving: A handbook for teachers.* Boston, MA: Allyn and Bacon.

Kurz, R & Bartram, D (2002). Competency and Individual Performance: Modelling the World of Work. In Robertson I, Callinan M and Bartram D (Eds.). *Organizational Effectiveness: The Role of Psychology* (pp. 227-255). London: John Wiley & Sons.

Kusche, C. A. & Greenberg, M. T. (1994). *The PATHS curriculum.* Seattle, WA: Developmental Research and Programs.

Ladson-Billings, G. (1995). A coherent curriculum in an incoherent society？ Pedagogical perspectives on curriculum reform. In Beane, J. A. (Ed.). *Toward a Coherent Curriculum(158-169).* Alexandria, VA.: ASCD.

Lave, J., & Wenger, E. (1990). *Situated Learning: Legitimate Peripheral Participation.* Cambridge: Cambridge University Press.

Levin-Goldberg, J. (2009). Transforming Global Civics: The Need for Human Rights Education. *Kappa Delta Pi Record, 46*(1), 5-7.

Levy, F. & Murnane, R. (2001). Key competencies critical to economic success.

In Rychen, D. S. & Salganik, L. H. (Eds.) *Defining and selecting key competencies.* (pp.151-173). Göttingen, Germany: Hogrefe & Huber Publishers.

Lin, Tzu-Bin (2010, November). Defining teacher competencies in the 21st century: a study of the TE 21 Report in Singapore. 「全球化時代之關鍵能力與教育革新」國際學術研討會。國立臺灣師範大學教育系，2010年11月12-13日。

Longworth, N. (2003). Learning in action: transforming education in the 21st century. London: Routledge.

Lucia, A. D. & Lepsinger, R. (1999). *The art and science of competency models: Pinpointing critical success factors in organizations.* San Francisco, CA: Jossey-Bass.

Lustig, M.W. & Koester,J. (2006). *Intercultural competence: Interpersonal communication across cultures(5th Ed.).* Boston, MA: Pearson.

Lynch, E. W., & Hanson, M. J. (Eds.) (2011). *Developing Cross-Cultural Competence: A Guide for Working with Children and Their Families.*(3rd ed.). Baltimore, Maryland: Paul H. Brookes Publishing Company.

Lyotard, Jean Francois. (1984). *The Postmodern Condition: A Report on Knowledge.* Tr. G. Bennington and B. Massumi. Minneapolis: University of Minnesota Press.

MacIntyre, A. (1987). The idea of an educated public. In G. Haydon (Ed.). *Education and values: The Richard Peters lectures* (pp. 15-36). London: Institute of Education, University of London.

Malewski, E.(Ed.)(2010). *Curriculum studies handbook-The next moment.* N.Y.: Routledge.

Mansfield, B.(1989). Competence and standards. In J. W. Burke (Ed.), *Competency based education and training*(pp. 26-38). London: Falmer Press.

Marzano, R. J.; Pickering, D. & McTighe, J. (1993). *Assessing student outcomes.* Alexandria, VA: Association for Supervision and Curriculum Development.

Mashayekh, F. & Bazargan, A. (2009). Key competences for lifelong learning (Recommendation of the European Parliament and of the Council). Retrieved April 25, 2009, from http://www.pedagogy.ir/index. php?option=com_content&view=article&id=328:key-competences-for-lifelong-learning-recommendation-of-the-european-parliament-and-of-the-council&catid=120:key-competencies&Itemid=158

Mayer Committee. (1992). *Key Competencies: Report of the Committee to advise the Australian Education Council and Ministers of Vocational Education, Employment and Training on employment-related Key Competencies for postcompulsory education and training.* Retrieved October 29, 2008, from http://www.dest.gov.au/NR/rdonlyres/F1C64501-44DF-42C6-9D3C-A61321A63875/3831/92_36.pdfMayer, E. (1992). *Putting general education to work: The key competencies report.* Canberra: Australian Government Publishing Service.

McClelland, D. C. (1973). Testing for competence rather than for"intelligence". *American Psychologist*, 28, 1-14.

McClelland, D. C. (1998). Identifying competencies with behavioral-event interviews. *Psychological Science, 9*(5), 331-339.

McCutchan,.J. E. A. & Voorhees, R. A. (2002). *Defining and assessing learning: Exploring competency-based initiatives.* Washington, DC: Author.

Mckernan, J. (2008). *Curriculum and imagination: Process theory, pedagogy and action.* London: Routledge.

McLagan, P. A. (1997). Competencies : The next generation. *Training & Development*, May, 40-47.

Ministerial Council for Education, Early Childhood Development and Youth Affairs, (MCEECDYA)(2010). Foundation to Year 10 Australian Curriculum in Seventh MCEECDYA meeting COMMUNIQUE. 8 December 2010, Canberra. Retrieve July 19, 2012, from http://www.mceecdya.edu.au/verve/_resources/c07_Communique_8_Dec_2010.pdf.

Ministerial Council on Education, Employment, Training and Youth Affairs. (1999). *The Adelaide Declaration on National Goals for Schooling in the Twenty-First Century* . Retrieved March 10, 2006, from http://www. mceetya.edu.au/ mceetya/nationalgoals/index.htm

Ministry of Education (1996). *The Whàriki Màtauranga mò ngà Mokopuna oAotearoa: Early childhood curriculum.* Wellington, New Zealand: Author..

Ministry of Education. (2002). *Tertiary Education Strategy2002-2007.* Retrieved May 20, 2006, from http://www.minedu.govt.nz/web/downloadable/dl7128_ v1/tes.pdf

Ministry of Education (2005). *KEY COMPETENCIES IN TETIARY EDUCATION.* Retrieved May 10, 2006, from http://www.minedu.govt.nz/web/ downloadable//dl10354_v1/key-competencies.pdf

Ministry of Education (2007). *The New Zealand Curriculum.* Wellington: Learning Media Limited.

Ministry of Education. (2010). *Singapore MOE to enhance learning of 21st Century competencies and strengthen Art, Music and Physical Education.* Retrieved 07/21, 2010, from http://www.moe.gov.sg/media/press/2010/03/ moe to enhance learning of 21s.php Singapore: Ministry of Education.

Mirabile, R. J. (1997). Everything you wanted to know about competency modeling. *Training and Development, August,* 73-77.

Morin, E.(1999), *The Seven Complex Lessons in Education for the Future.* UNESCO.

Murray, T. S.(2003). Reflections on international competence assessments. In Rychen, D. S. & Salganik, L. H. (Eds.) *Key competencies for a successful life and a well-functioning society* (pp. 135-159). Göttingen, Germany: Hogrefe & Huber Publishers.

National Commission on Education (1995). *Learning to Succeed: after 16,* London: National Commission on Education for the Paul Hamlyn Foundation.

National Curriculum Council (1990). Core Skills 16-19. London: National Curriculum Council.

National Governors Association Center for Best Practices and the Council of Chief State School Officers(NGA Center & CCSSO) (2010a). *Common Core State Standards: English Language Arts & Literacy in History/Social Studies Standards.* Washington, DC. Author.

National Governors Association Center for Best Practices and the Council of Chief State School Officers (NGA Center & CCSSO) (2010b). *Common Core State Standards: Math Standards.* Washington, DC. Author.

National Governors Association (NGA)(2012). *Trends in State Implementation of the Common Core State Standards: Educator Effectiveness.* Washington, DC. Author.

National Research Council(2010). *Exploring the intersection of science education And 21st century skills: A workshop summary.* Washington, DC: The National Academies Press.

National Research Council(2011). *Assessing 21st century skills: Summary of a workshop.* Washington, DC: The National Academies Press.

National Research Council(2012). *Education for life and work: Developing transferable knowledge and skills in the 21st Century.* Committee on Defining Deeper Learning and 21st Century Skills.

Noddings, N. (2005). Global citizenship: Promises and problems. In N. Noddings (Eds.) Educating citizens for global awareness (1-21). New York: Teachers College Press.

Nussbaum, Martha C.(1996). *For a Love of Country? In A New Democracy Forum on The Limits of Patriotism.* Boston: Beacon Press.

Nussbaum, Martha C. (1997). *Cultivating Humanity: A Classical Defense of Reform in Liberal Education.* Cambridge, Massachusetts / London, England: The Belknap Press of Harvard University Press.

Oates, T. (2003). Key skills/key competencies: Avoiding the pitfalls of current initiatives. In D. S. Rychen, L. H. Salganik & M. E. McLaughlin (Eds.) *Contributions to the* 2nd *DeSeCo Symposium* (pp. 133-142). Neuchâtel: Swiss Federal Statistical Office.

Oliver, A. I. (1977). Curriculum improvement: A guide to problems, principles, and process (2nd ed.). New York: Harper & Row.

Organisation for Economic Co-operation and Development (OECD) (1985). *Education and training after basic schooling*. Paris, France: Author.

Organisation for Economic Co-operation and Development (OECD) (1998). *Education Policy Analysis 1998*. Paris, France: Author.

Organisation for Economic Co-operation and Development (OECD) (1999). *Measuring student knowledge and skills*. Paris, France: Author.

Organisation for Economic Co-operation and Development (OECD)(2000a). *Measuring student knowledge and skills: The PISA 2000 assessment of reading, mathematical, and scientific literacy*. Paris, France: Author.

Organisation for Economic Co-operation and Development (OECD)(2000b). *From initial education to working life: Making transitions work*. http://www. oecd.org/document/5/0,3343,en_2649_39263238_2465989_1_1_1_1,00. html

Organisation for Economic Co-operation and Development (OECD) (2000c). *From Initial Education to Working Life: making transitions work*, Paris, France: Author.

Organisation for Economic Co-operation and Development (OECD) (2001). *Education Policy Analysis 2001*. Paris, France: Author.

Organisation for Economic Co-operation and Development (OECD) (2002a). *Understanding the Brain: Towards a New Learning Science*. Paris, France: Author.

Organisation for Economic Co-operation and Development (OECD) (2002b). *Definition and Selection of Competencies (DeSeCo): Theoretical and conceptual foundations*. Strategy Paper (OECD DeSeCo Strategy Paper

2002). Retrieved June 12, 2010, From http://www.deseco.admin.ch/bfs/
deseco/en/index/02.parsys.34116.downloadList.87902.DownloadFile.tmp/oe
cddesecostrategypaperdeelsaedcericd20029.pdf

Organisation for Economic Co-operation and Development (OECD) (2005a).
Education Policy Analysis 2005. Paris, France: Author.

Organisation for Economic Co-operation and Development (OECD) (2005b).
The Definition and Selection of Key Competencies: Executive Summary.
Paris: Author. Retrieved June 12, 2013, From *http://www.deseco.admin.ch/
bfs/deseco/en/index/02.parsys.43469.downloadList.2296.DownloadFile.
tmp/2005.dskcexecutivesummary.en.pdf*

Organisation for Economic Co-operation and Development (OECD) (2007).
Qualifications Systems: Bridges to Lifelong Learning. Paris, France: Author.

Organisation for Economic Co-operation and Development (OECD) (2008). *The
OECD Programme for the International Assessment of Adult Competencies*.
Paris, France: Author.

Organisation for Economic Co-operation and Development (OECD) (2009a).
*PISA PISA 2009 Assessment Framework: Key Competencies in Reading,
Mathematics and Science*. Paris, France: Author.

Organisation for Economic Co-operation and Development (OECD) (2009b).
*OECD Programme for the International Assessment of Adult Competencies
(PIAAC)*. Retrieved May 29, 2009 from http://www.oecd.org/document/35/0,
3343,en_2649_201185_40277475_1_1_1_1,00.html

Organisation for Economic Co-operation and Development (OECD)
(2010). PIAAC (Programme for the International Assessment of Adult
Competencies). Retrieved February 22, 2011 from http://www.oecd.org/
documentprint

Organisation for Economic Co-operation and Development & Statistics Canada
(2000). *Literacy in the information age: Final report of the international
adult literacy survey*. Paris, France: OECD Publications Service.

Organisation for Economic Co-operation and Development (OECD) (2010). PIAAC (Programme for the International Assessment of Adult Competencies). Retrieved February 22, 2011 from http://www.oecd.org/documentprint

Organisation for Economic Co-operation and Development (OECD) (2013). *PISA 2012 Assessment and Analytical Framework: mathematics, reading, science, problem solving and financial literacy*. Paris: OECD.

Organisation for Economic Co-operation and Development & Statistics Canada (2005). Learning a living: First results of the adult literacy and life skills survey. Paris, France: OECD Publications Service.

Ornstein, A. C. & Hunkins, F. P. (1988). Curriculum: foundations, principles, and issues . Boston: Allyn and Bacon.

Owen, E. H. (2003). Afterwords. In Rychen, D. S. & Salganik, L. H. (Eds.) *Key competencies for a successful life and a well-functioning society.* (pp. 187-190). Göttingen, Germany: Hogrefe & Huber Publishers.

Palmer, M. J. (1995). Interdisciplinary Curriculum－Again. In Beane, J. A. (Ed.). *Toward a Coherent Curriculum(55~61)*. Alexandria, VA.: ASCD.

Paraskeva, J. M. (2011). *Conflicts in Curriculum Theory: Challenging Hegemonic Epistemologies*. London: Palgrave.

Parry, S. B. (1996). The quest for competences: Competency studies can help you make HR decision, but the results are only as good as the study. *Training, 33*, 48-56.

Parry, S. B. (1998). Just what is a competency? And should you care?. *Training, 6*, 58-64.

Partnership for 21st Century Skills. (2002). *Learning for the 21st century: A report and mile guide for 21st century skills.* Retrieved from http://www.21stcenturyskills.org/images/stories/otherdocs/p21up_Report.pdf

Pate, P. E., McGinnis, K., and Homestead, E . (1995).Creating Coherence Though Curriculum Integration. In Beane, J. A. (Ed.). *Toward a Coherent Curriculum*

(62-70). Alexandria, VA.: ASCD.

Perrenoud, P. (2001). The key to social fields: Competencies of an autonomous actor. In Rychen, D. S. & Salganik, L. H. (Eds.) *Defining and selecting key competencies* (pp. 121-149). Göttingen, Germany: Hogrefe & Huber Publishers.

PIAAC Literacy Expert Group (2009). *PIAAC literacy: A conceptual framework.* OECD Education Working Papers. http://www.oecd.org/edu/workingpapers.

Piaget, J. (1932). *The Moral Judgment of the Child.* London: Kegan Paul, Trench, Trubner and Co.

Piaget, J. (1951). *The Psychology of Intelligence.* London: Routledge and Kegan Paul.

Piirto, J. (2011). *Creativity for 21st century skills: how to embed creativity into the curriculum.* Rotterdam : Sense Publishers.

Pinar, W. (2009). *The worldliness of a cosmopolitan education-Passionate lives in public service.* London: Routledge.

Pinar, W. F.(2011). *The Character of Curriculum Studies: Bildung, Currere, and the Recurrent Question of the Subject.* New York: Palgrave Macmillan.

Pinar, W. F.(2013). *Curriculum Studies in the United States: Present Circumstances, Intellectual Histories.* New York: Palgrave Macmillan.

Pinar, W. F.(2015). *Educational Experience as Lived: Knowledge, History, Alterity.* New York: Routledge.

Pinar, W. F., Reynold, W. M., Slattery, P., & Taubman, P. M.(1995). *Understanding curriculum: an introduction to the study of historical and contemporary curriculum discourses.* New York: Peter Lang.

Plessius, H. & Ravesteyn, P. (2010). The Paradox of More Flexibility in Education: Better Control of Educational Activities as a Prerequisite for More Flexibility. In Reynolds, N. & Turcsányi-Szabó, M. (Eds.)(2010). *Key Competencies in the Knowledge Society* (pp. 301-309). Berlin,Germany: Springer.

Posner, G. J. & Rudnitsky, A. N. (2001). Course design: A guide to curriculum development for teachers (6th ed) . New York: Longman.

Popkewitz, T. S. (2008). *Cosmopolitanism and the age of school reform-Science, education, and making society by making the child.* N.Y.: Routledge.

Popkewitz, T.S.(2009).Curriculum study, curriculum history, and curriculum theory: The reason of reason. *Journal of Curriculum Studies,41*(3), 301-319.

Qualification and Curriculum Authority (1999a). The National Curriculum: Handbook for primary teachers in England. London: QCA.

Qualification and Curriculum Authority (1999b). The National Curriculum: Handbook for secondary teachers in England. London: QCA.

Qualification and Curriculum Authority (1999c). Curriculum guidance for 2000. London: QCA.

Qualification and Curriculum Authority (2000a). Arrangement for the statutory regulation of external qualifications in England, Wales and Northern Ireland. London: QCA

Qualifications and Curriculum Authority (2000b). Curriculum 2000: What Has Changed? www.qca.org.uk/changes-to-the-nc/

Qualifications and Curriculum Authority (2000c). Finding Your Way Around: a leaflet about the national qualifications framework, London: QCA.

Qualifications and Curriculum Authority (2004). *The National Curriculum: Handbook for secondary teachers in England.* London: DfEE/QCA.

Qualification and Curriculum Authority (2006). *Developing Functional Skills* (consultation paper), London: QCA

Qualifications and Curriculum Development Agency (2008). *A Big Picture of the Curriculum.* London: QCDA.

Qualifications and Curriculum Development Agency (2010).*The National Curriculum: Level descriptions for subjects.* London: QCDA.

Quality Improvement Agency for Life Learning. (QIA) (2008). *Skills at Key 4.* Retrieved October 06, 2008, from https://www.lsneducation.org.uk/user/

order.aspx?code=080037&src=XOWEB

Quane, A. (2003). Defining and Selection Key Competencies in Lifelong Learning. In D. S. Rychen, L. H. Salganik & M. E McLaughlin,. (Eds.). *Selected contributions to the 2nd DeSeCo Symposium* (pp. 133-142). Neuchâtel: Swiss Federal Statistical Office.

Ravitch, D. (1995). *National standards in American education.* Washington, DC: Brookings Institute Press.

Rey, G, J., Siewiorek, O., Vivitsou, M. A., & Saari, J. R.(2012).Key competence development in school education in Europe. http://keyconet. eun.org/c/document_library/get_file?uuid=3aa9009c-cb63-494f-81fe-024fde000111&groupId=11028

Reynolds, N. & Turcsányi-Szabó, M. (Eds.)(2010). *Key Competencies in the Knowledge Society: IFIP TC 3 International Conference, KCKS 2010, Held as Part of WCC 2010, Brisbane, Australia, September 20-23,2010.* Berlin,Germany : Springer.

Rieckmann, Marco. (2011). Key Competencies for a Sustainable Development of the World Society. Results of a Delphi Study in Europe and Latin America. *GAIA-Ecological Perspectives for Science and Society*, 20(1), 48-56.

Ridgeway, C. (2001). Joining and functioning in groups, self-concept and emotion management. In Rychen, D. S. & Salganik, L. H. (Eds.) *Defining and selecting key competencies.* (pp. 205-211) Göttingen, Germany: Hogrefe & Huber Publishers.

Riordan, T., & Rosas, G. (2003). Key competencies: An ILO perspectives. In *D. S. Rychen, L. H. Salganik, & M. E. McLaughlin (Eds.), Contributions to the second DeSeCo symposium* (pp. 91-99). Neuchâtel: Swiss Federal Statistical Office.

Rosenholtz, S. J., & Rosenholtz, S. H. (1981). Classroom organization and the perception of ability. *Sociology of Education*, *54*(2), 132-140.

Rosenholtz, S. J., & Simpson, C. H. (1984). The formation of ability conceptions:

Developmental trend or social construction? *Review of Educational Research, 54*(1), 31-63.

Ross, A. (2000) *Curriculum: construction and critique*. London: Falmer Press.

Rothwell, W. J, & Graber, J. M. (2010). Competency-based training basics. MA: American Society for Training and Development Press.

Roy, K.(2003). *Teachers in nomadic spaces-Deleuze and curriculum*. New York: Peter Lang.

Rychen, D. S. (2001). Introduction. In Rychen, D. S. & Salganik, L. H. (Eds.) *Defining and selecting key competencies*. (pp.1-15). Göttingen, Germany: Hogrefe & Huber Publishers.

Rychen, D. S. (2003). Key competencies: Meeting important challenge in life. In Rychen, D. S. & Salganik, L. H. (Eds.) *Key competencies for a successful life and a well-functioning society*. (pp. 63-107). Göttingen, Germany: Hogrefe & Huber Publishers.

Rychen, D. S. (2004). Key competencies for all: an overarching conceptual frame of reference. In D. S. Rychen & A. Tiana (Eds.) *Developing Key Competencies in Education* (pp. 5-34). Paris: UNESCO.

Rychen, D. S. (2006). *Key competencies identified-OECD conceptual framework*. Paper Presented at the International Workshop on Key Competencies. Taipei: National Yang Ming University.

Rychen D. S. & Salganik, L. H. (2000). *A Contribution of the OECD Program Definition and Selection of Competencies: Theoretical and Conceptual Foundations*. Definition and Selection of Key Competencies. INES GENERAL ASSEMBLY 2000. Retrieved June 12, 2010, From http://www.deseco.admin.ch/bfs/deseco/en/index/02.parsys.69356.downloadList.26477.DownloadFile.tmp/2000.desecocontrib.inesg.a.pdf

Rychen, D. S. & Salganik, L. H. (2001) (Eds.). *Defining and selecting key competencies*. Göttingen, Germany: Hogrefe & Huber Publishers.

Rychen, D. S. & Salganik, L. H. (2003). A holistic model of competence. In

Rychen, D. S. & Salganik, L. H. (Eds.). *Key competencies for a successful life and a well-functioning society* (pp. 41-62). Göttingen, Germany: Hogrefe & Huber Publishers.

Rychen, D. S. & Salganik, L. H. (2003) (Eds.). *Key competencies for a successful life and a well-functioning society*. Göttingen, Germany: Hogrefe & Huber Publishers.

Rychen, D. S., Salganik, L. H & McLaughlin, M. E. (2003) (Eds.). *Contributions to the 2nd DeSeCo Symposium*. Neuchâtel: Swiss Federal Statistical Office.

Rychen, D. S. & Tiana, A. (2004) (Eds.). *Developing Key Competencies in Education: Some Lessons from International and National Experience (Studies in Comparative Education)*. Paris: UNESCO.

Sabatini, J. P. & Bruce, K. M. (2009). PIAAC reading components: A conceptual framework. OECD. http://www.oecd.org/edu/workingpapers

Salganik L.H. (2001). Competencies for life: A conceptual and empirical challenge. In Rychen, D. S. & Salganik, L. H. (Eds.). *Defining and selecting key competencies* (pp.1-15). Göttingen, Germany: Hogrefe & Huber Publishers.

Salganik L.H., Rychen D.S., Moser U. & Konstant J. W. (1999). *Projects on competencies in the OECD context: Analysis of theoretical and conceptual foundations*. Neuchâtel, Switzerland: Swiss Federal Statistical Office.

Salganik,L. H. & Stephens, M. (2003). Competence priorities in policy and practice. In Rychen, D. S. & Salganik, L. H. (Eds.). *Key competencies for a successful life and a well-functioning society*(pp. 13-40). Göttingen, Germany: Hogrefe & Huber Publishers.

Sampson, D., Karampiperis, P., & Fytros, D. (2007). Developing a common metadata model for competencies description. *Interactive Learning Environments, 15*(2), 137-150.

Sandberg, R. (2000). *Competence: The basis for a smart workforce*. In R. Gerber & C. Lankshear (Eds.), Training for a smart workforce. London: Routledge.

Sanghi, S.(2007). *The Handbook of Competency Mapping: Understanding, Designing and Implementing Competency Models in Organizations.* N.Y.: SAGE Publications.

Sawardekar, N.(2002). *Assessment centres: Identifying potential and developing competency.* Thousand Oaks, Calif: Sage Publication.

SCADPlus (2006). *Key competences for lifelong learning.* Retrieved April 12, 2009 from http://europa.eu/scadplus/leg/en/cha/c11090.htm

SCANS (1991).*What work requires of schools: A SCANS report for America 2000.* Washington DC, US Department of Labor, the Secretary's Commission on Achieving Necessary Skills(SCANS).

SCANS (1993) .*Teaching the SCANS Competencies.* Washington DC, US Department of Labor, the Secretary's Commission on Achieving Necessary Skills(SCANS)

Schleicher, A.(2003). Developing a long-term strategy for international assessments. In Rychen, D. S. & Salganik, L. H. (Eds.). *Key competencies for a successful life and a well-functioning society* (pp. 151-179). Göttingen, Germany: Hogrefe & Huber Publishers.

Schleicher, A. (2008). PIAAC: A new strategy for assessing adult competencies. *International Review of Education, 54,* 627-650.

Schmidt, W. H. & Prawat, R. S. (2006). Curriculum coherence and national control of education: issue or non-issue? *Journal of Curriculum Studies, 38*(6), 641-658.

Schon, D. A. (1983). *The reflective practitioner: how professionals think in action.* New York: Basic Books.

Schon, D. A. (1987). *Educating the reflective practitioner.* London: Jossey-Bass.

Schubert , W. H. (1995). Toward life worth living and sharing. In Beane, J. A. (Ed.). *Toward a Coherent Curriculum* (146-157). Alexandria, VA.: ASCD.

Seligman, M. E. P. (2002). *Authentic happiness.* N.Y.: Free Press.

Sen, Amartya, K. (1985). *Commodities and capability.* Oxford: Elsevier Science

Publishers.

Sen, Amartya, K. (1992). *Inequality reexamined*, Oxford: Clarendon Press.

Simpson, E. J. (1972). *The classification of educational objectives in the psychomotor domain. The Psychomotor Domain (Vol.3)*. Washington: Gryphon House.

Simpson, C. H. (1981). Classroom structure and the organization of ability. *Sociology of Education, 54*(4), 120-132.

Simpson, C. H., & Rosenholtz, S. J. (1986). Classroom structure and the social construction of ability. In J. G. Richardson (Ed.), *Handbook of theory and research for the sociology of education* (pp. 113-138). New York: Greenwood Press.

Sinclair, K. E. (1999). The transition of graduates from universities to the workplace. In Dune, E. (Ed.). *The learning society* (pp. 30-45). London: Kogan Page.

Slattery, P. (2013).*Curriculum Development in the Postmodern Era*(3/e). London: Routledge.

Spencer, L. M., & Spencer, S. M. (1993). *Competence at Work : Models for Superior Performance*. New York: John Wiley and Sons.

Spring, J. (2007). *A new paradigm for global systems: Education for a long and happy life.* Mahwah, NJ: Lawrence Erlbaum Association.

Squires, D.A. (2009). Curriculum alignment: Research-based strategies for increasing student achievement. Thousand Oaks, CA: Corwin Press.

Stahl, C., & Wild, F. (2006). *Automated Competence Assessment.* Retrieved May 07, 2009, from http://ieeeltsc.files.wordpress.com/2009/03/2006___stahl-wild___automated-competence-assessment___8000.pdf

STAKES (2003). *National Curriculum Guidelines for Early Childhood Education and Care in Finland.* Helsinki: Finnish National Research and Development Centre for Welfare and Health.

Stein, S. G. (1997). *Equipped for the future: A reform agenda for adult literacy and lifelong learning.* Washington, DC: National Institute for Literacy.

Stein, S.G. (2000). *Equipped for the future content standards: What adults need to Know and be able to do in the 21st century.* Washington, DC: National Institute for Literacy.

Stein B Jensen, George McHenry, Jørn Lunde, Jon Rysst, and Elisabeth Harstad (2001). *Which key characteristics of graduates will a technology company look for?* Paper presented at International Conference on Engineering Education, August 6-10, 2001 Oslo, Norway.

Stenhouse, L. (1975). *An introduction to curriculum research and development.* London: Heinemann.

Stewart, T. A. (1997). *Intellectual capital: The new wealth of organizations.* New York: Currency Doubleday.

Stoof, A., Martens, R. L., van Mrriënboer, J. J. G. & Bastiaens, T. J. (2002). The boundary approach of competence: A constructivist aid for understanding and using the concept of competence. *Human Resource Development Review*, Vol. 1(3), 345-365.

Sumara, D. J. & B. Davis (1998). Unskinning curriculum. In W. Pinar(1998) *Curriculum-Toward new identities* (pp.75-92). New York: Garland.

Tchudi, S. & Lafer, S. (1996). *The interdisciplinary teacher's handbook: integrated teaching across the curriculum.* Portsmouth, NH: Heinemann.

The European Association for University Lifelong Learning (2009). The Recommendation on Key Competences for Lifelong Learning. Retrieved August 18, 2008 from http://einsteini.boumort.cesca.es/index.php?option=com_content&task=view&id=73&Itemid=35

The Partnership for 21st Century Skills (2009). *21st century leaning environments* (white paper). Tucson, AZ: Author. Available online: http://www.p21.org/documents/le_white_paper-1.pdf. Retrieved on March 29, 2010.

The State of Queensland (2006). *Early years curriculum guidelines.* Brisbane: The State of Queensland.

The United Nations (1948). *The Universal Declaration of Human Rights*. Retrieved August, 31, 2010 from http://www.un.org/en/documents/udhr/

Thron, W. (2009). International Adult literacy and basic skills surveys in the OECD area. OECD. Retrieved February 22, 2011 from http://www.oecd.org/edu/workingpapers

Tiana, A., Moya, J. & Luengo, F. (2011). Implementing Key Competences in Basic Education: reflections on curriculum design and development in Spain. *European Journal of Education*, 46(3), 307-322.

Tiana, A. (2004). Developing key competencies in education systems: some lessons from international studies and national experiences. In D. S. Rychen & A. Tiana (Eds.). *Developing Key Competencies in Education* (pp. 35-80). Paris: UNESCO.

Touraine, A.(1997/2010)。我們能否共同生活？在平等又歧異中共處（黃楚雄譯）。臺北市：國立編譯館與桂冠圖書。

Trier, U. P. (2003). Twelve countries contributing to DeSeCo: A summary report. In D. S. Rychen, L. H. Salganik & M. E McLaughlin, (Eds.). *Selected contributions to the 2nd DeSeCo Symposium* (pp. 133-142). Neuchâtel: Swiss Federal Statistical Office.

Trier, U. P. & Miller, D.(2001). *CCP/DeSeCo-USA*. Retrieved December 9, 2008. From http://www.deseco.admin.ch/bfs/deseco/en/index/05.parsys.6214.downloadList.67552.Download File.tmp/sfsodesecoccpus19122001.pdf

Trilling, B. & Fadel, C. (2009) .*21st Century Skills: Learning for Life in Our Times* . San Francisco, CA USA: John Wiley & Sons, Inc.

Tsolidis, G. (2011).Dressing the National Imaginary: Making space for the veiled student in curriculum policy. In Yates, L. & Grumet, M.(Eds.). *World Yearbook of Education 2011: Curriculum in today's world: Configuring knowledge, identities, work and politics (pp.17-30)*. London: Routledge.

Tyler, R. W. (1949). Basic principles of curriculum and instruction. Chicago: University of Chicago Press.

United Nations Educational, Scientific and Cultural Organization (UNESCO) (1978). Towards a Methodology for Projecting Rates of Literacy and Educational Attainment. UNESCO, Paris (Current Surveys and Research in Statistics, No. 28). UNESCO, 1990.

United Nations Educational, Scientific and Cultural Organization (UNESCO) (1985). *Declaration of the Conference.* In "Final Report" Fourth International Conference on Adult Education. Paris, 19-29 March *1985.* Retrieved August, 31, 2010 from http://www.unesco.org/education/pdf/251_13.pdf

United Nations Educational, Scientific and Cultural Organization (UNESCO) (1990). *World Declaration on Education for All: Meeting basic learning needs.* Retrieved August 18, 2008 from http://www.unesco.org/education/efa/ ed_for_all/background/jomtien_declaration.shtml.

United Nations Educational, Scientific and Cultural Organization (UNESCO) Institute for Education. (2003). *Nurturing the Treasure: Vision and Strategy 2002-2007.* Hamburg, Germany: Author.

United Nations Educational, Scientific and Cultural Organization (UNESCO) (2004a). *The plurality of literacy and its implications for policies and programmes: UNECSO Education Sector position paper.* Retrieved February 22, 2011 from http://unesdoc.unesco.org/ images/0013/001362/136246e.pdf

United Nations Educational, Scientific and Cultural Organization (UNESCO) (2004b). *The United Nations Literacy Decade: Getting started, 2003-2012.* Retrieved February 22, 2011 from http://unesdoc.unesco.org/ images/0013/001354/135400e.pdf

UNESCO (2005). *Education for All Global Monitoring Report 2006: Literacy for life*, Paris: UNESCO

United Nations Educational, Scientific and Cultural Organization (UNESCO) Institute for Lifelong Learning. (2008a). *Lifelong Learning.* Retrieved August 18, 2008 from http://www.unesco.org/uil/en/themareas/lilonle.htm

United Nations Educational, Scientific and Cultural Organization (UNESCO)

Institute for Lifelong Learning. (2008b). *Annual Report 2007*. Hamburg, Germany: Author.

United Nations Educational, Scientific and Cultural Organization (UNESCO) Institute for Lifelong Learning. (2009). *Workshop on the Global Report on Adult Learning and Education (GRALE)*. Retrieved April 12, 2009 from http://www.unesco.org/uil/en/nesico/confintea/grale.htm

United Nations Educational, Scientific and Cultural Organization (UNESCO) (2009, December). *Republic Of Korea national report: On the development and state of art of adult learning and education*. Paper presented at the 6th International Conferences on Adult education. Belém (Brazil).

United Nations Conference on Environment and development (UNCED) (1992). *Agenda 21, the Rio Declaration on Environment and Development*. New York: United Nations.

United Nations Organization (UNO)(1948).*Universal Declaration of Human Rights*. General Assembly resolution 217A(III) of 10 December 1948. New York: United Nations.

U.S. Institute of Medicine. (2004). Health Literacy: A prescription to end confusion. Washington, DC: Institute of Medicine, Board on Neuroscience and Behavioral Health, Committee on Health Literacy. http://www.iom.edu/Reports/2004/Health-Literacy-A-Prescription-to-End-Confusion.aspx

U.S. National Center for Education Statistics. (2006a). *National study of America's adults: English Background Questionnaire*. Retrieved June 16, 2011 from http://nces.ed.gov/naal/

U.S. National Center for Education Statistics.(2006b). *The health literacy of America's adult*s: Results from the 2003 National Assessment of Adult Literacy. Retrieved June 16, 2011 from http://nces.ed.gov

Vargas Zúñiga, F. (2005). *Key competencies and lifelong learning*. Montevideo: CINTERFOR.

van Dellen, T. (2009). Professional competence of trainers in lifelong learning contexts: the role of tacit knowledge. *Journal of Educational Sciences, 11*(1), 21-28.

Van Reken, R. & Rushmore, S. (2009).Thinking Globally when Teaching Locally. *Kappa Delta Pi Record, 45* (2), 60-68.

Van Manen, J. V. (1988). *Tales of the field: On writing ethnography*. Chicago: The University of Chicago Press.

van Zolingen S. J. (2002). The Role of Key Qualifications in the Transition from Vocational Education to Work. *Journal of Vocational Education Research, 27,* 217-242.

Wang, Xiao-Lei (2012). Teaching Social Competence through Situational-Appropriate Deception: Practices in Chinese Working-Class Families. Paper presented at College of Education Building II, National Chung Cheng University (CCU). The Seventh Annual Conference of Asia-Pacific Network for Moral Education. 2012 June 15-17. Chia-yi Taiwan.

Wagner. T. (2008). *The Global Achievement Gap: Why Even Our Best Schools Don't Teach the New Survival Skills Our Children Need—And What We Can do About*. New York: Basic Books.

Weinert, F. E. (1999). *Concepts of Competence*. DeSeCo Expert Report. Swiss Federal Statistical Office. Neuchâtel. Retrieved May 27,2003, from http://www.statistik.admin.ch/stat_ch/ber15/deseco/weinert_report.pdf

Weinert, F. E. (2001). Concepts of competence: A conceptual clarification. In D.S. Rychen & L. H. Salganik (Eds.), *Defining and selecting key competencies* (pp.45-65). Göttingen, Germany: Hogrefe & Huber.

Wenger, E.(2007). *Communities of practice: learning, meaning, and identity*. Cambridge: Cambridge University Press.

Wheelahan, L. (2012). *Why Knowledge Matters in Curriculum: A Social Realist Argument*. London: Routledge.

White, J. (1973). *Towards a Compulsory Curriculum*. London: Routledge and Kegan Paul.

White, J. (2011). *The Invention of the Secondary Curriculum.* London: Palgrave.

White, R. H. (1959). Motivation reconsidered: The Concept of Competence. *Psychological Review, Vol. 66*, 297-323.

Wiggins, G. (1989). Designing authentic assessment. *Educational leadership, 54*(4),18-25.

Wiggins, G. (1995). Curricular Coherence and Assessment :Making Sure That the Effect Matches the Intent. In Beane, J. A. (Ed.). *Toward a Coherent Curriculum*(101-119). Alexandria, VA.: ASCD.

Williamson, K., Bannister, M., & Schauder, D. (2003). Developing an interpretative approach to competency-based training and learning. *Australian Academic and Research Libraries, 34*(2). Retrieved June 23, 2006, from http://alia.org.au/publishing/aarl/34.2/full.text/williamson.html

Winterton, J., Delamare Le Deist, F. & Stringfellow, E.(2005). *Typology of Knowledge, Skills and Competences: clarification of the concept and prototype.* Thessaloniki: CEDEFOP.

Wolf, A.(1989). Can competence and knowledge mix?. In J. W. Burke (Ed.), *Competency based education and training*(pp. 39-53). London: Falmer Press.

Woodruffe, C. (1992). What is meant by a competency? In Boam, R and Sparrow, P. (Eds.). *Desinging and Achieving Competency* (pp.16-29). London: McGraw-Hill.

World Conference on Education for All. (1990). *World declaration on education for all and framework for action to meet basic learning needs.* New York.

Wyse, D., Baumfield, V., Egan, D., Gallagher, C., Hayward, L., Hulme, M., Leitch, R., Livingston, K., Menter, I. with Lingard, B. (2013). *Creating the Curriculum.* London: Routledge.

Young, M. (1998). *The Curriculum of the Future: from the new sociology of education to a critical theory of learning.* London: Falmer.

Young, M. (2011). Curriculum policies for a knowledge society. In Yates, L. & Grumet, M.(Eds.). *World Yearbook of Education 2011: Curriculum in today's world: Configuring knowledge, identities, work and politics* (pp.125-138). London: Routledge.

Young, M., Lambert, D., Robert , C. & Robert, M. (2014). *Knowledge and the future school: curriculum and social justice*. London: Bloomsbury.

Zoghi, C., Mohr, R. D., & Meyer, P. B. (2007). Workplace organization and innovation. *Bureau of Labor Statistics Working Papers*, 405. Washington, DC: U.S. Department of Labor, U.S. Bureau of Labor Statistics, Office of Productivity and Technology.

中英文重要名詞索引

您，了沒？

趕緊加入我們的粉絲專頁喲！

教育人文 & 影視新聞傳播～五南書香

五南圖書 教育／傳播網
https://www.facebook.com/wunan.t8

等你來挖寶

粉絲專頁提供──

・書籍出版資訊（包括五南教科書、
　知識用書、書泉生活用書等）

・不定時小驚喜(如贈書活動或書籍折
　扣等)

・粉絲可詢問書籍事項（訂購書籍或
　出版寫作均可）、留言分享心情或
　資訊交流

請此處加入
按讚

封面圖
不定期
會更換

圖書館出版品預行編目資料

心素養的課程發展／蔡清田著. ——初

. ——臺北市：五南，2018.01

面； 公分

BN 978-957-11-9449-3 （平裝）

核心課程 2.課程規劃設計

5.34 106017957

1I1H

核心素養的課程發展

作 者 — 蔡清田(372.1)

發 行 人 — 楊榮川

總 經 理 — 楊士清

總 編 輯 — 楊秀麗

副總編輯 — 黃文瓊

責任編輯 — 李敏華

封面設計 — 姚孝慈

出 版 者 — 五南圖書出版股份有限公司

地 址：106台北市大安區和平東路二段339號4樓

電 話：(02)2705-5066 傳 真：(02)2706-6100

網 址：http://www.wunan.com.tw

電子郵件：wunan@wunan.com.tw

劃撥帳號：01068953

戶 名：五南圖書出版股份有限公司

法律顧問 林勝安律師事務所 林勝安律師

出版日期 2018年1月 初版一刷
    2019年9月 初版四刷

定 價 新臺幣550元

經典永恆・名著常在

五十週年的獻禮 —— 經典名著文庫

五南，五十年了，半個世紀，人生旅程的一大半，走過來了。

思索著，邁向百年的未來歷程，能為知識界、文化學術界作些什麼？

在速食文化的生態下，有什麼值得讓人雋永品味的？

歷代經典・當今名著，經過時間的洗禮，千錘百鍊，流傳至今，光芒耀人；

不僅使我們能領悟前人的智慧，同時也增深加廣我們思考的深度與視野。

我們決心投入巨資，有計畫的系統梳選，成立「經典名著文庫」，

希望收入古今中外思想性的、充滿睿智與獨見的經典、名著。

這是一項理想性的、永續性的巨大出版工程。

不在意讀者的眾寡，只考慮它的學術價值，力求完整展現先哲思想的軌跡；

為知識界開啟一片智慧之窗，營造一座百花綻放的世界文明公園，

任君遨遊、取菁吸蜜、嘉惠學子！